Th: Jefferson

Thomas Jefferson

The Art of Power

权力的艺术

托马斯 · 杰斐逊传

[美] 乔恩 · 米查姆（Jon Meacham）◎著
贾冬妮　徐宁　唐辉◎译

中信出版集团 · CHINACITICPRESS · 北京

图书在版编目（CIP）数据

权力的艺术：托马斯·杰斐逊传 /（美）米查姆著；贾冬妮，徐宁，唐辉译. —北京：中信出版社，2015.5（2020.7重印）
书名原文：Thomas Jefferson: The Art of Power
ISBN 978-7-5086-5085-2

I. 权… II. ①米… ②贾… ③徐… ④唐 III. 杰斐逊，T.（1743-1826）传记 IV. K837.127=41
中国版本图书馆CIP数据核字（2015）第 059228 号

权力的艺术：托马斯·杰斐逊传

著　　者：[美] 乔恩·米查姆
译　　者：贾冬妮　徐宁　唐辉
策划推广：中信出版社（China CITIC Press）
出版发行：中信出版集团股份有限公司
（北京市朝阳区惠新东街甲 4 号富盛大厦 2 座　邮编　100029）
（CITIC Publishing Group）
承 印 者：北京楠萍印刷有限公司

开　　本：787mm × 1092mm　1/16　　插　　页：32
印　　张：28.75　　字　　数：466 千字
版　　次：2015 年 5 月第 1 版　　印　　次：2020 年 7 月第 7 次印刷
京权图字：01-2013-2629　　广告经营许可证：京朝工商广字第8087号
书　　号：ISBN 978-7-5086-5085-2 / K · 447
定　　价：79.00 元

描绘早期的美国总统时，你大可以泼墨写意，只要寥寥数笔，他们的形象便尽现眼前，唯独他除外……杰斐逊得用铅笔精描细绘，逼真与否，全看是否绘出了那些若隐若现、闪烁跳跃的光影。

——亨利 · 亚当斯

《托马斯 · 杰斐逊时期的美国历史》

在我看来，这是白宫有史以来最非凡的一次聚会，汇聚了众多英才和人类智慧的结晶，如果说有遗憾的话，那就是少了已离开我们独自用餐的托马斯 · 杰斐逊。

——约翰 · F · 肯尼迪

于1962年在为在世的诺贝尔奖得主庆祝晚宴上的致辞

献给赫伯特 · 温茨

一如往常，也献给玛丽、玛吉、萨姆和基思

Thomas
Jefferson
The Art of Power

目 录

第七部分
反对党领袖
（1793~1800 年）

第八部分
美国总统
（1801~1809 年）

第九部分
蒙蒂塞洛之主
（1809 年至终）

世界之希望

华盛顿特区，1801 年冬

他天明即醒。在国会山康拉德–麦克蒙公寓房间里，体形瘦长的托马斯 · 杰斐逊掀开被单，伸出长腿，将双脚浸入一盆冰水中。他认为这样做有益健康，于是早起冰脚便成了其保持终生的习惯。在他位于弗吉尼亚蓝岭附近西南群山中的蒙蒂塞洛庄园，每天清晨放在杰斐逊卧榻旁边的铁桶把地板磨出了一圈凹痕。

1800~1801 年冬，华盛顿，杰斐逊即将 58 岁。他身高 6.25 英尺①，头发已逐渐转灰，不再是年轻时的红棕色；因日晒而遍布雀斑的脸上开始显出皱纹；目光锐利但难以捉摸，时而呈蓝色，时而呈棕红或褐色；牙齿十分健康。

1801 年 2 月初，首都四处道路泥泞，建筑稀稀落落。混乱无序的状态已经持续了几个星期：总统宝座归属尚不明朗，宪法地位岌岌可危。杰斐逊避居在新泽西大街康拉德–麦克蒙公寓里，默默沉浸在无言的痛苦中。这栋新建公寓的马厩可容纳 60 匹马，距离尚未竣工的国会大楼仅 200 步之遥。

他一边足浴，一边整理思绪。经过一轮轮激烈竞选，他成功挑战现任总统约

① 1 英尺≈ 0.305 米。——编者注

翰 · 亚当斯，并在预选中将其击败。然而，这位高个儿弗吉尼亚人却获得了与纽约人阿伦 · 伯尔相同的选举人票，后者精力充沛、风度翩翩、灵活善变，本作为他的副总统参加竞选。根据1800年生效的选举规则，总统和副总统的选票无法分出胜负，这就使得原本从亚当斯到杰斐逊的和平的权力交接演变成了一场宪政危机。

焦虑不堪、郁郁寡欢的杰斐逊在给长女的信中写道："在这里参加各种活动，无欢娱却精疲力竭。敌手、间谍环伺，蓄意曲解我的字字句句，一旦与事实不符，便口诛笔伐。"他的命运掌握在其他人手里，这是他最不愿意看到的。他憎恶无尽等待，憎恶流言蜚语，憎恶懵然无知。然而，他却无能为力。托马斯 · 杰斐逊能做的只有等。

杰斐逊说，选举成了"所有谈话的主题"。杰斐逊与伯尔选票相同，亚当斯紧随其后，选举成了众议院代表的竞赛，无人知晓前路几何。突然间，一轮全新的选举在众议院展开，16个州的代表每人要投出一票，赢得9票者当选总统。"危机影响空前深远……"2月第二个星期的《华盛顿联邦党报》[①]如此宣告。可能是伯尔当选吗？他承认视政治为"玩物与名利"，他会被心怀鬼胎的联邦党人选为总统，从他的民主共和党[②]同伴杰斐逊手中夺走总统宝座吗？又或者杰斐逊的政敌们会选出一位临时总统，拒绝将最高权力拱手让给杰斐逊和他的民主共和党人？

在华盛顿沉重压抑的氛围中，似乎一切皆有可能。杰斐逊乐于散发一种不囿于政治的哲学家风度，却发现自己不得不奋力稳固选举地位，他要将美国从据称有君主制倾向的联邦党手中拯救出来。1776年，还是青年的他为了美国的自由而不顾一切，如今，25年过去，杰斐逊认为他所熟知和热爱的美利坚合众国可能要走到尽头了。1800年选举期间，爱国医生本杰明 · 拉什告诉杰斐逊："听说某位国会议员哀叹我们脱离大英帝国，并诚挚希望我们重新回到它的治下。"

这样的想法令杰斐逊胆战心惊。他坦承自己有责任维护1776年《独立宣言》所申明的原则。身为绝大多数选民的选择，如果他在总统选举中败北，那么这些年来美国人民一直是为了什么而抗争？危机四伏。来自马萨诸塞州的一位老革命友人埃

① 联邦党：美国共和党的前身。——译者注

② 民主共和党：美国民主党的前身，由托马斯 · 杰斐逊和詹姆斯 · 麦迪逊于18世纪70年代创立。——译者注

尔布里奇·格里说，杰斐逊的反对者们已经开始从“分化思想转化为分化人民的行动了……这是他们煽动、酝酿内战的开端”。

有流言称，刚获任首席大法官的国务卿约翰·马歇尔有可能击败杰斐逊，被任命为总统。当弗吉尼亚州州长詹姆斯·门罗被告知宾夕法尼亚州有22 000人已“随时待命，准备在极端时期拿起武器”时，他说：“倘若联邦分裂了，就是这个原因造成的。”

混乱是杰斐逊所深恶痛绝的，威胁着他热爱的和谐。

最终，一场暴风雪袭击华盛顿之后，杰斐逊在众议院第36轮投票中险胜，成为美国历史上第三位总统。自此，造就美国独一无二的政治丰功伟绩的杰斐逊时代开始了。与这位蒙蒂塞洛的哲学大师相较，乔治·华盛顿、约翰·亚当斯、亚历山大·汉密尔顿不时被形容为更英明、更务实。然而，若以大权在握的时间为粗略的判断标准，杰斐逊当属美国共和体制前50年里最成功的政坛人物。1800~1840年的40年间的36年里，居美国总统要职的不是杰斐逊本人，就是自称“杰斐逊的拥护者”的人：詹姆斯·麦迪逊、詹姆斯·门罗、安德鲁·杰克逊以及马丁·范布伦。（约翰·昆西·亚当斯担任一届总统，属唯一例外。）这个未引起关注且未公开过的“杰斐逊家族”，在美国历史上可谓空前绝后。

杰斐逊构想清晰，目标宏大——期盼民众政府在美国得以存续。他相信，民众受过良好教育，民智已开，他们的愿望定会实现。他的对手们对人民则缺乏信心，他们担心大部分美国公众可能无法担当自治的重任。而杰斐逊认为正是这批美国公众才是自由的救星，民族的灵魂，共和的希望。

为实现目标，杰斐逊追求权力，一旦在手即施加影响，令现实屈从于其个人意志，按其心中蓝图重新加以塑造。最伟大的领袖既不是空想家，也不是独裁者。他们如杰斐逊一样，既畅言国家宏图伟业，又深谙权力之道，懂得达权知变。杰斐逊在整顿思想、打动人心方面的能力超群，激情澎湃的同时又不失踏实务实。为实现构想，他妥协退让，也相机变通。杰斐逊在特定时期，心甘情愿应时而动，使得他成为一个可遇不可求的历史人物。然而，在现实世界，身处那个时代，当杰斐逊被赋予国家安全的重任时，他大胆创新，灵活机变，堪称锐意改革的领导人。

选择理想还是现实、高尚的目标还是无奈的妥协，美国一直都在挣扎。杰斐逊也是如此。和美国一样，在杰斐逊的内心和头脑中，是追求完美还是得过且过，是理智行事还是随心所欲，这种交战一直在上演。于他同于美国，这种矛盾是一场永无止境的斗争。杰斐逊的故事之所以能引起共鸣，主要是因为他代表了一种永恒的戏剧情节：在复杂的乱世当中，通过争夺国家的领导权实现伟大的变革。

杰斐逊比任何一位早期的美国总统——无论是华盛顿还是亚当斯——都更加深信人性的可能性。他志存高远，但也明白，要让梦想成为现实，其捍卫者要足够强大和狡猾，能让历史为其所用。大体来说，就是哲学家的思考、政治家的操控。杰斐逊的天才之处就在于，他既是哲学家又是政治家，而且常常能同时扮演好两种角色。这就是权力的艺术。

他爱妻子，爱藏书、农场、美酒、建筑、荷马作品、马术和历史，爱法国和弗吉尼亚联邦，爱花钱，爱最新的理念和观点。他对美国和美国人深信不疑。在1801年的首次就职演说中，他曾说过，这个国家是“世界最大的希望”。他认为只要用心，美国人几乎无所不能。杰斐逊曾在1814年这样形容他的美国同胞：“他们能做到的就一定会做到。”

艾萨克 · 格兰格 · 杰斐逊是蒙蒂塞洛的一位奴隶，他眼中的杰斐逊令人敬畏：“杰斐逊先生个子很高，身板笔直，肩膀宽阔。他身形挺拔，长脸形，高鼻梁。”埃德蒙 · 培根，蒙蒂塞洛的一位监工，形容杰斐逊“像一匹骏马，没有一丝赘肉……脸上总是一副和蔼可亲的表情”。

高个子和令人敬畏也许会赢得一时的尊敬，但很难被喜爱；过于平易近人也许会赢得一时的喜爱，但很难被尊敬。杰斐逊就是那种极为罕见的领导人，他在人群中脱颖而出，却又不会让人有压迫。他的气质赋予他独特的机会，让他能努力落实头脑中的想法，让周围的世界朝着他的理想转变。

杰斐逊是哲学家，也是科学家；是自然主义者，也是历史学家。他是启蒙思想家，总是向前看，对知识有着执着的追求；他酷爱细节，每天都会关心天气，随身携带一个印着乳白色树叶图案的小本，把每天的花销记录下来；他是骑马高手，认为阳光“治百病”。杰斐逊还有步行的习惯，这让他身体匀称强健。他不喝烈酒，但喜爱葡萄酒，每天要喝上三杯左右；他不吸烟，收到仰慕者送的哈瓦那雪茄，他都会转送给朋友。

杰斐逊对于发明和探索孜孜不倦，他设计过餐桌旁的上菜架，还有蒙蒂塞洛房间门上的隐蔽式开门装置。他喜欢考古学、古生物学、天文学、植物学和气象学，还曾经把《新约》中他认为超自然的、不可信的段落删除，把剩余的诗章按他心目中的正确顺序排列，创作了自己的“福音书”。音乐让他提神，园艺使他快乐。他喜欢买漂亮东西，也喜欢自己动手建造。在蒙蒂塞洛，他曾创作过帕拉第奥风格的建筑草图，还设计过罗马风格的弗吉尼亚州议会大厦，其灵感源自法国南部城市尼姆的一座古庙宇。他是意大利面爱好者，曾费力地抄下法文的冰激凌食谱，还乐此不疲地寻找完美的沙拉配菜。他养牧羊犬（他最爱的两条分别是贝热尔和格雷佐）。他懂拉丁文、希腊文、法文、意大利文和西班牙文。

杰斐逊喜欢研究人性，热衷于观察使人前进的动力，关心他人生活的细节。他爱读塞维涅夫人的书信，她的信件反映了路易十四时代的法国风貌；还有斯达尔夫人的作品《科琳娜或意大利》，一本浪漫主义的流浪汉小说。蒙蒂塞洛的藏书室中有一系列的藏书，一位访客将其内容总结为“君王丑闻”，杰斐逊把它们放在一起，标题为“列王纪”。它包括“Bareith 公主的回忆”（由普鲁士的Bareith长公主、腓特烈大帝的姐姐著），“德拉莫特伯爵夫人回忆录”（作者是卷入玛丽·安托瓦内特钻石项链丑闻的关键人物之一），有关审判约克公爵的记述，以及因纵容其情人向军官出售军衔而被迫辞职的英军统帅的故事。据杰斐逊的访客回忆，他在讲到这些故事时“有一种满足感，但他又声称这类事情通常并不重要，这好像有点儿自相矛盾”。

据说，一位乡村旅店的客人曾经和一位“衣着朴素、低调的旅客”聊过天，这位客人根本认不出这位陌生旅客是谁。二人聊了一个又一个话题，这位不起眼的旅客“对每个话题都很精通”。聊到法律，“他就觉得自己是个律师”；聊到医学，“他就确信自己算得上医生”；聊到神学，“他又笃定自己能当个牧师”。后来，旅馆的客人“十分讶异”，于是就问店主这位奇人是谁。

店主的回答很简单：“哦，我怎么觉得你应该认识他。”

杰斐逊有众多挚友，对于他们来说，杰斐逊是历史上最伟大的人之一，像文艺复兴时期的人物，可敬但不傲慢，耀眼但不张扬，力争胜利但不让人厌烦。

然而，他同样有众多对手，而且层出不穷，对于这些人，杰斐逊是一个无神论者、一个狂热分子、一个蛊惑者、一个空想家、一个像女人一样的亲法人士，不值得被一个伟大国家的政府所信任。而杰斐逊只能竭尽所能扭转这些看法。他渴望得到人们的喜爱和认可。

他善于操控情感和政治，对批评敏感，执着于名誉，献身于美国。他走出蒙蒂塞洛的庄园，夜以继日地工作，用他自己的话说，“就是为了看到人类的思想被君主、牧师和贵族禁锢在封臣制度下长达多个世纪之后，理性的标准最终得以建立”。作为庄园主、律师、议会议员、州长、大使、国务卿、副总统、总统，杰斐逊大半生都在寻求自控和影响他人生活及命运的能力。对杰斐逊而言，政治不是令人沮丧的烦心事，而是让一切成为可能的伟大事业。

有自己的父亲作为榜样，他很早就立志要扮演大家长的角色，并且乐于承担随之而来的责任。他是个人自由主义理想的先行者，是路易斯安那购地案的决策人，是刘易斯和克拉克远征队的派遣者，是美国西进运动的先驱。为了制衡权力和联邦军队的影响，他领导了这个新生共和国的第一次民主运动。而至关重要的或许是他赋予这个国家“美国人不断进步”的理念——一种明天会比今天和昨天更加美好的精神。自此以后，美国最伟大的政治家都会因为构筑了“美好前程指日可待”这一杰斐逊式的愿景而飞黄腾达。

杰斐逊的人生经历之所以引人入胜，某种程度上还在于，在面对极端的政党偏见、经济不确定性以及外来威胁时，他总有办法坚持下来，而且多半还能占据上风。杰斐逊的政治领导力颇具启发性，他为我们树立了一个榜样。作为总统，他可以在两个不同的层面上运筹帷幄：一方面，营造未来会更好的希望；另一方面，运用政治的灵活性和技巧，最大限度地把理想转化为现实。

他通常被视为美国的缔造者和设计师：一位能清晰描述国家未来的人，但也是一个不切实际的梦想家。虽然杰斐逊曾写过不少振奋人心的经典语录，他的诸多理念也广为流传，然而，杰斐逊并没有因此而止步不前。他是一位建造者，一名斗士。在担任总统期间，他曾说过，“现实性优先于纯理论”，而且，“现实性在很大程度上是由被统治者的习惯决定的”。

杰斐逊为了最伟大的事业而战斗，然而他却很少关注被迫害者和被奴役者的公平与正义。最终，对所有的争论、分歧、学术研究以及研讨会而言，关于杰斐逊大概也只有一件事是毫无争议的：这个生活和工作于 1743~1826 年的人同绝大多数凡人一样，会被激情、偏见、骄傲、爱情、抱负、希望和恐惧所左右。 在接下来的几章，我要做的就是让人们重新意识到，杰斐逊——那个谋求公职、为新时代定义了人权、探索不断拓展的科学和哲学前沿领域的人，那个爱女人、养奴隶、参与缔造了一个国家的人——也是一个凡人。

他不属于我们这个时代，有其自身的历史背景，是18~19世纪的背景下所塑造出的人物。因此，必须将他放在当时的历史背景下看待。诚然，他所关注的诸多方面具有普遍性，这也是客观事实。他独特的人生经历具有深远影响。

全世界，或者说这个世界上大多数人都深知，杰斐逊是一位魅力非凡、卓越高雅的人。无论是谁，哪怕你是碰巧出现在他面前，他都会不遗余力地利用这片刻时光展现他的魅力。无论男女，他都会调侃打趣，让你对他产生好感。“被喜爱是一件令人陶醉的事，”他对他的孙辈讲，“获得人们喜爱的方法就是：不要同人争吵，也不要发脾气。”他厌恶面对面的争辩，更喜欢圆融地化解言谈中的冲突与不快，这让一些人以为杰斐逊同他们的观点一致，但事实上，他只是在竭力避免冲突而已。正是由于他对一团和气如此痴迷，一些人将他的有所保留误解为表里不一，他也因此付出了代价。

然而，女士们却对他青睐有加。受华盛顿民主共和党《国民通讯员报》的发行人塞缪尔·哈里森·史密斯的邀请，杰斐逊造访了史密斯家。在会客厅，他同女主人、史密斯的妻子、作家玛格丽特仅仅独处了几分钟。起初，这位出身于联邦党人家庭的史密斯太太并不了解杰斐逊为何方神圣，但她发觉自己“有些被这位访客高贵稳重的气质所震慑”。然而，这种“战栗的感觉” 只是一瞬间的体验。就座后，这位陌生的造访者“举手投足安然自若，还漫不经心地把胳膊搁在他座位旁的桌子上，他转过来对着我，神情流露出关爱，声音柔和，举止优雅，宛若女性一般”。他还有“唤醒别人”的天赋，“开始会聊点儿日常生活的话题，”史密斯太太说道，“我还没反应过来，就已经开始在观察这个人了，相当有趣。”

杰斐逊的非凡魅力让她不由自主讲了一些她原本不打算讲的事，她也不明白为什么。“他的言行、神情都散发出一种气质，瞬间就能让我敞开心扉。”这位到访者有些许的控制欲。“我发觉自己可以很坦诚地告诉他，我喜欢什么、讨厌什么，”史密斯太太说，“我并不了解他，但他饶有兴趣地听我说些家长里短，让我感到安然自在；他神情举止温和友善、抚慰人心，甚至让我忘了他不是我的朋友。”

就在这时，客厅的门开了，史密斯先生走了进来。一听到这位到访者就是“杰斐逊先生”时，史密斯太太立刻变得异常兴奋，同时也觉得颇为尴尬。“我感到脸颊一阵灼热，心跳急剧加速，在他离开之前，我没敢再多说一句话。”她被杰斐逊的公众形象和他本人之间的巨大差异所迷惑。“难道这就是我平日里听到的、被联邦党人人肆抨击的那个激进的民主主义者？那个粗鄙的蛊惑民心的政客？那个狂妄的无神论者？那个生活放荡的男人？”她不禁问道，“眼前的这个男人优雅谦恭，举手投足透露着高贵，声音柔和谦卑，面容和善而不乏智慧，难道他就是那个胆识过人的一党之首？那个和平生活的破坏者？那个所有阶层的公敌？”在起身离开的时候，杰斐逊“真诚地跟我们握手道别……以一种再平常不过的方式说道：‘我是您二位的朋友。’”

杰斐逊敏锐的感官不仅局限于欣赏艺术的优美、音乐的力量和自然的瑰丽。他曾追求过两个女人，而后他的妻子带给了他十多年的幸福生活，而妻子的亡故让他一蹶不振，他变得冷漠麻木，悲恸地徘徊在蒙蒂塞洛的树林中，甚至想到了自杀。

妻子临终前，杰斐逊曾许下诺言，有生之年绝不再娶。而他也信守诺言，不过他确曾与一个女人——美丽（但已婚）的玛丽亚·科斯韦——有过一段情。最终，杰斐逊还是同帮他打理蒙蒂塞洛庄园的萨莉·海明斯维持了长达数十年的关系，而萨莉·海明斯是他亡妻的黑人奴仆，更是她同父异母的妹妹。他们生育了6个子女（其中两个夭折），而这引发了长达两个世纪的猜想：这段风流韵事的实质是爱情，是权力，还是兼而有之？如果是兼而有之，那么到底有几分真情，又有几分不得已？杰斐逊跟萨莉·海明斯的关系大约始于1787年，一直持续到1826年杰斐逊去世，前后将近40年。

美国的建国堪称传奇——当然，你也可以把它拆解为17世纪詹姆斯敦和普利茅斯的故事和18世纪的革命故事，这种传奇的力量之大，让人难以预测后来在这片国土上真实发生的故事。两个半世纪以来，我们习惯性地将历史看作一系列必然事件，这一系列事件最终导致不可避免的结局。然而，以美国的经验为例，没有什么是命中注定的。如果将其视为一场精心设计的行动，让英国人的邪恶帝国和高贵的美国人对抗，那这种看法对英美双方都不公平，因为它不但以漫画的方式挖苦了英国人，而且也低估了杰斐逊和他的同僚们在选择妥协还是背叛时面临的复杂局势。

毕竟，大部分美国人都是英国人的后裔，因此独立革命前数十年的美国文化都对君主政体恭敬有余，甚至达到拥护的程度。杰斐逊的美国先祖及其同辈们生活的环境使民众习惯于身为大英帝国的成员。对于英王乔治三世的憎恨标志着革命进入活跃期，但许多美国人对此并不习惯，对他们来说，这只是个特例。

杰斐逊生活和工作在一个一切都是未知的年代。他知道，也能感觉到，美国的敌人无处不在。最强大的敌人是英国，不仅在争取独立的战争期间。我并不想以传统的方式回顾独立战争，比如从 1775 年在列克星敦和康科德爆发武装斗争开始，到 1781 年英军在约克镇败北结束，我想做的是谈一谈杰斐逊的看法，这样也许更有启发性。在杰斐逊看来，与大英帝国的抗争及其对美国人生活的影响从 1764 年就开始了，直到“1812 年战争”中美军的新奥尔良大捷、1815 年签订《根特条约》，抗争方才结束。

通过讲述杰斐逊怎样看待这场斗争——至少是他不为人知的经历——不难看出，杰斐逊生活和担任总统的年代属于“50 年战争”时期。这场战争时而紧迫、时而缓和，但一直在推进，并以不同的形式呈现。1775~1783 年和 1812~1815 年，对抗发生在传统战场上，也有以支持者代理人与英国和印第安人结盟的形式进行的对抗，还有商业打击和反击。需要担心的是加拿大新斯科舍或英国西部顽固势力（独立战争后，拒绝投降的顽固势力）借助英国军事运动对美国进行政治入侵。还有对新英格兰和纽约分离主义情绪的忧虑，以及对美国政府与社会中君主政治复苏的恐惧。

与英国的持续冲突犹如一面三棱镜，可以透过它解读美国国内外发生的任何政治事件。即使与英国有潜在的盟友关系，那也是为了与法国对抗，是国家利益的权衡，并非出自对英国人的喜爱。杰斐逊不信任曾经的宗主国，以及那些幻想维护，甚至依赖君主政体及其外在光环的美国人，这些外在光环包括贵族出身、世袭爵位、永久的立法机关、常备军、庞大的海军机构及中央集权财政体系等。一旦觉察到有可能发生上述情况时，他会立刻本能而迅捷地做出反应，以免革命工作和制宪会议陷于险境。大英帝国的海军力量如此强大，而其官员和军队又近在咫尺，这一切都使他忧心忡忡。

从杰斐逊当选总统至 1809 年卸任，在两届总统任期内——尤其是 1783 年在签署标志着独立战争结束的《巴黎和约》期间，面对诸多可能性，难道他都表现得过分偏执，像个妄想狂吗？或许吧。难道他在不遗余力地散播阴谋论么？是的！妄想狂有时会臆造出假想敌，而阴谋也只有在实施的过程中流产才变得荒唐可笑。杰斐逊对“君主复辟”怀着深深的不安与焦虑，因为在他看来，“君主复辟”只不过是恢复大英帝国影响的一个代名词而已。而且“君主复辟”也是对美国人谋求与众不同的自治事业的终结。幸运的是，杰斐逊的这种不安和焦虑被极少数人消除了，其中就包括乔治·华盛顿。在一个间谍活动猖獗、恐怖事件频发的革命年代，美利坚合众国可能会遭受多舛的命运，正如其他共和国所遭遇的那样。由此来看，杰斐逊凭借敏锐直觉将英国视为宿敌不足为奇，但我们有必要深入了解。杰斐逊认为自己已陷入一场持久战，如果我们能够了解他是怎样一个人，生活于他而言意味着什么，那么，我们就必须用他的视角看待这个世界，而不是按照我们所理解的。

在杰斐逊看来，美国没有安全可言，独立革命的胜利仅仅标志着这场浩大、长达半世纪的战争中一次战役的结束。从亚历山大·汉密尔顿的财政计划到约翰·亚当斯的亲英立场，这些新英格兰的敌意明显对他的总统任期构成了威胁，他认为英国会威胁民主共和主义，他对政治生活正是放在这一历史背景下考量的。回顾历史，在对待英国的问题上，杰斐逊似乎是多虑了——对于经历过那些岁月且承受过同样压力的人来说——但这些焦虑对他而言是不容回避的。

杰斐逊渴望伟大，那个时代的这幕大戏为他提供了一个舞台，而他也从未真正离开过。1803 年，在他给威廉与玛丽学院的校友、革命同僚约翰·佩吉（佩吉是杰斐逊总统任期时的弗吉尼亚州州长）的信中写道：“时代剥夺了我们选择自由的权利，从而抽空了我们对学习的激情和宁静，然而时代为我们撒播下了一颗种子，孕育一个公平政府、一个崭新的世界，而这将开创人类历史的新纪元。因此，处在这个时代的人都应该义不容辞地放弃自己的追求，肩负起这个时代的重任。”

他退休后归隐蒙蒂塞洛，回首以往的岁月、战争的阴霾、艰难险阻以及不屈的抗争，他自认尽职尽责。他向一位来访者谈起：“当我将步入人生的大道时，面对国家当时的处境，每一个忠诚的人都会竭尽全力。”杰斐逊曾说过，独立革命不过是一场“大胆和未能确定的选举……对我们国家而言，要么投降，要么战争”，他别无选择。

理解杰斐逊的起点不在康拉德–麦克蒙，不在总统府邸，甚至不在位于山丘上的他心爱的蒙蒂塞洛庄园。在蒙蒂塞洛庄园之前，杰斐逊拥有另一座位于弗吉尼亚西南树林中的庄园。寻找托马斯·杰斐逊应该从那里开始，它位于詹姆斯河支流里瓦纳河两岸，是一座已经销声匿迹，被称为沙德维尔的庄园。

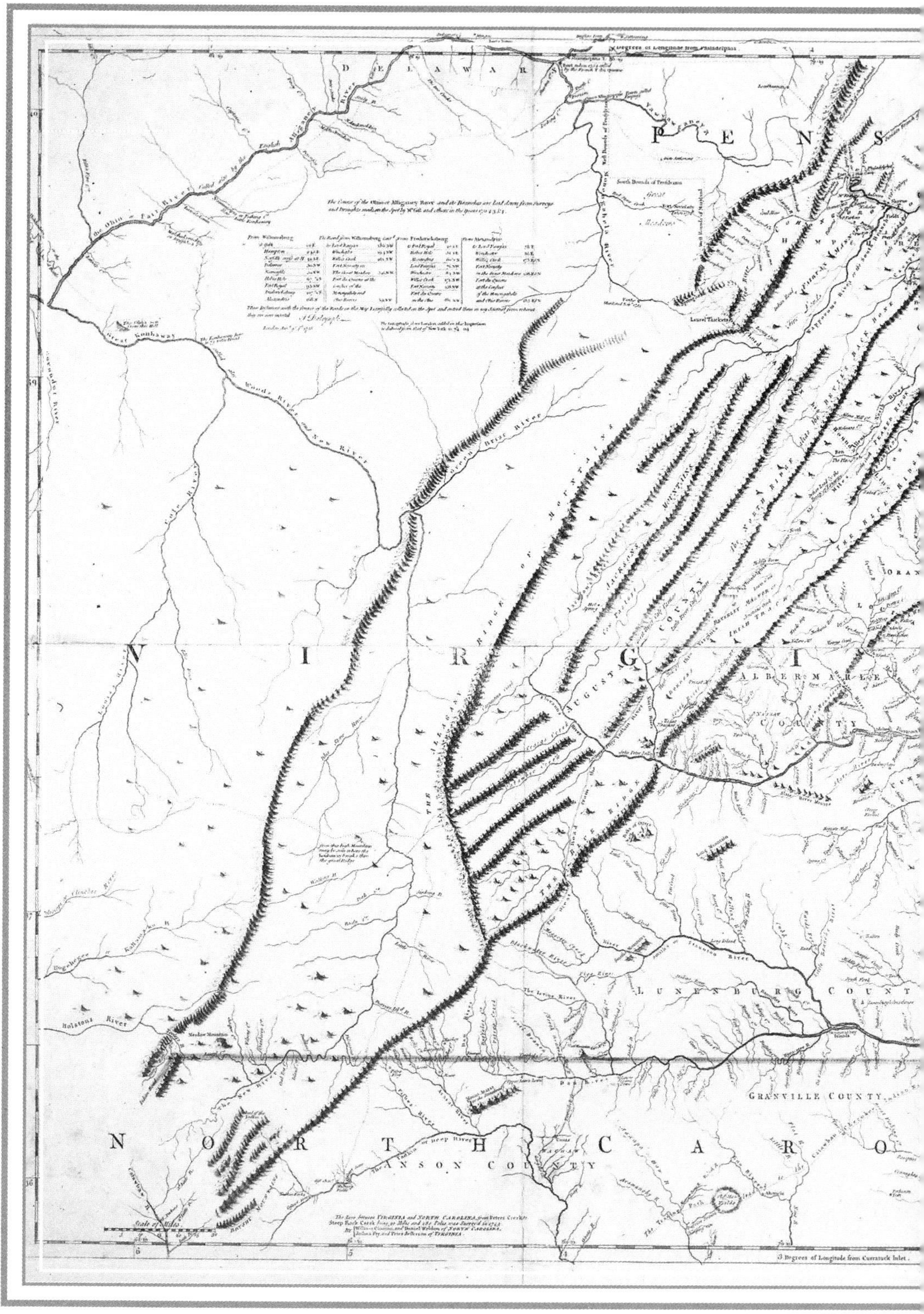
Degrees of Longitude from Philadelphia
D E L A W A R
P E N N S
Laurel Thickets
Great Konhaway
Woods River and New River
Green Brier River
Cole River
Holstons River
Meadow Mountain
A L B E M A R L E
L U N E N B U R G C O U N T
G R A N V I L L E C O U N T Y
N O R T H C A R O
A N S O N C O U N T Y
Scale of Miles
3 Degrees of Longitude from Curratuck Inlet

Thomas Jefferson
The Art of Power

第一部分
继位
（从开始到1774年春）

弗吉尼亚州所呈现的政治或公众特质跟当地人的性格一致：桀骜不驯、崇尚自由、无法容忍约束、不能忍受被任何强权控制。

——安德鲁·伯纳比

1759~1760年在美国中部殖民地游历的一位英国旅行者

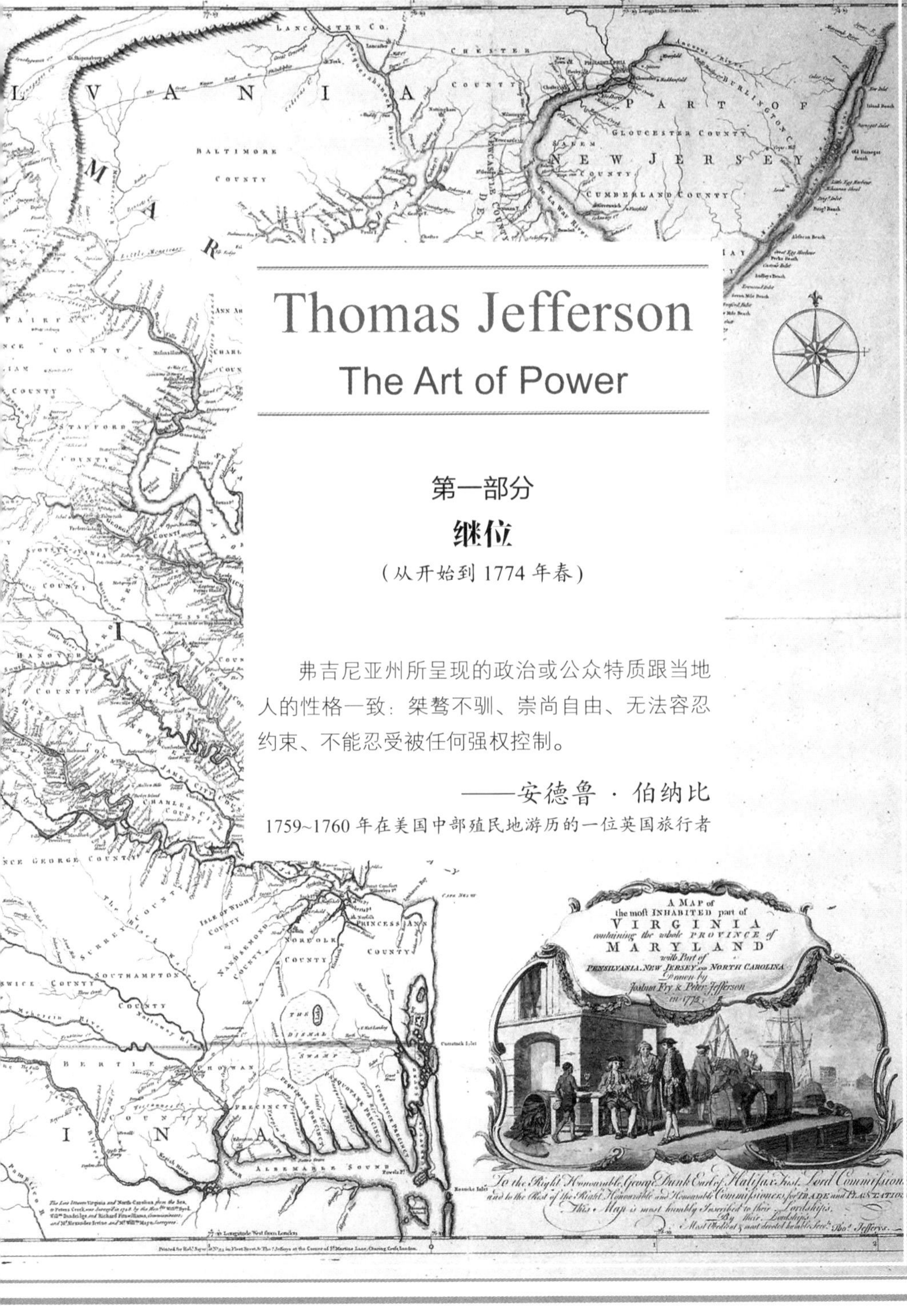

1752年，托马斯·杰斐逊的父亲彼得·杰斐逊公布了和测量员约书亚·弗莱合作的成果：为弗吉尼亚州划定边界，并绘制了一张该殖民地的地图。

第一章
幸运之子

强健的身体让他拥有坚强的意志、自由的思想。

——彼得·杰斐逊，托马斯·杰斐逊之父

彼得·杰斐逊是那种引人注目的人。一位仪表堂堂、富裕阔绰、受人尊敬的农场主。他力大无比、耐力惊人，远近闻名。在弗吉尼亚州阿尔伯马尔县境内及其周边地区，他拥有广袤的土地，蓄养着众多奴隶。在那里，他沿着里瓦纳河修建了沙德维尔庄园——以他妻子珍受洗礼的伦敦教区命名。

18世纪上半叶是一个令年轻人、白人、男人、富人和弗吉尼亚人热血沸腾的年代，一个聚敛财富、保护私有财产、种植并出售烟草的时代。众多雄心勃勃的人——一群大胆的冒险家怀揣着对家园的渴望，受开垦农场、扩张土地和蓄养奴隶等财富欲望的驱使，纷纷涌向大西洋中部的广袤荒野。

在当地，彼得·杰斐逊是成功的测量师和富足的种植园主。托马斯·杰斐逊于1743年4月13日出生，身为长子，他深知自己的父亲是位受人尊敬的人。

彼得·杰斐逊勇气过人，精于马术，擅长打猎。托马斯·杰斐逊回忆，他的父亲曾一个人推倒了一间木棚，而三个奉命将其拆毁的奴隶都没能撼动分毫。据说还有一次，他父亲独自一人竖立起两个单体重量1 000磅[①]的烟草大桶，简直是神奇非凡、不可思议！

父亲的声望对儿子影响巨大，他对父亲怀有一种崇敬的眷恋之情。杰斐逊曾写道：据父系家族传说，我们的祖先来自威尔士的斯诺登山一带，那里是英国海拔最高的地方。其他有关这个家族起源的一切都已消逝在历史的迷雾之中，同斯诺登山的联系是关于杰斐逊这个颇具声望的古老家族从古至今、代代相传的唯一记述。那里即便不是家族的诞生之地，也是其力量的源头。

有其父必有其子，托马斯·杰斐逊一步步获得了权力。有父亲作为榜样，杰斐逊从小接受的教育就很明确：要成为一个伟大的人，还要注意的是，要能够逐渐适应权力，有责任、有担当。杰斐逊学习能力过人，求知欲很强，他既务实，又肯钻研；既足智多谋，又善于分析。

杰斐逊很早就通过行动而不是理论，懂得并领悟了忍耐和随机应变的重要性，正如他父亲所希冀的那样。杰斐逊10岁的时候，父亲就给了他一把枪，让他独自一人在沙德维尔的树林里生活。杰斐逊要证明自己能够独自在野外生存才能回家。

起初，考验并不顺利，他一无所获，没能猎到任何东西证明自己的能力。这片树林是禁入区，周围的一切（树木、灌木丛、岩石和河流）都让他感到恐惧和沮丧。

但他拒绝放弃或认输，像一名坚守的战士等待着好运降临。他的家人是这样记述的："终于，他把一只野火鸡关进了围栏，用吊袜带把火鸡捆在树上，给了它一枪，然后扛起火鸡凯旋。"

这次丛林考验倒是预示了杰斐逊一生的命运：碰到阻挠时，他能够勇往直前；遭遇意外时，他可以转危为安；取得胜利时，他享受成功的喜悦。

杰斐逊先后得到父母和教师的悉心教导：作为一名绅士，他应当尽责于家庭、帮助邻里、尽职于自己的郡县、服务于自己的群体，尽忠于国王。在弗吉尼亚，家族的长子在成人后要肩负起家族的重任，使众人遵从于他。杰斐逊逐渐长大，他深信，掌控他人的命运是这个世界上再自然不过的事情。他生而为领袖，除此之外，他"一无所知"。

① 1磅≈0.454千克。——编者注

1612 年，杰斐逊家族从英国移民到弗吉尼亚。在这个新世界，这个家族很快变得兴旺显赫、声名鹊起。1619 年，詹姆斯敦召开议会，杰斐逊家族一名成员当选议员。未来总统的曾祖父是一名种植园主，娶了查尔斯城县一位法官的女儿，并在约克镇从事买卖地皮的生意。他于 1698 年去世，留下了包括土地、奴隶、家具和牲畜在内的诸多遗产。他的儿子，未来总统的祖父，也名为托马斯，在殖民社区里的地位比他的父亲更加显赫，拥有一匹赛马，担任亨利科县的治安官与和平法官。他把财产同样也传给了儿子彼得 · 杰斐逊：一栋豪宅、银质的餐具和大量昂贵、坚实的家具。作为民兵队队长，托马斯 · 杰斐逊的祖父曾用烤牛肉和珀西科酒款待上校威廉 · 伯德二世——弗吉尼亚最有权势的人之一。

彼得 · 杰斐逊于 1708 年出生于切斯特菲尔德县，他在其父辈的道路上继续前行。彼得和威廉与玛丽学院的数学教授约书亚 · 弗莱一同绘制了第一幅弗吉尼亚的权威地图，并穿越了弗吉尼亚州和北卡罗来纳州的边界，这个显著的成就要归功于他深厚的知识积累。托马斯 · 杰斐逊写道："父亲的学识被忽略了，其实他意志坚强、判断敏锐、渴求知识，他阅读很多书籍提升自己。"通过自学，彼得 · 杰斐逊成为民兵队长、教区代表和弗吉尼亚州下议院议员。

在界定弗吉尼亚州和北卡罗来纳州边界线的远征中，这位父亲用行动证明了自己是开拓英雄。家族史记录者是这样记录的：穿越蓝岭时，彼得 · 杰斐逊和他的同伴日间击退了野兽的袭击；夜晚，出于安全的考虑，在树上轮流休息。

食物匮乏、筋疲力尽、晕倒昏厥，这支队伍蹒跚前进。靠生食动物的肉，彼得 · 杰斐逊才得以生存了下来，直到工作结束（也许正如家族史里所记载的，吃掉能找到的所有可维持生存的东西）。

托马斯 · 杰斐逊在父亲的光环下成长，彼得 · 杰斐逊去世时，托马斯 · 杰斐逊只有 14 岁。父亲很强大，能做到其他人无法企及的事情，他通过自己的意志、体魄的力量，改变了周遭的世界。勘探者定义新的世界，探险者征服未知世界，绘图者勾画这个世界。在托马斯 · 杰斐逊的心目中，父亲彼得 · 杰斐逊三者兼备，是一位神一般的人物。托马斯 · 杰斐逊崇拜父亲的力量，并且一生都在追述这位英勇的长者的故事。托马斯 · 杰斐逊的曾孙女讲述道："我的曾祖父对自己父亲性格中高贵的品质充满了子孙对先祖的由衷的崇敬与钦佩。"父亲深深地影响了其他人的生活方式，而托马斯 · 杰斐逊也竭尽全力扮演同父亲一样的角色。

彼得·杰斐逊婚姻美满，娶了弗吉尼亚一个名门望族的女子。1739 年，他同 1721 年出生于伦敦的珍·伦道夫喜结连理，她的父亲艾夏姆·伦道夫是一名庄园主和海军上尉。珍同父亲居住在古奇兰县的丹吉内斯带有私家花园的府邸里，拥有巨大的产业。

伦道夫家族的殖民起源可以追溯至 1642 年从英国移民而来的亨利· 伦道夫，他与一名下议院议员的女儿结为夫妻。亨利·伦道夫发迹于弗吉尼亚，在亨利科县担任官员，同时还是下议院的一名职员。1669 年，他返回英国，据说，他很轻易地说服了年轻的侄子威廉与他一同前往弗吉尼亚。

威廉·伦道夫与托马斯·杰斐逊的外祖父就这样各自于 1669 年和 1674 年来到了新世界，具体年份说法不一。后来，威廉同样也在弗吉尼亚飞黄腾达，而且很快就接替了叔叔在亨利科县的职务，并不断获得大量土地。作为英国在北美殖民地的总督伯克利勋爵的助手，威廉·伦道夫很快在航运业、烟草种植业和奴隶贸易中赚得盆满钵满。

威廉之所以家喻户晓，源于他位于詹姆斯河土耳其岛的辉煌华丽的府邸。威廉同他的妻子玛丽·艾夏姆·伦道夫（詹姆斯河百慕大种植园园主的女儿）生育了 10 个儿女，有 9 个存活了下来。一位 1779~1780 年前往弗吉尼亚游览的英国旅客，托马斯·安布雷这样记录道："伦道夫家族人口众多，像苏格兰氏族那样，他们因众多的府邸而声名显赫。"正如伦道夫历史学家乔纳森·丹尼尔所记载，其中包括查茨沃斯庄园的威廉、特可侯庄园的托马斯、威廉斯堡塔兹韦尔庄园的约翰先生、克勒斯耐克的理查德、朗菲尔德的亨利、布雷默的爱德华。还有丹吉内斯的艾夏姆，杰斐逊的外祖父。

身为上尉和商人，托马斯的外祖父往返于新旧世界。大约在 1717 年，他迎娶了一位极为标致的英国女人：珍·罗杰斯。他们居住在伦敦和弗吉尼亚古奇兰县的府邸里。

1737 年，一位商人形容托马斯·杰斐逊外祖父这个家族"是一群温和有礼、穿着考究的人"。杰斐逊的母亲珍是这个家族的成员之一，颇以自己拥有高贵的英国血统而骄傲。她继承了"祖上苏格兰莫里伯爵的爵位，这个家族与许多英国和苏格兰显赫皇亲贵胄有着血缘或联姻的关系"。

这个家族的威廉·伯德二世（据说他修建了一座佐治亚种植园府邸威斯多佛，

位于里士满南部的詹姆斯河上）拥有的财产较杰斐逊家族有过之而无不及。一段关于伯德二世 1711 年 2 月寻常一天的描述让人们感受到托马斯 · 杰斐逊出生之前的数十年间弗吉尼亚的精英们过着什么样的生活。

> 早上 6 点起床后，阅读了两章希伯来文和一些琉善著的希腊文书籍。祈祷后，早餐喝了些热牛奶。餐后，练了会儿舞蹈，就去砖房查看奴仆堆积木板的劳动情况，发现他们懒散懈怠，厉声威吓了一顿，并没有鞭打他们。天气很冷，外面刮着东北风。给英国的亲友写了封信。之后阅读英文书籍到 12 点，这时邓恩夫妇来了。午餐吃的是煮牛肉。下午我和邓恩先生玩了会儿桌球，然后我们在种植园里散了很长时间的步，之后查看了所有生意……晚餐吃了些面包和乳酪。

无论是靠近大西洋的东海岸地区，还是森林覆盖的蓝岭山丘，杰斐逊的诞生地弗吉尼亚给予这片土地上的子民得天独厚的优势。

一位游览过弗吉尼亚和马里兰的英国游客注意到，“较之于其北方的邻居，这些更加宽容的殖民地区……给予年轻人更多柔和、安逸的娇宠”。孩子们从小就学习音乐和舞蹈，包括小步舞和名为“乡村舞”的舞蹈。卡特家族庄园位于阿尔伯马尔以东大约 100 英里[①]，一名家庭教师这样描述在庄园诺米尼大厅所上的课程，也就是年轻的弗吉尼亚年轻人跳舞的场面，他说：“实在是美得令人赞叹。看到这么多的年轻人，绽放出最美的一面，和着优美音乐的节拍，轻盈起舞。”

托马斯 · 杰斐逊出生在殖民地的上流社会，成长于一个富裕、有教养、交游广泛的家庭。他们用银器进餐，优雅跳舞，时常大宴宾客。

彼得 · 杰斐逊的书房在房子的一楼（一楼共有 4 个房间），他在一张樱木桌上办公。他的藏书包括莎士比亚、乔纳森 · 斯威夫特、约瑟夫 · 艾迪生的著作和波 · 德 · 索尔亚斯 · 拉平的《英格兰史》。托马斯 · 杰斐逊写道：“我年轻的时候，着迷于历史书籍和游记。”尤其是乔治 · 安森的《环球旅行记》和约翰 · 奥格尔比的《美洲》，这两本书为年轻的杰斐逊提供了一条通往更加广阔的世界的文学走廊。

---

① 1 英里≈ 1.6 千米。——编者注

彼得 · 杰斐逊的孙辈回忆起祖父时说道："当我还是个孩子时，祖父就对游戏等消遣不感兴趣，而是非常喜爱阅读，他从没有闲坐、无所事事的时候。"

对于富裕的弗吉尼亚白人而言，生活是悠闲惬意的。"父亲时常拜访一位挚友，二人一同进餐、共度夜晚，第二天又一起进餐，晚上才会返回沙德维尔。"托马斯 · 杰斐逊回忆道，"这位挚友也以同样的方式回访父亲。每周都如此，这样一来，你瞧，一周之内他们就会共度 4 天。"食物精致丰盛，美酒香醇甘洌，朋友愉悦惬意。

杰斐逊认为自己最初的记忆始于马背上。一名骑马的奴隶用手托抱着他，小杰斐逊的身下还有一个枕头，就这样赶了很长时间的路：一个白人幼主被没有人身自由的奴隶照看着。那时杰斐逊不过两三岁。他们举家赶往特可侯——沙德维尔西南方 60 英里的伦道夫府邸。特可侯的主人，珍 · 伦道夫 · 杰斐逊的堂兄威廉 · 伦道夫刚刚过世。弥留之际，鳏夫威廉 · 伦道夫请求彼得 · 杰斐逊这位"敬爱的、忠实的朋友"，赶到特可侯处理自己的后事，并收养自己的 3 个孩子，彼得 · 杰斐逊均一一做到了。（威廉 · 伦道夫和彼得 · 杰斐逊关系极为亲密：彼得 · 杰斐逊曾经从伦道夫手中购买了 400 英亩[①]的土地——沙德维尔所在之地，花费仅仅是饮下亨利 · 韦泽布诺恩最大号的碗所盛放的朗姆潘趣酒！）

托马斯 · 杰斐逊在伦道夫的府邸生活了 7 年，自威廉 · 伦道夫过世后，年仅两三岁的托马斯就生活在那里，一直到他年满 9 岁或者 10 岁。

彼得 · 杰斐逊可以从伦道夫庄园（他将此处管理经营得很好）很轻松地赚到自己和家人吃穿用度所需的费用，那些年他在特可侯为离世的朋友履行职责，而对自己位于阿尔伯马尔县的土地却疏于管理。在此期间，彼得 · 杰斐逊曾多次外出考察，这意味着他长时间远离家园，远离身处特可侯的妻子以及伦道夫和杰斐逊家族的亲人。

成年后的托马斯 · 杰斐逊不喜冲突的性格应该根源于在特可侯与伦道夫家族一起居住的日子。尽管托马斯 · 杰斐逊是父母彼得和珍 · 杰斐逊的长子，但在别人家寄居多年对他的性格发展有着深远的影响。特可侯财产的继承人、年长两岁的托马斯 · 伦道夫与他年龄最相仿，是否因此造成了年幼的孩子们之间的差别无从考证，但杰斐逊从小就不愿与人发生任何形式的冲突。在特可侯生活的日子让杰斐逊养成

① 1 英亩≈4 047 平方米。——编者注

了在与人面对面交往时谦和礼让的性格。

当杰斐逊还在特可侯生活，而且仍是个孩子的时候，他很早就意识到了蓄奴的弗吉尼亚地区生活的复杂性。数十年后，他在《弗吉尼亚纪事》中写道："奴隶主和奴隶之间的整个交易是一场充斥着狂暴激情的永久运动，是奴隶主对奴隶经年累月的专制，是奴隶对奴隶主屈辱的服从。"作为孩子，看到这些就会去模仿，因为人是一种善于模仿的动物……在一旁的孩子看到双亲对奴隶的暴虐，便会模仿这种暴虐，并将其施加给身边卑微的奴隶。在这种纵容暴虐性格的环境下成长、受教育、每天施虐，怎能不养成令人憎恶的品性?

特可侯是杰斐逊与众不同的短暂童年时光的场景所在。他盼着课程早点结束，逃课溜走并躲藏起来，心里不断祷告着快点放学，可祷告并没有奏效。他更愿意相信：正统的基督教名不副实，根本就不像教徒们所宣扬的那般。

1752 年，杰斐逊举家搬回到沙德维尔，这个种植园由母亲珍 · 伦道夫 · 杰斐逊掌管。母亲同传奇的父亲彼得 · 杰斐逊一样对小杰斐逊造成了巨大的影响——以一种润物细无声、潜移默化的方式深深影响着他。

显然，珍喜欢按自己的判断行事。她有学识、善交际、偏好雅致的事物，从精致的盘子餐具到制作精良的桌子和考究的服饰。她默默地忍受着亡夫之悲，勇敢地面对丧子之痛，坚强地克制情感，隐忍不发直到终老，将自己完全沉浸在她所喜爱的一切事物以及她所热爱的生活之中。

她的长子托马斯 · 杰斐逊，长大后成为一位果敢、适应力极强的贵族丝毫不令人感到意外。杰斐逊面对家庭悲剧时的果敢，以及用自己特有的方式管理领地和人民的决心，都要归功于母亲。从母亲身上他懂得了怎样坚强面对生活的风暴。

丈夫去世后，珍 · 杰斐逊不仅是沙德维尔的女主人，而且是真正的管理者。她时年 37 岁，是 8 个存活下来的孩子的母亲——长女珍，17 岁；长子托马斯，14 岁；最小的是一对两岁的双胞胎。她的玄孙女后来讲述了一个家族传说：杰斐逊太太是"一名有极其透彻和深刻领悟力的女人"。她必须管教孩子、管理沙德维尔等千头万绪的事，还有 66 名奴隶和至少 2 750 英亩的土地（其中包括后来成为蒙蒂塞洛的 1 000 英亩土地）。从沙德维尔存留下的家谱得知，珍 · 杰斐逊是一个细致的记录者（托马斯 · 杰斐逊也继承了她的这个习惯）。

死亡、火灾和家人的不幸遭遇接踵而来。珍的8个孩子中，托马斯的姐姐伊丽莎白是残疾人。“我们生命旅程中最大的财富就是时常遭受的灾难和困苦，尽管我们深受其折磨。”杰斐逊曾写道，“但正因如此，才锤炼出我们坚强的意志抵御这些悲剧。战胜灾难和困苦应该是我们生命中重要的课程和修炼。”托马斯的母亲顽强地经受住了多重磨难的考验。同母亲一样，托马斯也坚强地面对着生活的磨炼。

作为女族长，杰斐逊夫人发明了一套与雇工、奴隶相处的好方法。“她是个令人愉悦、充满智慧的女人，同那个时代受过良好教育的其他弗吉尼亚女性一样，身份高贵……并且……是一名出色的女管家。”她的一位曾孙女评价道，“她和蔼可亲，温柔体贴，充满活力，性情令人愉悦，还非常有幽默感。她喜爱写作，尤其是写信，写得既轻松又意趣盎然。”

珍·杰斐逊出身于一个贵族家庭，她丈夫在世时经常外出，而在其外出期间，特可侯和沙德维尔都交由她一人管理。1770年沙德维尔被烧毁后，珍·杰斐逊并没有举家搬迁、一走了之，而是努力重建家园，她的坚毅可见一斑。蒙蒂塞洛之所以能够成为儿子托马斯·杰斐逊的庄园，在某种意义上应当归功于她，因为这位伟大的女性总是能够按照期望将现实生活安排得妥妥当当。

77岁时，托马斯·杰斐逊开始着手撰写自己的传记，只在描述父亲时提及母亲。有关父亲彼得·杰斐逊，托马斯是这样描述的：“父亲出生于1708年2月29日，1739年与艾夏姆·伦道夫的女儿、19岁的珍·伦道夫通婚。伦道夫家族定居在古奇兰县的丹吉内斯，艾夏姆·伦道夫是伦道夫家族7个儿子中的一个。”然后，他描述了作为测量员和绘图员的父亲。托马斯写道：“父亲于1757年8月17日去世。我的母亲寡居至1776年离世。他们养育了6个女儿和2个儿子，我是长子。”

在母亲离世数月后，杰斐逊在写给英国伦道夫亲戚的一封信件里简短地谈到母亲，并记录了他付款请牧师操办母亲的葬礼。除此之外，现存的托马斯的其他记述中，再也没有谈及自己的母亲。

1770年沙德维尔遭受的大火让母子二人来往的信件都化为灰烬，而两人后来的信件显然都被杰斐逊自己销毁了。一代又一代的传记作家猜测杰斐逊和母亲之间存在嫌隙。但杰斐逊母亲寡居的19年中，杰斐逊大部分时间住在离母亲不远的地方，因为那时候他已长大成人。杰斐逊夫人一直活到1776年，那一年托马斯·杰斐逊33岁，正在起草《独立宣言》。杰斐逊在沙德维尔居住期间曾离家求学，进行初期的法律实践。由此不难理解为何大学毕业后，已是年轻律师的托马斯称他所居住的房子为“我母亲的家”，这说明他们之间没有疏离，甚至没有嫌隙。直到1770年11月，托马斯才搬到了他建筑在小山丘上的蒙蒂塞洛庄园，因为那时在遭受火灾的沙德维尔庄园内，已经不能正常生活了。重建后的沙德维尔庄园比最初的小了很多。

杰斐逊在任何场合都喜欢有女性的陪伴。在兄弟姐妹中，和他关系最亲密的是大姐，名字也叫珍。珍出生于1740年，是彼得和珍的第一个孩子。据说，小珍是弟弟“家里亲密的忠实伙伴，是知晓他所有年轻的心事的心腹好友”。

他们喜爱在树林中消磨时光，同样也都热爱音乐。珍为他演唱赞美诗，他们还一起合唱圣歌。“多少个夜晚，在家里的火炉旁；多少个轻柔的夏夜，在里瓦纳河畔，都能听到他们的歌声，伴着他的提琴独奏，歌声缓缓飘向远方。”他给予姐姐最高的评价是：“我将永远视她为知己。”

托马斯9岁时被送去跟随威廉·道格拉斯牧师学习古典文化和法语。威廉·道格拉斯是古奇兰县特可侯附近圣·詹姆斯·诺瑟姆教区的教区长。在5年的时光里，托马斯都和道格拉斯在一起，只有夏季除外。早熟的托马斯后来回忆道格拉斯“是个肤浅的拉丁语学家，对希腊文没有什么造诣。除了教我关于这些语言的浅显入门知识外，道格拉斯还教我学习法语”。

之后，杰斐逊在牧师詹姆斯·毛瑞的寄宿学校里求学。他把毛瑞描述为“一位得体的传统学者”。毛瑞教得极为出色，由浅入深地教授托马斯古典文学。杰斐逊热情地回忆起他和毛瑞在一起的日子，不论是关于学习还是一起做游戏。很久之后，在一份写给毛瑞儿子的信中，杰斐逊希望他们能够再见一面，这样就“能够唤醒我们曾经沉浸于其中的青春记忆，回想起年轻时的风采、一起打猎的时光以及那时的所思所感。至少可以通过回忆，去捕捉那些青春闪光的瞬间”。

寄宿在毛瑞学校的快乐源泉之一是达布尼·卡尔，这位男同学成为杰斐逊年少时代最重要的朋友。卡尔出生于1743年（与杰斐逊同岁），来自路易莎县。这两个年轻人同样痴迷文学、热爱知识、陶醉于弗吉尼亚优美的风景。在沙德维尔，他们带着正在阅读的书籍，穿越遍布山丘的树林（杰斐逊后来称之为蒙蒂塞洛的地方），一起交谈，一同思考，然后到山顶附近的橡树下小憩。在那里，杰斐逊和卡尔结伴阅读，无所不谈。对杰斐逊而言，达布尼·卡尔是自己的良师益友，他们可以互相启发彼此的心智。杰斐逊晚年回忆道，除了他之外，再也没有人“拥有那么纯真的善良天性，谈吐和举止那么无拘无束，那么轻柔和令人愉悦”。两个年轻人间相处的方式既强烈又严肃，仿佛他们的生命已交融在一起，为他们交往的时光蒙上一层圣洁的光辉。他们相互约定：无论谁先离世，另一个人都要将逝者的尸骨埋葬在他们彼此钟爱的橡树之下。

在学校，詹姆斯·毛瑞培养杰斐逊接触文学、历史和古代哲学。在写于1762年的《论教育》一书中，毛瑞阐述了“并非所有人都适合学习古希腊与古罗马文化”的观点，但像杰斐逊这样的年轻人是适合的。毛瑞写道：“如果有人想要在神学界、医学界或法律界成为知名人物，那么掌握几种语言，如古希腊语和拉丁语是绝对必要的。”希腊语和拉丁语对那些想要谋求上流社会职位的人也至关重要，尤其对“那些生而为权贵、要代表国家发出声音、要封王拜侯的人”。

杰斐逊珍视他所受的教育，一般而言，教育是最为珍贵的，正所谓“万般皆下品，唯有读书高”。也就是说，如果可以选择的话，他会接受父亲给他安排的古典式的培养模式，这是除了物质财富外，父亲留给他的精神财富。

1759~1760年在查茨沃斯庄园度假时，托马斯·杰斐逊就快17岁了。他母亲的表弟彼得·伦道夫在詹姆斯河的府邸距祖传土耳其岛庄园并不遥远。在杰斐逊拜访期间，彼得·伦道夫建议杰斐逊前往威廉斯堡的威廉与玛丽学院求学，这是除在牧师毛瑞监护下接受经典教育外最明智的一步。“去大学深造，”杰斐逊写道，“会获得更全面的知识,对我今后会更有帮助……并且像在这里一样，在那里也可以继续学习希腊语和拉丁语，此外，还可以学习数学等科目。”

威廉与玛丽学院录取标准并不复杂。根据学院规定，对投考学生的测试要求为“拉丁语和希腊语是否达到一定程度……”，愚笨和懒惰的考生不予录取。

杰斐逊既不愚笨又不懒惰，于是1760年，他离开阿尔伯马尔县前往威廉斯堡。威廉斯堡是弗吉尼亚的首府、下议院的所在地，此外，这里还有剧场和客栈，以及一群可以永远改变杰斐逊生活的人。

第二章

什么决定了我的命运

启蒙就是人类从自我造成的不成熟状态中解脱出来……启蒙所需要的，不是别的，仅仅是自由……并且我们这里所讨论的自由也是所有形式中最不具有危害性的，即能够在一切事务上公开地运用理性的自由。

——伊曼努尔·康德，《何谓启蒙》

我能告诉你最好的消息是，威廉斯堡因众多才俊云集而绽放光芒。

——佩顿·伦道夫

威廉斯堡是殖民地首府，这里非常适合杰斐逊。各种最新的理性思潮、弗吉尼亚的名媛绅士都汇集于此，包括教授威廉·史莫、律师乔治·威勒、州长弗朗西斯·福基尔和政治家佩顿·伦道夫。这些人对杰斐逊的人生都起到了决定性的作用。这里还有充满趣味的消遣娱乐：杰斐逊赌马、猎狐、闲谈、求爱、跳舞。最重要的是，威廉斯堡有一种精神气质吸引着杰斐逊：政治的刺激和魅力。

对杰斐逊来说，这里是个美妙的世界，学院是弗吉尼亚生活不可或缺的组成部分。乔治·华盛顿从威廉与玛丽学院获得了勘测证书，其他校友还包括未来的首席大法官约翰·马歇尔、未来的总统詹姆斯·门罗及 17 名弗吉尼亚的地方长官。

17~19 岁时，杰斐逊进入威廉与玛丽学院继续深造。之后又进出威廉斯堡学习了 5 年的法律。威廉斯堡同沙德维尔一样，对杰斐逊形成了永久的影响。在未来的几十年里，在那些危机和平静的时刻，他的意念都会重回威廉斯堡，在所学的政治课堂上寻找方向，为探索的理念寻找指导。

学院生活围绕着雷恩教学楼展开。这座大楼建于 1760 年，是一座三层半的建筑，圆顶、砖墙结构，30 年前又增盖了小教堂和地窖。东面围墙外是布鲁顿教区教堂，位于格洛斯特公爵街左侧，紧挨着通向总督府的宫殿草坪区。再往前一点儿是弗吉尼亚州议会大厦，格洛斯特公爵在此任职，下议院和普通法院也在其中。后边不足半平方英里的地方，就是杰斐逊所在的弗吉尼亚的整个公共权力组织的所在地，到这里只有几分钟的路程，没有路标，你也可以乘坐一辆四轮马车观赏一下威廉斯堡一派公务繁忙的不凡景象。没有人比杰斐逊更喜欢这里。

对于杰斐逊来说，威廉与玛丽学院基本具备了大学生活的所有应有元素：阅读、志同道合的朋友、有品位的教师，他们好像是从其他更富裕、更光明的世界来的使者。杰斐逊认为威廉斯堡是“美国有史以来礼仪和道德最好的学校”。

把他引入广袤森林又给予他前方指引的人是威廉·史莫，一位苏格兰平信徒及教授，给威廉斯堡带来了具有启发性的世界观。杰斐逊遇到史莫完全出于巧合，因为史莫在威廉与玛丽学院只任职了 6 年（1758~1764 年），正好与杰斐逊就读学院的时间一致。杰斐逊很崇敬这位史莫教授，他评价道：“遇到史莫教授是我今生的殊荣，或许是他决定了我的人生。威廉·史莫是苏格兰人，一名数学教授，对众多实用科学分支都很有造诣。他还具有与人顺利沟通的天分，正直、举止绅士，思维开阔、思想自由。”

史莫先生 1734 年出生于苏格兰，他比杰斐逊年长不到 10 岁，是学院外聘的数学教授，还临时担任道德哲学教授。一个同时代的弗吉尼亚人描述史莫是“一位有礼貌、有教养的人”。史莫住在学院的两间房间里。据说居住条件“一点儿也不雅致”，但史莫和他的同事“对陈设的朴素十分满意，尽管开始的时候嗤之以鼻”。史莫的房间里有 6 把椅子、一张桌子、一座壁炉、一张床和一个床架。

相比起内部的装饰陈设，他们似乎对衣着更关注些。学院期望全体教员注重仪表，穿着俊美的丝绸外衣，仿佛去皇宫参加国王的生辰宴会，而这场宴会是所有英国绅士都想要出席致敬的。

史莫教授道德伦理、修辞学、纯文学和自然哲学（我们心目中的科学），还有数学。上午用于教学，下午则举行类似研讨会的环节，教授和学生就一些材料开展讨论，需要精通培根、洛克、牛顿、亚当·斯密的思想及苏格兰启蒙运动的哲学。史莫将新知识时代这一关键性的洞见灌输给了杰斐逊：在人类事务中，是理性值得我们骄傲，而非启示或毋庸置疑的传统和迷信。

在史莫的影响下，杰斐逊开始分享伊曼努尔·康德 1784 年对时代精神所下的定义："启蒙就是人类从自我造成的不成熟状态中解脱出来。"康德写道："不成熟是指缺少他人的教导就没有能力运用自己的理智。这种不成熟状态之所以是自我造成的，其原因不在于缺少理智，而在于没有他人的教导就缺乏运用自己理智的决心和勇气。"

在威廉与玛丽学院，史莫就是这样将思想中的要旨精华传授给他的学生的，杰斐逊对此深深着迷。在之后的岁月里，当他回忆起史莫先生时，给予他最崇高的褒奖："对我来说，他就像父亲一样……"

据说杰斐逊每天学习 15 个小时，每日天明即起，一直阅读到凌晨两点。在威廉斯堡时，黄昏时分，杰斐逊会跑到距城市一英里外的一块岩石处，以此锻炼身体；在沙德维尔时，他会划着自己的独木舟穿越里瓦纳河，并攀上他称之为蒙蒂塞洛的山岭。对于杰斐逊来说，懒惰是一种罪恶。他曾告诉他的一个女儿："所有人类幸福的腐败中，它的腐蚀是最寂静无声的，然而却如此致命，好比一颗因懒惰而彻底腐坏的牙齿。"用于学习的时间是不容浪费的。"知识，"杰斐逊说道，"就是一种令人渴望和愉快的财富。"

同父亲一样，杰斐逊相信骑马和散步是美好的品德，认为精力充沛的身体有助于创造充满活力的头脑。杰斐逊曾说过："每天锻炼身体不得少于两小时，不要考虑天气。"事实上，杰斐逊认为下点儿雨、天冷点儿更好。"没有谁会因为受点儿潮就生病或受伤的，"他说，"不过就是洗了个冷水澡，不会让人感冒的。"凶猛的动物是最健康的，它们暴露在一切天气中，对人来说也是一样，那些最健康的适应能力最强。

他说一名有抱负的律师，早上应该专注地研究法律，但要善于变化和调整：“首先进行适当时间的锻炼，将剩余的时间（我是说有空闲时间的时候）分成3个部分：首先分给历史一部分，其余两部分应该稍短，分给哲学和诗歌。”

杰斐逊善于提问。在他的观念里，“技工也是一位懂科学的人，”一位后代回忆，杰斐逊学习一切可以学到的东西，“不管是车轮的结构还是对一种灭绝物种的尸体进行解剖”，然后回到家记录下所听所闻。很快，他就被称作“活动的百科全书”。

杰斐逊既热爱学习又热衷消遣。令人担忧的是，在学院的第一个学年，杰斐逊的花费巨大。19世纪传记作家亨利·兰德尔称之为“过于张扬的生活方式——尤其是花费在好马匹身上的费用”，杰斐逊为此写信给一位监护人索要自己那份遗产份额，以偿还所有的账单。感到好笑而非恐慌，监护人拒绝了杰斐逊的请求。后来，杰斐逊写道：“我经常混迹于赛马、玩牌、猎狐各种活动，还与科学、专业人士经常往来……在狐狸死去的狂热时刻，在钟爱的马匹获胜的时刻，在酒馆就某个问题雄辩的时刻……我常常问自己，我更应该追求哪一种名誉？驯马师？猎狐人？演说家？或是正直的国家权力的拥护者？”

事实上，这些事物并不是相互孤立的，杰斐逊明白其中的道理。他在威廉斯堡多年的生活方式让他明白追求知识和追求快乐是可以共存的。威廉斯堡受欢迎的雷利酒馆有一则座右铭说得好：“欢乐，是智慧和良好生活的产物。”

在总督府（而不是在雷利），杰斐逊深入细致地领会到了优质生活的艺术，其衡量标准是优雅的举止和交谈，这是他所珍视的两件事物。

弗朗西斯·福基尔是弗吉尼亚殖民地皇家官员，经常和威廉·史莫和乔治·威勒（弗吉尼亚最伟大的律师之一）一起聚会。托马斯·杰斐逊是参与聚会的第4人，杰斐逊称之为福基尔的“固定搭档”。他们共进晚餐，交流思想，欣赏音乐。这些长辈培养了杰斐逊对小提琴的热情，杰斐逊会应邀在福基尔的总督府音乐晚会上演奏小提琴。

福基尔出生于1703年，仅比杰斐逊的父亲大5岁，如果彼得·杰斐逊没有去世，也大致是这个年纪。这位总督喜爱科学、美食、音乐，而且热衷于玩牌。

福基尔并不是枯燥乏味的哲学家，他的行为世俗化，甚至有些放荡。有关福基尔到新英格兰上任，流传着这样一个故事：他能上任是拜英国海军勋爵安森所赐。福基尔曾一夜之间就在牌桌上把全部家当都输给了安森勋爵，之后这位勋爵就环游世界去了。然而，无论怎么渲染这个故事，现今的情况是：处在敏感年纪的杰斐逊所遇到的这个男人一生都在追求快乐和权力，在这个过程中也展现了他的博学。

福基尔的父亲是一名胡格诺派医生，在英国皇家铸币厂与艾萨克·牛顿先生一起工作，并在英格兰银行担任主任。福基尔也对科学兴趣浓厚，是英国皇家学会的成员和英国南海公司的经理——由此证明福基尔具备了新旧英格兰的思想理念和实践能力，这一点杰斐逊应该留意到了。

福基尔精力旺盛。1758 年，在他刚到达弗吉尼亚的几周内，突然下了一场 7 月罕见的冰雹，冰雹砸碎了总督府北面的窗户。福基尔对此深感兴趣，写了一篇关于这个现象的科学论文，并火速发信给自己的哥哥，并让他呈递给了伦敦的英国皇家学会。

律师乔治·威勒出生于 1726 年伊丽莎白城县，同时还是一位知名的政治家。在杰斐逊的眼里，他“鹰钩鼻子，中等身材，五官端正，身材匀称”，精明博学，善于求知。史莫对杰斐逊思想的影响仅通过理论方式，相较之下，威勒的影响方式则更加直接。威勒教了杰斐逊 5 年法律及其他科目，这是一段相当长的时间。这位长辈居住在布鲁顿教区教堂附近的一栋房子里，位于威廉斯堡的中心。杰斐逊回忆道：“威勒先生是我年轻时代忠诚和敬爱的导师，是我一生最真挚的朋友。”

在威勒家里，他们共度了 1765~1772 年的大部分时光。威勒使他懂得了自由和奢华。这位长辈品位奢华，派人去伦敦为夫人购买斗篷、天鹅绒马裤，为自己购买丝质长袜，还为他们共同购买了“一套雅致的桌子和茶具、不同尺寸的相同图案的碗具、雕花玻璃酒瓶和酒杯、一套玻璃的甜点餐具、4 个中号和 6 个小号的盘具，以及……一辆漂亮的四轮轻便马车”。威勒一家还喜欢大宴宾客。杰斐逊曾满怀欣赏地记录过：“威勒夫人会将 1/10 非常昂贵的马德拉甜葡萄酒兑入马德拉白葡萄酒调制出一款美味的葡萄酒。”

在他的文学备忘录里，他曾摘录下碰撞出心灵火花的段落，杰斐逊引用诗人欧里庇得斯的诗句来描述与威勒在一起的日子：“没有什么比一个值得信赖的朋友更可贵的，无论是财富或皇权，拿这些令世人艳羡的东西与一位高尚的朋友相比是毫无意义的。”

1767年，威勒介绍杰斐逊到法院担任实习律师，开启了杰斐逊的法律生涯——1767~1774年杰斐逊一直在从事这个行业，后因独立战争的需要，他才将工作重心转移到政治和外交。

当这些事耗费了杰斐逊主要精力时，审视他的生活和事业，不难发现杰斐逊的政治、外交才能源于总督府和那些穿梭于雅致、高天花板房间的人们的影响。亨利·兰德尔写道："在福基尔总督府，与优雅的上流社会人士频繁交往中，不仅让杰斐逊提高了才智，据说，还让他养成了优雅的行为举止，这一点让他一生都卓尔不凡。"

在之后的岁月里，杰斐逊不断从威廉姆斯堡那些长夜汲取精神和物质营养。当他在蒙蒂塞洛的圆餐桌旁、在巴黎的沙龙里、在公寓的房间里、在费城和纽约的酒店里以及最后在华盛顿特区的总统府邸里，杰斐逊渴望谈论最新的科学和艺术，热衷与漂亮的女人、政治家和推动新旧世界运行的国务人士交谈。

在杰斐逊的精英阶层里，还包括他的表兄佩顿·伦道夫。他是弗吉尼亚司法部部长、弗吉尼亚下议院发言人及大陆会议第一任主席。伦道夫出生于1721年，性格友好、令人印象深刻。康涅狄格州的塞拉斯·迪恩这样描写了初遇佩顿·伦道夫时的感觉："他友好，开放，举止从容，个子很高，但比例匀称……因形象出众获得了尊重和敬意，还拥有独立自主的高贵品格。"

史莫、威勒、福基尔和佩顿·伦道夫建立了杰斐逊判断他人的标准。他们代表着对风度翩翩朋友的喜爱、对精神生活的奉献和为了更高利益对政治职责负责执行的承诺。"每当遭遇困难和考验，"杰斐逊告诉他的孙子，"我都会问自己——在这种情况下，史莫教授、威勒先生和佩顿·伦道夫会怎么做？选择怎样的道路才能确保获得他们的认可？"

以往的经验和心中的榜样总能给予杰斐逊以指导，他会思索这些阅历丰富的人——他尊敬和爱戴的人——在相同的境遇下会做出什么样的决定，用杰斐逊的话来说就是"站在一个非常高的起点"，杰斐逊认为要不断提高自己的起点，因此要不停地奋斗和超越。

为了追求这个高起点，杰斐逊从未切断自己和当代社会、文化潮流趋势的联系。在学院放假期间，杰斐逊便显露出弗吉尼亚人好客的天性，经常在沙德维尔庄园款待宾客或拜访朋友的庄园。

某个冬天，杰斐逊去拜访汉诺威县的纳撒尼尔 · 丹德里奇上校，在上校的家里遇到了帕特里克 · 亨利，一个居住在路易莎县的年轻人。杰斐逊回忆他们在邻里的季节性狂欢节上共度了两周。亨利经常会流露出些许不太优雅的举止，他的爱好很琐碎，喜欢跳舞、爱开玩笑，但他有种独特的气质，每个人最终都会被他吸引。

杰斐逊会从社会角度来看待生活，他相信自己的命运与身边的人密切相关。生活中少不了奴仆、家人和邻里，访客也会时常出现在身边。在一封给孙女的信里他这样写道："我深信要与这个世界不断融合并与之俱进，才能获得自己的幸福。"

杰斐逊是个纯粹的政治人物。与身旁的人共同生活在一起，为社区的各种事务而奔忙，他享受这种处在事务中心、掌控一切的状态，却并不在乎身边的事物到底是些什么。他曾是威廉与玛丽学院神秘社团扁帽俱乐部的活跃成员，但这个社团正如杰斐逊所说的："其实也没什么意思。"

与威廉斯堡的魅力相比，庄园的喧闹都已变得苍白。当杰斐逊不在威廉斯堡时，他渴望了解所有发生在那里的情况。杰斐逊在给大学同学约翰 · 佩吉的信中这样写道："如果城里有任何新闻，比如哪些熟人谁去世了、谁恋爱了、谁跟谁结婚了，都一定要告诉我。"

18 世纪 60 年代早期，杰斐逊与一名叫作丽贝卡 · 路易斯 · 伯韦尔的年轻女子恋爱了，她是杰斐逊在英国格罗斯特县的同学小路易斯 · 伯韦尔的姐姐。这场恋情虽然没有结果，但是炽热的。一个不足 20 岁的年轻人能在信里写些什么呢，无非是些言过其实、令人心跳加速、浮华自夸的东西。与丽贝卡所有的通信中，他的幽默和自嘲大多单调无味，但这段经历的有趣之处在于，它反映了杰斐逊对拒绝、混乱和批判的敏感。

恋情进行得并不顺利，甚至连老鼠和雨水都在跟杰斐逊作对。1762 年平安夜，杰斐逊像往常一样回卧室睡觉，他把笔记本、吊袜带和手表放在了一边。手表底下压着一张丽贝卡 · 伯韦尔的画像，这是杰斐逊唯一可以寄托情思的信物。

圣诞节早上醒来后，杰斐逊发现老鼠溜进自己的卧室，啃坏了笔记本和吊袜带，老鼠在圣诞夜离杰斐逊头部仅有几英寸①，更糟糕的是，雨水漏进了屋子，弄

① 1 英寸≈ 0.025 米。——编者注

坏了他的手表和他珍爱的画像。苦恋中的杰斐逊认为这件事是可怕的预兆。

深陷苦恼的杰斐逊拿自己与乔布相比，思考着："这世上是否真的有幸福？"他的回答是："没有。"一个月后，1763年1月，来自沙德维尔的信中可以得知：杰斐逊仍旧很低迷。他在给约翰·佩吉的信中写道："对我来说，这里的一切日复一日，让我感到苦闷压抑：早上起来吃早餐，之后是中餐、晚餐，然后上床睡觉。日复一日，昨天和今天没有一丁点儿不同。"

杰斐逊有很强的控制欲，同时也喜爱分享秘密："我们必须制订个计划，互相交流想法，只有我们自己知道，不能告诉别人。"他写信给佩吉，彼此分享一些求爱、舞会的八卦和恋人用的小把戏。

在过去的一年里，杰斐逊对丽贝卡的情感变得越来越强烈。9个月后，1763年10月6日，星期四，杰斐逊决定对丽贝卡表白。那晚，威廉斯堡雷利酒馆阿波罗大厅正举办一场舞会，大厅里灯火辉煌。

在这种优雅的环境下，杰斐逊认为自己的机会来了。杰斐逊第二天写道："我做了很多准备：我先把要说的想好，然后组织成流畅的语言，还要用一种对方完全能够接受的方式来表达。"与丽贝卡跳舞时，杰斐逊和她保持着适当的距离。一切都按计划在进行。

然而，当他设法表白时，思维却一片混乱。"我的天呐！"杰斐逊继续写道，"终于盼到一个表白的机会，但我根本连不成句，完全词不达意，呼吸急促，语无伦次，大脑彻底停摆！"

令他难堪的场面终于快要结束了。然而，他并没有完全放弃，又尝试了一次：用他自己的话说，与丽贝卡开诚布公地谈了一次。他计划（并没有成行）去英国旅游，但他的心还系在丽贝卡身上，只要丽贝卡需要的话，哪怕只有丁点儿需要。

1764年1月，他把表白的事情告诉了朋友约翰·佩吉。他彻底坦白自己对丽贝卡的心意，但略去了那段混乱尴尬的表白，好给自己留几分颜面："我没有逼问她给一个明确的答复，但明确地表示还会问她相同的问题。"最终的结果是，杰斐逊没有再问相同的问题——事实上，他和丽贝卡此后再也没有见过面，失败的打击让他退却了。在遭受丽贝卡的拒绝后，他患上了头痛病，这是他第一次遇到这种情况：压力一大就会持续头痛。

3月的一个夜晚，在写给朋友的信中，杰斐逊批评自己"太消极"，说他想娶丽贝卡的“计划”现在已完全泡汤，因为丽贝卡就要嫁给约克富有的杰奎林·安布勒，婚礼定在1764年3月。

之后，他未遮掩地暗示自己与女奴或女仆发生了关系，虽然尚不确定，但很有可能。杰斐逊写道：“单身可以有很多快乐的抚慰。并不是因为出于本能的需要，而是为了排遣心中的苦闷，也可以随时同威廉斯堡的女人或年轻女子作乐一番。信徒圣保罗说过，婚姻是扑灭心中欲火最好的方式。现在我认为，如果他确切地知道，上帝在末日审判时对任何人都非常友善——不管此人是以婚姻中夫妻关系方式扑灭欲火，还是以其他方式——那么，圣保罗应该真诚地建议人们按自己的需要行事。”

写下这段话时已经接近午夜了。他忍受着头痛的煎熬，将要燃尽的蜡烛照在朱庇特身上，这位杰斐逊的私人奴仆已经坠入了梦乡。也许是此时的亲密让他敞开了心扉，也许他只是在夸夸其谈，但说“上帝”给了他这样的人满足性欲的方式，一定是有缘由的，看来他也充分地利用了这种方式。有一点是很清楚的：杰斐逊希望自己能从失恋的打击中恢复过来。幸运的是，他的教师和导师培养了他广泛的兴趣，这有助于他摆脱相思之苦。

第三章
革命的根源

服从宗主国是我们的职责，这一由来已久的信念局限了我们的思维，使它变得狭隘。

——托马斯·杰斐逊

对于杰斐逊来说，政治是无处不在的，就好像每天呼吸的空气一样。杰斐逊曾为自己写下这样的日记："我们要比敌人活得更长久。"在备忘录的同一页上，记录着他派人去伦敦为奴仆朱庇特购买夏装，还有给自己做背心的鲜红布料，此外还有一句警句："不自由，毋宁死。"

让我们跟随杰斐逊回到18世纪60~70年代初，去看看美国独立战争的形成及其原因。自由的定义及代议制政府的性质——基本的人权问题——在美国引起了像杰斐逊这样年轻人的注意。在那几十年里，伦敦掌控着美国的殖民地。英国《航海条例》控制着贸易运输；费城的商人或阿尔伯马尔县的农夫都受制于当时的经济体制，没有政治发言权；英国总督可以召集如弗吉尼亚下议院这样的殖民地议会，也可以否决任何立法，并有权随意解散会议；北美直接选出的英国代表没有资格参加英国议会。

在杰斐逊成长的年代，这些争端的范围和重要性逐渐扩大。1754年，杰斐逊还不满12岁，纽约举行了奥尔巴尼会议。在会议上，北美殖民地居民制订了一个提案，即大众熟知的“奥尔巴尼联盟计划”，目的是要建立一个联邦皇家总督管理下的庞大自治省。计划的起草人本杰明·富兰克林特别指出：因为北美殖民地居民认为计划太专制，而英国方面又认为它太民主，计划最后流产了。

当杰斐逊14岁时，他得到了父亲留给他的波·德·索尔亚斯·拉平的《英格兰史》，一本揭示了美国革命根源的书，因为美国18~19世纪的历史与英国17世纪的历史密不可分。

因为大多数美国人都来自英国各地,他们大多也熟悉英国历史，这些人明白政治生活就是与统治阶级不断做抗争以维护个人的自由。

受到英国政治家、博林布鲁克子爵亨利·圣约翰的影响，杰斐逊认为历史是“哲学教学的实例”。因此，历史是极其重要的，可能在任何时间任何一代重新上演。哪里有暴政，哪里就会有不惜一切代价的反抗。

拉平的历史书于1723年首次出版，这本书里讲述了英国的历史故事（英国人民对暴政进行的反抗，如今在美国再度重演），其中包括君主政权与（相对来说）人民主权之间的抗争：辉格党倾向于议会及人民，托利党则倾向于国王。杰斐逊对此进行了严肃、认真的思考，之后他得出结论：任何社会都会分裂成相互对立的两个阵营。

英国内战、王朝复辟及光荣革命影响了美国人对生活和政治的看法。在拉平、博林布鲁克和其他人的著作中，历史被描写成少数派与多数派之间的博弈。在17世纪的英国，民众起来反抗斯图亚特王朝国王的专治暴政，其中不乏贵族，引起了骚乱。奥利佛·克伦威尔为首的当权的共和国将查理一世送上了断头台，斯图亚特王朝之后复辟（这引起了更多政治和宗教的斗争），最后于1688年爆发了光荣革命，迎立玛丽和其夫荷兰执政奥兰治亲王威廉为英国女王和国王，确立了君主立宪制。坐上王位的一个条件是：威廉和玛丽支持通过《权利法案》，限制君主滥用个人和议会的权力 。通过1689~1701年出台的宪法条款，英格兰建立了新秩序并限定君权，从而保护自由。

与杰斐逊同时代的美国人被笼罩在这样一种气氛中：17世纪宗主国因暴政曾引起了民众及贵族的抗争。安全只存在于混合政府，行政机构对英国来说就是君主，应该由上下议院组成的两院制立法机构制衡（独立的司法系统也起到了关键作用）。美国人想要的是一种互相制衡的体制，他们开战要反抗的是缺乏公平和民主的政府。

由于自己的出身和所受的教育，杰斐逊支持美国进行抗争。彼得·杰斐逊图书馆收藏了拉平所著的多卷《英格兰史》，体现了祖辈们的世界观，而托马斯·杰斐逊将把这种世界观推向大西洋世界的中心。早期杰斐逊传记的作者亨利·兰德尔在书中描述杰斐逊是“坚定的辉格派，他遵循某种民主的（取‘民主’一词广为人知的含义）概念和准则，并将其传给了孙”。

更为稀奇的是，托马斯·杰斐逊对这个问题进行了更为深入的研究和探讨。他阅读了塔西佗的《日耳曼尼亚志》，并成为该书理论的追随者。该书阐述了英格兰起初是由热爱自由的撒克逊人迁移建立的，这群热爱自由的人不甘于“征服者”威廉的君主制封建势力的压迫。根据这一观点，美国人是撒克逊个人自由传统的继承者，只是这个传统长期受到压制。

杰斐逊和他的革命同僚站在相同立场，他们1775年领导了独立战争，1776年发表了《独立宣言》，这样做的部分原因是身为英国后裔却享受不到与英国居民相同的权利。在1764~1774年的10年间，也就是在抗税运动和革命前夕，杰斐逊和志同道合的人们保卫个人自由不受侵害，并反抗将光荣革命成果据为已有的英国代表。每一项来自伦敦的提案、每一项税收、每一个帝国权威的标志，都唤起美国人对暴政的恐惧，因为这些17世纪的提案、税收和皇权表现已经引发了内战和复辟时期的宗主国国内的暴政。

随着同法国与印第安战争（也被称为“七年战争”或“帝国伟大战争”）的结束，英国有关税收和代表权的争论获得了新的力量，当然，这其实是有关自由和管理权的争论。

战争争端于1759年在亚伯拉罕平原结束，然而结盟的法国与印第安一方和英国与美国的另一方在新旧世界又展开了一场有关金钱和权利的冷战。

帝国的花销是巨大的，“七年战争”结束后，伦敦统治的帝国疆土庞大得惊人。简言之，伦敦需要大量资金，所以认为北美殖民地应该承担更多英国领土的维护费用。有约一万英军驻守在北美，这就意味着普遍的威胁，军队既可以解放和保护，也可以攻占和征服。

英国殖民当局如今更加深入美国人的生活，影响着他们的命运。美国人谨慎地观察到这一切,担心专制近在咫尺。英国同法国与印第安战争之前，英国殖民当局并没有下令禁止北美人民到阿巴拉契亚山以西开荒；战后，俄亥俄山谷地区印第安部落起义反抗英国驻军，这之后，英国议会赋予国王随意处置阿巴拉契亚山以西土地的权力，此举尤其损害了弗吉尼亚土地投机家和南方种植园主的利益。战前，英国议会并没有很严格地执行《航海条例》管制贸易；战后，为了减少发生在美洲殖民地的走私活动,英国议会制定了“协助收缴走私物品令”，允许政府登上并搜查殖民地船只，此举尤其激怒了波士顿民众。

美国南部和西部民众因土地和印第安人感到愤怒，东北部民众因“协助收缴走私物品令”而感到担忧。1764 年颁布的《食糖法》激怒了整个殖民地民众，其中包含了严格执行此法案的相关机构。尽管该法案实际上降低了糖浆的税收，但在其他物品上增收了关税（包括马德拉白葡萄酒，年轻的杰斐逊最钟爱的一种酒）。《食糖法》还试图在“七年战争”后建立一个原则和开创一个先例，用法律语言来描述的话，即“在大英帝国下辖的美洲地区提高税收是正当且必要的”。

1764 年 3 月 9 日星期五，殖民当局下议院，英国首相乔治 · 格伦维尔，一位在 1763~1765 年担任英国政府首脑的辉格党派政治家，继宣布《食糖法》后，又提出了在殖民地实行《印花税法案》（规定凡殖民地的商业契约、广告、执照及新闻纸类甚至毕业证书都要缴纳印花税）。格伦维尔告诉下议院，他期望国会对辖地领土拥有绝对的主权和控制力，提高或征收任何税收，不希望遭到争议。

然而，争议是存在的，而且必然存在。美国民众都在争先恐后地阅读马萨诸塞州詹姆斯 · 奥蒂斯律师撰写的《英格兰殖民地宣称的和证实的权利》一书，这本 1776 年的小册子与托马斯 · 潘恩所著的《常识》类似，为美国提供了令人信服的理由。

1764 年秋，奥蒂斯的观点在殖民地广为流传。这时，在威廉斯堡，乔治 · 威勒向下议院起草了一份抗议税收的请愿书。有些议员认为该请愿书言辞过于激烈，甚至有不忠之嫌，所以向威勒这个杰斐逊最亲近、最崇拜的人暗示，这一断然的看法可能会导致战争。

1764 年弗吉尼亚决议总结了反英立场的精髓，并将其呈送给了英王及议会：

“不经殖民地同意，不得擅自征税；非合法选定代表不得擅自征税。”弗吉尼亚决议在伦敦并未产生任何影响，英议会甚至没有仔细考虑过这一决议。《印花税法案》于1765年3月22日星期五通过。

遭遇戏剧性尴尬结局的弗吉尼亚决议风波是杰斐逊第一次亲历的政治争端。弗吉尼亚关于如何应对《印花税法案》的争论包罗万象：情绪化的言辞、帝国的压力、代际划分以及立法手段。

在这个利害攸关的时刻，将这些原则和想法改善并应用于现实世界，这其中就包含了最初的政治和人类的谋略。对于这场斗争来说，这正是一个完美的试验场所，而这场斗争又与杰斐逊息息相关。

弗吉尼亚下议院大多数成员想采取反对议会权力主张的立场。但美洲人究竟能将殖民地及个人的辉格党解释权利推行多远？1765年3月30日星期三，帕特里克·亨利在下议院慷慨陈词地抨击英国暴政的演说，引起了杰斐逊的关注。在1765年的关头，甚至对于帕特里克·亨利这样的激进人士来说，想向大英帝国宣传也是不切实际的。

下议院春季会议已进入晚期。许多议员已经离开威廉斯堡回家了。杰斐逊后来回忆道：“我那时还是个学生。”而当时，杰斐逊则在一旁观察他们的举动。共有7个人进行了反《印花税法案》决议的发言。在发言中，帕特里克·亨利，这名自学成为律师的人正在慷慨激昂地陈述自己大胆的举措。而杰斐逊第一次见到他是在纳撒尼尔·丹德里奇的府邸。

杰斐逊站在下议院门旁，惊奇地聆听亨利的演讲：实在是振聋发聩！哪里有暴政，哪里就会有不惜一切代价的反抗。根据留存下来唯一一份当时的会议记录，亨利激昂地讲道：“有塔克文和恺撒就有布鲁图，有查理一世就有克伦威尔，有乔治三世就有亨利！毫无疑问，一定会有可敬的美国人为祖国的荣誉而肝脑涂地！”杰斐逊听得热血沸腾，这样评价亨利：“他的讲演如荷马史诗般具有感染力，雄浑有力。”

一位和杰斐逊一同在场的法国旅游者记录道，当下议院议长听到亨利援引布鲁图和克伦威尔时，冲着亨利叫喊着“大逆不道”！

亨利让步了。根据这位法国旁观者的记述，亨利说道：“那么我请求各位的原谅，我会效忠英王乔治三世陛下，直至最后一滴血，但我之所以这样做，完全为的是保护祖国奄奄一息的自由精神。”

对于亨利的决议，下议院分裂成两派，彼此的对抗进入白热化阶段。杰斐逊形容现场“十分血腥”。有关审议的记录十分有限，但亨利的演说大致如此。显然，“第五号决议”的框架是亨利提出的：

> 弗吉尼亚议会表决通过，只有议会拥有对该地区征税的权利和权限，试图将此权利和权限授予上述议会外的其他人员的行为将被视为破坏英国及美国的自由。

然而，佩顿·伦道夫等人想暂时采取更温和的立场，但亨利激进的“第五号决议”竟以十分微弱的20票对19票通过了！伦道夫得知结果后说道：“我的上帝，我宁愿花500基尼买一张选票。”如果再有一张反对票就会成平局，而议会发言人约翰·罗宾逊应该会投反对票，让“第五号决议”搁浅。

然而，激进派赢得了胜利。针对伦敦的相关会议记录并没有烦扰到温和派，真正让他们感到不安的是失去了对局势的掌控。帕特里克·亨利已经建立起了成功的基石。

夜幕降临威廉斯堡，亨利离开了首府。他获胜了，或许他是这么想的。

第二天早晨——1765年5月31日星期五，杰斐逊迫不及待地返回下议院。昨天的激战深深地吸引着他，他早早抵达了会议厅。然而他发现了更早到来的另一位伦道夫表兄——彼得·伦道夫，他已经开始工作了。伦道夫正在查阅下议院的记录，想找到在议会会议期间如果议员发生分歧时应该如何处理的先例：他想要以此为借口废除“第五号决议”，击败亨利，重新夺回下议院的控制权。

于是，杰斐逊无意中成了有人要推翻前一日决议结果的见证人。约一个小时后，下议院又重议了该项决议，并撤销了前一日的决定。亨利的离开留给了对手可乘之机。虽然有关下议院5月31日《印花税法案》的重议结果静静地躺在记录本里，但这场内讧的惊心动魄却让人心有余悸。总督弗朗西斯·费尔法克斯在写给商务部的信中将它形容为“下议院一个小小的修改”——想必是因为亨利的离开——“有人想要攻击他人的决议……‘第五号决议’是最具冒犯性的，因此予以撤销。”

这件事引发了杰斐逊的思考：亨利究竟该被视为伟大民主的自由捍卫者，还是精英管理阶层的瘟疫？杰斐逊认为应该永不放弃政治斗争，也不回避使用任何手段获得胜利。仅仅22岁生日的6个星期后，杰斐逊就进入弗吉尼亚下议院这个权力错综复杂的地方开始了实习工作。这个星期四，亨利荷马史诗风格般的演讲振聋发聩，唤起他内心对辉煌自由的渴望，并让他断定交予国会任何控制弗吉尼亚和其他殖民地区的权力都无异于"摧毁美国的自由"。

于是星期五，他就亲眼看到了前一天落败的温和派抓住机遇，灵活机变地反败为胜。决不放弃，亨利的政敌既警觉又足智多谋，趁亨利离开之机，查阅记录寻找先例，为扳回败局找到了堂皇却确凿的理由。选择适当的手段也同等重要（在这种情况下，选择了立法程序），这样才能具备充足的能力获得期望的结果。在此后的岁月里，杰斐逊无论何时都能抓住意外的政治机遇而扭转乾坤，全是拜这次经历所赐。在威廉斯堡的5月末，他亲身经历了整个内讧夺权事件。

福基尔也感觉到局势在发生着变化。在随后的星期二，1765年6月4日，福基尔举办了一年一度的诞辰晚宴，借此向乔治三世致敬，这是威廉斯堡一大壮观场景。然而今年却盛况不再。"去那里本想能看到不少显贵，"一个无名的法国旅行者写道，"但让我失望的是那里总共就没多少人。在晚餐前我便索然离去了。"

因《印花税法案》下议院展开的内讧夺权事件，是杰斐逊亲身经历的第一个重大公共事件，他十分珍惜这次经历，从中懂得了精心的谋划可以反转乾坤、转败为胜。他知道精心的谋划不仅需要头脑，还需要安定从容的说服力。

里瓦纳河段不可通航，船只无法将满载的粮食从阿尔伯马尔县运到集市上。登上一条小舟，杰斐逊开始寻找可以运输的航线。

杰斐逊和朋友玛格丽特·贝亚德·史密斯沿着河岸划行，河边的景色"自然又美妙"。杰斐逊发现移除弥尔顿瀑布下的岩石可以改变里瓦纳河的流向，这样满载粮食的船只就可以通行到集市。除了个人出资，杰斐逊还成功地募集到散户资金实行这个计划。1765年10月，殖民议会赞扬杰斐逊做了一项"值得称赞的、有益的"工作，并授权其"清理詹姆士河段的瀑布、奇克哈默尼河段及詹姆士北部支流"。

杰斐逊兴奋不已。他效仿父亲留下的传统，在杂乱中创造了秩序。他所做的不是一件默默无闻的小事，还因此受到了肯定和嘉奖。

对于杰斐逊来说，威廉斯堡《印花税法案》斗争的11年间，里瓦纳河段通航工作及1776年费城《独立宣言》，是他走向稳定成熟的阶段，无论是在智力、政治还是情感上。像大多数美国人一样，他曾经并不是一个革命者。从忠诚的拥护者转变为革命者，这揭示了杰斐逊不仅是个实用主义者，同样也是理想主义者。他明白，利用哲学和历史创造情感诉求影响公众情绪是很重要的。

杰斐逊已具备非凡的领导能力，这意味着他懂得了怎样把复杂的事物提炼成易于理解的信息，从而传播到更广阔的世界，而且深入人心。1776年，杰斐逊帮助一个马里兰出版商，威廉·林德在威廉斯堡创办《弗吉尼亚州公报》，来制衡约瑟夫·罗伊尔、约翰·迪克逊和亚历山大·珀迪把控的报业。“直到革命斗争的初期，”杰斐逊回忆道，“我们都没有一家自己的报刊，所有的报刊都是政府控制的。如果我们没有公众的支持，就不能够发出自己的声音制衡政府的言论。”

杰斐逊着迷于御人之术，他不仅从书本上学习政治艺术，还在威廉斯堡和阿尔伯马尔县的具体工作中进行实践。他不善于公众演讲，但崇拜像帕特里克·亨利这样的天才演说家。沙德维尔对于来往威廉斯堡的各色行者来说，是个便利的落脚点。这些行者当中就包括切罗基族首领奥塔斯特，他1762年横渡大西洋是为参见乔治三世而来。“那是个月圆之夜，”杰斐逊回忆道，“渡轮上的奥塔斯特似乎在为此番航行进行祈祷，同时也祝福远在故乡的家人一切安好。他声音洪亮清晰，行动活跃，围坐在炉火旁的随从沉默不语。尽管我听不懂他的言语，但感受得到空气中弥漫着敬慕的气息。”

说到语言表达能力，杰斐逊知道他绝不可能与这样的人相媲美。正因为洞见了这一事实，他着重培养自己感化他人的能力。他深入研究了审议机构的套路，学习如何快速写出得体而又有说服力的信件，这在革命期间尤为重要。

杰斐逊专注于与他人愉悦沟通的微妙技巧，首要的是善于赞美他人，还要仔细聆听他人的愿景和观点。政治家经常说得太多，听得太少，这反而会弄巧成拙，因为太多例子证明：赢得朋友不是靠说服他们你的观点多正确，而是凭借你是否关心他们所想。每个人都愿意相信自己的言语令人着迷、富于启发性，甚至具有划时代的意义。最好的政客能够营造一种印象，就像阿比盖尔·亚当斯所形容的杰斐逊那样：让每个与他打交道的人都感到自己很独特。

杰斐逊的孙子这样描述祖父的人际交流策略：“他掌控谈话的能力超群，总是不动声色地将话题转向对方最擅长的领域，无论对方是劳动者、机修工或是其他职业人员。”

这样的习惯获取的不仅仅是信息。亨利 · 兰德尔讲述了这样一则故事。“一位受老式教育、既智慧又高贵的弗吉尼亚女士”经常在家款待杰斐逊。兰德尔记录道：“这位女士四处夸耀杰斐逊对自己的拿手菜很感兴趣，总是询问菜肴的具体做法。”尽管她怀疑杰斐逊的赞美甚至吹捧是出于礼貌，但她仍旧享受杰斐逊诚恳聆听她讲解的态度。“我知道这多半是想讨好我，”她承认道，“但他对菜肴真的很有鉴别力，这点是毫无疑问的，他不会放弃任何值得学习的东西。”不仅对这位女士，还有许多其他人，杰斐逊都可以从容应对。

1765 年秋是一段令杰斐极其陶醉的日子。这年 7 月，他的妹妹玛莎和他的朋友达布尼 · 卡尔步入婚姻的殿堂，他们的结合让杰斐逊喜出望外。卡尔在古奇兰县一个名为春天森林的地方开办了一家客栈，是杰斐逊往返威廉斯堡的必经之地。

年轻、聪明的杰斐逊不仅在威廉斯堡很受老师的青睐，还在弗吉尼亚贵族社交圈备受欢迎。杰斐逊已渐渐走出丽贝卡 · 伯韦尔留给他失恋的阴影，发现这世界幸福远多于悲伤。

1765 年 10 月 1 日星期二，他的大姐珍离开了人世。父亲的离世及伯韦尔带给他失恋的阴影又淹没了他的心。他痛苦地领悟到生命的脆弱。

珍是杰斐逊挚爱的姐姐。1765 年这个灰暗、悲伤的秋天，他沉浸在痛苦里无法自拔。新年的悄悄临近，也没能给杰斐逊带来一丝喜悦，他仍陷在失去至亲的悲恸之中。他的玄孙这样写道：“失去这样一位知己姐姐，杰斐逊的心底留下了一道永不可弥合的伤口。”引用英国诗人威廉 · 申斯通作品中的诗句：一个作家通常具有悲悯、忧伤的天性和离群索居的品性。杰斐逊用拉丁文写了一段墓志铭悼念亡姐，将其翻译出来是：

啊，珍，你是最美好的姑娘。
啊，在青春绽放的最美时刻你悄然离去。
与你偶然邂逅，留下了许多美丽的记忆。
别了，永远别离。

1766年3月的最后一个星期，珍离世约6个月后，杰斐逊开始了园艺记录，零零散散地记录了花朵和蔬菜的生长和凋落。他内心渴望着春天。1766年3月30日星期日，他这样记录道："紫色的风信子开始吐蕊了。"4月6日，他又写下："水仙和紫草也开始绽放了。"紫草又名血根草，存活期很短。一星期后，在他生日那天，"紫草凋谢了。"

杰斐逊仍旧沉浸在缅怀珍的悲伤里，对于留在家中还是远游难以抉择。数星期后，他计划去北方短途旅行。这是他第一次去弗吉尼亚之外的地方旅行，这次旅行预示着他今后的命运：他能用冷静的外表掩饰自己内心的焦虑，以及渴望融入世界政治舞台。杰斐逊于1766年春启程，他总是不忘防治和控制疾病，于是途中在费城逗留数日，前去看望威廉·希彭医生，并接种了天花疫苗。杰斐逊继续前往纽约，拜访了一位美国的精英朋友，食宿安排在朋友家里。在这位朋友家，他结识了马萨诸塞州的埃尔布里奇·格里——未来的革命战友和同盟伙伴。

这是一次危险之旅。行程的第一天，杰斐逊就被突然发足狂奔的马甩下去两次，"我的脖子都差点摔断了"。第二天又遭遇到了暴雨，可路上一个躲雨的地方也找不到。第三天，他涉渡一条溪流，差点被出乎意料的大水淹没。有生之年第一次，他的周围全都是陌生人，"连一张熟悉的面孔都找不到"。

杰斐逊在安纳波利斯逗留了几日，那里的景色极其优美，房屋也比威廉斯堡的优质很多。杰斐逊不自觉地被吸引到了马里兰殖民议会。他这样描述道：不知为何，这里的议会厅十分窄小；立法委员工作能力有限，多在做一些琐碎的事情。无论这里的设施或是委员的工作态度都没给杰斐逊留下深刻的印象。

他对马里兰议会的同事嗤之以鼻，在写给约翰·佩吉的信里说道："当我靠近时，惊奇地发现会议现场一片嘈杂，就好像弗吉尼亚庄园主在开公开会议一样。"他注意到那里的发言人都戴着黄色的假发，这在年轻的弗吉尼亚人看来"一点儿发言人的架势都没有"。对议会的详细分析说明杰斐逊强烈的领导欲望。这对杰斐逊来说是很自然的，如今他是作为威廉斯堡的一名成员讲述邻近殖民地议员留给他的印象。相比之下，这里会场内精神高涨，声势浩大："我要给你描述一下这里废除《印花税法案》后的欣喜气氛，不过你应该会在接到我的信之前就得知这个消息了。"

英国国会撤销了《印花税法案》，然而也意有所指地在1766年的《宣示法案》中声明，国会对殖民地拥有合法权力，"无论是何种事务"。对于杰斐逊来说，《印花税法案》的故事始于下议院的会议厅，终结于他第一次亲身体验这场以反对印花税为中心的群众运动的旅程中，这时殖民抗议的活动范围已远远超出了威廉斯堡和弗吉尼亚。在马里兰海岸人们为胜利举办的庆典及人群迸发出的欢快笑声中，美国作为一个国家的概念开始在杰斐逊的心中萌发。

杰斐逊师从乔治 · 威勒学习法律。1767 年，杰斐逊获取了律师资格，在弗吉尼亚常设法院当了一名律师。他与母亲同住在沙德维尔，但经常外出。接手的案件使他经常穿梭在斯汤顿和温彻斯特法院之间。7 月上旬，他收到了姐姐玛莎写给他的花园记录，告诉他：在栽种 71 天后，家里的康乃馨开花了。他对实用性的农场和观赏性的花园同样感兴趣。1767 年 11 月下旬，他算计着需要储存多少干草才能让他的马群度过冬夜。

杰斐逊给同龄人的印象是一位聪明、热情，求知欲强的律师，代理各种不同的案件。一件案子是一个小偷偷了一瓶威士忌和一件衬衫；还有一件是诽谤案：一名叫作戴维 · 弗雷姆的已婚男人起诉有人诽谤他，说他和伊丽莎白 · 布尔金等女人通奸。

杰斐逊的朋友热爱他，委托人感激他，长辈欣赏他。他是那么优秀，让人不自觉就对他产生了信任，但他的一个朋友发现，杰斐逊的生活中多了一名已婚的美丽妇人。

第四章

诱惑和考验

你会认为我犯了他们指控我的其中一种罪，当我年轻单身的时候爱上了一位美丽的妇人。

——杰斐逊，于 1805 年承认自己迷恋伊丽莎白·穆尔·沃克

人生来自由，这世上的每个人都应该拥有自己的权利和意志。

——杰斐逊谈论 770 年“豪厄尔奴隶制案例”

这无疑是通奸行为，但杰斐逊陷得太深（或者他自认为如此）而无法顾及。杰斐逊有魅力、有阳刚之气，是一个有权势、有领导能力的男人，对于他所渴望的不会轻易放弃。

伊丽莎白·沃克正是他渴望的。伊丽莎白是他朋友约翰·沃克的新婚妻子，而杰斐逊与沃克从小就相识。这两个男人的交情深厚：彼得·杰斐逊指定沃克的父亲为遗嘱执行者之一，也就是说，城堡山的托马斯·沃克是小杰斐逊的监护人之一。这两个男孩有着相似的生命轨迹，在就读威廉与玛丽学院之前都寄读在詹

姆斯·毛瑞的学校里。“在那所私立学校里，我们一起长大，交情日益深厚，”约翰·沃克回忆他和杰斐逊之间的友情，“我们珍爱（至少我是真诚的）彼此。”

伊丽莎白·沃克，人们平时都称她贝琪，是一位皇家总督的孙女、伯纳德·穆尔的女儿。伯纳德·穆尔是威廉国王县滨海地区切尔西庄园的主人。她的两个哥哥、杰斐逊和未来的丈夫沃克全曾一起就读于威廉与玛丽学院。1764年1月，杰斐逊向其他朋友通告了沃克的喜讯，而那时杰斐逊还沉浸在丽贝卡带给他的愁闷之中。“杰克·沃克和贝琪·穆尔订婚了，”杰斐逊在威廉斯堡写信给约翰·佩吉，“希望他所有的兄弟们都分享这份快乐。”

这种反语甚至是出于嫉妒。丽贝卡的拒绝仍旧啃噬着他的心，杰斐逊哪里有心情去庆贺朋友的浪漫好运。他的马匹被送回庄园不在身边，这更加重了他的苦闷。没有它们，他更加感到孤苦无依，他说，现在“我不能够随时乘兴骑马狂奔了”。写给约翰·佩吉的信注明着“魔鬼城堡”，将威廉斯堡渲染成黑暗的“魔鬼城堡”，因为在这里他失去了心爱的新娘。世界如此荒凉暗淡。杰斐逊想：“‘可怜的’约翰·沃克，你不会这么心急就把美丽的新娘娶进门吧，听说应该不会一两年之内就结婚的。”

然而杰斐逊错了。不到5个月，1764年6月第一个星期，贝琪·穆尔和约翰·沃克就在贝琪的家切尔西庄园结婚了。杰斐逊也出席了婚礼。约翰·沃克回忆，“杰斐逊是我的挚友”，在婚礼上担任了伴郎。婚后直到1768年，包括新生的小女儿在内，沃克一家都居住在人们熟知的贝尔沃府邸，距离沙德维尔大约5英里。同杰斐逊一样，沃克也是弗吉尼亚政界冉冉升起的新星。不久，沃克参加了代表团，并要前往纽约斯坦尼克斯堡同印第安人进行谈判。约翰·沃克在临走前，依着自己的心意，嘱托“杰斐逊先生……我的邻居和忠实的朋友主要负责照顾我的家人”。沃克的代表团将在初夏前往纽约。

这时，杰斐逊刚满25岁，贝琪·沃克也只有22岁。1768年夏，在拜访贝尔沃府邸的过程中，杰斐逊发现自己是贝琪唯一的陪伴，他感觉到自己似乎爱上了老朋友的新婚妻子。

鉴于自己所冒的风险，杰斐逊觉得要巧妙地展开爱情攻势。年轻的妇人开始反抗，但杰斐逊并没有放弃对她的追求。出于多方考虑，贝琪保守了杰斐逊求爱的秘密，但她直接向丈夫暗示了自己的焦虑。据约翰·沃克的回忆，他的妻子开始抱怨他为何让杰斐逊来照顾她们母女："我真不明白为什么你会那么信任他。"

在接下来的几年里，杰斐逊一直悄悄地展开着追求。有一次，趁沃克一家拜访沙德维尔的时候，杰斐逊变换了对贝琪的追求方式，将一张藏在袖子里的纸条塞进了她的长裙。约翰·沃克后来回忆道，这封信是"一张想要蛊惑贝琪相信这段淫乱的情感是多么纯真的纸条"。

或许从阿波罗大厅被丽贝卡拒绝蒙受屈辱的那一刻开始，杰斐逊就意识到他的文笔比口才好。写给沃克夫人的信是要试图给贝琪洗脑，劝说她接受自己的爱并无任何不妥。他的花招失败了。沃克夫人说她"看了一眼，当场就把信撕碎了"。

之后，在一位他们共同的朋友（著名猎人约翰·科尔斯）的庄园举行了持续数日的宴会。杰斐逊看到有机可乘便试图接近贝琪。一天晚上，所有女士都回房就寝了，杰斐逊认为时机已到。约翰·沃克回忆道："他假装生病，说头疼就离开了我们，当时我也在场。"

悄悄地溜走后，杰斐逊找到贝琪的房间，在那里，据约翰·沃克说："我的妻子已经脱衣睡下了。"杰斐逊再次失败。"贝琪愤怒地驱赶他并威胁说要喊人，杰斐逊这才仓皇逃走。"

数十年后，杰斐逊承认沃克所言非虚，这才让杰斐逊和沃克之间的党派分裂有所缓和。沃克早已得知杰斐逊数年间一直对自己的妻子图谋不轨，杰斐逊也承认那是一件不道德的事。

1768年夏，杰斐逊再次受挫于沃克夫人。不过这年金秋在威廉斯堡，杰斐逊倒是从戏剧和政治上得到了些抚慰。多年前，尊敬的长老会牧师塞缪尔·戴维斯在弗吉尼亚举办了多场民众喜爱的戏剧，目的是为了净化人们的心灵。他说："戏剧和爱情小说比耶稣基督的史书更有可读性。"于是那年在威廉斯堡春季上演了约瑟夫·艾迪生的《鼓手》、莎士比亚的《威尼斯商人》、约翰·盖伊的《乞丐歌剧》、托马斯·奥特维的《得救的威尼斯》和《孤儿》等剧目。当时上演的剧目由威廉·维林的弗吉尼亚公司承办，其中包括喜剧：约翰·霍姆的《道格拉斯》和亨利·凯里的滑稽剧《诚实的约克郡人》。杰斐逊不仅观看剧目，还给予了资助：邀请意大利音乐家弗朗西斯·阿尔贝蒂从威廉斯堡到阿尔伯马尔县进行指导。阿尔贝蒂还指点了杰斐逊的小提琴琴艺。

1768年，弗朗西斯·费尔法克斯逝世于总督府邸。威勒–杰斐逊这个圈子中最有权力的人走了。在费尔法克斯的遗嘱中，他遗憾地表示死后会变卖所有奴隶。他还做出了一个不同寻常的举动：允许12名成年奴仆选择自己的新主人，并规定女奴和孩子不得分开。一位思想开明的绅士走到了生命的尽头，他还建议捐出自己的尸体用于解剖找出死亡的原因。他在遗嘱里交代，希望能为同胞比生前做点儿更有用的事情。

费尔法克斯的葬礼于5天后在布鲁顿教区教堂北侧通道举行，距离威勒的府邸不远。费尔法克斯的离去标志着杰斐逊、威勒及费尔法克斯密友时代的结束（这些费尔法克斯家宴上的座上宾，在明亮会客厅欣赏杰斐逊小提琴表演的密友们），也标志着当地温和治理时期的结束。晚年，杰斐逊评价费尔法克斯是“威廉斯堡历届总督中最具才华的人”。

诺伯恩·伯克利是第4代博特托尔特男爵，他接替了费尔法克斯的总督职位。他被大家称为博特托尔特大人，是一个善于享乐的人。有一次，杰斐逊的朋友一家正在自家威廉斯堡府邸的台阶上举行歌唱晚会，这时他们听到一个行人喊道：“唱得好！唱得好！看在上帝的分儿上请继续，不然我就回家啦。”这个行人就是博特托尔特，随后，他愉快地加入了晚会。

欢乐并没有持续多久。同一天《弗吉尼亚州公报》以标题加黑边框的形式报道了费尔法克斯的逝世，悼念费尔法克斯的文章连载了9期，是一位宾夕法尼亚的名叫约翰·迪金森的农夫所写的信件。在文章中，他主张宗主国不应该忽视与美国的利害关系：“我们应该采取进一步的措施阻止大英帝国从我们身上夺取各种利益……让我们为了共同的目标，从五湖四海走到一起。”

费尔法克斯的去世标志着一个时代的结束，同时也标志着另一个时代的开始。

同一时期，杰斐逊在贝尔沃距离母亲的府邸两英里的地方（骑马至少半个小时）开始建造自己的新家，这引起了周围居民的纷纷关注。这期间，他经常返回大都会威廉斯堡逗留小住。新府邸被命名为蒙蒂塞洛，意大利语的“小山”。这片小山曾种过樱桃，1767年8月3日星期一，杰斐逊注意到樱桃树可嫁接的属性；还曾种过庄稼，1768年5月15日星期日，达成一项协议：“把山顶东北方向250平方英尺平坦区域种上小麦和玉米，到圣诞节时”可收获 180 蒲式耳①的小麦和 24 蒲式耳的玉米（可能有 12 蒲式耳的误差，以收割后称量为准）。杰斐逊在园艺记录本上记录道，如果想把坚硬的岩石挖走，则需要“冷静的人来处理我们之间的这个问题”，“冷静”根据上下文应该就是公正的意思。但令杰斐逊感到不可思议的是，这句话就像是一句谶语：只是这里的“坚硬的岩石”不是真实的岩石物体，而是他前进道路上的所有障碍。他决定在那里建造蒙蒂塞洛，按着自己的设想建造。

1768 年 12 月 15 日星期四，《弗吉尼亚州公报》报道托马斯 · 杰斐逊当选为阿尔伯马尔县下议院议员，年仅 25 岁。

他将为托马斯 · 沃克医生工作，也就是约翰 · 沃克的父亲、贝琪 · 沃克的公公。竞选活动主要包括给有选举权的地主购买酒水和蛋糕。在接下来的 41 年里，杰斐逊基本没有离开过政坛。即便是没有正式职务的时候，他也没远离过那个时代的政治旋涡的中心。

自从《印花税法案》引起广泛不满并被废除后，1767 年，英国议会通过了以英国财政大臣查尔斯 · 唐森德名字而命名的《唐森德税法》，对输入殖民地的玻璃、纸张、颜料、茶叶等商品征收很重的进口税，并在波士顿设立海关税务司总署。13 个殖民地中，马萨诸塞州率先起来反抗。1768 年 2 月，波士顿马萨诸塞州的立法机构发出了一封抗议法案的通告信，并号召其他殖民地也起来进行反抗。这就是杰斐逊于 1769 年 5 月 8 日星期一首次当选议员时所面临的政治气氛。

威廉斯堡弥漫着一种紧迫感。英国当局已经下令：若弗吉尼亚州议会加入马萨诸塞州反抗《唐森德税法》的行动，博特托尔特将就地解散议会。不出几日，这里就上演了一幕解散议会的大戏。

弗吉尼亚州议会立法者通过了一项支持马萨诸塞州的决议。因此，1769 年 5 月 17 日星期三中午，博特托尔特召集议员们在议会大厅开会。“我听说了刚通过的决议，但这个决议会带来极其恶劣的影响，”博特托尔特对议员们说道，“你们逼着我行使权力解散议会，那么我现在宣布议会解散。”

杰斐逊当选议员还不足 10 天。在他选任生涯刚刚开启的时候，就面临着纷争、

① 1 蒲式耳≈ 35.238 升。——编者注

危机，面临着为美洲殖民民众探索出一条摆脱宗主国的控制、实行自治的创新之路。

他随着同僚离开了议会厅，走进了雷利酒馆的阿波罗大厅，杰斐逊就是在这里首次遭受了失恋的打击。酒馆正门上方的二楼悬挂着领袖沃尔特·雷利爵士半身像，议员们依次从正门进入。正如《议院期刊》上所说的，他们决定“在这种不利情况下，要采取一定的措施从而保护殖民地真正的、基本的利益”。第二天，弗吉尼亚州的议员们制订出了计划：他们决定不进口或购买任何大英帝国的货品。

随后，就职会议结束后，杰斐逊就离开了威廉斯堡回到蒙蒂塞洛。此刻，他完全沉浸在权力和对抗中。

1770年2月1日星期四，习惯了当一家之主的杰斐逊和母亲正在接待一位来访的邻居，这时传来了灾难的消息：沙德维尔失火了。

杰斐逊大惊失色。不过他询问送信奴隶的第一个问题是：他的图书馆是否还在。所有书都被烧毁了，这位奴隶答复道：“不过啊，我们保住了您的小提琴。”

杰斐逊是注重实物的人，他有收集物品的癖好，这种癖好其实就是他好奇心的一个具体表现。物品被烧毁或损毁令他极其烦恼和沮丧，但火灾同时也提醒人们，有很多事物并非人力可控。杰斐逊耗费了近10年学习法律和从事法律工作。法律这项事业基于一个前提：尽管人是有局限性的，但还是可以构造出一种秩序，让他们可以对世界事务行使权力。沙德维尔的烧毁就是一例：杰斐逊或其他任何人都是有局限性的，不是无所不能的。

几乎所有东西都被烧毁了。杰斐逊猜测被毁掉的图书应该价值200英镑。但这种想法并没有困扰他很久。他在写给约翰·佩吉的信中感慨道：“如果烧毁的只是200英镑的钱币……还真没什么可惜的！”

真正的痛楚源于失去了书籍和法律文件，其中包括为开庭期精心准备好的工作笔记。没有这些笔记，他就不能掌握手头的工作。杰斐逊陷入了绝望，甚至有些躁狂，四处告知亲友沙德维尔失火的消息获取建议和安慰。他在考虑是否需要重新选址修建家园——这对故土观念很强的人来说真是个非凡的想法。

火灾焚毁笔记带给杰斐逊的伤痛让他想起了莎士比亚戏剧《暴风雨》里的普洛斯彼洛，莎翁笔下一位里程碑式的悲剧人物。杰斐逊第一次看到这本书是在父亲的图书馆里，也就是现在被烧毁的这座。他凄凉地影射自己遭受了与剧中人相同的命运：

我们的狂欢已经结束。我们的这些演员，
我曾经告诉过你，原是一群精灵，
他们都已经化为轻烟消散了。
如同这虚无缥缈的幻境，
入云的阁楼，恢宏的宫殿，
庄严的庙堂，甚至地球自身，
以及地球上所有的一切，都将同样消散，
如同这一场幻境，连一点儿烟云的影子都不会留下。
构成我们的材料也就是构成梦幻的材料，我们短暂的一生，
前后都被沉睡包围。

对于杰斐逊这样一位年轻的学者和有抱负的政治家来说，这是一段饱受考验的时间。在温暖的壁炉旁手持红酒，阅读悲剧作品、挖掘其中的哲理、体味精神内核及探索事物的本质并非难事，难的是有能力将脑中的想法转化成内在的感受。托马斯·杰斐逊就具有这种能力：他的头脑、心灵和开放的个性仿佛是一个完整的整体。很多哲学人士生活在抽象地带，总是在争论象征和幻象，能看到全局的读者和思想者很少。站在沙德维尔灰烬上的杰斐逊就在设法放眼全局。

杰斐逊摆脱了火灾所带来的痛楚，准备着手建造蒙蒂塞洛。阳光倾洒在小山山顶。在小山东南坡，杰斐逊打算建一座果园：里面种上梨子、苹果、油桃、石榴和无花果。“生活的不幸没有击倒你，”乔治·威勒在给学生的信中写道，“因此我确信，今后你一定能克服所面临的困难。这次磨难反而让你得到了多方面的锤炼。”威勒还附上了一则古罗马诗人维吉尔的格言：“忍辱求生，寄望将来。”

1769 年，杰斐逊在《弗吉尼亚州公报》刊登了一则告示寻找一名逃跑的奴隶，全文如下：

该奴隶从阿尔伯马尔县的主人家中逃跑，
名叫桑迪，是一名黑白混血儿。

约35岁，身材矮小，有点儿肥胖，肤色较浅。
桑迪是鞋匠，
左撇子，可以做点粗浅的木匠活儿，
还懂点儿驯马和骑术。
有酗酒嗜好，喝酒时举止无礼、语言粗鲁；
行为狡猾、无赖。逃跑时骑着一匹伤痕累累的白马，希望他获得应有的处罚。
他还随身带着修鞋的工具，因此可能会重操旧业。
若有发现者请与我联系。
发现者若在本县发现该名奴隶，将获得40先令的报酬；
在弗吉尼亚州其他县发现该名奴隶，将获得4镑的报酬；
在其他州发现该名奴隶，将获得10镑的报酬。

托马斯·杰斐逊

从这个时期开始，直到杰斐逊逝世，历史学家卢西亚·斯坦顿搜集的相关资料证明：托马斯·杰斐逊拥有600多名奴隶，150名是从父亲和岳父那里继承的，20名是自己购买的，其余大多数都是自家庄园家奴的后代。1774~1826年的这段时间，杰斐逊拥有约200名奴隶（最少时165名，最多时225名）。当他跻身于最高权力阶层，身为一名外交家、乔治·华盛顿内阁成员、副总统、总统，赋闲在蒙蒂塞洛、成为美国圣贤时，杰斐逊一直体现着蓄奴者的利益。

比起后来的数十年，在杰斐逊刚刚进入公共事业领域时，他是努力改革奴隶制的。在1769年的下议院，杰斐逊回忆："我那时提出了一项有关奴隶解放运动的决议，并努力使之通过，但最终遭到了否决。"杰斐逊所说的话里有两个关键词：他正努力使解放运动"获得通过"，这种运动不是广泛的解放运动，并不像90年后亚伯拉罕·林肯那样废除了奴隶制。

对于杰斐逊来说，这是一个权力问题。在1769年第一次议会会议上，他起草了一份议案：将解放运动的控制权从普通法院转移到奴隶主身上，法律将赋予弗吉尼亚奴隶主个人单方解放奴隶的权力。

在杰斐逊的脑海中浮现出，在弗吉尼亚州，他和其他像他这样的人不再受总督和议会的控制；在现有的法律下，由他们来裁决解放运动的请求，这些请求基于他们如何（不是庄园主，而是法官）选择定义“功劳”。杰斐逊请他的表亲，理查德·布兰德带头提议这项立法。议会对此的反应是迅速又坚定的。杰斐逊回忆：“布兰德受到了最无礼的对待。”

此后不久，杰斐逊接手了塞缪尔·豪厄尔诉韦德·尼德兰的案件。整个案件的关键是长期受到关注的种植园阶级问题：混血儿（父母一方为白人、一方为黑人）是否仍被视作奴隶？杰斐逊为自己的代理人塞缪尔·豪厄尔（其母为白人、父亲为黑人）争辩：法律应归还豪厄尔自由，但弗吉尼亚法令规定，豪厄尔应劳役至31岁才可获得自由。

杰斐逊就此进行了一场自然法的辩论，根据相关记录，“人生来自由，这世上的每个人都应该拥有自己的权利和意志”。杰斐逊辩论道，“这就是所谓的个人自由，是每个人与生俱来的权利，因为这对他的生存来说是必要的”。但杰斐逊输掉了这场官司。

在他参与立法和公共生活的不同时刻，杰斐逊谈论和推行的做法最后都不言而喻地归结到奴隶制。豪厄尔案件最终失败了。但法庭上，杰斐逊的无私坦白却给人们留下了深刻的印象。对于杰斐逊来说，废除相关的法令是下几代人的事情了，他有生之年可能看不到了。议会对布兰德的提案及法院对豪厄尔案件的反应不可能不给这样一位如此渴望成功的年轻律师和立法者留下深刻的印象。奴隶制改革尝试的失败带给杰斐逊的打击让他最终退回更加保守的立场。

为了逃避沙德维尔火灾带来的焦虑、审判工作的失败和奴隶逃跑所增添的烦恼，杰斐逊用一种惯常的方式来排解：调情。“我经常愉快地回顾最后几次拜访罗斯维尔府邸所度过的充满哲思的夜晚，”这是他写给好友及同学约翰·佩吉的夫人信中的一段，“我喜欢从事物中寻找哲理，形式乏味的事物也一样。尽管如此，我不得不承认当我亲吻戴着红宝石戒指的纤纤玉指时，那感觉实在销魂。”提到另一位正在恋爱中的朋友，杰斐逊说道：“亲爱的女士，我并不是建议他放弃这段感情。相反，我很支持他，因为我太震惊。”

杰斐逊似乎也陷入了一场恋爱。

第五章

充满欲望和否定的世界

婚姻中，和谐的状态是首要目标。

——托马斯·杰斐逊

我们谈到的这个女人是位富有的遗孀，颇有才华和智慧，而且其家族成员都“柔韧而又优雅”，玛莎·斯凯尔顿于1748年出生在弗吉尼亚州查尔斯城县一座名为森林的庄园。她比杰斐逊小5岁半。

熟悉她的人都叫她帕蒂，她美丽动人、通晓音律、博览群书，杰斐逊为她着迷。据说，帕蒂的美让人一见倾心，终生难忘。“她的肤色明亮；深褐色的眼睛大大的，仿佛会说话一般；浓密的秀发呈现赤褐色。”亨利·兰德尔在访问过帕蒂的晚辈后记述了以上文字。一个与帕蒂同时代的人评价她是判断力强、性情温和的女人。帕蒂和托马斯都爱好文学，所谈论的话题也非常广泛。一位男性亲属觉得“杰斐逊夫妇……真是一对知己，彼此交流知识、分享欢乐”。帕蒂教授自己的孩子和侄子、侄女什么是传统所谓的“知识的开端”，这与杰斐逊家族注重教育的传统不谋而合。

杰斐逊终于找到了最志趣相投的伴侣，这个女人与他心意相通。他们共度的夜晚充满音乐、美酒和谈话——他们无所不谈。他们充分地分享着彼此的生活。他甚至彻底敞开心扉，对她吐露自己的政治抱负。一个孙女回忆帕蒂“十分依恋杰斐逊并很尊重他的看法”。就杰斐逊本人而言，“从大局上讲，他是位可敬的丈夫；从细节上说，他又充满魅力”。

帕蒂曾用抱怨的口气讲述了几件杰斐逊慷慨解囊，结果接受者并不领情的事。“但他总是这样，”杰斐逊夫人这样评论道，“他心地善良，根本不相信这世上真的有坏人。”

聪慧、坚强，帕蒂喜欢按自己的方式行事，同时又很有原则。杰斐逊曾温和地指责她不要老是批评他们的大女儿帕茜惹是生非。杰斐逊对帕蒂说：“亲爱的，这么小的孩子犯了错，一次受罚就不会再犯。”（帕茜回忆当时的感觉：觉得有股暖流涌上心头，她非常感谢父亲的体谅。）

帕蒂不是一个谦让或顺从的女人。她有自己的主见，甚至有些武断和尖刻。埃伦·伦道夫·库里奇，杰斐逊的一个孙女这样说道：“我的祖母杰斐逊夫人性格活泼，有时甚至有些尖刻，但在她与丈夫相处的过程中，却完全服从丈夫，这出于她对丈夫深深的爱。”

然而，情况也并非总是如此。有一次，杰斐逊同女儿讲到婚姻经验，建议女儿：“这会更好……如果就某件事，爱人的意见同我们的不太一样，那应该让对方保有自己的意见。如果这不是一件重要的事，那么我们干吗非要纠正对方呢；如果这件事很重要，那么先顺其自然，等到一个更轻松的时刻、和缓的场合，再一起沟通商讨这件事情。”

但当杰斐逊焦躁不安时，帕蒂又能够安抚丈夫。减轻托马斯·杰斐逊的紧张情绪绝非易事，杰斐逊非常敏感。从这一点来看，这样的一个人投身政治是很矛盾的，政治界总是充满着批评，鲜有赞扬之声。无论如何，杰斐逊内心与身外事务的关联遵循着与历代政治家相似的模式：雄心让他们渴望行动和喝彩，渴求赞扬的他们对批评有一种特别的反感。杰斐逊夫人是少数几个能抚慰杰斐逊心灵的人。

帕蒂·杰斐逊的父亲并非发迹于弗吉尼亚。他出生在英格兰兰卡斯特市一个贫寒、普通的家庭。约翰·威乐士在做律师时掘到了人生的第一桶金，之后还从事收债、奴隶贩卖的交易，并拥有一座庄园。约翰·威乐士的第一任妻子玛莎·埃普斯是百慕大庄园主弗朗西斯·埃普斯的女儿。他们于1746年成婚。1748年秋，一个名叫玛莎，昵称帕蒂的女婴降生了，但帕蒂的母亲却因难产离开了人世。此后，约翰·威乐士又再婚过两次，又生下了 4 个女儿，其中 3 个存活了下来。

帕蒂在一个没有安定感的家庭环境中渐渐长大。她从来不知道生母是谁，两位继母也是来了又走。这段悲惨的童年经历在她心上烙下深深的伤痕，帕蒂绝不允许自己的孩子也面临这种境况。在她的病榻前，帕蒂让杰斐逊当面发誓此生绝不续弦，她才撒手人寰。因为没有母亲可依靠，帕蒂很早就担当起了掌管森林庄园家务的重任，并懂得了世事的险恶和多变。

帕蒂父亲的生计某种程度上取决于他人的生活是否陷入窘迫。他是英国法雷尔和琼斯商贸公司里一名所谓的“代理人”，实际上，约翰 · 威乐士就是名收债人——这个细节，杰斐逊在自传里描写岳父的相关段落中并没有提及。“威乐士先生是一名经验丰富的律师，但他因勤奋、守时、老练敏捷的品性广为人知，反而他出色的职业经历较少被人知晓。”杰斐逊这样描述他的岳父，“他是个最令人愉快的伙伴，性情幽默诙谐，颇受社会各界的欢迎。”

杰斐逊对岳父的这段描写，既带有屈尊俯就的意味，又含有忐忑不安的心绪。有关威尔士律师职业的评价也仅简单地以“经验丰富”寥寥几笔带过。更为有趣的是“颇受社会各界的欢迎”这句话——为何要此地无银三百两地加上这一句呢，反倒暗示出约翰 · 威乐士在社会上的尴尬境地，引发出威尔士在殖民社会的身份问题。

岳父的身份对于杰斐逊想跻身其中的上流社会是一个威胁，因为威乐士体现了所有庄园主最深切的一两个担忧：如果奴隶暴动排第一位的话，那么还债（通常是巨额的）则排在第二位。威乐士的出现引发了庄园主的焦虑，很多庄园主好像在刻意躲避威乐士举办的宴会。

1767 年 1 月 1 日星期四《弗吉尼亚州公报》上刊登了一首嘲讽诗，讽刺约翰 · 威乐士“没有教养”。这句话出自在威廉斯堡开庭的一场有争议谋杀案的审判现场。作为辩方律师，威乐士被指控做了伪证。“帕蒂的父亲不被这里所接受。”一位伦道夫家族成员这样说道，这说明杰斐逊决心冒险娶帕蒂为妻，更多的是出于爱而不是利益的考量。

1768 年，杰斐逊开始为威乐士先生工作，担任他的法律助手。在此两年前，1766 年 11 月，刚满 18 岁的帕蒂嫁给了巴瑟斯特 · 斯凯尔顿。次年，帕蒂生下一子，名为约翰；1768 年 9 月，帕蒂的丈夫去世；1771 年夏，他们的儿子约翰也不幸夭折。

丧失亲人的斯凯尔顿夫人回到了父亲的森林庄园，在那里，像这样一位楚楚动人的遗孀是绝不缺乏追求者的。求婚者们伺机而动，希望自己能最终抱得美人归。

帕蒂·威乐士·斯凯尔顿夫人周身散发出的魅力，很容易俘获一个像杰斐逊这样的男人。杰斐逊比她年长，可是她见多识广，要比实际年龄看起来更加成熟。帕蒂的举止端庄，丝毫不卖弄风情，她更像贝琪·沃克而非丽贝卡·伯韦尔。帕蒂是一个经历了丧母、丧夫、丧子的女人，生活带给她的磨砺让她懂得怎么操持一个庞大复杂的家庭。

不言而喻，弗吉尼亚庄园家庭生活主要复杂事务之一（帕蒂深深懂得这一复杂的事务）是处理与白人主人和黑人奴隶有关的血统、情欲和权力问题。

森林庄园充满了这样的问题。1735年前后，一个名叫海明斯的英国白人男子，一艘贸易轮船的船长，与一个纯血统的非洲女人生下了一个女儿。他们的孩子名叫伊丽莎白，人们通常叫她贝蒂。（这个细节出自麦迪逊·海明斯的相关记述，他是海明斯船长和非洲女人的曾孙。）在百慕大庄园埃普斯家族里，这位母亲和女儿最终也没能逃脱奴隶的命运——约翰·威乐士迎娶的第一位新娘，死于难产的玛莎，就来自这个家族。1746年——威乐士迎娶玛莎·埃普斯的那一年——作为陪嫁的伊丽莎白·海明斯约11岁，成了威乐士的财产，一同搬到了森林庄园。在那里，从18岁开始，她给威乐士陆续生下了好几个孩子。

这期间，威乐士后娶的两任妻子也都离开了人世。1761年2月，第三任妻子去世，这一年伊丽莎白·海明斯26岁，“鳏夫威乐士一直与其姘居在一起。”麦迪逊·海明斯记述道。到1762年时，伊丽莎白·海明斯共给托马斯·杰斐逊的岳父生了5个孩子：罗伯特、詹姆斯、帕西尼娅、科瑞塔和彼得。1773年，又生下了第6个孩子：莎拉，大家昵称她为萨莉。

这样的事情在弗吉尼亚蓄奴时代司空见惯。19世纪时，南卡罗来纳州的玛丽·博伊金·切斯纳特记录了那个年代一些关于白人女人的真实情况：任何一位夫人都能说出别家黑白混血儿的父亲是谁，唯独搞不清自己家的，因为与她偷过情的男奴仆为数实在众多。这些孩子就好像自己从天上掉下来的一样。

这是一个充满了欲望和否定的世界。跨越种族的性爱——主人与奴隶之间的性爱——是不可直接言说的。血统、情感和沉默的怪异混合弥漫于整个森林庄园。杰斐逊知晓这座庄园是在1770年，那一年他作为帕蒂的一名追求者出现在这里。这种怪异的混合也将在日后的某个时候弥散于整个蒙蒂塞洛……

是否能赢得斯凯尔顿遗孀的芳心还不得知，这使杰斐逊的追求难以施展。在1771年的头几个月里，杰斐逊开展了全面的追求。他给威廉斯堡一位年长的德拉蒙德夫人——这位夫人与乔治·威勒交好——写了一封“浪漫的、充满了诗意的”信，在信中描绘了他心爱的帕蒂。“没有谁的笔下再能流动出如此动人的语句”，德拉蒙德夫人称赞杰斐逊（这封信已遗失）颇有密尔顿的诗风，并询问帕蒂“是否已心有所属”。

怎样俘虏帕蒂的芳心？音乐是个不错的方法，书籍也是。根据家族传统，杰斐逊和帕蒂确是珠联璧合的一对。曾有两个帕蒂的追求者来到了森林庄园，听到杰斐逊优美的音乐伴奏声及他俩动听的歌声，相互对视了一下，心照不宣地意识到自己绝无胜算，便悄然离开了。

一如往常，音乐是杰斐逊最好的同盟者。对他来说，歌唱和演奏小提琴或钢琴的方式胜过怀着忐忑不安的心情手忙脚乱地款待对方。音乐反而能让一个男人敞开心灵之窗，对于女人亦是如此。在杰斐逊的文学备忘录里转录了莎士比亚《威尼斯商人》中的一段文字：

> 灵魂里没有音乐，
> 或是听了甜蜜和谐的乐声而不会感动的人，
> 都是善于为非作恶、使奸弄诈的。
> 他们的灵魂像黑夜一样昏沉，
> 他们的感情像鬼蜮一样幽暗。
> 这种人是不可信任的。

杰斐逊的头脑主要思考的是起决定性作用的人的本性这样的主题，他总是能够回归政治的中心问题：一个男人该怎样——因为人从本质上来说是社会动物——在充满激情和冲突的世界里与近邻相对和平、仁爱地活着？这个问题没有单一的答案，仅通过持久的努力将冲突的元素化为和谐？或许在这场终生的斗争中，一个不断拼搏的男人能做出最有效的决定是究竟要娶谁为妻。杰斐逊需要一个女人共同分享他对音乐的热情和音乐所体现的东西——复杂巧妙、超然存在、对生活的幻想及心灵的吟唱，就如同分享彼此的血肉那样。帕蒂·威乐士就是这样的一个女人。

杰斐逊下定决心娶帕蒂为妻，并想把一切最好的东西都给她。他甚至一度对家族流传下来的旧英格兰贵族遗物产生了兴趣。“我有一些纹章，家人告诉我是祖上传下来的，但是它们代表着何种权威就不好说了，”结婚前一夜，杰斐逊在写给自己的英国代理人托马斯·亚当斯的信中说道，“或许很有权威，或许只是些普通的而已。要是这样，你倒是可以帮我买些纹章，用劳伦斯·斯特恩的话来说：带有纹章的衣服其实跟其他衣服没什么两样，只是上面的纹章让人神往。”杰斐逊对母亲高贵的出身总是摆出一副冷漠的面孔，可能是受到了小说家劳伦斯·斯特恩的影响，斯特恩对代表权威的族徽不屑一顾，对自己曾追捧纹章的行为尽情自嘲了一番。假若探究追捧出于何种心理，不是出于虚荣，便是出自好奇。

杰斐逊越来越有兴趣给新娘购买大件物品。他订购了一架古钢琴（从德国汉堡订购的，他说“因为那里的古钢琴不仅制作优良，价格还便宜”），但不久他又喜欢上了钢琴，觉得必须要购买一架。他对自己的英国代理人说，钢琴真是令“我”着迷，先前订购的古钢琴就取消了吧。钢琴是他梦寐以求的东西，杰斐逊希望马上拥有它。这架钢琴要用结实的上等红木制作，不要镶嵌饰片；中高音区的G~F调的琴键制作双份，以为备用；一定要精工细作才配得上“我”心仪的女人。他还购买了半打白色真丝棉袜和一把别致的伞——“伞要大……配以包裹着绿色丝绸的黄铜伞骨，要整洁精致”——“当然乐器是首要的”，他说。他已迫不及待地要在10月前见到钢琴。如果制作没有延期的话，正好可以赶上结婚典礼。

1772年元旦，托马斯·杰斐逊和玛莎·威乐士喜结连理。杰斐逊28岁，玛莎23岁。

这是冬日的一个星期三。在玛莎父亲的家中，牧师威廉·库茨为他们主持了一场英国国教式的婚礼。婚礼持续了数天。（杰斐逊付给牧师5英镑作为报酬，还打赏了伊丽莎白·海明斯——萨莉的母亲第一次出现在杰斐逊的记录本里。）1月2日，《弗吉尼亚州公报》刊登了他们结婚的喜讯：阿尔伯马尔县议员托马斯·杰斐逊先生和巴瑟斯特·斯凯尔顿的遗孀玛莎·斯凯尔顿喜结连理。

帕蒂是否曾是巴瑟斯特·斯凯尔顿的妻子，杰斐逊并不在意。杰斐逊在准备婚礼的过程中，沉浸在对新婚生活的无限憧憬里，他毫不在意帕蒂曾有过丈夫，因为他的眼中只有她。1771 年 12 月 30 日，他们领取了结婚证书，杰斐逊竟错误地将帕蒂婚姻状况一栏填写为“未婚”，这时另外一只手将其划掉并改写为“遗孀”。

帕蒂的遗孀经历并不是附带的细节。帕蒂虽年轻，但比杰斐逊更加懂得婚姻所能带给人的慰藉和伤害。在帕蒂开始一段新生活的时候，这段经历给了她更多的信心。

1772 年飘雪隆冬的头几个星期，杰斐逊该是这世上最满足的男人了。从随后几年帕蒂接连受孕来看，他们之间绝不缺乏床笫之欢。他们的第一个孩子，玛莎，昵称帕茜，于 1772 年 9 月 27 日星期日凌晨 1 点降生——他们婚后居住在森林庄园的 8 个半月后。

婚后，杰斐逊夫妇在森林庄园逗留了一阵，之后他们决定动身去蒙蒂塞洛，在那里度过日益寒冷的大雪隆冬。当他们临近沙德维尔和蒙蒂塞洛时，因为积雪过深，马车已无法前行。卸下马车，他们骑马继续穿越树林。呼啸的寒风漫卷着雪花，地上已结起了厚厚的冰。天色渐渐灰暗，地上的影子越拉越长。

日暮时分，他们开始爬坡，缓慢而又艰难地向这座海拔 867 英尺的小山山顶行进。蒙蒂塞洛沿路树木的枝条几乎要被冰雪压断。杰斐逊夫妇不得不低头穿越低垂着冰冻枝条的灌木丛小路。

当他们到达山顶时，却被眼前的景象惊呆了：山顶是如此荒凉！地上还残留着火灾的痕迹，奴隶们已四处逃散。女儿帕茜说：“一派凄凉、破败的景象。谁也意想不到一场艰辛跋涉后，竟落入如此境地。我经常会听他们讲述那段难忘的回忆。”

杰斐逊夫妇找到了残留的半瓶酒，像以往的夜晚一样，“喝得酩酊大醉、纵声歌唱、大声欢笑”。约一个星期后，他们搬到了麋鹿山的庄园里。这座庄园位于古奇兰县詹姆士河与伯德溪流的沿岸。麋鹿山属于帕蒂——她和她第一任丈夫居住在这里——杰斐逊夫妇充分利用了这里的房屋和土地（麋鹿山山顶面积约 669 英亩）。

在闲暇时光里，他们喜欢阅读詹姆斯 · 麦克佛森翻译的莪相诗集，此书据说是 3 世纪凯尔特的吟游诗人莪相所作。（事实上，这些作品虽有部分是根据凯尔特语民谣写成的，但大部分为麦克佛森自己所作。）“没有哪颗心灵能充满如此温柔、崇高的情感，没有谁的笔端会流淌出如此激昂的文字。”1773 年杰斐逊记录道，“我毫不羞愧地承认：我认为这位粗鲁的吟游诗人是北美有史以来最伟大的诗人。”

蒙蒂塞洛是杰斐逊心灵的避风港湾，他自己也这样说过。位于山丘的这栋建筑还是一个富有创新的防御之地，主人不仅可以在这座堡垒里寻觅藏身之所，而且可以集中火力展开一场攻坚战。这种灵感应该源自莪相的史诗般的诗文，杰斐逊据此建造了自己的世界。在他的记录本里，他摘录了一段讲述地位、权力、名望和冒险的段落：

> 汇集于高高岩石上两条深色的溪流在平原上混合、咆哮，
> 在喧闹、粗野、昏暗的较量中汇合于罗克林与因尼斯费尔。
> 宛如一场殊死的战争：
> 两方首领要置对方于死地，人群也早已厮杀在一起，
> 利器碰撞出铿锵之声，头盔碎裂满地，
> 鲜血喷涌，烟火四起。
> 抛光的紫杉木制乐器的弦子在低沉吟唱，
> 标枪在空中飞驰发出厉响。
> 暴风雨的夜晚电闪雷鸣，光亮中长矛散落一地。
> 波涛翻滚的海洋发出不安的声响，
> 宛如雷霆天国的最后鸣响，这就是战争的嘈杂之声。
> 这众多死难的英雄，勇士的鲜血喷洒满地。

帕蒂是名细心的主妇，采取行动确保丈夫个人方面一切安好。她会注意家里的肉类、鸡蛋、黄油、水果这些食物是否新鲜，监督奴仆制作黄油和肥皂。她还亲自指导怎样制作更复杂、精致的食物。“杰斐逊夫人走进厨房，手里拿一本菜谱，告诉我的母亲怎么制作蛋糕、果馅饼之类的东西。”艾萨克·格兰杰·杰斐逊回忆道：这名奴隶写下了一本有关蒙蒂塞洛生活的回忆录，并保留在了杰斐逊家族里。

曾有一名德国军官拜访蒙蒂塞洛，杰斐逊夫妇留给了他很深刻的印象：杰斐逊充满魅力，夫人楚楚动人。他羡慕杰斐逊的图书馆书籍丰富且经典，衷心地赞美杰斐逊亲自设计的蒙蒂塞洛府邸充满着“建筑的崇高精神”，他还注意到杰斐逊为客厅天花板设计了一个罗盘以测量风的强度和方向。

杰斐逊夫妇在一起的情形留给了他难以磨灭的印象。“弗吉尼亚人喜爱音乐，杰斐逊先生尤其如此，”这位来访者说道，“他的家里摆放着一架精致的钢琴和一些小提琴。杰斐逊先生擅长演奏小提琴，夫人则弹奏得一手好钢琴。她是一位各方面都很出色，令人愉快、通晓事理、有教养的夫人。”

这是一幅多么温馨的画面，小山丘上如此和谐、快乐的一家人。他们的生活充

满构思、创意和动人的音乐。这正是杰斐逊渴望的生活——是他父亲构建、母亲保持的生活；在自己筑建的爱巢里，他所给予家庭的这种生活。

1773 年 5 月 16 日星期日，是一个令杰斐逊悲痛万分的日子。他的挚友兼妹夫达布尼 · 卡尔因“胆汁热”离开了人世，留给杰斐逊的妹妹玛莎 6 个嗷嗷待哺的孩子。

杰斐逊本能地担当起了父亲的责任。他竭尽所能地为妹妹一家提供安定的生活环境，无微不至地关爱他们，而把自己那份痛失年轻时代挚友的悲伤深深埋在心底。挚友的逝去将他抛入痛苦的深渊，似乎姐姐珍的离去也没让他如此痛不欲生。他不能把卡尔亲手埋葬在蒙蒂塞洛，他不能。起初，他只撰写了一篇墓志铭，在一张纸上草拟了朋友的墓碑碑文：

致朋友达布尼 · 卡尔的墓碑碑文

令人怀念的幽魂啊，天堂赐给每个人的礼物，
祝福像山泉一样涔涔涌出，愿你永得安宁。
这既非怜悯更柔情，也非真理更明亮。
他只遵循内心的声音行事，既不逢迎讨好也不躲避喝彩。
自然中绽放自己美丽的情怀。
轻拭密布着悲伤的眼中的泪水，
给予爱人恬静的温暖，消除她内心的悲伤，让她的心重新欢笑。

马利的远行

杰斐逊把碑文刻在一枚铜币上，将铜币钉在了卡尔墓碑脚下的树上：

那坟墓是否依然被绽放着花朵的枝条缠绕，
地上的青草轻敷在你的胸膛；
梦中涌出思念的泪水让她惊醒于又一个拂晓，
你离去后又一年的玫瑰花是否就要绽放，
白色天使挥动着银色羽翼，
布满贡品的土地如今已神圣庄严。

在墓碑上部雕刻着如下文字：

已亡人达布尼 · 卡尔，
路易莎县约翰与珍 · 卡尔夫妇之子，
生于 1743 年，
1765 年和彼得与珍 · 杰斐逊夫妇之女，玛莎 · 杰斐逊结为夫妻
1773 年 5 月 16 日逝世于夏洛茨维尔，
留下 6 个待抚养的后代，
卡尔品德高尚、判断力强、爱好学习，愿我们的友情长存
托马斯 · 杰斐逊献上此碑致我最热爱的人

哀伤之事接踵而来。就在杰斐逊努力平复失去挚友的伤痛时，帕蒂的父亲又去世了。1773 年 5 月 28 日星期五，约翰 · 威乐士离开了人世，身后留下大笔负债。杰斐逊夫人毫不犹豫地把伊丽莎白 · 海明斯及她与父亲的孩子——帕蒂的异母兄弟姐妹——从森林庄园接到了蒙蒂塞洛。

我们无法了解帕蒂对父亲和伊丽莎白之间的关系及对他们孩子的真实感受。鉴于她生活年代的限制，无论如何，我们也无法了解帕蒂为何会在父亲死之后，选择把海明斯一家接到蒙蒂塞洛自己的家里。

海明斯家族的命运将永远与杰斐逊夫妇及蒙蒂塞洛交织在一起。伊丽莎白 · 海明斯的儿子罗伯特，杰斐逊叫他鲍勃，代替朱庇特成为杰斐逊的贴身男仆，直到 18 世纪 80 年代杰斐逊动身去法国。伊丽莎白的儿子詹姆斯 · 海明斯随同杰斐逊前往巴黎担任厨师。伊丽莎白的另一个儿子，约翰 · 海明斯，成为一名技艺娴熟的工匠和木匠，可以制作精巧的家具和室内用具，还制作了一架杰斐逊自己设计的活顶四轮马车。

杰斐逊现在掌管着与自己和妻子相关的三个家族分支。他自己的家庭：妻子帕蒂和他们幼小的女儿；他的妹妹和他的外甥、外甥女；当然，还有一支不被众人承认的隐秘分支：他妻子父亲的情妇，伊丽莎白 · 海明斯及他妻子的异母兄弟姐妹，其中包括萨莉 · 海明斯。

杰斐逊是这样一个男人，有着开放的胸怀和兼收并蓄的品格。他是蒙蒂塞洛的主人、弗吉尼亚州的议员、一名著名的律师。而且他还将成为一名中央领袖，带领一个民族使用武装力量反抗世界上最强大的帝国。

Thomas Jefferson

The Art of Power

第二部分

革命

（1774 年春至 1776 年夏）

美洲人发现（或者自以为发现）我们在压迫他们，我们发现（或者自以为发现）他们要反抗我们……我们不知道怎样前进，他们不知道怎样后退。

——埃德蒙 · 伯克

英国政治家

约翰·特朗布尔对1776年夏提交《独立宣言》草案情景的再现。

第六章

惊心动魄

局势似乎马上就要演变成一场令人惊恐的危机，所有持共同目标的人们需要快速、团结地组建起自己的委员会。

——1774 年 3 月 31 日弗吉尼亚议会上的一封信

蒙蒂塞洛遭遇了一个极为离奇的季节。1774 年 2 月 21 日星期一午后不久，弗吉尼亚史上首次记载的地震猛烈地袭击了阿尔伯马尔县。在沙德维尔一片惊恐慌乱之中，伊丽莎白 · 杰斐逊——托马斯智力不健全的妹妹失踪了。三天后，当人们找到她时，她已溺死在里瓦纳河里。

5 月第一个星期刚过了一半，一场春雪侵袭了蓝岭，蓝岭霎时白茫茫一片。第二天，一场可怕的霜冻肃杀了万物。杰斐逊在自己的园艺记录本上写道："树叶、葡萄藤、小麦、黑麦、玉米和大量的棉花全部凋零。这场霜冻范围广、毁灭性强，整个县和临近的殖民区都遭了灾。"蒙蒂塞洛只有一半的水果幸免于难。

然而蒙蒂塞洛也有喜事降临：帕蒂 · 杰斐逊在 1774 年 4 月 3 日星期日生下了他们的第二个女儿。这个女儿名叫珍 · 杰斐逊，与杰斐逊的母亲和早逝的姐姐同名。这是帕蒂 · 杰斐逊婚后 19 个月内的第二次生产。在婚后的前 27 个月里，帕蒂有18个月处在孕期。即使在贵族精英家庭，生产也是极危险的，母亲和婴儿很容易丧生。杰斐逊深知这一情况：帕蒂和杰斐逊的6个孩子就有两个夭折了。

不言而喻，杰斐逊是位炽热的情人，但他也是位细心的丈夫和父亲。在他的记录本里曾记着购买“乳管”，一种协助哺乳的玻璃器具。

然而还有大量的政党事务需要处理。1774年城镇自治议会在威廉斯堡召开，有许多事务需要商榷处理，杰斐逊必须出席。

将妻儿留在家中——刚刚出生不久的小珍和蹒跚学步的帕茜——在英属北美殖民地与英国冲突升级的前夕，杰斐逊回到了威廉斯堡。

这场危机已经持续数年了，而且还将继续。当选下议院议员后，1769年5月，杰斐逊首次出席了下议院该年的第一届会议。杰斐逊身陷在与英国发生的不同程度的对抗之中。大英帝国通过征税对英属北美殖民地进行压榨已成为一种固定的模式。英国议会又强加了新的税种以增加收入，殖民地有众多的殖民州首府（波士顿、安纳波利斯、费城、威廉斯堡等）因此进行了不同程度的反抗。北美各地殖民当局和英国机构对这批顽抗、无理、忘恩负义者挑动的叛乱局面已忍无可忍。

从反抗《唐森德税法》到波士顿倾茶事件，英国当局试图施加控制。北美殖民地居民采取了多种形式的反抗，包括制定了停止对英贸易和抵制英货的法案，并抗议将倾茶事件的案犯引渡到英国受审。殖民地成立了通讯委员会，以使各殖民地加强联系，互通情况，协调抗英斗争。

在弗吉尼亚，托马斯·杰斐逊心中淤积着一种悲痛：独立并非没有可能，只是道路曲折又漫长。直到1772年5月，如乔治·威勒这类人士仍坚持维持或至少表面维持现状。威勒给英国当局写信，要求“赐发新的制服长袍，就像下议院成员现在穿着的那种，只是比我现在的好些……这件真是耻辱”。从他信中不难看出，尽管言辞嘲讽，威勒绝不会预料到殖民地会团结起来取得独立战争的胜利，并联合建立一个崭新的国家。

杰斐逊岳父当时的一番话鼓舞了许多殖民地开拓者的民族士气，因为他已经敏感地嗅到了反抗运动潜在的强大力量。1772年10月威廉斯堡的记录中记载，约翰·威乐士曾说道：“如果‘反对派政党’公开反叛大英帝国，局势会一片混乱，奴隶会加入反叛，我们贩卖奴隶的交易将很难再维持下去，我会在混乱前离开这里。”“反对派政党”当时还未形成，他随口暗指的还只是反抗运动。

反抗是一回事，反叛又是另一回事。与杰斐逊同一阶层的部分弗吉尼亚人选择了忠于大英帝国，而非走上革命的道路。他的表亲，塔兹韦尔庄园的约翰 · 伦道夫，后被人称为“保守党”约翰 · 伦道夫，因为他极为效忠大英帝国——当殖民地的革命情绪不断高涨时，他的忠心促使他选择了返回英国。总的来说，约有 1/5，即 20% 的北美殖民地白种人居民选择了支持大英帝国。

然而，杰斐逊备忘录里的一则注释表明他的想法在不断膨胀。这则注释为：“不仅仅是为了我们自己，更是为了我们的国家。”

对精英阶层来说，革命是最敏锐的经济选择。英国殖民当局已下令禁止北美人民到阿巴拉契亚山以西开荒，通过限制他们的资金（或限制他们贷款）达到自己的目的。弗吉尼亚州公共财政已陷入困境，州内无法继续通用“七年战争”期间发行的纸币，这使纸币的持有者迅速赤贫化。无疑还有个人资金方面的问题：庄园主亏欠英国债权人巨额资金。用杰斐逊的话来说，“这些债务从父到子已拖欠了数辈，因此庄园主实则是一些伦敦商贸公司的附属财产”。弗吉尼亚庄园主欠债至少 230 万英镑，几乎占到北美殖民地亏欠英国商贸公司总额的一半。1774 年 5 月，杰斐逊、帕特里克 · 亨利建议暂停偿还这类债务。

仅数个星期之前，在个人财务方面，杰斐逊刚做出了一个有可能导致严重后果的决定。1773 年约翰 · 威乐士去世时，留下了价值 3 万英镑的财产，但单他亏欠布里斯托的法雷尔和琼斯商贸公司（他最大的债权人）就高达 1.1 万英镑。1774 年 1 月，杰斐逊和威乐士的其他两个女婿决定自行分配岳父的遗产，其结果是：如果杰斐逊偿还不了所承担的那部分威乐士的债务，就要用自己的财产抵押或偿还。

对殖民者来说，决意反叛绝不仅仅因为经济问题，但无疑与金钱密切相关。在弗吉尼亚，反叛的动力来自有产阶级，中产和无产阶级只是迟缓地跟从像杰斐逊这样的领袖人物。这是一场富人的革命，杰斐逊正是一名富人；这是一场开明的革命，而杰斐逊正是一个开明的人。

经济与意识形态的交融力量产生了一种思潮，这种思潮教导弗吉尼亚人如果脱离大英帝国的控制，就能看到一个更清新、更引人注目、更有吸引力的未来。

在杰斐逊的政治想象中，任何被视为侵犯自由的行为都可以用这种方式解读。

征税、驻军、制定贸易条例、禁止北美人民到阿巴拉契亚山以西开荒、屠杀印第安人及其他事件，都是宗主国英国强势掌控北美殖民地权力的表现。这些权力在杰斐逊和其他人眼里是本应属于他们自己的（或者至少应由他们主导制定相关的宪法条例）。离专制主义仅一步之遥，大英帝国的镇压近在咫尺。英属北美殖民地居民的想法并没有错，从历史及他们的政治经历中可以看到，权力一贯倾向于统治者及其追随者，而并非定义更广泛的人民。

作为一名弗吉尼亚人及议员，杰斐逊敏锐地觉察到英殖民当局在不断地加大对权力的控制。1729 年之前，英殖民当局未曾废除过弗吉尼亚殖民地宪法中的任何法案。在随后的 35 年间（即至 1764 年），殖民当局干涉多于 60 次，每年不少于 2 次。之后，1764~1773 年的 9 年间，有 35 项法案被废除，呈稳定的令人激愤的上升趋势。这种局面令议会议员等弗吉尼亚当地的权力阶层极为愤怒。

1774 年 5 月 19 日星期四，弗吉尼亚报纸通告了英国议会制定的《波士顿港口法案》。该法案宣布：封锁波士顿海港，断绝波士顿的对外通商，直到东印度公司在波士顿倾茶事件中的损失得到赔偿。

立法关闭波士顿港口意在报复波士顿人民为了抵抗茶叶人口税而发动的波士顿倾茶事件，该举动激怒了杰斐逊所在的贵族权力阶层（这是人们熟知的 1774 年“无可容忍法案”中的一则法案）。据杰斐逊记录：包括他在内的几名弗吉尼亚议员一致同意“我们必须要与马萨诸塞州一样，大胆地采取明确的立场”。

帕特里克 · 亨利、理查德 · 亨利 · 李及其他四五名议员加入了杰斐逊的州议会大厦会议厅行动。他们以图书馆为家，泡在里面查阅大量的议会及立法先例，其中包括约翰 · 拉什沃思所编纂的文件，他是一名参加过英国内战的反君主制的历史学家。杰斐逊回忆道：“我们坚信，有必要唤醒麻木的民众，让他们认识到自身的处境。如果规定某一天为禁食和祷告日，这将最有可能唤起民众的注意力，并让他们警醒。”

1774 年 5 月 24 日星期二，杰斐逊提出了一项关于禁食和祷告日的决议。从 1774 年反常的寒冷的 5 月，到 6 月，再到 7 月，通过这一决议和其他政治事件，杰斐逊抓住了一切机会调整殖民地人民的思想。在针对《印花税法案》开展的辩论期间，他看到诸多经验丰富的立法者想尽各种办法将他们的想法强加到帕特里克 · 亨利身上，这让他见识了实用主义的艺术。于是，他将自己的注意力从威廉斯堡议会转移到了广阔的农村地区，从立法机制转移到了群众运动的领导方面。在提出关于禁食和祷告日的决议后，他不遗余力地促使议会采纳并推广该决议，这表明他日益认识到调动其追随者的情绪的重要性。

对杰斐逊来说，基于宗教理由呼吁革命是一种权宜手段，这表明他对政治的一种理解，而非说明他真的认为上帝会帮助英属北美殖民地。虽然他不是一个传统的基督徒，但他十分推崇精神感染力的作用。以宗教的方式提出反抗英国殖民统治的理由，实际上是以一种不易被打败的方式与敌人展开斗争。杰斐逊和他的同僚们认为，他们只是在上帝面前表现出谦卑，呼吁广大笃信宗教的民众禁食、祷告，不要对抗权威。

在该决议的制定过程中，杰斐逊亲自斟酌措辞，同时，他的同僚们翻遍了拉什沃思关于英国清教徒采取的革命先例和形式的相关记载。用杰斐逊的话说，他和他的同僚们于 1774 年 5 月 23 日星期一“编造”了这一项决议，规定弗吉尼亚州的民众要虔诚地祈祷，以求从内战的罪恶中得到拯救。

与此同时，城镇自治议会商定要全面抵制各种英国货物，并号召成立大陆议会。了解了各英属北美殖民地的各项决策，并感受到当前局势的紧迫之后，位于威廉斯堡的殖民地领导层开始意识到这其中的利害关系，并认识到，在不久的将来，他们可能要为其在北美进行的殖民统治付出代价。

5 月，杰斐逊从他的家乡阿尔伯马尔县出发，前往威廉斯堡。待到 7 月他回到家乡时，蒙蒂塞洛的樱桃已经成熟了。回家后，他便开始埋头工作。在一封写给当地选民的信中，他和约翰 · 沃克宣布了关于禁食和祷告日的提案。他们认为：由于受到恶意侵略，英属北美殖民地即将面临危险，而这一提案的提出正是为了应对这一危机。他们的提案口吻严肃，措辞严谨。与自治议会一样，他们也认为英属北美殖民地有发生“内战”的不祥之兆。

为了让民众更好地接受这一提案，杰斐逊向他的朋友查尔斯 · 克莱牧师寻求帮助。当年早些时候，杰斐逊的妹妹伊丽莎白溺水身亡后，正是克莱帮忙下葬的。克莱计划在哈德维尔河畔的圣安妮教区里的“新教堂”里布道。从地理位置上来说，这里位于最中心，便于大多数教民前来，从而可以最大限度地吸引民众的注意。

在不同地方，举行礼拜仪式的日期不尽相同。1774 年 7 月 23 日星期六，杰斐逊参加了圣安妮教区的礼拜仪式，这一活动散发出来的人文气息深深地震撼了他。他写道："人们聚集在一起，面带忧虑和恐慌的神色。关于禁食和祷告日的提案犹如电击一般，唤醒了每一个人，让他们挺直了脊梁，坚守自己的信念。"

三天后，阿尔伯马尔县的选民们聚集在夏洛特维尔县政府，选举杰斐逊和沃克为代表，参加 8 月在威廉斯堡召开的特别会议。此外，选民们还通过了《阿尔伯马尔县地产所有人提案》，谴责了《波士顿港口法案》。该提案由杰斐逊起草，提出了"人类应共同拥有的权利"。他指出："我们时刻准备着，和我们的同胞们一起，行使上帝赋予我们的所有正当权利。不论在何时、何地，一旦有人侵犯这些宪法权利，我们必须重新确立这些权利并保障它们的行使。"此外，该提案还呼吁立即禁止进口英国商品，并提出将于 15 个月后，即 1775 年 10 月 1 日起，禁止向英国出口商品，除非美国人民所受的冤屈得以平反。

在蒙蒂塞洛，杰斐逊一边吃着新鲜的黄瓜和生菜，一边忙碌地工作着。一次大规模大陆会议将于 1774 年 9 月 5 日在费城召开，杰斐逊忙着为出席此次会议的弗吉尼亚州代表们撰写与会细则。

以此为契机，他完成了自己的第一部实质意义上的政治作品：《英属美洲民权概观》。这本手册大概有六七百字，其中探讨了诸多关于美洲发展的普遍话题，将英属美洲这一新世界里的各项权利与英国这一旧世界里辉格党人为自由而战的故事联系在了一起。

他说，他写这些是为了提醒乔治三世：

> 在移民到美洲之前，我们的祖先是英联邦自治领的自由居民。他们拥有大自然赋予所有人的一项权利——如果有机会，人们有权利离开故土寻求更好的生活……同样也是遵循这条普遍规律，他们的祖先撒克逊人也以同样的方式离开了故乡——欧洲北部的荒野和森林，占领了不列颠岛，在那里定居，并制定了法律体系。这一法律体系不仅为英国的发展提供了保障，也令英国人引以为豪。

在手册的最后，杰斐逊总结出政治和执政的本质：

去奉承那些害怕的人吧，这并不是美国特色。一味地恭维讨好，对那些贪赃枉法的人来说可能很受用，但是对那些坚持主张人权的人而言，却完全不起作用……请您张开双臂，拥抱自由、包容的思想吧！别让乔治三世这个名字成为历史长卷上的一个污点……执政的唯一技巧就是诚实。只要你一心一意地尽到自己的职责，即使你失败了，人们也会信任你。不要妄想以牺牲一部分人的权利为代价，满足另一部分人无节制的欲望，而是要赋予所有人平等和公正的权利……对于一个伟大的、蓄势待发的帝国，如何均衡其中各方的利益，这是命运给予你的一项重要任务。

杰斐逊还探讨了关于最大限度的忠诚这一话题，虽然这样的忠诚是有条件的：“我们既不愿意，也没兴趣脱离大不列颠的统治。”然而，却有许多人希望这样做。“更何况，在我们自己的领土上，我们的财产却要向别人纳税，被别人管制，而我们自己却没有这样的权利。上帝赋予我们生命的同时，也赋予了我们自由。武力也许能摧毁我们的自由，却无法剥夺它。”

杰斐逊原本打算亲自把这一草案送到威廉斯堡。但他在途中感染痢疾。于是，他将草案复印了两份，派他的私人奴仆朱庇特送往威廉斯堡，一份交给佩顿 · 伦道夫，另一份交给帕特里克 · 亨利。之后，他返回了蒙蒂塞洛。

朱庇特将杰斐逊撰写的《英属美洲民权概观》送达威廉斯堡。在克莱门蒂娜 · 林德（北英格兰大街上的出版商威廉 · 林德的遗孀）的帮助下，这一手册得以出版，并在英属北美殖民地和伦敦引起了大量民众的注意。

在佩顿 · 伦道夫家，城镇自治议会的议员们聚集在一起，传阅杰斐逊的《英属美洲民权概观》。阅读之后，大家纷纷鼓掌称赞。为了扩大这一手册的影响力，林德太太用她的手动印刷机在威廉斯堡的路德维尔–派尔代斯印刷所印刷出版了《英属美洲民权概观》。在手册的出版序言中，林德太太这样写道：“在没有征询作者意见的情况下，我们冒昧地将他的观点与公众分享。之所以这样做，是因为在这本手册里，一位最优秀、最具智慧的人表达了他对于公众深感兴趣的话题的看法，而广大公众毫无疑问有权利了解这一切。”此外，林德太太（也可能是其他编者）还选取了西塞罗的一则箴言，附在这本小册子的开头：“对最高法官而言，为全社会服务是其应尽的职责。他有义务维持社会的尊严，并公平地为人民分配各项权利，只有这样，他才能忠实于人民给予的重大责任。”

1774年8月6日星期六，乔治·华盛顿花费3先令9便士购买了多本《英属美洲民权概观》，他将这本小册子称为“杰斐逊版的权利法案”。同时，托马斯·沃克（在杰斐逊的父亲彼得·杰斐逊的遗嘱里，托马斯·沃克被指定为杰斐逊的监护人之一）也将他的《英属美洲民权概观》一书借给了自治议会的议员、民兵上校威廉·普雷斯顿，敦促他仔细阅读这本册子，并嘱咐道：“我也只有一本，你一定要细心呵护它。”

在《英属美洲民权概观》一书中，杰斐逊明白了当地探讨了英属北美殖民地所暴露出的矛盾。对于当时的一些人来说，这样的揭露甚至可以说过于赤裸。但不论在思想上如何大肆地宣扬独立和战争，在现实当中，如何提出合理、正当的理由拿起武器进行革命，却又另当别论。正如杰斐逊所说：“目前，采取较为温和的立场是我们的首选，这是明智的做法。对于绝大多数的民众来说，我所提出的做法仍然过于激进。”他认为，在当时的弗吉尼亚州，民众在思想认识方面的步调“并不一致”，因此，需要采取“审慎的态度”，“将思想进步的民众和思想比较落后的民众团结在一起”。

这一手册的发行促使杰斐逊走上了引领美国走向独立自主的道路，成为先锋战士之一。甚至有传言称，当时英国议会通过了一项关于剥夺公民权的法案。根据该法案，杰斐逊有可能被宣告犯有叛国罪，并被判处死刑。

倘若说关于禁食和祷告日的提案将阿尔伯马尔县的民众唤醒了，那么在《英属美洲民权概观》中，杰斐逊不仅有力地唤起民众的正义感，以促使他们对自己所受的冤屈提出控诉，还不遗余力地调动他们的使命感。在行文布局方面，他合理地兼顾了细节和整体。一方面，他对英国殖民者的劣行提出了最详细的指控（其中一些措辞甚至对当代读者来说都较为晦涩难懂）；另一方面，他还勾勒出一个辉煌的历史愿景，那就是，北美殖民地人民的斗争将成为人类追求自由的漫长故事中无法磨灭的壮丽篇章。如此一来，通过关心民众所需，了解他们内心固有的渴望——投身于追求自由这一项激动人心的事业当中，为平淡的日常生活注入神话般的色彩，杰斐逊熟谙笔杆子里的政治领导之道。

不断积累知识，开阔眼界，思考关于自由、法律，以及一个人应该如何生活等问题，这些构成了杰斐逊的精神生活。在威廉·史莫和乔治·威勒的指导下，杰斐逊和他的朋友达布尼·卡尔、约翰·佩吉都逐渐认识到，在人类社会中，处理各项事务所依靠的应该是理性，而非与生俱来的权利。专制统治，不论是由君主还是牧师实行，本质上是没有区别的。

在充实自己精神生活之余，杰斐逊也意识到，他的所作所为必然会使他自己以及他的家人陷入各种危险。在他的日常记事本中，他摘录下了几行由蒲伯翻译的《荷马史诗》：

死亡是最可怕的命运，但任何人终究都要面对。
为国捐躯，是极其幸福之事，
在战斗中，勇士也许会被杀害，
但是，他的牺牲却能为祖国带来安宁，为孩子们带来自由，
所有国民也将对他的壮举感激不尽，
他的勇敢的朋友们将为他感到骄傲，
他的妻子将以他为荣，
整个民族将取得成功，
子孙后代也将受益于他的英雄事迹。

托马斯·杰斐逊为大西洋畔的世界带来《英属美洲民权概观》时，距离美国宣布独立仍有23个月。随着这本小册子的出版发行，杰斐逊逐渐声名远播。约翰·亚当斯称这本册子为“一部令人叹为观止的政治作品”，“恰如其分的措辞体现了作者老练的写作才能”。

1774年夏秋，随着杰斐逊的政治思想和信念逐渐被公众接受，他仿佛成了一位预言者，站在高高的山顶上俯瞰世界，洞察事物的本质，并将他的所见所闻告诉他的同胞们。凭借坚定的信仰和过人的勇气，他撰写了《英属美洲民权概观》，为处于茫然中的民众带去信念。

随着1774年渐渐接近尾声，身为一个丈夫、一位父亲、一名律师、一个种植爱好者、一位立法者和一个思想家，31岁的杰斐逊娴熟地掌握了新颖、高超的政治写作技巧。凭借《英属美洲民权概观》和他的其他作品，杰斐逊展示了他表达民意、调动公众情绪的非凡才能，既为民众勾勒出对未来的憧憬，也让他们真切地感受到他如何让遥远的未来变得触手可及，如何让梦想走进现实。

第七章

和平遥遥无期

是服从还是反抗，必须做出最后的决断。

——英王乔治三世针对英属北美殖民地的反抗如是说

1775 年 3 月初，蒙蒂塞洛的桃花开得正旺。杰斐逊正准备离开家乡前往里士满，参加在那里举办的弗吉尼亚州会议。此次会议将在圣公会的圣约翰教堂举行，届时将有诸多革命领袖与会。这座木制教堂位于山顶，是里士满最大的建筑物。据会议主办方预期，尽管初春时节的道路将略显泥泞，仍将有约 100 名代表前来参加会议。为了召开此次会议，教堂的每一块空间都被很好地利用了起来：圣坛围栏的后面设置了大会主席的席位，与会代表们坐在教堂长椅上，长椅的空余位置则预留给热切关注此次会议的民众们。教堂的窗户敞开着，这样一来，那些因为教堂里容不下而只能站到院子里的人们便可以聆听会议。

此次会议的日程安排得很紧，杰斐逊的任务也很繁重。预计战争有可能爆发，弗吉尼亚州的革命领导人们不得不就军事准备措施、税收和贸易等方面做出一系列决策。与此同时，殖民地的英国官员们则对杰斐逊和他的同僚们采取了更坚决的反对态度。

当时，弗吉尼亚殖民地总督是邓莫尔伯爵四世约翰·默里。他出生于苏格兰，继博特托尔特男爵之后出任弗吉尼亚殖民总督，以作风强硬而著称。在任期间，他曾禁止弗吉尼亚人从英国进口武器和火药。英国当局也下令没收任何运往美国的弹药，明确规定英国王室驻北美殖民地的官员们须阻止一切关于第二届大陆会议代表选举的活动。双方均未表现出任何让步的倾向。

在圣约翰教堂，杰斐逊全身心地投入各项工作中。他是务实主义者，而不是空想家。他深信，当时的局势所需要的是实际行动，而不是夸夸其谈。

1775 年 3 月 23 日星期四，在这个温暖的春日，教堂的窗户都敞开着。站在教堂中殿东面过道处的 47 号长椅上，帕特里克·亨利呼吁弗吉尼亚州民兵队进入战略防御状态。他的演讲鞭辟入里："诸位可能希望呼吁和平！和平！但是，目前和平的希望十分渺茫！""战争实际上已经打响了！"讲到高潮处，他情不自禁地呼喊道，"我不知道别人会选择哪条道路，但我的选择是，不自由，毋宁死！"

对于杰斐逊而言，亨利仿佛拥有魔力。"在我看来，如果'雄辩'一词足以形容能言善辩的话，他的雄辩能力超乎想象，令人印象深刻，甚至可以说叹为观止。"杰斐逊补充道，"在他演讲完之后再复述他的话不是一件易事，他发表演讲时说的话往往都切中要害。"

随后，大会决定成立一个包括杰斐逊在内的委员会，针对殖民地的防御工作制订各项具体计划。委员会决议：

> 每个骑兵队除长官外，由 30 人组成。每个骑兵配给良驹一匹、马勒一副、马鞍一套、手枪及枪套若干、卡宾枪或其他短火铳一把，并配有水桶一个、刀或战斧一把、火药一磅以及弹药至少四磅。所有士兵务必尽全力熟悉各项骑兵军事操练，并严格训练战马，以使它们适应枪支开火。

当然，各殖民地之间也有可能存在分歧。例如，纽约殖民地议会投票拒绝派代表参加将于 5 月召开的第二届大陆会议。针对这一事件，杰斐逊问道，这一决议是否意味着纽约州已经"脱离了联盟"呢?

武器、民兵队、团结——在里士满，杰斐逊忙着从这些方面开展防御工作。在履行身为委员会成员和弗吉尼亚州议员的职责之余，杰斐逊也努力地让自己在里士满的日子过得愉快。他有时在荣赫鹏太太的小酒馆小酌两口，有时在荣赫鹏太太酒馆的竞争对手——古恩的小酒馆那里用餐，有时则逛逛奥格尔维太太的书店，丰富自己的藏书。就在这舒适的日子中，他政治生涯中的下一个事件悄然而至。1775 年 3 月 27 日星期一，杰斐逊当选为第二届大陆会议弗吉尼亚州代表。

第一届大陆会议是在《波士顿港口法案》以及其他所谓的强制法案颁布之后举行的。在 1774 年 9~10 月，也就是从杰斐逊完成《英属美洲民权概观》之后不久到他感染痢疾这一期间，与会代表们针对英国殖民政府提出了一系列申诉，呼吁北美殖民地坚决抵制英货（制定了抵制英货的详细措施），并达成了一致意见——若有必要，将召开下一届大陆会议。

这一必要性在 1774 年秋确实凸显了出来。这个秋天，战争的迹象似乎越来越明显。在新英格兰，英国驻军控制了火药库和大炮，以防止殖民地民兵使用这些军火；此外，他们还要求英国当局增派更多的驻军，因为他们已经预感到，血腥的杀戮即将上演。为了回应这一增派驻军的要求，也为了回应各殖民地在第一届大陆会议上提出的申诉，英国殖民政府明确指示英国驻军总司令托马斯 · 盖奇将军“用武力解决”。“对待武力反抗，就应血债血偿。”英国当局如是说。

谈判毫无可能，战争一触即发。因此，与第一届大陆会议相比，第二届大陆会议所承担的任务更加艰巨：如何管理这个业已开始反英武装革命，雄心勃勃地渴求独立的国家。

在里士满，以杰斐逊为代表的委员会提出了一项关于民兵如何做好战斗准备的决议。该决议指出，如果我们不做好充分的军事准备，“一旦弗吉尼亚州遭受侵略或者爆发叛乱……整个州无疑会陷入危险的境地”。1775 年 4 月的第 3 个星期过后，遭受入侵和爆发叛乱这两种可能性均更加突出地显现出来。

1775 年 4 月 19 日星期三，英国驻军与殖民地民众在马萨诸塞州的莱克星敦和康科德发生武装冲突。经过一天的激战，战火绵延了长达 16 英里，最终导致 273 名英国驻军和 95 名美国民兵伤亡。这场战斗的具体细节目前尚未完全明了，但它的历史意义却显而易见。正如杰斐逊在了解了这次战役的相关报道后所说的那样，“和解的最后希望”也破灭了，“疯狂的报复情绪似乎已经占据了所有人的心”。

画家约翰 · 辛格尔顿 · 科普利在写给他同父异母的弟弟的信中道：“战火已经在美国燃烧起来了，我敢肯定，它将迅速蔓延，其猛烈程度将不亚于在任何时代、任何其他国家发生过的战争。”

与此同时，在弗吉尼亚州，各种状况也层出不穷，一方面，殖民地奴隶的反抗时有发生（尽管这些反抗有些是谣传，有些则真实发生了）；另一方面，总督邓莫尔伯爵下令管制威廉斯堡的火药供应。为了解决这些问题，弗吉尼亚州的革命领袖们忙着想各种对策。到了 4 月中旬，切斯特菲尔德县（距阿尔伯马尔县不远）的白人革命者们十分担心“殖民地奴隶发动叛乱”。而在诺森伯兰县，两个奴隶将一捆稻草绑在一根棍子上点燃，放火烧了一个民兵军官的房子。在这种形势下，邓莫尔伯爵决定拉拢殖民地奴隶。在他看来，敌人的敌人便是朋友，这些白人革命者所忌惮的奴隶们恰恰是英国殖民者在弗吉尼亚州的天然盟友。

1775 年 4 月 20 日星期四到 4 月 21 日星期五，英国皇家海军陆战队队员们成功地将 15 桶半桶装的火药从威廉斯堡的弹药库转移到了皇家海军舰艇“莫德林”号上，解除了弗吉尼亚州民众的革命武装。满腔愤怒的民众聚集在总督府外面，时刻准备为争取独立而战。

为了平息众怒，邓莫尔伯爵于总督府中发表声明，称他的所作所为只是为了保障火药的安全，以防范殖民地奴隶发动叛乱。但是，这位总督几乎无法掩盖他对于聚众人群的愤怒和蔑视，将他们的行为称为“对英国政府权威的莫大侮辱”。邓莫尔总督对威廉斯堡的民兵组织尤其感到愤怒，他说：“这些民兵用他们自己制造的火枪全副武装着和我谈判，而制造这些武器的工厂竟然就在距离我家仅有几步之遥的地方！”两天后，他逮捕了该工厂的两名负责人，这标志着他向殖民地民众发起了真正的进攻。

1775 年 4 月 22 日星期六，邓莫尔总督宣称，“永恒的上帝作证”，倘若再有任何对英国王室政权的“损害或侮辱”，“我将宣布给予奴隶自由，并将威廉斯堡化为灰烬”。

不出预料，这则公告的发表迅速在白人当中引起了反响。一个宾夕法尼亚州白人在写给他的海外朋友的信中称：“邓莫尔总督打算解放我们的奴隶，这一想法简直比地狱还要黑暗、还要可怕。”于是，赞成蓄奴制的殖民地民众纷纷开始或加紧备战，杰斐逊便在他们的行列中。

北美大陆的这场危机充斥着各种明争暗斗，令杰斐逊有些困扰。1775 年 5 月 7 日星期日，在写给他远在英国的恩师威廉 · 史莫的信中，杰斐逊说着说着突然笔锋一转，叹道："天呐，我到底该怎么做？一直沉浸在我的祖国所遭受的苦难当中，我无法用三言两语解决这些政治纷争。"

然而，他无法自行解决这些困扰。在写给史莫的信中，他说："这个星期，不幸的消息已经传来，英国驻军和我们在波士顿的同胞们之间发生了严重冲突。"在杰斐逊看来，在这种局势下，流血冲突的发生似乎注定了和平解决纷争变得毫无可能。（杰斐逊的信寄到英国之前，史莫逝世于英国伯明翰。）

邓莫尔扣押火药的行动以及他关于废除蓄奴制的言论使弗吉尼亚州的局势更加紧张，群情更加激愤。阿尔伯马尔县的民兵宣称："邓莫尔应当停止扣押火药，别再危言耸听，唆使黑人奴隶叛乱。"

在杰斐逊看来，邓莫尔的所作所为真切地体现了一个普遍真理：英国政府的态度十分顽固，丝毫没有表现出对美国人民的尊重，似乎美国民众表现得越无畏，英政府采取的政策越粗暴。杰斐逊能够敏感地捕捉到这些蔑视，也可以敏锐地感受到人与人之间关系的玄妙，这其中有尊重，有钩心斗角，也有顺从，它们以不同的比例结合在一起，并且不断变化着。这些关系不仅体现在人际交往中，也反映在政治领域里，杰斐逊可以敏锐地察觉出这些不同关系之间的较量和细微变化。

他精辟地分析了英国政府的这种做法："只要稍微了解一下人性，注意一下它在现实生活中的表现，我们就可以预见到，以北美殖民地民众现在的精神状态，英国政府傲慢自大的作为更容易让他们恼羞成怒，而不是吓坏。"

1775 年 6 月，弗吉尼亚城镇自治议会在威廉斯堡召开会议，议员们热烈地探讨了当前的局势，这些讨论促使杰斐逊掌握了更多政治技巧。当时，议会正在考虑英国政府的和解建议，就在此时，弗吉尼亚州的三名殖民地居民因试图闯入火药库而被打伤，因为火药库里安置了散弹猎枪，一旦有人擅闯，便会开火。这一事件让邓莫尔深感时局动荡，为了安全起见，他和他的家人乘坐英国皇家海军舰艇"佛威尔"号离开了威廉斯堡。

大约在 1775 年 6 月 10 日星期六，杰斐逊代表弗吉尼亚州对英国政府提出的和解建议做出了回复。当时，皇家总督逃离；为了争夺火药，各种小规模冲突此起彼伏；奴隶叛乱使整个弗吉尼亚州人心惶惶。在这样群情鼎沸的局势下，杰斐逊丝毫没有自乱阵脚，他用慎重的语气说道："我们仔细了解了和解提议，并尽我们所能从各个方面进行了认真考虑。但是，令我们痛苦和失望的是，我们最终不得不声明，这项提议只是改变了压迫殖民地人民的方式，丝毫没有减轻他们的负担。"

和杰斐逊相比，弗吉尼亚州的另一些人则没有采取这么坚定的态度。据杰斐逊回忆，与自己相比，甚至与主张弗吉尼亚应采取更强硬的革命立场的佩顿·伦道夫相比，罗伯特·卡特·尼古拉斯和来自斯塔福德县的律师詹姆斯·默瑟曾更加公开地谈论支持与英政府和解。

因为伦道夫"担心尚未认清时局的尼古拉斯先生答应英政府的和解提议"，他便委托与他持相同立场的杰斐逊起草弗吉尼亚议会对该提议的回复。杰斐逊所做出的回复开了个好头，接下来，伦道夫便可以在弗吉尼亚议会当中发挥更大的影响力。如果指派尼古拉斯负责此事，显然收不到这样的效果。

在如何实现民族独立这个问题上，仍然存在诸多争议。即使在波士顿发生了倾茶事件，在莱克星敦和康科德爆发了武装冲突，在威廉斯堡发生了火药事件，后来又谣传着奴隶们将发动武装叛乱，杰斐逊和他的同胞们仍然激烈地争论着是否要与宗主国英国彻底决裂。

在杰斐逊这些年的政治生涯中，众人意见出现分歧的情况时有发生。在各种不确定性、各种冲突中，杰斐逊不断成长、蜕变。对他而言，处理政治事务往往意味着在那些热切地持有不同政见的人之间的博弈。他曾经梦想和志同道合的人一起探讨问题，顺利地达成彼此都满意的共识，但现实截然相反，而恰恰也是这些现实对他的影响最大。

在伦道夫的引领下，杰斐逊所提的草案最终通过了议会的表决。杰斐逊说："在很长一段时间里，草案受到尼古拉斯先生和詹姆斯·默瑟的种种质疑，就像被泼了许多冷水，它显得有些苍白无力。"但最终它还是通过了表决。对杰斐逊和伦道夫来说，最关键的一点是各殖民地要紧密团结在一起。

为了实现这样的团结，为了最终引领弗吉尼亚议会走向国会，杰斐逊不停地操劳奔波。1775 年 6 月 11 日星期日，他从威廉斯堡出发，前往费城参加第二届大陆会议。一个更广阔的世界在召唤他。

第八章

大名鼎鼎的杰斐逊先生

在敌人面前，我们已经证明，我们可以像人一样理性地思考，现在，让我们告诉他们，我们也可以像人一样英勇地战斗。

——托马斯·杰斐逊，于1775年7月5日

时局充斥着各种危险和不确定因素，因此大家的观点五花八门。

——托马斯·杰斐逊，1775年于费城

第二届大陆会议在位于费城第三大道和第四大道之间的栗树街上的宾夕法尼亚州议会大厦（后来被称为独立厅）召开，杰斐逊参加会议时便寄宿在栗树街，在那里，他记录了一系列事件的发展。他将军事形势的变化记录下来寄回弗吉尼亚议会，仔细阅读了本杰明·富兰克林提议起草的《邦联和永久联合条例》，还做了北美大陆独立战争财务及军事预算。

在某种程度上说，为了这一时刻、这项工作，杰斐逊一直在准备着。自从10年前，他第一次站在威廉斯堡的城镇自治议会的大厅里，全神贯注地倾听了帕特里

克 · 亨利的演说之后，他便一直在准备。在一个个星光闪烁的夜晚，他在福基尔总督的府邸里，听着音乐，不断汲取知识；在乔治 · 威勒家，他沉浸在法律和历史的世界里，度过了他人生最宝贵的几年；在雷利酒馆，他在佩顿 · 伦道夫的指导下，不断地观察和学习参政之道。他形成了自己独特的政治风格——以朋友的姿态赢得比他年长的人的支持，亲切和蔼地对待同龄人，凭借他的笔杆子和智慧在政治争论里锁定胜局，凭借这种杰斐逊式的政治风格，他在美国的政治舞台上占有一席之地。对他而言，那里不再是威廉斯堡，不再是里士满，而是家，他感到游刃有余，丝毫不感到无所适从。

在弗吉尼亚州，杰斐逊熟悉那里的一切人和事。在费城，他参加了两届大陆会议。在那里，他有过闲暇时的徜徉，碰撞出了新的思想火花，结交了新的朋友，结识了新的政治势力。

圣公会牧师威廉 · 史密斯说："费城人是世界不同地方的人聚集在一起的一个民族，这些人在语言、习俗、思想等方面都有差异。"另一位牧师雅各布说："即使是特拉华湾畔最贫穷的劳动者，也认为自己有权和绅士或学者一样，自由地表达对于宗教和政治事务的看法……因为每个人都期望，有一天，自己可以和他富有的邻居享有同等的地位。"

在费城，杰斐逊陷入了一场猛烈的战争和纷飞的战争传言中。在这种情况下，在第二届大陆会议上，马萨诸塞州的约翰 · 亚当斯提议任命弗吉尼亚州的乔治 · 华盛顿为大陆军总司令。1775 年 6 月 15 日星期四，会议最终通过了这一决案。两天后，大陆军与英军在波士顿打响了邦克山战役。

事实证明，帕特里克 · 亨利 3 月在费城以南 250 英里处的圣约翰教堂的预言现在应验了：和平手段无法解决问题。

在费城，杰斐逊的到来在与会代表中引起了巨大反响。罗得岛州的代表塞缪尔 · 沃德记录了他看到"大名鼎鼎的杰斐逊先生"时的感受："这个弗吉尼亚人看上去睿智十足、意气风发，而他去年夏天撰写的《英属美洲民权概观》也确实证明了他的卓尔不群。"之后，约翰 · 亚当斯也转述了另一位与会代表对杰斐逊的看法："杰斐逊是我见过的最强大的'吸尘器'——孜孜不倦地吸收着各种知识，他精通法语、意大利语和西班牙语，还想学习德语。"

从表面来看，很难想象亚当斯和杰斐逊会有交集。年龄上，亚当斯比杰斐逊年长8岁；身高上，亚当斯比杰斐逊矮5英寸；亚当斯是个十足的新英格兰人，而杰斐逊则是地道的弗吉尼亚人；亚当斯很难保持缄默或者忍住脾气，而杰斐逊则擅长管理自己情绪。然而，多亏了亚当斯了不起的妻子——阿比盖尔在两人间的及时沟通，他们后来携手建立了美国历史上最庞大、最错综复杂的联盟之一。

约翰 · 亚当斯于1735年出生于马萨诸塞州的布伦特里。他的父亲是农民，同时也是政府工作人员。和彼得 · 杰斐逊一样，老约翰 · 亚当斯对他的儿子有重大影响。约翰 · 亚当斯年轻时就读于哈佛大学，他曾考虑成为公理会牧师，但后来放弃了这一想法，选择成为律师。在美国独立战争爆发前的动荡岁月里，他在波士顿律师界崭露头角。

从1775年到美国第一任总统华盛顿组建政府之前，亚当斯和杰斐逊经常共事，且相处得十分融洽，尤其是在他们代表美国出使欧洲期间。但在18世纪90年代到19世纪的前10年，他们在美国的未来发展方向上产生了严重的分歧，进行过激烈的争论。然而，两人退休后，便恢复了他们年轻时在费城建立的友谊。他们共同的革命伙伴本杰明 · 拉什在1812年2月写给亚当斯的信中说，“在我心中，你和杰斐逊就是美国独立革命的北极和南极”，“为了实现国家独立，有些人奔走呼号，有些人诉诸笔端，有些人毅然从戎，而你和杰斐逊先生则在思想上引领我们”。

通过对时局的进一步了解以及和美国北方殖民地的代表们（尤其是亚当斯）的接触，杰斐逊逐渐对新英格兰殖民地的革命志士钦佩不已。一方面，杰斐逊了解了诸多他们的英勇事迹；另一方面，因为他们密切关注着家乡发生的流血冲突，并将自己的荣辱和家乡的生死紧密联系在一起。和他们相处，杰斐逊更加深切地体会到殖民地人民和英国殖民者之间的矛盾。他感到革命的气息在四周弥漫。

杰斐逊抵达费城的一周后，会议通过了入侵加拿大的决议。这一惊人之举牢牢锁定了加拿大在杰斐逊的政治和军事设想中的地位。自从1763年的法国–印第安人战争结束以来，英国已占领了加拿大的大部分地区，那里曾一度被称为新法兰西。1775年，美军入侵加拿大，蒙特利尔沦陷，但魁北克仍顽强抵抗，美军未能完全占领加拿大。这导致加拿大最终还是落入英国手中，成为美国独立战争中保皇派的安身之处。战争结束后，在美国人心中，加拿大成为一个可能重振英国势力的集结地，会对新生的美利坚合众国产生影响。

1775 年，在费城，杰斐逊可以感觉到，广大殖民地群众深受革命情绪感染。他于 7 月写道："现在，只要我们愿意竭尽全力，没有人会怀疑我们没有能力反抗大英帝国的压迫，我们绝对有这个能力。" 尽管通过革命实现独立是极有可能实现的，但杰斐逊仍保持着高尚的想法，希望美国民众以磅礴的气势和高尚的美德赢得独立。

围绕美国独立这一问题，杰斐逊和约翰 · 迪金森（《宾夕法尼亚农人来信》的作者），在后者坐落于费城边缘日耳曼敦道的斐尔丘庄园里探讨了几个星期。作为讨论的结果，他们起草了《武力革命的原因和必要性声明》。1775 年 7 月 6 日星期四，大陆会议表决通过了这一声明。

第二天，杰斐逊悄然离开了大陆会议，乘渡船前往植物学家威廉 · 汉密尔顿位于司库河畔的伍德兰兹庄园。在那里，汉密尔顿和杰斐逊一起醉心于他们酷爱的园林园艺。徜徉在夏日的伍德兰兹庄园，杰斐逊任凭他的想象力恣意驰骋，他的脑海里充斥着各种思想的火花，思考着如何把自然界与人类融为一体。之后，他前往司库河瀑布游玩，还在那里享用了晚餐。

通过这样的短途旅行，杰斐逊将自己从复杂的政治斗争和战争氛围中解脱出来，让身心得到了尽管很短暂但愉悦的放松。基于迪金森和杰斐逊起草的声明，大陆会议列出了武装抵抗英国统治的一系列理由。但是与此同时，会议还寄希望于与英王和解，并于 1775 年 7 月 8 日星期六向英国政府呈递了和平请愿书。

没有任何结果。

杰斐逊很少在大型会议上发表演说，他更喜欢用别出心裁的方式博得大家的喝彩。由于熟谙政治学和历史学，约翰 · 亚当斯认为，杰斐逊的保持缄默使他在辩论中获益良多。根据所有他曾经读过的书籍和他的亲身经历，亚当斯发现，"一个人要想成名或升迁，在公众面前能言善辩并不是一个万全之策，除非他极其谨慎、有节制、矜持地展现出其雄辩的口才"。亚当斯将乔治 · 华盛顿和本杰明 · 富兰克林划归为与杰斐逊一样的一类人，因为他们也不愿意在公共场合滔滔不绝。亚当斯说："一个在公众面前演讲的人无疑会和诸多公众事务打交道，这可能是出于自愿，也可能是受人敦促。他日复一日不辞辛苦地证明自己所采取的措施的正确性，反驳政见不同的人提出的异议，如此一来，公众就会对他过于熟悉，并不可避免地使他树敌过多。”

如果一个政治家能够默默无闻地起草公共文件或商议公共事务，而不是费尽心思地进入议会或某个较大的委员会，他往往能更好地表达自己的意愿，并对公众施加影响，而且他树敌的风险会小很多。亚当斯说：“人们在争论的时候，往往会不甘示弱地推理、慷慨陈词、机智应答、讥笑挖苦、诙谐巧辩或者讽刺，而所有这些技巧都很容易在辩论中得到锻炼。”他补充道：“如此一来，如果一个人总是活跃在公开辩论里，几年下来，他便会在全国树立众多敌人，至少那些在某次争论中觉得难堪的人会与他为敌，他们会幸灾乐祸地挫他的锐气，让他蒙羞。”

在1775年的革命洪流里，杰斐逊勤于思考而又不忘联系实际，自信而又不失实事求是的精神。他说：“我们无法预测这场冲突的持续时间和激烈程度，但是，我们现在也在考虑是否应该做好最坏的打算，至少应该防范我们所预见的可能发生的灾难。”也许“一些天资聪颖、精神顽强的人士”应该交由华盛顿将军进行训练，以了解“必要的战争技巧”。

尽管诸多事情都无法预知，但战争中所使用的政治语言则必须颂扬已取得的胜利，为黑暗的时刻带去希望。杰斐逊就十分精通这一门复杂的语言，他清楚地认识到，弗吉尼亚面临着“缺乏”军事技能的局面——在劫掠肆虐的当下，它是唯一可以用来保障公众安全的技能。杰斐逊在这里使用“劫掠”一词，是他的律师身份使然。这个词是一个古老的法律术语，表示暴力占有财产，它是一种修辞手法，用来强调任何财产所有者都与斗争息息相关。

1775年8月1日星期二，杰斐逊来到第三大道，逛了逛罗伯特·贝尔的小店，买了一本詹姆斯·伯格的《政治专题论文集》。之后，他便离开费城，前往弗吉尼亚州。途中，他在特拉华州纽卡斯尔市的克莱夫人旅馆短暂停留。之后，他继续前行，到达安纳波利斯市的切斯特顿，最后经由皇家港口回到蒙蒂塞洛。

由于已找不到任何杰斐逊和他的妻子帕蒂之间的信件，我们只能猜测他们在分离时彼此表达思念的语气。尽管如此，鉴于杰斐逊一生中给他的家人和朋友写过许多信，我们可以推测，杰斐逊给妻子写信的方式有可能和与他同时代的小西奥多里克·布兰德给自己妻子写信的方式大致相同。布兰德也是弗吉尼亚人，他是一个医生、政治家，也是革命家。他在1777年在新泽西州的前线写给他的妻子玛莎的信中说："天呐，亲爱的，在你给我写信的时候，你只要告诉我你的情况就好。无论如何，我期望你可以在聊别的话题之前，多谈些那个我喜欢的、永远喜欢的主题——告诉我你什么时候睡觉，什么时候起床，什么时候吃早餐，什么时候吃晚饭，什么时候外出，告诉我你的一切，别让我担心你的健康……不要害怕……是的，你又可以感觉到你丈夫满溢着爱和深情的亲吻。天堂不会无情地让两个如此深爱的人分开的，如果它硬生生地要使我们阴阳相隔，我们乘什么交通工具在天堂相会呢？"

和帕蒂一起，杰斐逊经营着他曾经幻想拥有的那种婚姻和生活。音乐和舞蹈在他们生活里是必不可少的，杰斐逊总是哼着小曲，他还订购了一架伊奥利亚竖琴，又花5英镑买了一把新小提琴。在记忆里，他记得他的姐姐珍唱歌的声音。而在日常生活中，他可以坐下来听帕蒂弹钢琴或竖琴。

据杰斐逊家的奴隶艾萨克·格兰杰·杰斐逊说："夫人比较娇小，但是十分漂亮。"帕蒂总是很忙碌，一边忙着养育孩子，一边忙着在她丈夫不在家的时候照看种植园。她的账本上记录着她的日常工作，包括监督宰杀鸭、火鸡、猪和羊等。她还得管理家里的奴隶。

杰斐逊的住所蒙蒂塞洛一共经历了三次修建。尽管第一次建成的蒙蒂塞洛在18世纪90年代被杰斐逊拆毁并进行了重建，而且它比第二次以及最后一次建成的蒙蒂塞洛要小很多，但它仍然是一座宏伟的深宅大院。一位曾去过第一次建成的蒙蒂塞洛的客人这样写道："这里是新建成的，有最新的意大利风格。"整个建筑的四周围着一圈柱廊，中楣上装饰着各式各样取材于神话的雕塑，非常迷人。在那里，杰斐逊收藏了一个象棋棋盘以及配套的棋子、一个西洋双陆棋的棋盘、一架折射式天文望远镜、8个百叶窗，以及苏格兰地毯。他总是注意搜集可爱的小玩意儿，当然，也总是热心于收藏各种书籍。即使是在第一次建成的蒙蒂塞洛里，据说也有一个书房，里面有丰富的、精心挑选的藏书。

据这位客人回忆，蒙蒂塞洛本身就是一座典雅的建筑。它恰恰是杰斐逊涉猎广泛、博闻强记的最生动体现。从书籍到音乐，到闲暇娱乐，到艺术，再到建筑，杰斐逊在不断地学习、体验、尝试、品味和生活着。他之所以这样做，是因为在沙德维尔和位于威廉斯堡的总督府里，他曾经聆听教导——人可以领略并创造一个广阔的世界。

杰斐逊的建筑造诣得益于多本建筑学著作，其中包括詹姆斯·吉布斯的《建筑设计规则》以及《安德烈亚·帕拉第奥的建筑风格》系列丛书中的一册。在装潢蒙蒂塞洛的时候，他琢磨着餐厅应采用什么样的粉刷方案，订购了一本汉娜·格拉斯所著的《烹饪艺术——简单的美味》，还买了一个衣橱。

除了建筑设计，杰斐逊在哲学方面也造诣颇深。他加入了“推广有益知识”哲学协会，该协会是由弗吉尼亚州的哲学爱好者（包括他的朋友约翰·佩吉）以美国哲学学会为模型而创建的。后来在1780年他又加入了美国哲学学会。此外，他还对医学感兴趣。1772年，詹姆斯·麦克鲁格（独立战争时期任弗吉尼亚州所有医院的总负责人）出版了《人类胆汁研究》一书，杰斐逊便买了一本。

受约翰·伦道夫的熏陶，杰斐逊还对园艺产生了浓厚的兴趣。伦道夫是杰斐逊的表亲，他是保皇党，也是一位检察长，住在位于威廉斯堡南英格兰大街的塔兹韦尔庄园，那是一座占地99英亩的漂亮宅邸。伦道夫拥有当时在弗吉尼亚州大概是最好的一把小提琴，对此杰斐逊一直十分羡慕。伦道夫在园艺方面也颇具造诣，他还撰写了《一个弗吉尼亚公民的园艺论文》一书，在他的熏陶下，杰斐逊迷上了园艺。此外，菲利普·米勒、伯纳德·麦克马洪和托马斯·沃特利的著作也深刻地影响了杰斐逊对园艺和园林艺术的理解。在园艺方面，杰斐逊的核心思想是营造和控制对野性和自然产生的错觉。

1775年夏，伦道夫又一次成为杰斐逊一心惦念的表亲，不过这次不是因为园艺，而是因为其他原因。当年8月，杰斐逊给伦道夫写了一封信。在信的开头，他亲切友好地与伦道夫寒暄，对于伦道夫离开美国前往英国一事深表遗憾，并再一次地提及自己对他的小提琴的无限欣赏之意。

寒暄过后，杰斐逊便进入了正题：将伦道夫争取到美国独立事业的队伍当中，并成为这支队伍的骨干。杰斐逊认为，英国当局对美国人民的立场存在两个根本性的误解。第一个误解是：在美国，对英国殖民统治的不满仅仅集中在“一小拨人”当中，并没有更广泛的群众基础。为了实现他的政治目的，杰斐逊对当时的局势有如下分析：美国人民争取独立的运动并不限于革命精英，而是在汲取社会各个阶层的力量。

第二个误解令杰斐逊更加义愤填膺。他说："英国当局一直认为，我们是懦夫，在他们的武力镇压下就会投降。"接着，他矜持、自豪地补充道："在这场战争中，我们已经采取过的和将要采取的军事行动一定会让他们的幻想破灭。"总而言之，杰斐逊希望伦道夫向英国政府证明，北美殖民地人民是广泛、团结、勇敢的革命力量，理应得到英国当局更多的尊重。

杰斐逊是从纯政治的角度思考。如果北美殖民地民众被认定为既不团结又懦弱，那就无法促使英国当局考虑通过谈判解决矛盾。美国这个新世界的软弱只会引起英国这个旧世界的蔑视。

在信中，杰斐逊原本打算威胁一下伦道夫，但他后来放弃了这样的做法。他的威胁十分有趣，他若有所思地自言自语道：如果英国当局打算武力统治沿海殖民地，弗吉尼亚人民会采取另一种办法——也许我们当中最顽强的人会"翻越群山"，摆脱英国的殖民统治。这表明杰斐逊一直在参与探讨一种可能出现的极端情况，那就是，致力于美国独立事业的殖民地民众可能会深入北美大陆腹地以脱离英国殖民统治。

这是有关杰斐逊这一构想的最初表达，在他后来的诸多文章中，他都将美国西部构想为自由的源泉和重振美国的地方。在1775年的这场危机中，杰斐逊提出的这一具体建议表明，他一直在竭力思索着反抗英国殖民统治可能会造成哪些实际影响，以及一旦局势恶化，可能会发生哪些最可怕的突发情况。

杰斐逊并不想在信中对伦道夫放狠话，那样的话就达不到他写信的目的。他给伦道夫写这封信是为了通过他这位前往英国的表亲接触英国当局中有权势的人物。在信的结尾处，杰斐逊热情地与伦道夫道别："我收藏的经典著作，尤其是关于政治学的书籍并没有我期望的那么全。既然你已前往有'文学的殿堂'和'书籍的国度'之称的英国，你可能会愿意处理掉你在美国的一些书，以便在英国买更好的版本。对此，我十分愿意效劳，不论你心中有怎样合适的人选，我都愿意与他竞争。"

杰斐逊在这封信里的潜台词是：或许我们是政治上的对手，但我们都热衷于文化，有着共同的爱好。他在信开头处提到了小提琴，在结尾时又提到了书籍，这使得他那些干预性的政治言论和主张看起来像是一段很自然的对话中的一部分，这体现了杰斐逊的精明之处。

伦道夫读出了杰斐逊的言外之意。1775 年 8 月 31 日，在给杰斐逊的回信中，他写道："虽然我们可能在政治上持不同的观点，但我找不到任何理由证明我们私下不可以惺惺相惜，我从前就坚信我们会彼此欣赏和尊重。如果我们的关系变得冷淡，我会小心翼翼地避免成为率先造成这种局面的人。我们俩似乎致力于截然相反的事业，而我们任何一方都有可能成功。"

杰斐逊的这封信达到了他的预期目的，信件经由伦道夫之手转到英国殖民地事务大臣达特茅斯伯爵二世威廉 · 理雅各的手中。如此一来，杰斐逊完成了他的预期任务：向英国殖民当局的当权人士表达自己的观点。

1775 年 9 月，杰斐逊大部分时间都待在蒙蒂塞洛陪他的家人。这期间发生了一幕悲剧：他年仅一岁半的女儿珍夭折了。自从珍去世以后，在每次离家外出的家信中，杰斐逊总不忘惦念他的妻子帕蒂和女儿帕茜，后者是他当时唯一活着的孩子。

然而，杰斐逊具有极大的公共责任感。于是，1775 年 9 月 25 日星期一，他离开了蒙蒂塞洛，前往费城。

再次寄宿在栗树街，杰斐逊重新投入第二届大陆会议的工作当中，但他心里仍然牵挂着帕蒂和蒙蒂塞洛。他很依赖他的妻子，总是十分信赖地向她倾吐一些政治问题，也在写给她的信中提及军事事务。然而，在费城的这个秋天，他却没有收到妻子的任何音信，因为她生病了。

到了 1775 年 10 月 31 日星期二，他更加担心帕蒂。他告诉他的朋友约翰 · 佩吉："自从来到这里，我每星期都留出将近一天的时间写信。尽管这样，我还是没有收到任何音信，哪怕是她写的只言片语。"

8 天之后，他更加绝望了。他在写给他内兄的信中说："自从我离开弗吉尼亚，就没有收到任何那里的人写给我的只言片语，更别说向别人打听下我家人的消息了。这让我心生挂虑，焦虑不断折磨着我，快无法忍受了。天呐，如果家里已经发生了什么事情，让我知道吧。"

杰斐逊对家人的忧虑逐渐蔓延到了政治领域。有诸多报道称英国当局在集结兵力——经由伦敦塔运送大炮，从爱尔兰调集 2 000 人的部队，多艘护卫舰开往美国中部殖民地。这一切行动都是针对一个目标：弗吉尼亚。

更确切地说，都是针对弗吉尼亚的种植园主们。杰斐逊说："应邓莫尔伯爵明确、坚决的指令，英国当局采取了这次行动，计划将我们沿河的种植园变成一片荒芜。"

似乎一切都不尽如人意。1775 年 10 月 22 日星期日，杰斐逊应邀到费城葡萄酒商人亨利 · 希尔在罗克斯伯勒的乡间别墅用餐，这或许为杰斐逊提供了些许庇护，使他得以躲避这一系列风暴带来的冲击。在那里，以杰斐逊所崇拜的佩顿 · 伦道夫为首，一群志趣相投的朋友聚集在了一起。

不幸的是，4 点左右，佩顿 · 伦道夫突患中风——杰斐逊称之为"卒中"，在奄奄一息地撑了大约 5 个小时后，当天晚上 9 点卒于希尔的别墅。

对于杰斐逊而言，佩顿 · 伦道夫是一个世界的象征，这个世界杰斐逊十分熟悉，并立志要在这里奋斗。因此，佩顿 · 伦道夫的逝世意味着这个世界的标志性人物在这个风云暗涌的时刻倒下了。佩顿 · 伦道夫在弗吉尼亚政治界叱咤风云，曾活跃在城镇自治议会、雷利酒馆、圣约翰教堂和宾夕法尼亚州议会等重要政治场所。杰斐逊始终将伦道夫视为自己的榜样，十分钦佩伦道夫能兼具坚定的信仰和平易近人的态度。也正是凭借这种品质，伦道夫（杰斐逊称其为"最值得我们尊敬的演讲家"）得以在政治舞台上生存下来并茁壮成长。

佩顿 · 伦道夫去世，帕蒂生病，女儿夭折，这一切的发生似乎让杰斐逊在各个方面都陷入了困扰。之后，在 1775 年 10 月最后一个星期的中间几天，英国殖民者试图让英国舰艇上全副武装的英军登陆位于诺福克港口附近的弗吉尼亚汉普顿市。当时，诺福克港口在邓莫尔的控制下，这为英军在进入美国的关键要道上提供了一个战略基地。在北方，本尼迪克特 · 阿诺德和理查德 · 蒙哥马利领导下的大陆军在远征加拿大。而在弗吉尼亚州，弗吉尼亚大会（城镇自治议会被邓莫尔解散之后成立的执政机构）则创建了一个安全委员会——一个用以监督该州军队的民间机构。

杰斐逊所珍爱的一切都处在危险当中。在《独立宣言》发布前的 11 个月里，争论永无休止。就家人而言，杰斐逊无法确定他们生活得怎样，唯一能确定的就是帕蒂的健康状况不佳；而就政治局势而言，似乎一切都扑朔迷离，唯一能确定的就是呈压倒性数量的英军与北美殖民地人民冲突不断。

在费城，杰斐逊不断地收到他最亲密的朋友们写给他的信，里面记录了占绝对优势的英军对弗吉尼亚的劫掠蹂躏。约翰 · 佩吉给他写信："我们不在乎我们的城镇遭受掠夺，即使我们的房子被毁坏，我们也不会叹息。"这无意中重复了杰斐逊 5 年前对他说过的话。那时，杰斐逊家位于沙德维尔的宅第为大火烧毁，他给约翰 · 佩吉写信时曾说过这样的话。约翰 · 佩吉信中还说："我早已放弃拯救我的房屋。"

与此同时，杰斐逊在宾夕法尼亚州议会的政治伙伴们也同样正在他们的家乡为类似的事情担忧着。杰斐逊在第二届大陆会议工作期间，人们有时会减少对他的个人因素的关注，而更多地去了解他撰写的那些引起大家共鸣的政治文件。然而，个人和外界是密切联系的：1775 年的紧张局势和各种势力的角逐对 1776 年夏的杰斐逊产生了深刻的影响。通过诸多报道，他了解到，在弗吉尼亚，革命群众与邓莫尔的关系逐渐恶化，流血冲突不断爆发，民众的恐惧逐渐蔓延。这使得他坚强起来，准备应对即将爆发的战争。

1775 年 11 月 7 日在大众关于美国革命的记忆中是一个被遗忘的日子，但是这个秋日在弗吉尼亚发生的事情与之后发生的一系列事件有着极其密切的关系。而所有这些事件结合在一起，最终推动了第二年《独立宣言》在费城得以通过。

邓莫尔率舰队驻守诺福克，他宣布实施军事管制，并下令任何愿意拿起武器反对美国革命者的黑奴或契约仆人可以重获自由，这直接向弗吉尼亚白人革命群众发起了挑战。随着邓莫尔这一公告的发布，受惊的弗吉尼亚白人民众以及对他们深表同情的其他殖民地白人们突然目睹了那些他们激动不安地想象出来的可怕情景变成了现实——黑奴们群起反抗他们的主人。如此一来，诸多原本对独立保持淡漠态度的白人纷纷投入了革命的阵营。

在这样的局势下，杰斐逊立即想到了他家人的安危。如果邓莫尔能成功地鼓动黑奴和契约仆人加入英军的队伍，那么蒙蒂塞洛就可能会陷入危险的境地。因此，杰斐逊为帕蒂和他的家人制订了多个逃离计划。这样一来，一旦发生暴力事件，他们就可以逃到可能较为安全的地方，然后杰斐逊会与他们在那里会合。11 月的时候，杰斐逊给他内兄写信："我已经写信给帕蒂，告诉了她一个确保安全的方案，这样你们就可以远离邓莫尔伯爵警报的惊扰。"

就在杰斐逊为他的家人制定这些紧急措施时，邓莫尔这则鼓动奴隶罢工的公告迅速席卷了美洲东海岸。11 月下旬，约翰 · 佩吉从弗吉尼亚写信给杰斐逊，他信中的语气既有蔑视又有一丝恳求："看在上帝的面上，尽量让我们弄到些军火和弹药吧！"佩吉既害怕英军，又害怕黑人奴隶发动叛乱。

还有另外一个问题，那就是弗吉尼亚州的革命精英们意识到他们的财产会落入英国人之手。1775 年年底，弗吉尼亚州的政治家罗伯特 · 卡特 · 尼古拉斯在写给杰斐逊的信中说："有些无赖，都是些外国人，已经在搜寻那些大房子和漂亮的宅第了。"1775 年 11 月 25 日，尼古拉斯又给杰斐逊写信："从来没有一个国家比我们现在更需要发挥聪明才智，这是刻不容缓的。"

随着第二届大陆会议接近尾声，为了查明此次会议未解决的事务，会议决定设立一个委员会负责这一项任务，杰斐逊被提名为这一委员会的成员。他一共发现了 27 件需要处理的事项，包括货币、印度事务和制盐等。此外，杰斐逊还有另外一项任务：按与会代表们的建议，会议还设立了一个专门的委员会，以负责在大陆会议休会期间管辖各项事务。为了规划这一委员会的工作职权，又设立了一个专门工作组，杰斐逊便任职于该工作组。

这些对杰斐逊来说是有益的工作，因为他需要对大陆会议所一直扮演的角色进行分析，并弄清它的哪些功能是必不可少的。1775 年 12 月 15 日，他拟订了一份草案，其中列出了 19 项他认为至关重要的职能，包括"通过海陆两种方式为大陆军提供供给"、"搜集有关当前局势的情报，了解敌人的计划"、"确保军事要塞和军队驻地的防御以及保护，并防止敌人获得新的货船"等。这些职能着重强调了诸多实际的军事问题，也正是长期以来萦绕在杰斐逊心中的主要问题。

尽管自己的家人也陷入了可能发生的危险当中，杰斐逊还是清楚地表示：美国人民已经准备好坚持以眼还眼了。有报道称，美国军官伊森 · 艾伦在加拿大战役中被抓获，将被戴上镣铐遣送至英国，并将以莫须有的叛国罪受到处罚。为了回应这一事件，杰斐逊在他为大陆会议拟写的一项宣言草案中提出，英国囚犯应对发生在艾伦身上的一切事情负责。他说："我们强烈谴责这起事件，它迫使我们血债血偿，为了制止血腥无谓的杀戮继续蔓延，我们唯有诉诸报复手段。"美国人民必须这么做，他们一定会这么做。

尽管最后大陆会议暂缓向乔治 · 华盛顿发布任何指示，但杰斐逊撰写的这一带有威胁意味的草案表明，他认清了当时局势的本来面目，而没有以自己原本抱有的美好期望看待它。

1775 年 12 月 28 日星期四，杰斐逊离开费城踏上了回家的路，并于 1 月中旬抵达蒙蒂塞洛。当他回到家的时候，新的一年已经到来。

随着新的一年来临，各种蓬勃的生命迹象如往常一样随处可见。杰斐逊打开了一桶 1770 年的马德拉白葡萄酒，和家人一同畅饮。他还计划带妻子一起到费城，注射大花预防针。然而，危机还是无法遏制地逐渐蔓延开了。1776 年 2 月 4 日星期日，杰斐逊收到了一本名为“常识”的小册子。它的作者托马斯 · 潘恩这样写道：“美国的独立事业在很大程度上是一项全人类的事业。”杰斐逊完全赞同这一观点。

第九章
人类历史事件的发展进程

看在上帝的分儿上，立刻宣布各殖民地独立，把我们从废墟中拯救出来吧！

——约翰·佩吉写给托马斯·杰斐逊的信，于 1776 年春

钟声响了一整天，又几乎响了一整晚。连基督堂的教堂钟也响了。

——约翰·亚当斯，描述 1776 年《独立宣言》在费城通过时人们的反应

1776 年 3 月 31 日星期日早晨 7 点左右，杰斐逊的母亲珍·伦道夫·杰斐逊突然中风，一个小时后逝世，享年 55 岁。

杰斐逊请查尔斯·克莱牧师主持他母亲的葬礼。珍被安葬在蒙蒂塞洛。看着她的遗体葬入他视为神圣的土地中，和其他已经去世的、他挚爱的人在一起，杰斐逊十分确信，母亲会永远和他的家人同在，永远和他同在。

珍的逝世让她的儿子变得更加茫然不知所措。他原本埋首于一个最困难也最可

怕的政治事业（革命并建立一个新型政府）中，却突然赤裸裸地面对了人生终会经历的一种最严重的伤痛。人的一生中，在理想的情况下，孩子可以从父母那里得到呵护、安慰和爱。但是，父母有时也会让孩子恼怒、恐惧和焦虑。因此，父母的死亡对孩子来说既意味着损失，也意味着解脱。

在不同的时刻或者不同的年月，这两种感情混合的比例可能会变化，但有一点是不变的：父亲或母亲去世，意味着孩子自己将被迫承担起生活的重任，无论他几岁。随着时间的流逝，他要承担的责任越来越重，生活的重任也会越来越多。尽管杰斐逊的生活丰富多彩，并对后世产生了深远的影响，但是，在母亲去世的这一天，他比任何时候都感到孤独。

当他转身离开墓地时，并没有忘记母亲。在强烈的悲痛情绪席卷他的内心时，他总会头痛，用他自己的话说就是“周期性头痛发作”。他的这种偏头痛非常严重，使他的身体十分虚弱，有一次他甚至说“疼得无法读书，写作，甚至无法思考”。1776 年以前，杰斐逊最后一次为人所知的头痛发作是在丽贝卡 · 伯韦尔给他带来极大的悲伤之后。而这次，因为母亲的去世，他大脑中的血液和神经又一次激烈地运动起来，让他陷入了极度痛苦。母亲的死亡带给杰斐逊的冲击让他几乎无法忍受。疼痛仍然在继续。

对杰斐逊来说，这一时期是不同寻常的，他的生活伴随着头痛、哀恸，以及对美国下一步行动的不确定。他试着让自己沉浸在种植园的生活中，花钱聘请助产师为伊丽莎白 · 海明斯接生她的儿子约翰。在家庭生活之外，他还试着解决一些政治事务，如筹集资金为弗吉尼亚购买火药，并救济波士顿的穷人。

1776 年 5 月 7 日星期二，杰斐逊离开蒙蒂塞洛，7 天后抵达费城。而帕蒂则留在了弗吉尼亚。杰斐逊对同为弗吉尼亚人的政治伙伴小托马斯 · 纳尔逊说：“在这里，我整个人处于一种不安的焦虑中，一如去年秋天我的状态，当时我妻子也无法跟我一同前来。” 5 月 23 日，杰斐逊寄宿在砖匠小雅各布 · 格拉夫的一幢三层房子里，位于费城第七大道和市场街的西南角。

刚开始，他感到自己与其他与会代表们的思维不同步。他们所探讨的事情他并不了解，因为那些事情发生的时候他还在蒙蒂塞洛，沉浸在母亲逝世的哀伤当中。

但是，他很快便参与一切事务当中。

1776年6月第一个星期的周末，弗吉尼亚的理查德·亨利·李提议“各殖民地联合起来，不再效忠于英国王室。殖民地和大不列颠之间的一切政治联系均将也应该被彻底解除”。

做出决断的时刻终于要来临了。第二天，关于民族独立的争论便开始了。

大陆会议所主要关心的不是人的权利或美国政体的形式。历史的号角已经吹响，但它仅仅在远方响起。而费城的宾夕法尼亚州议会大厦则充斥着议员们嘈杂的讨论声，探讨着他们认为最实际的国内政治和国际关系问题。

一些代表认为，草率地宣布独立可能会促使一些，甚至是所有中部殖民地（宾夕法尼亚、马里兰、特拉华和纽约州）脱离美国独立事业的阵营。杰斐逊认为，如果殖民地内部产生这样的分裂，“其他强国可能会拒绝与我们联合帮助我们完成独立事业，也可能会牢牢地控制我们……它们提出来的条件就会相应地更加严苛，更有损于我们的利益”。

在这种局势下，约翰·亚当斯、理查德·亨利·李、乔治·威勒以及其他几个代表便着手整理赞成宣布独立的证据。他们首先指出：“针对脱离英国统治这一计划或者殖民地有权利脱离英国统治这一点，并没有人提出异议。也没有人认为我们有可能会和英国重新建立关系，持反对意见的人只是不赞成现在宣布独立。”

因此，杰斐逊提出了一个折中的建议。鉴于纽约州、新泽西、宾夕法尼亚、特拉华、马里兰和南卡罗来纳“与英国这个母本脱离的时机尚未成熟”，“它们在一段时间后再宣布独立是最审慎的做法”。

但不会太久。关于宣布独立的表决被推迟了3个星期，定在7月初。杰斐逊表示，在此期间，“应尽量减少对独立事业造成延误”。委员会的成员们奉命起草独立声明，为新政府制订计划，并为与外国结盟的谈判制定准则。

但是，距离独立声明的审议和表决已经不足3个星期，谁是起草该声明的最佳人选呢？

约翰·亚当斯认为这个任务非杰斐逊莫属。亚当斯的这一决定根源于前两年的一次秘密会谈。那是在1774年，第一届大陆会议召开前夕，本杰明·拉什和其他几个与会代表在费城郊区遇见了马萨诸塞州代表团。他们来到位于费城法兰克福地区的一个旅馆，距离市区6英里。在一个清静的房间里，他们一边喝茶，一边聊天。期间，拉什和他的同事们为亚当斯和其代表团提出了一些实际的政治建议。很久以后，亚当斯回忆道："当时，我们对独立持有怀疑态度。"但马萨诸塞州当时在思想上比其他大部分地区都要先进。亚当斯继续回忆道：

拉什他们说道，现在，不论在大陆会议上，抑或在任何私人谈话中，你们绝对不能说出"独立"这个词，也不能有关于这一想法的丝毫暗示或影射。若做不到，你们的前途就毁了。因为在宾夕法尼亚，独立这一想法如同《印花税法案》一样并不得人心，在北美中部和南部亦是如此。在这些地区，没有人敢提独立。更何况你们还是陷入这种不幸境地的马萨诸塞的代表。波士顿和整个马萨诸塞都处于高压统治下。你们正遭受英国舰队和军队暴虐的欺压，你们本身就令英军以及英国政府的所有盟友厌恶。长期以来，他们一直在迫害你们，你们的感情受到了伤害，你们的情绪被激了起来。如此一来，一旦你们提出独立，人们就会认为你们的这一想法过于强烈、过于狂热、过于乐观。因此，你们务必要非常谨慎。你们绝不能提出任何大胆的措施，也绝不可以声称要为独立打头阵。你们都知道，弗吉尼亚是整个殖民地联盟当中人口最多的州。弗吉尼亚人对于他们长久以来的统治感到非常自豪，并认为他们有权利获得独立事业的领导权。而且，南部和中部各地区也非常愿意将这一领导权让予他们。

亚当斯很欣赏这次坦率的交谈。他回忆说："这些话非常率直……我必须承认，其中蕴含着诸多智慧和明智的判断，在我的脑海中留下了深刻的印象，我的同事们也和我有同样的感受。"

两年后，在1776年初夏，亚当斯会见了杰斐逊，提出了他所谓的"法兰克福建议"。一位记者对由杰斐逊执笔起草宣言一事感到好奇，在写给这位记者的信中，亚当斯说道：

你问为什么让杰斐逊这么年轻的一个人来负责《独立宣言》的起草？我的回答是：根据"法兰克福建议"，弗吉尼亚州将在独立事业中充当先锋……同时任命三个委员会：一个负责草拟《独立宣言》，一个负责拟定邦联章程，另一个负责起草将与法国签署的条约。理查德·亨利·李先生被选为邦联委员会的负责人，鉴于由同一个人负责两个委员会的事务会造成诸多不便，李先生便不宜再负责《独立宣言》起草委员会。杰斐逊先生是在1775年6月加入大陆会议的，他以高超的文学和科学素养，以及令人称道的写作才能而声名远播。他的著作被广为传阅，以措辞得体著称。尽管他比较沉默寡言，但在与各个委员会探讨以及与人交谈时，他反应敏捷，言语坦诚，表述清晰明确，态度果断，甚至连塞缪尔·亚当斯都甘拜下风。因此，他很快就抓住了我的心。当此之际，我将自己的选票投给他，并尽我所能帮他拉票，如此一来，任何竞选者和他相比都少了一票，这使他当选为《独立宣言》起草委员会的负责人。我的选票数仅次于他，位居第二。该委员会经过开会讨论，决定由杰斐逊先生和我执笔，起草《独立宣言》，我想，这是因为我们俩的选票数位居前两名。

据亚当斯回忆，在他随后和杰斐逊的谈话中，杰斐逊建议由亚当斯一个人草拟《独立宣言》。

"我不会那样做。"亚当斯说。

"应该由你来起草。"杰斐逊答道。

"哦！不行。"

"为什么呢？就应该由你来起草啊。"

"我不会那样做。"

"为什么？"

"我有充分的理由。"

"你有什么理由？"

"第一，你是弗吉尼亚人，这件事就应该由弗吉尼亚人负责；第二，许多人厌恶我、怀疑我，我不太受欢迎，而你则恰恰相反；第三，你的写作能力比我强10倍。"

"好吧，既然你心意已决，我会尽我所能做好这件事。"

"很好。你起草好后，我们开会讨论。"

在《独立宣言》的起草过程中，杰斐逊的措辞需要既诗意又平淡，既要言之凿凿地谴责英国殖民政府，又要唤起人们对这项宏大的独立事业的同情。他说，他的目的"不是寻找一些以前从未想过的新的准则或新的论据……而是让公众了解一些有关美国独立的常识，用直率且坚定的语言赢得他们的赞同，进而证明我们被迫采取的独立立场是正确的”。

在小雅各布 · 格拉夫的房子里起草声明的那些日子里，杰斐逊睡觉是在一个房间，而起草声明则在位于楼梯对面的另一个私人会客室。他非常清楚他要做的是什么，也很清楚应该怎么做。关于独立的目的和手段，他曾进行过诸多思考。文字在他的笔下自然地流淌，彰显着他的个性及信念。他没有时间也不愿意采用那些新鲜的观点。他后来写道：“这份宣言既不是旨在体现其准则或观点的独创性，也没有照搬任何特定的和以前的作品，而是为了表达出美国人民的心声，并赋予这样的表达以当前局势所要求的恰当的基调和风格。”

在这一对战争充满忧虑的时期，随着立法工作忙碌的步调，杰斐逊完成了宣言的起草。在这样的背景下，他的措辞更有力，而不是更无力地开了一扇窗，直抵他的思想和内心世界。他提炼出一种启蒙时期关于个体的神圣和核心地位的看法，认为自治是事物本质的一部分。

> 在有关人类事务的发展过程中，当一个民族必须解除其和另一个民族之间的政治联系，并在世界各国之间依照自然法则和自然之造物主的意旨，接受独立和平等的地位时，出于人类舆论的尊重，必须把他们不得不独立的原因予以公布。
>
> 我们认为下面这些真理是不言而喻的：人人生而平等，造物者赋予他们若干不可剥夺的权利，其中包括生命权、自由权和追求幸福的权利。为了保障这些权利，人类才在他们之间建立政府，而政府之正当权力，是经被治理者的同意而产生的。当任何形式的政府对这些目标具破坏作用时，人民便有权利改变或废除它，以建立一个新的政府。其赖以奠基的原则、其组织权力的方式，务使人民认为唯有这样才最可能获得他们的安全和幸福。

私下里，杰斐逊有着最好的编辑：“不言而喻”这个词便出自本杰明 · 富兰克林之手。总之，杰斐逊所撰写的宣言草案是一个有哲学框架的政治承诺。它是一个政治家在一个特定的时刻创造出来的，目的是满足其受众的特别关注。而这群极其复杂的受众包括还在犹豫不决的美国人民、全副武装的士兵，以及全球的潜在盟友。

1776 年夏，杰斐逊马不停蹄地工作着，既要在他的住处草拟宣言，又要执行大陆会议的职责。宣言起草好后，会议决定将它分发至“各个集会、政党代表大会、委员会和安全理事会，以及大陆军队的众指挥官；宣言还需在美国的各个州，以及军队的领导层予以宣布”。对该宣言有投票权的选民包括所有殖民地的宣言读者（特别是在民意仍倾向于反对独立的地区）和为了美国独立事业在军队服役的士兵们。针对不同类型的选民，杰斐逊对英王乔治三世提出了一长串指控，其中有些非常晦涩难懂，甚至他的同代人都很难理解。

杰斐逊草拟的《独立宣言》受到了多方面的影响，包括洛克、孟德斯鸠、苏格兰启蒙运动中哲学家们的思想，詹姆斯·威尔逊撰写的小册子《从性质和程度思考英国议会的法律依据》，乔治·梅森为弗吉尼亚州起草的一项宪法法案《弗吉尼亚权利法案》。

在《独立宣言》的起草过程中，杰斐逊也曾与富兰克林和亚当斯探讨。（在写给富兰克林的一个便条中，杰斐逊说道：“宣言已经委员会阅读完毕，并进行了几处小的改动。”当时，富兰克林因患痛风和疮疡不便出行。“富兰克林博士，能劳烦您仔细研读这份宣言，并以您更为宽广的眼界提出一些修改建议吗？”）

杰斐逊毫不吝惜对英国以及英王乔治三世的抨击，包括采用严厉的措辞谴责奴隶贸易。他曾在弗吉尼亚州提出反对奴隶制的措施，尽管这些措施在法院和城镇自治议会上均已惨遭否决，在起草宣言时，他还是决定再做一次尝试，使大陆会议在奴隶制这一问题上采取较为先进的立场。

然而，他又一次失败了。亚当斯对杰斐逊所写的内容一直记忆犹新。他回忆说：

> 宣言起草好后，我们召开了一次会议，仔细研读了宣言的内容。我极其欣喜地看到，宣言的措辞具有高尚的格调，到处迸发出雄辩的才华，尤其是在抨击黑人奴隶制的问题上。虽然我知道，南方诸州的代表们绝对无法容忍大陆会议通过这一项内容，但我一定不会反对……
>
> 我们将草案向委员会汇报……我们都十分匆忙。大陆会议迫不及待地公布了正式的宣言。如我所料，正式的宣言仍保留了杰斐逊的风格，正如他第一次起草的那样。会议代表们删减了他的草案中约 1/4 的内容，他们抹杀了一些最好的想法，并删除了任何可能会引起非议的内容。

草案于 1776 年 6 月 28 日星期五提交大陆会议，相关辩论于 7 月 1 日星期一展开。据亚当斯回忆，当时，草案的内容被大段大段地删除，这让杰斐逊十分恼怒。

他说："一种懦弱的想法仍然萦绕在许多人心中，他们认为在英国还有许多值得保持友好关系的朋友。出于这个原因，那些对英国人予以谴责的段落才被剔除了，以免引起英国人的反感。"

此外，草案中对奴隶制的谴责也被删除了。杰斐逊说："为了讨好南卡罗来纳州和佐治亚州的代表，草案中指责英国奴役非洲人的段落也被剔除了。这两个州从没有试图禁止输入奴隶，与此相反，它们仍希望继续实行奴隶制。……在我看来，对于谴责奴隶制的段落，北方诸州的代表们也感到有点儿敏感，因为尽管那里的人民本身很少有奴隶，但他们一直是相当重要的输入奴隶的媒介。"他废除奴隶制的又一次尝试再次以失败告终。于是，杰斐逊更加坚定了一个政治直觉，那就是只打自己绝对能赢的仗。

杰斐逊十分厌恶自己所撰写的草案被这么一大群人改来改去。当他坐在宾夕法尼亚州议会大厦里，听着一个又一个代表表达他们的想法——改掉这一处，删掉那一处，他的内心极其痛苦。会议召开期间，本杰明·富兰克林遏制住了他的痛风，并出席了会议。对于杰斐逊明显表现出来的痛苦，富兰克林深表同情，他试图安抚这位年轻的同事。对杰斐逊而言，议员席上的代表们每提出一项建议和要求，都会让他深受煎熬，仿佛提出来的这些异议都不是针对草案，而是针对杰斐逊本人。富兰克林对杰斐逊说："我给自己定了这样一条规矩，无论何时，我都会尽我所能避免起草将交由一个公共机构进行审查的文件。"然而，对于这些一时的不适，杰斐逊采取了一项特别措施，以行使自己的起草职责：不论他的草案被修改了多少，他的意见和看法仍然在独立事业中居于核心地位。文件起草人将其言词视为神圣的。日后，在描述起草宣言使用的那张书桌时，杰斐逊说道："政治和宗教一样都有一种迷信的力量。并且这种力量与日俱增，终有一天它会赋予这个纪念物虚拟的价值，因其与《独立宣言》的诞生密切相关。"

1776 年 7 月 2 日星期二，与会代表们表决通过了独立的决议。两天后的星期四是一个令人愉悦的夏日，当天正午温度为华氏 76 度（约 24.5 摄氏度），代表们正式批准了《独立宣言》。当晚，《独立宣言》便交由费城印刷商约翰·当列普制成了第一套单面印刷本。7 月 6 日，《宾夕法尼亚州晚邮报》的发行人本杰明·汤在他报纸的头版上刊登了《独立宣言》。

7 月 8 日星期一，《独立宣言》通过表决这一消息在费城的州议会大厦前予以宣布。聚集在大厦外的人群欢呼起来："上帝保佑北美各州的自由！"

对宣言进行表决是一个紧张的时刻。代表们知道，他们已经投入了一项反叛英国的事业当中。当感到浮躁时，他们总会尽力缓解这种紧张的情绪。宾夕法尼亚州议会大厦附近有一个马厩，那里的马蝇飞进议会大厦里，不停地嗡嗡叫，让被詹姆斯·帕顿称为"穿着高贵的尊贵的代表们"大为困扰。几年之后，杰斐逊说起当时的情景，引用了帕顿的话："他们拿着手帕，大力地驱赶着苍蝇……但是，这样的烦恼变得越来越沉重，最终导致他们没耐心延迟《独立宣言》的表决。于是，他们匆忙结束了这一项重大的议题。"

杰斐逊很喜欢关于弗吉尼亚州胖胖的本杰明·哈里森和马萨诸塞州纤瘦的埃尔布里奇·格里之间的一次争论的故事。哈里森说道："格里，一旦独立事业失败，我们同时被处以绞刑，我肯定比你有优势。我都被绞死半小时了，你还在空中蹬脚挣扎呢！"

《独立宣言》公布后的几年里，有许多对宣言本身和它的意义的质疑声。约翰·亚当斯就是其中之一。作为《独立宣言》的作者，杰斐逊获得了很大名气，这让亚当斯着实忌妒，他抱怨说《独立宣言》是"戏剧表演"，而不是一份有实际意义的文件。亚当斯在1811年说："杰斐逊轻而易举便获得了这场表演所有的舞台效果，他赢得了所有的荣耀。"

尽管如此，杰斐逊起草的《独立宣言》中措辞的革命性从一开始就显而易见。凭借笔杆子的力量，他清楚地阐述了一个治理人民的新前提：人人生而平等。他所说的"人"主要是指所有白人，尤其是有产阶级的白人。但是，英国哲学家杰里米·边沁却指出了这份在费城通过的文件所蕴含的言外之意。边沁抨击《独立宣言》，对其中人人都拥有天生的、上帝赋予的"生命权、自由权和追求幸福的权利"这一想法嗤之以鼻。他表示，这种说法是"荒谬而不切实际的"。他还将这一美国的政治思想比作新英格兰地区受巫术的蛊惑而产生的愤怒。

边沁写道："美国人告诉我们，'人人生而平等'，这无疑是一个新的发现。它让我们第一次知道，一个孩子在出生的时候就拥有和他父母等量的能力，以及和法官等量的政治权力。"

虽然这从根本上而言是美国人的基本观点，但边沁正确地理解了杰斐逊的言外之意。《独立宣言》通过后，杰斐逊也在第一时间明确地表示出他对于自己是《独立宣言》的作者的自豪感。他将自己起草的《独立宣言》的原始版本复印，向朋友们分发。他给一个同事写信："这个原始版本比修改后的版本好还是坏，你会向那些批评者们做出你的判断。"他的朋友约翰·佩吉在阅读了原始版本后，先是对他表示了赞美，让他对自己恢复了信心。之后，佩吉温和地表示，与民族独立这件大事相比，宾夕法尼亚州议会大厦里那些满腹牢骚地修改《独立宣言》的人们根本不值一提。他对杰斐逊说："我非常满意你所起草的《独立宣言》。愿上帝保佑美国。我们都知道，快跑的未必能赢，力战的未必得胜。你不觉得有一个天使乘风而来，指挥着这场风波吗？"

第十章
责任的吸引力

我恳求你来接替我的工作，因为我承担着神圣的责任——回家照看我的家人。

——托马斯 · 杰斐逊写给理查德 · 亨利 · 李，于 1776 年

反抗暴君，即是服从上帝的旨意。

——美国的座右铭，由杰斐逊提议

1776 年，杰斐逊在费城为民族独立事业忙碌地工作着，而与此同时，帕蒂流产了。在杰斐逊起草《独立宣言》的日子里，他没有一天能安心地休息，总是担心他的妻子，留意她的来信。1776 年 7 月，在写给内兄的信中，他说，“我希望自己能更加确信帕蒂的身体已经康复”，“我之前写给她的两封信她都没有回，到目前为止，我也没收到任何一封她写给我的信”。

杰斐逊无法得知妻子的任何消息，他很厌恶这一点，他也非常担心最糟糕的状况发生。他与帕蒂 · 杰斐逊于 1772 年结婚，他们的婚姻十分令人羡慕。帕蒂是体

贴的贤妻。她的外孙女曾这样评价她："她丈夫的姐妹们都非常喜欢她（众所周知，姑嫂之间关系十分微妙，也不易相处），她丈夫的家人也很喜欢她，邻居亦是如此……她很明智，有着良好的家庭美德，这让她赢得了丈夫的尊重。她机智风趣，活泼开朗，个性和举止让人十分愉悦，这使她深得丈夫的赞赏和爱慕。"

杰斐逊知道自己有责任继续留在费城，他也感到自己无法避免地被政治生活所吸引。尽管如此，他还是渴望回家，渴望与他的妻子和家人团聚。

提到1776年夏在费城的杰斐逊，我们会想到他是一位忙碌工作的哲学家：他手握羽毛笔，才思敏捷，脑海里满是关于人的权利的启蒙思想。然而，在那关键的几个月中，杰斐逊做了很多事，他周围也发生了很多事，《独立宣言》的起草工作只是这诸多事情中的一件。在军事报告、战时供应问题以及有关内部颠覆的情报和传闻的猛烈冲击下，杰斐逊认识到，国家安全应居于核心地位。阴谋活动可能会造成诸多危害，对舆论进行管理永远是有必要的。

这些工作让他筋疲力尽。当时的政治局势充满对各种阴谋的担忧，国内的保皇党密谋破坏独立事业，而印第安人则蓄谋袭击边境地区。没有什么可以指望，也没有任何人可以依赖。

这是一个充满各种计划和机密的时期。6月下旬，有消息称在纽约的大陆军内部有保皇党，密谋杀死乔治·华盛顿，叛离美国独立事业。据说这个阴谋策划者还包括纽约市市长。为了粉碎这一阴谋，华盛顿的贴身保镖队的一名成员被判处死刑。就在这一事件发生的同时，英国政府正忙着集结兵力。

没有一个好消息，杰斐逊感到极其沮丧和苦恼。7月，他对理查德·亨利·李说："我们的军队征募新兵的速度很慢，出人意料的缓慢，天知道最后的结果会怎样。"

《独立宣言》起草时，美国背叛了英国殖民统治，并采取了诸多军事行动，这些行动并不是特别成功，整个美国的气氛非常紧张。在大陆会议代表改选时，杰斐逊所得的票数在所有现任弗吉尼亚代表中位列最后。在得知这一消息时，他意识到国内已经有诸多批评他的声音，自己的声誉也在逐渐削弱。他说："远离自己的故乡300英里，随时可能遭受秘密暗杀，且丝毫无法自卫，这是一个痛苦的处境。"

杰斐逊坚信，他手中的工作将有助于澄清自己所遭受的责难。"如果有任何关于我的怀疑，我最近正在起草的‘《独立宣言》等’将让民众了解我的政治信条。”

在弗吉尼亚州，一场与切罗基人的战争让弗吉尼亚人极其沮丧。杰斐逊对美国原住民的看法，与同时代的白人政治伙伴们相比，有些许细微的差别，但这种差别也只有一点点儿。杰斐逊对印第安人的语言和文化深深地着迷，他经常寻求文物以及相关资料，以满足自己对美国原住民真切的好奇心。他认为印第安人是一个高贵的种族。虽然如此，他的核心观点与白人有产者的普遍看法仍一致：印第安人的土地注定属于白人，他们应该被反复灌输白人的思想。

与英国（或任何其他欧洲列强）结盟的印第安人部落对美国革命事业构成了直接的威胁。1776 年 8 月，切罗基人袭击南方地区，杰斐逊发自内心地回应了这一消息。他写道，“没有什么能更迅速地削弱这些家伙，唯有把战争推进到他们家乡的核心地区”，“但是，我不会止步于那里。只要他们中有一个人仍留在密西西比河的这一边，我就永远不会停止驱逐他们”。这是一个有力的回应，为一个种族的命运埋下了伏笔。

1776 年夏，杰斐逊把时间都花在了为政府管理中的难点工作做准备。例如，他提议并起草了一部弗吉尼亚州宪法。他也密切关注着大陆会议上关于国家政府的辩论，以及他称之为邦联条款的内容。

此外，他还帮助起草大陆会议的议事程序规则。他提出的建议体现了对秩序的渴望以及对文明礼貌的要求。例如，“未经会议许可，任何议员不得在开会期间在议院阅读任何文件”；“任何议员若要进入议院，或从议席离开，均不得从会议主席和正在发言的议员之间经过”；“当议院开会的时候，任何议员均不得与他人说话（或低语），以免打断正在辩论中的人”。

杰斐逊宣扬文明礼貌是一个重要的政治美德，他身体力行。有一次，他和约翰 · 亚当斯在一个关于祈祷日的提案上产生了分歧。尽管他已经在弗吉尼亚州领略过宗教在感召公众方面的绝妙用途，但他却越来越抵触频繁地诉诸公众的信仰解决政治问题。多年以后，本杰明 · 拉什向亚当斯回忆：“你提出这一议案并为它辩护。在回应杰斐逊先生对基督教提出的反对意见时，你说，听到杰斐逊这样一位你一直极其敬重，并在诸多问题上志同道合的人提出这样的观点，你感到非常失望。这也是你唯一一次发现一个有着明智判断力和真正才干的人却是基督教的敌人。……你对我说，你认为你得罪了他。但是，你很快便得出了与此相反的结论，他并没有与你交恶，而是穿过房间，走到你旁边的一个座位坐下。”

杰斐逊明白一个永恒的真理：政治犹如万花筒，有千变万化，早上还是敌人，下午就有可能成为朋友。

由于他仍然十分担心妻子的健康状况，杰斐逊试图离开费城，回到留在弗吉尼亚的帕蒂身边。他给理查德 · 亨利 · 李写信：“我透过每一封信了解杰斐逊太太的健康状况，我已经向她承诺了回去看她的时间，我无法辜负她的期望，这意味着下个月 11 日我要离开这里。”他在信末又补充了附笔，恳求李来接替他的工作。

但是，杰斐逊不得不留下来，以保持弗吉尼亚代表团的法定人数。他很厌恶这一点。他在 8 月对约翰 · 佩吉说：“尽管杰斐逊太太的健康状况不尽如人意，我还是必须推迟我的归期，这让我十分痛苦。”

杰斐逊和他的同事们十分清楚美国独立斗争的规模之宏大。杰斐逊在费城的职责之一就是为新成立的美国设计国家纹章（国徽），这项任务由他与本杰明 · 富兰克林、约翰 · 亚当斯共同完成。

富兰克林提议纹章的设计可以援引《出埃及记》当中穿越红海的故事，杰斐逊赞成这一提议，并建议纹章的图案可以设计为：“法老坐在一辆敞篷的双轮战车上，头戴一顶王冠，手握一把利剑，穿过摩西用手杖在红海中劈开的道路，追捕已经过了河的以色列人。云中的火柱发射出道道光芒，昭示上帝的存在。在上帝的授意下，站在对岸边的摩西再向大海伸出手，于是海水淹没了法老。这些画面的外围则环绕着以下一则箴言：反抗暴君，即是服从上帝的旨意。”在这一设计当中，摩西代表美国的开国元勋们，法老代表英王乔治三世，摆脱了埃及人奴役的以色列人则代表广大美国民众。

事实上，英国对北美殖民地的要求并没有高得吓人。要知道，首先，捍卫一国边界的费用相当巨大；其次，英国统治下的美国拥有非常可观的财富。此外，埃德蒙 · 伯克曾在伦敦建议殖民地有权享受“虚拟代表”，并为此提出了一个让人不得不信服的理由——英国国王和议会是整个帝国的管家，有权决定个别殖民地民众能否投票支持英国下议院的议员。

既然如此，为什么殖民地民众还要采取如此极端的措施——真枪实弹，并将自己以及家人的生命置于危险呢？没有一个唯一的答案。英国内战遗留下来的思想以及政治遗产是一个至关重要的因素，因为它对英属北美殖民地人民既有指引作用，又有警示作用。首先，约翰·洛克和其他人清楚地阐明了后来被称为自由主义的传统——搜集了关于强调个体在市民生活、经济生活以及宗教生活中的自由的各种见解和信念。其次，在文艺复兴时期的佛罗伦萨，马基雅维利和其他意大利文艺复兴的代表人物极力地保存古代共和国，经由那里，古典共和主义精神的核心，即德行、和谐、均衡、畏惧腐败，传到了英属北美殖民地。再次，第一次大觉醒运动中的宗教复兴对美国而言也尤为关键，因为18世纪中叶的布道往往专注于个人灵魂在与上帝的关系中的核心地位。这次大觉醒运动是一场新教运动，新教教义主要强调所有信徒的重要性，而不是神父、主教和基督教体系重要性。最后，资本主义制度以及对这一制度的不满也对美国产生了重大的影响。美国人民拥有得天独厚的丰富的天然资源，以及无尽的经济能量，但许多美国人，包括杰斐逊在内，都发现自己永远欠他们英国债主的钱。

学者们经常想将上述这些现象中的某一个单独列为美国革命的起源。但是，最有说服力的说法似乎是：洛克式自由主义、文艺复兴时期的古典共和主义、大觉醒运动、资本主义的前途、和对债务（以及英国商人和银行等债主们）的憎恨仿佛一条条支流，最终汇聚成了美国革命湍急的大河。

宣布独立之所以引起如此激烈的争论，一部分原因就是与英国政府的永久决裂并不是注定的。多年来，北美殖民地民众都选择相信君主制是由那些恶毒的反美大臣们掌控的。18世纪50年代到1776年，他们都怀揣着一个希望，那就是英王会设法纠正这一错误。例如，杰斐逊对这种可能性的相信程度便体现在他1774年撰写的《英属美洲民权概观》中。在那本小册子里，他始终对乔治三世保持着一种尊重和顺从的口吻。但是，从他在《独立宣言》中流露出的对英王的敌意和反对，便可见他深感被背叛和失望。

在1776年大陆会议的任期内，杰斐逊熟练地掌握了各种政治方法和手段。这在他所起草的《独立宣言》中得到了完美的体现，他使用的措辞恰如其分地将原则转化为政策。此外，他还认识到了一个现实状况，那就是既要运筹一场战争，又要管理一个新生的政府。一个政治家的任务就是让现实和政策最大可能地符合理想和原则。33岁的杰斐逊发现，他很喜欢这个任务。他还发现了一些自己很擅长的东西。

1776年初秋，树叶刚刚开始泛黄，杰斐逊骑马从费城返回蒙蒂塞洛。在位于山顶的家中，与他的妻子和小女儿帕茜团聚，他感到非常轻松。帕茜在9月的最后一个星期刚庆祝了她的第4个生日。

但是，在其他地方——费城和威廉斯堡，政治家们仍然在忙碌地工作着。在威廉斯堡，议会代表们正忙着建立一个新的弗吉尼亚州政府。杰斐逊很早以前就欢欣鼓舞地期望为弗吉尼亚建立一个新的秩序。州政府曾由佩顿 · 伦道夫领导，威勒管理，杰斐逊渴望能参与新政府的组建。

一边是与家人对他的需要和与家人在一起的快乐，另一边是治理国家的需要和这带给他的兴奋，杰斐逊要在两者之间做出痛苦的抉择。他很快便发现，自己的想法和情绪在不同的时期会发生变化：我必须回家，我必须参与政治事务，我必须回家，我必须参与政治事务。他在这两种决定之间翻来覆去，摇摆不定。他妻子的健康状况仍然不稳定，而她频繁受孕使她的病情进一步恶化。

与此同时，在威廉斯堡，弗吉尼亚政府正在重建；在费城，一个新生的国家正在建立；此外，到处都是战争。

与杰斐逊同时代的人们都认为他是不可或缺的。弗吉尼亚州的律师埃德蒙 · 彭德尔顿便期望在新一届政府的工作开始时，杰斐逊能回到威廉斯堡。彭德尔顿给杰斐逊写信："我希望你能打消这么早就从人们的记忆中淡去的愿望，发挥你的才能支持我们新宪法的制定。因为新宪法就像一株植物，需要它的朋友给予所有的关注，修剪它扶疏的枝叶，并对它呵护备至。"弗吉尼亚需要杰斐逊。

杰斐逊认为自己可以在威廉斯堡任职的同时照顾他的家人，他和帕蒂接受了乔治 · 威勒和伊丽莎白 · 威勒的提议，决定住在威勒在威廉斯堡的房子里。这意味着杰斐逊可以带着他的家人一同前往威廉斯堡，这样的安排在遥远的费城是不可能实现的。就这样，这个年轻的家庭在威勒家漂亮的砖房里安顿下来，这让杰斐逊得以享受一段难得的美好时光，让他能在公众生活和私人生活之间实现平衡。不工作的时候，他便陪伴帕蒂和帕茜。一家人在楼上睡觉，在楼下招待客人，在两个对称的花园里享受家庭时光。

这很完美。

但是，这样的完美只持续了片刻。

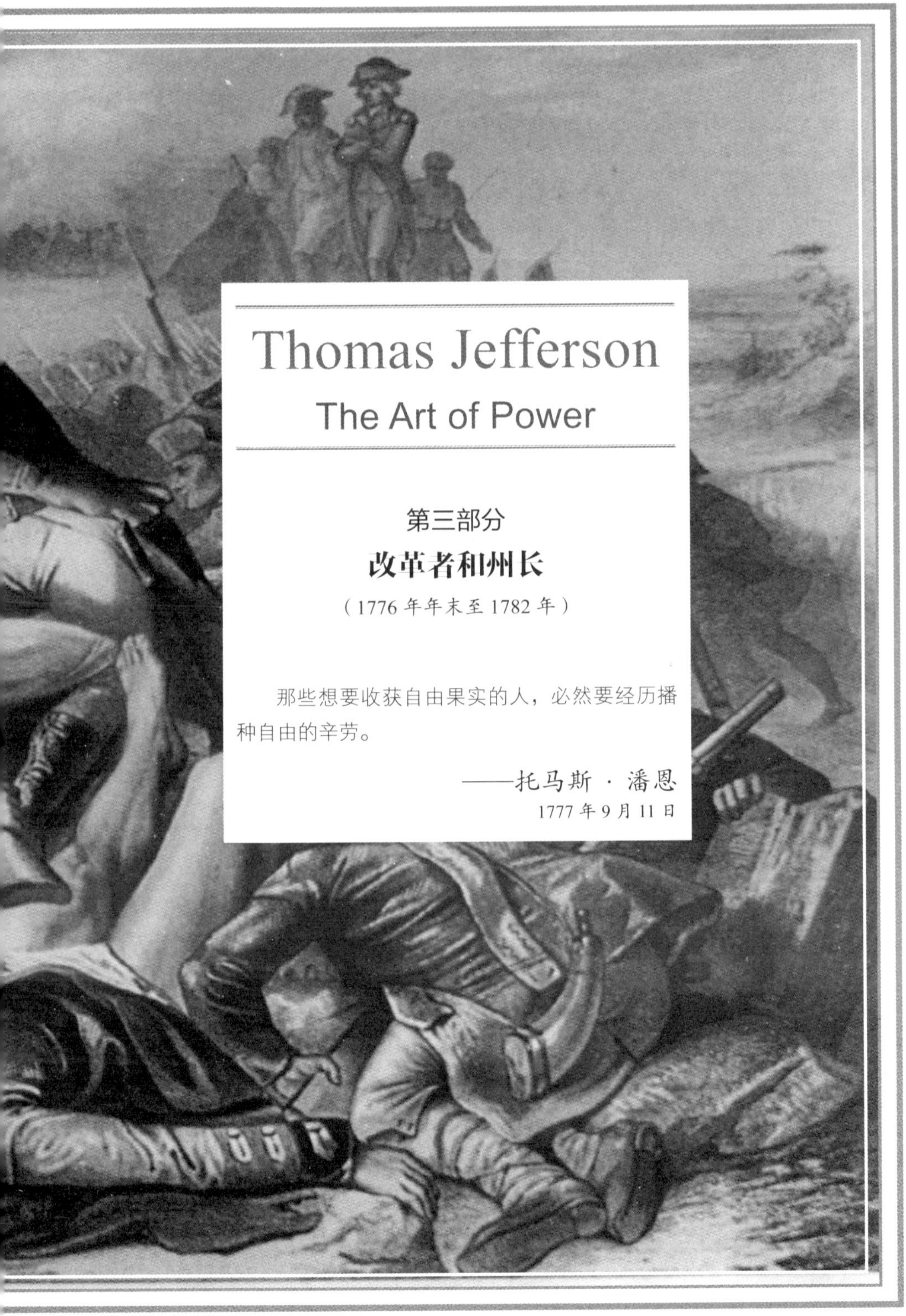

Thomas Jefferson

The Art of Power

第三部分

改革者和州长

（1776 年年末至 1782 年）

那些想要收获自由果实的人，必然要经历播种自由的辛劳。

——托马斯 · 潘恩

1777 年 9 月 11 日

在弗吉尼亚，约克镇战役标志着独立战争的结束，但就在度过了英国入侵的艰难岁月后不久，杰斐逊作为州长却无法有效应对局面。

第十一章

自由的议程

谬误只有在政府的支持下才能存活，而真理则可以自己站得住脚。

——托马斯·杰斐逊，关于宗教自由如是说

杰斐逊到威廉斯堡后不久，就面临一个新的抉择。大陆会议需要一些可靠的人代表美国的利益出使法国，于是，会议选举产生了一个代表团，前往巴黎促使法国和美国结盟。在宾夕法尼亚州议会大厦的议员席上，与会代表们决定将这一项任务委托给宾夕法尼亚州的本杰明·富兰克林、康涅狄格州的赛拉斯·迪恩和弗吉尼亚州的托马斯·杰斐逊。

如果无法成功地与法国联盟，美国将有可能输掉与英国的这场战争，因为英国实在太强大了。此外，美国人民还担心俄国可能派兵帮助英国，击溃美国的爱国人士。作为大陆会议的主席，约翰·汉考克承担着说服杰斐逊同意出使法国的任务，他给杰斐逊写信："你认为什么时间和地点最合适开始这项工作……请回复我的这封快件，告诉我你的决定。"这封快件送到了杰斐逊手中，当时，他与他的家人在威廉斯堡，他在那里为弗吉尼亚州的新政府工作。

他让送信员等待他的答复。

在接下来的三天当中，他一直在痛苦抉择。待在威廉斯堡的好处之一是帕蒂可以和他在一起。鉴于她的健康状况，她不能去法国。如果他决定去巴黎，就意味着要再次分开。他怎么能丢下她乘船驶向大西洋的彼岸呢？那样的话他有可能再也见不到她了。

但是，他又怎么能拒绝时代赋予他的这项伟大的任务和荣誉呢？权力、激情、旅行的魅力都近在咫尺，只要他投身于这项重要的公共服务事业当中，便可以品味这一切。长久以来，他一直想象着自己到世界各地旅游，现在他终于有机会这么做了，不是在梦里，而是在现实中。

送信员等待着他的答复。这项任务是一个巨大的诱惑。会议选中他完成这项使命，这蕴含着对他的器重，对此杰斐逊欣慰又欣喜。他想给汉考克写信说："贵机构对我下达这项如此机密的任命，如果我对此抱着漠不关心的态度，那便是极度麻木与冷漠。我的感谢不足以回报你们一直以来对我的厚爱。"在两个决定之间，他踌躇不定。他不能离开他的家人，那他到底要不要带着她们一起去法国呢？

因为帕蒂的身体状况，他决定不去法国。他极其痛苦地做出了抉择。

杰斐逊爱他的家人，爱弗吉尼亚，也爱他新生的祖国。他从小在亲密和睦的亲友圈中长大，习惯了在一楼他父亲的书房里花几个小时读书，习惯了和他的姐姐珍一起在里瓦纳河岸边唱歌，也习惯了在他母亲的身边学习监督管理他的土地，他十分珍爱家乡的这一切。但与此同时，他也深深为政治所吸引。

在 1776 年秋，如果前往法国，他无法兼顾这两者，但留在弗吉尼亚，则可以。

于是，他叫来送信员，写了一张便条给汉考克："我丝毫没有因为对我个人私事的顾虑而犹豫过是否接受这项任务，但是我家人现在的状况非常特殊，这种特殊的状况不允许我离开她们，而她们也无法和我一同前往法国，因此，我不得不恳请您准许我谢绝这项光荣的、对美国的独立事业极其重要的使命。"

在撰写完《独立宣言》后的那段时间，杰斐逊一直在学习如何将关于人性的想法转化成政治行动。正如他在《印花税法案》危机期间提出的关于禁食和祷告日的提案一样，《独立宣言》让他又一次认识到语言在领导艺术中的力量。向人们展示一个未来的愿景，并鼓舞人们一同分享，这是政治家才能的基本要素之一，以前是，现在也是。同样的，一个政治家可以在立法舞台上发挥他个人意志的影响力，赢得其他政治家的支持也是政治家才能的一个基本要素。

1776 年 10 月，杰斐逊在弗吉尼亚州开始了一系列为实现自由而进行的了不起的立法事项。他致力于将《独立宣言》中的美好愿景变成现实，在新组建的弗吉尼亚州议会起草了一系列法案。帕蒂在威廉斯堡陪伴着他。

对于杰斐逊而言，理念可以让人了解政治，但只有把理念转化为行动，才能成为一个优秀的政治家。而要做到这一点，他需要获得权力。杰斐逊小心谨慎地在威廉斯堡推进着他的工作，先提出一系列法案，以检测“大家改革的决心”有多大。当发现议员们对建立一个新秩序确实很感兴趣时，他感到非常满意，于是，他便加紧推进他的改革工作。（其实，他刚一明确了实施改革的理由，便开始着手这项工作了。）

在威廉斯堡的州议会担任代表期间，杰斐逊不停地劝诱，并努力说服他的弗吉尼亚同胞们，以引起真正的改变——让世界变得和以往不同。

他采取的第一个重要行动是 1776 年秋在威廉斯堡举行的反对限定继承和长子继承制度的罢工。根据这两项古老的制度，大地主不得不将其财产传给一个继承人，用杰斐逊的话说，这造成的结果就是：“法律赋予一些家族以特权，可以永久地拥有他们的财富，于是，这些与众不同的家族就逐渐形成了一种贵族的秩序，区分这些特权家族和普通家庭的标志就是他们房屋的壮观和奢华。”杰斐逊本身就从这一制度中受益，但是，他认为改革这一制度将带来更大的益处。

在杰斐逊的锐意改革下，弗吉尼亚州法律法规的每一部分都被仔细地审查。他起草了诸多法案，包括改革刑事司法，废除最严酷的刑罚（包括限定只有谋杀罪和叛国罪可适用死刑）；创建普通公共教育体制，为许多弗吉尼亚白人提供了更多受教育机会；加快在外国出生的美国居民加入美国籍的速度（对此，杰斐逊赞成限定一项必要条件：在美国居住至少满两年）。

工作过程中，杰斐逊注意到了一个出现在政治舞台上的新人。这位男士很年轻，身材矮小，在弗吉尼亚州的奥兰治县（位于夏洛茨维尔东北方约 30 公里处）附近长大。他 25 岁，而杰斐逊 33 岁；他身材矮小，而杰斐逊身材高大；他总是致力于轻描淡写地表达自己的观点，而杰斐逊则习惯于发表隆重的声明。

这个新人就是詹姆斯 · 麦迪逊，后来成为托马斯 · 杰斐逊最值得信赖和极其珍贵的顾问。1751 年，麦迪逊出生于一个种植烟草的绅士家庭，后来他曾北上就读于新泽西学院（今普林斯顿大学）。麦迪逊寡言少语，情感浓烈，精力充沛。据杰斐逊回忆，麦迪逊“养成了一个沉着冷静的习惯，这让他可以随时调动他清晰而敏锐的思维和广博的知识，并使他在之后参加的每一次代表大会选举中都能第一个当选”。

35 年后，当麦迪逊当选美国总统，成为杰斐逊的继任者时，作家华盛顿 · 欧文形容他“只是一个干瘪的小苹果”。就麦迪逊而言，人不可貌相。他尽管身材矮小，他的政治个性却非常强大。杰斐逊曾经对他做出如下评论：“探讨问题时，他从来不会离题进行徒劳的慷慨陈词，而是会紧扣主题，用纯粹、朴实、严谨又丰富的语言阐述自己的观点，并常常会借助礼貌的客套和温和的表述舒缓对手的情绪。”对全国人民而言，麦迪逊是一位伟人；对杰斐逊而言，麦迪逊为他提出了诸多忠实、高明的建议，为他的职业生涯做出了宝贵贡献，是一位功臣。

他们俩一同发起的第一场战斗是在弗吉尼亚争取宗教自由。杰斐逊在威廉与玛丽学院求学时师从威廉 · 史莫，他阅读了诸多在启蒙运动时期对传统基督教持怀疑态度的人的著作。（杰斐逊坚信有必要实现信仰自由，麦迪逊也赞同这一观点。）杰斐逊认为使徒信仰是迷信的，故而是不合理的——这是杰斐逊谴责基督教的理由当中最令基督教徒难以忍受的一条。

杰斐逊在州议会任职期间大力改革州内法律，几年后，他写了一本书，名为“弗吉尼亚笔记”。在这本书中，杰斐逊如实记录了弗吉尼亚在信仰自由方面极其糟糕的表现：在弗吉尼亚，不为婴儿施洗礼属于犯罪；非国教教徒不得担任民事及军方公职；如果父母未能信奉规定的信条，他们的孩子将被带离他们身边。据说詹姆斯 · 麦迪逊在这些年曾听说浸礼会牧师在监狱传道。基督教教会显然也与其他机构一样，易受腐败侵蚀。1767 年，杰斐逊曾接手一起案件：阿尔伯马尔县圣安妮地区的居民（具体来说是蒙蒂塞洛教区）试图免除牧师约翰 · 雷姆赛的职务，因为他喝醉并企图勾引一个并非他妻子的女人。教区居民们提出的一项指控是：雷姆赛 “喝圣餐酒而醉倒”。

尽管杰斐逊长期以来一直在宗教观方面持怀疑态度，但他在州议会所做的有关宗教的事都是因为自由，而不是因为缺乏信仰。从政治角度来看，杰斐逊认为，使用公共资金供养一个国教教会，并将公民权利和信奉宗教联系在一起是不公正的（也是不明智的）做法。他说，这样的政教制度会造成“宗教性专制”。从神学角度来看，根据杰斐逊对约翰·洛克学说所做的笔记，可以发现他非常赞同一个基督教传统：宗教不应被迫依存于政府。他总结洛克的观点时这样写道，“我们的救世主耶稣没有选择通过世俗的处罚或剥夺民事行为能力传播他的宗教信仰”，因为那样“就是在用他万能的权力”强迫他人信教。与此相反，“他选择……通过他的信仰对理性的影响来展示这一信仰，从而告诉他人该如何继续前行”。这儿也可以引用杰斐逊在这个问题上所做的笔记：

反对：如果没有政府的支持，宗教将衰落。

反对的理由：地狱之门必定无法战胜宗教。

换句话说，如果上帝还需要依靠一个人类建立的政府，那么上帝的力量也没什么值得一提的。

1776年秋，弗吉尼亚州各地的非国教教徒们向州议会请愿，要求解除对圣公会的法定效忠。杰斐逊回忆道，宗教自由的呼声“引起了我所参与过的最激烈的争论”。埃德蒙·彭德尔顿和罗伯特·卡特·尼古拉斯支持国教——杰斐逊称这两人为“诚实的人、狂热的国教徒”。因此，宗教自由需要渐进的立法和较长的时间才能实现。最终在1786年，杰斐逊起草的《弗吉尼亚宗教自由法规》得以通过。杰斐逊说，这部法规“旨在在它可以保护的职责范围内，去理解犹太教徒和非犹太教徒、基督教徒和伊斯兰教徒、印度教徒，以及任何宗教派别的信徒。”

在弗吉尼亚，奴隶制也许是唯一一个比宗教更能引起群情激愤和政治紧张的问题。早年间，杰斐逊在城镇自治议会任职时，曾主张反对奴隶制，但最终失败了。他在州议会任职期间，又提案解放州内奴隶，但又一次失败了，这证明了在奴隶制这一问题上人们的可悲之处。后来，他在起草《独立宣言》时，抨击奴隶贸易，但大陆会议的代表们在修改《独立宣言》时将这些言论删除了，这进一步证实了人们对奴隶制的可悲态度。

在州议会任职时，作为修订州内法律工作的一部分，杰斐逊和他的支持者们起草了一项修正案，规定“在某一天之后出生的（奴隶）恢复自由，并应在达到适当年龄时离开美国”。之所以这样做，是因为杰斐逊认为自由的白人和自由的黑人无法在一起和睦地生活。

后来，杰斐逊卸任总统后回到蒙蒂塞洛过着退休生活，当他回顾自己制定这项修正案的经历时，他认为这项提案前景黯淡，他写道：“当时，公众心目中尚未认可（解放和驱逐）黑奴这一主张，即使在今天，他们也不会认同……。然而，终有一天，他们一定会认同并采纳这一主张，即使退一步来说，他们也会遵循它，那一天并不遥远。……黑奴们一定会获得自由，这是天意；当黑人和白人这两个种族享有同等的自由时，他们一定无法在同一个政府的管辖下共存，这也是天意。因为他们在本性、习惯和思维方面的差异已经在他们之间划分了一条条无法磨灭的界线。”

杰斐逊没有成功地改变公众舆论对奴隶制的看法。他所做的这些工作令他失望，也令美国失望了。

到了1776年年底，美国究竟能否实现独立，屹立于“世界大国之列”（杰斐逊在《独立宣言》中曾说）仍是一个悬而未决的问题。这一年结束时的局势和年初时一样，充斥着不确定性和危险。一位来自特拉华河河畔美国营地的记者对杰斐逊说：“敌军就像蝗虫一样。”

乔治·华盛顿率领的军队已竭尽全力，但军事形势仍很严峻。1776年年底，华盛顿说：“从来没有人……面临比我更多的困难，也从没有人拥有比我更少的摆脱困境的办法。”美国的独立事业似乎不太可能熬得过这一年的冬天。

美国民众依旧在担心英军对美国的破坏。理查德·亨利·李向杰斐逊转达了一些军事报告，内容是德国正试图支持康涅狄格州、纽约州和新泽西州的保守党，计划以“10 000人，其中主要是德国人”支持英国军官约翰·伯戈因进攻弗吉尼亚州和马里兰州，“之后，南部和中部各殖民地将处于军事管制政府的统治下”。

当杰斐逊在威廉斯堡的州议会的任期满后，他带着家人（当时帕蒂又怀孕了）回到了蒙蒂塞洛。1777年5月28日星期三，帕蒂诞下一子。

遗憾的是，这个小男孩只活了17天便夭折了。即使杰斐逊夫妇给他取了名字，这个名字现在也无人知晓。孩子的去世使杰斐逊夫妇非常悲伤，他们相互慰藉。不久，帕蒂再次怀孕。1778 年 8 月 1 日凌晨 1 点半，帕蒂在家中产下一女，受洗礼时被命名为玛丽，昵称波莉。除了她的姐姐帕茜，她是托马斯 · 杰斐逊夫妇唯一一个活到成年的孩子。

尽管帕蒂 · 杰斐逊不断患病和怀孕，她总能迅速振作起来。她用账本记录在蒙蒂塞洛的家庭生活的种种细节。她的书写力道十足，且一目了然。当然，账本上也有她的信笔涂鸦，表现了她的梦幻和活跃的想象力。对待丈夫，她有一个完美主义的特点。据她的外孙女说，帕蒂 · 杰斐逊抄写了一本音乐书，上面“没有任何污渍和瑕疵”。这本书，连同她对家庭生活的诸多记载，一起“表现了她的整洁、秩序、出色的家政能力和女性教养”。她的外孙女这样描述她：“她不仅是一个出色的主妇和一个家庭的女主人，还是一位大方得体、高雅贤淑且颇具才情的女性，她有着极强的沟通能力，掌握一些音乐技能，了解所有良好的社交习惯，并拥有完美迎合她丈夫朋友的技巧。”

此外，帕蒂还努力参与备战工作。玛莎 · 华盛顿曾写信请求她帮忙缝制衣服以供应军队，为了回应这一请求，帕蒂还找来了詹姆斯 · 麦迪逊的母亲埃利诺 · 康韦 · 麦迪逊一起帮忙。她写道：“华盛顿夫人来信告诉我宾夕法尼亚的姐妹们所做的事，并告诉我同样的感激情绪在马里兰州也显露了出来，她肯让我知道这一切，我感到非常荣幸。……在她的信件的许可下，我认为有充分理由提出这一计划。我欣然承担这份责任，那就是，为女同胞们提供一个机会，证明她们也拥有能孕育这一计划的高尚情操。”

美军士兵们需要一切他们能得到的军需物资，因为革命战争即将猛烈地在南部爆发。在巴尔的摩，托马斯 · 纳尔逊试图表现得更加乐观，但他失败了。1777 年 1 月，他给杰斐逊写信：“我们只要有一支良好的正规军，就能很快将这些该死的侵略者清除出北美大陆。……他们就像魔鬼，为了满足自己强烈的性欲，不停地玩弄女性，甚至是老妪。在他们经过的地方，几乎找不到一个处女。”

一种威胁感一直笼罩着美国民众。1779 年 5 月，一名记者给杰斐逊写信：“我们得到了非常确定的情报，一大批援军将立即被派遣到美国（据 5 月 1 日纽约的报纸报道，有 8 000 人），如此一来，毫无疑问一场激烈的战役即将打响。大家普遍认为这场战役的目标将主要集中在南部各州，因为那里是我们防御最薄弱的地方，此外，如果敌人有必要撤军，从那里可以更容易撤到西印度群岛。”

英国当局企图击败美国人民的反叛，并恢复帝国的秩序，其中关键的一步就是入侵并征服弗吉尼亚州，这让弗吉尼亚人越来越担忧。在这一局势下，托马斯·杰斐逊当选为弗吉尼亚州州长，接替帕特里克·亨利担任州最高行政长官。

在接受这一职位时，杰斐逊就很清楚博得公众好感的重要性。他写道：“在弗吉尼亚州这样一个高尚又自由的地方，要想取悦这里明智的人们，没有什么比认可这里的同胞们更有效的了。”杰斐逊说他的“巨大痛苦”是担心“我所做的努力不够，无法满足祖国对我的期望”。

在竞选州长时，根据投票表决，约翰·佩吉与杰斐逊须进行最后的较量。在第一轮投票中，杰斐逊以 55 票比 38 票领先，此外，托马斯·纳尔逊获得 32 票。在第二轮投票中，即在杰斐逊和佩吉之间展开的决胜局投票中，杰斐逊以 67 票比 61 票获胜。

杰斐逊和约翰·佩吉的友谊已经超过 20 年，但这次他们不得不相互解释，承诺任何一方不得对州长选举怀有佩吉所说的“低级肮脏的感情”。投票结束后，佩吉按照原定的日程安排短暂离开了威廉斯堡，因此他无法与杰斐逊见面。但是，他希望杰斐逊这个新州长明白自己并不是回避他。1779 年 6 月 2 日星期三，他给杰斐逊写信：“我可以向你保证…… 如果不是因为人们对我的行为做出了错误的解释，我绝对不会打扰你，向你道这个歉。”

杰斐逊回信说：“我们各自的朋友们十分热衷于将你和我置于竞争对手的处境，这让我极其痛苦。但是，让我感到宽慰的是，我认识到这是他们之间的竞争，而不是我们俩之间的竞争。我们之间选票数的差异微乎其微，根本不会让你感到丝毫痛苦，也不会让我感到丝毫快乐。由于我们彼此的性情使然，我们不会有那样的感受。”

杰斐逊还指出两人之间的票数差距非常小，以试图抚慰佩吉的情绪。但他知道，没有人喜欢在比赛中以微弱差距落败。此外，在提起佩吉所说的别人对他的误解时，杰斐逊努力地表达了自己与佩吉之间的一种牢不可破的情谊：“我非常了解你，也希望你能永远确信。你做任何事都不需要和我道歉。至于别人对你行为的那些解释，只会让我更加确信，让它们都见鬼去吧。”

不论两人对对方是多么友好，但是，竞争终究是竞争，总会有一个胜利者和一个失败者。杰斐逊了解如果结果相反，自己会是怎样的感受，他也极其厌恶两人的关系处于这种紧张的状态。于是，他努力缓和佩吉的情绪。他给佩吉写信："这是第一次，我希望这也是最后一次我们之间拘于礼节。"他还补充说，佩吉太太在威廉斯堡对帕蒂的陪伴是后者来到首府后唯一的慰藉。

杰斐逊上任后，他希望自己身边都是他熟悉的、可以信任的人。据艾萨克·格兰杰·杰斐逊后来回忆，他当时乘坐一辆四轮马车赶到了威廉斯堡。此外，詹姆斯·海明斯、罗伯特·海明斯和马丁·海明斯也到了威廉斯堡。

杰斐逊州长的任期为两年，即从 1779 年 6 月至 1781 年 6 月。在这段时期，他所关心的一切事情的未来都不确定，在这样的状况下，他将肩负起他深爱的弗吉尼亚州的命运。

第十二章
棘手的州长职务

他们一定打算发起另一场战役，以做最后的努力。目前他们的目标似乎是佐治亚州和南卡罗来纳州的边境和海岸地区。

——理查德·亨利·李，于1779年针对英国的军事计划如是说

人民对我们所从事的独立事业的忠诚以及他们对大不列颠的仇恨仍丝毫没有动摇，这让我极其满意。

——托马斯·杰斐逊，当来自英国的军事压力不断增大时如是说

他们敲着战鼓，列队行进至州政府，那是一个可怕的景象，仿佛最后的审判日到来了。

——艾萨克·格兰杰·杰斐逊，于1781年1月如此描述英军进攻里士满

在威廉斯堡有一座巨大的宅邸，有着青葱的草地和精致的花园，在托马斯·杰斐逊年轻时这里曾经是皇家总督府，现在这里即将成为杰斐逊的官邸。20年前，杰

斐逊曾幸运地成为弗朗西斯 · 福基尔总督的座上宾，和他一起进餐、交谈、听音乐、演奏音乐，向诸多更杰出、更博学、更强大的人学习。20 年过去了，杰斐逊现在 36 岁，成为一个丈夫、一个父亲、弗吉尼亚州州长，同时也是一位美利坚合众国的政治家。

杰斐逊担任州长的两年任期内充斥着各种威胁，他还将面临英军的入侵。但是到目前为止，弗吉尼亚州在军事方面的忧虑主要是英国政府在美国的代理人（包括印第安人、奴隶）造成的威胁，并没有受到英国军队全部军力的直接危险。战争确实真实地发生在弗吉尼亚州，但从邓莫尔总督时期到 1779~1781 年，这里的战争在某种程度上仍然是抽象的、理论上的，而不是有形的。

这样的局面在杰斐逊上任之前不久便改变了。英军袭击萨凡纳之后，佐治亚州便沦陷了。南卡罗来纳州成为英军的下一个目标。

杰斐逊喜欢控制，欣赏秩序与和谐，但现在他却发现自己面临着最无序、最混乱的危机：一场两条战线的战争。东面，与英军正规军作战；西面，不得不与驻守在底特律的英军和他们的印第安盟军抗衡。

在官邸里，当他走过一个个厅堂，观望着官邸的花园，听着妻子的话语和孩子们的声音，他的脑海中总是情不自禁地回响起自己曾在这些房间里、这些桌子旁听到的谈话，那些谈话让他受益颇深。不论用什么标准衡量，杰斐逊在仕途上的发展确实非常迅速。这个在 1779 年初夏接任弗吉尼亚州州长一职的男人雄心勃勃，但他并没有盲目地展现自己的雄心壮志。权力对他而言很重要，但他用勤学好问和贵族的自信风采掩盖了自己的野心。

和许多立法者一样，杰斐逊对行政权力持有一种矛盾的态度，直到他承担行政责任后也是如此。与刚开始接任州长一职时相比，他在战时担任州长期间，对权力有了不同的认识，对控制权的风险和可利用价值也有了更深的理解。此外，他还比先前更加敏锐地意识到担任公职所付出的代价。他提前预见到，自己担任州长的几年将伴随着“高强度的工作和巨大的个人损失”，他所说的“损失”比金钱损失更为重要。人们对他的认可和推崇曾促使他当选，但这很难持久。他知道，很少有人在卸任时仍能享有和刚上任时一样的地位。

一名记者从费城给杰斐逊写信表示问候，但他的问候是有所保留的。他写道：“故乡的人民选举你为最高地方行政长官，但我不会向你表示祝贺。这一任命将打乱你原本的计划，你也会发现，战争期间的州长职务将十分棘手。”杰斐逊确实很快就认识到了这一点。

然而，从俘虏问题到军事防御，从边境安全到压制保守党的异议，通过诸多问题的解决，杰斐逊州长证明了自己有能力做出困难的，甚至是严酷的决策。

一个很好的案例就是捕获驻守底特律的亨利·汉密尔顿，一位出生于爱尔兰的英军指挥官。据说他曾向印第安人提供奖金，悬赏白人的带发头皮，故而得一绰号："买头发的将军"。在杰斐逊指示下，汉密尔顿被捕后被戴上了镣铐，尽管英国当局对此提出了异议。

杰斐逊早已公开表示，为了国家安全，他愿意做任何事情。早在1778年5月，一个名叫约西亚·菲利普的男子“犯有谋杀、烧毁房屋、浪费农田和其他敌对行为等罪行”，针对这一案例，杰斐逊起草了一项关于剥夺公民权的法案——根据法令自动对个人定罪。根据该法案，在一定的时间内，菲利普可以投降以接受审判；但如果他没有自首，则被宣判有罪。

杰斐逊的这项法案非同寻常地表达了权力的作用，同时也是一位务实的政治家的作品。从本质上讲，它否认了菲利普享有美国人民所说的那些他们正在争取的权利。然而，对杰斐逊而言，终结菲利普的叛乱这一实际需要远比理想地运用《独立宣言》所倡导的原则更加重要。

1778年6月，杰斐逊注意到军队招募不到足够的步兵志愿军，于是，他建议大陆会议：“从我们中指定精锐部分为步兵人选，再配以相同数量的马匹，形成骑兵部队。这一军种可以为我们带来一大批新的年轻人，他们还不曾迈步向前参与战斗，这里我指的是那些由于懒惰或自身能力不适合当步兵的人。”作为州长，杰斐逊还对弗吉尼亚海军的状态深感痛惜。他注意到，弗吉尼亚海军尝试造船的努力“非常失败，这让我担心不已。但是，我认为，尽管失望，我们还是应该继续坚持。原因很简单，我们无法用其他方法防御”。杰斐逊还在弗雷德里克斯堡以东选取了一个地点，以视察弗吉尼亚军队的枪炮操作与射击技术。

除此之外，他还坚持努力确保西部地区的安全。他和乔治·罗杰斯·克拉克计划远征英军驻守的底特律。克拉克比杰斐逊小10岁，是一个身材高大、喜欢冒险的弗吉尼亚人，他年轻时曾学过土地勘测。克拉克在肯塔基州是一个先驱式的人物，在捍卫西部领土免受英国所支持的印第安人的攻击当中发挥了关键作用。他还顶住了来自“买头发的将军”汉密尔顿的压力，占领了密西西比河畔的卡斯卡斯基亚以及温森斯（大约位于圣路易斯市和路易斯维尔市中间）。1778 年严冬至 1779 年，他在西北地区的英勇战功确保了美军在伊利诺伊州的势力。此外，克拉克还是一个硬汉。多年以后，他的一条腿在一场事故中严重烧灼，需要截肢。他躺在医生的办公室里，看着窗外正在阅兵的肯塔基州民兵，等待手术。据说他听着军乐，挺过了残酷的截肢手术。手术结束后，他才把头转向医生问道：“嗯，结束了吗？”克拉克正是杰斐逊需要的那一种人：他是一个无畏的指挥官，执行着杰斐逊构想出的并为之奋斗的政治愿景。

但是，杰斐逊最终还是认为克拉克远征底特律的计划过于危险。他对华盛顿说，“兵力不足，资金匮乏，以及食品采购困难”使得这一任务目前尚不可能完成。于是，他遗憾地公布了这一决定。（将近 25 年后，杰斐逊委任乔治·罗杰斯·克拉克的弟弟威廉·克拉克和梅里韦瑟·刘易斯带队，进行横越美国大陆西抵太平洋沿岸的远征考察活动。）

不久之后，杰斐逊便需要克拉克实施另一项计划：镇压保皇党的暴动。1780 年 3 月，他给克拉克写信：“我们有理由逮捕在西南部边境地区发起暴动的那些不满的居民（保守党们）。我命令你在最短的时间内给予那些人警告……如果不将这种状况扼杀在摇篮里，如此危险的事端必将分散我们的兵力。”杰斐逊没有心思大发慈悲。

通过约西亚·菲利普和亨利·汉密尔顿事件，杰斐逊直接打击了敌军。外交手段、施以恩惠和宽容以待这些方法有它们可以发挥作用的地方，同样，武器、复仇和军队也有它们的用武之处。事实证明，托马斯·杰斐逊完全有能力有效地利用任何他认为最好的武器保护他的人民。

1779 年与 1780 年之交，那是一个任何人都记忆犹新的寒冷的冬天。河流结了冰，冻得非常硬实，马和货车都能从詹姆斯河和波托马克河上驶过。

随着春天的来临，冰雪融化。杰斐逊和他的同事们做出了一个具有历史意义的举动：将弗吉尼亚州的首府从威廉斯堡迁往里士满。因为他们认为越往内陆地区会越安全。随后，杰斐逊将他的家人安顿在里士满夏柯山的一所房子里，这所房子是他向一个姻亲的叔叔借的。安顿好家人后，他充分认识到自己正处于极其紧急的气氛当中。

1780 年 5 月 10 日星期三，查尔斯顿被英军攻陷。杰斐逊意识到，他处于包围之中。他于 1780 年 6 月表示："极其可怕的攻击正威胁着我们，北面是俄亥俄州殖民地的英军，南面则是极易到达我们边境地区的印第安人，而东部地区则受到驻守在卡罗来纳州的英军的入侵。"

除此之外，当年夏天，在弗吉尼亚州西南部的蒙哥马利县的新河上又爆发了一场保守党起义，更多的印第安人暴力事件也频繁发生。1780 年 6 月 2 日星期五，杰斐逊再次当选为州长，开始了他的第二个为期一年的任期。然而，这些坏消息没有给他带来丝毫宽慰。

在 8 月的最后几个星期里，康沃利斯勋爵在南卡罗来纳州的卡姆登彻底击溃了霍雷肖 · 盖茨率领的美军和弗吉尼亚州、马里兰州、特拉华州和北卡罗来纳州的民兵。

这让杰斐逊非常沮丧，他引用了"近来降临在我军当中的灾难"这样的字眼形容这一事件。他召集议会开会，以协助他做出"及时、极大的努力遏制敌军逼近"。他知道自己的选择余地是有限的，他说："选出能实现这一目的的最有效的措施实属不易，而且这些措施执行起来也很困难。"

最沉重的打击最终还是到来了。1780 年 12 月 29 日星期五，美军将军本尼迪克特 · 阿诺德变节投靠英国，率领英军入侵弗吉尼亚州。1781 年新年的早晨，英军进攻弗吉尼亚海角的消息传到了里士满。

在一个充斥着言过其实的表述和漏洞百出的谣传的时代里生活了这么久，杰斐逊没有轻易相信这则情报。自 1777 年以来，一系列关于入侵的传闻已引起了公众的不满，人们对于拿起武器准备战斗这样的号召也已出现矛盾的态度。杰斐逊于 1779 年 12 月表示：紧急召集民兵却 "发现没有敌人"，这会引起他们的"反感"。

因此，在 1781 年英军进攻弗吉尼亚海角的消息传来后的两天内，杰斐逊拒绝召集弗吉尼亚的民兵队伍。一个报信者在杰斐逊位于里士满山上的住所里找到了他，他镇定如常，泰然自若——甚至过于镇定和泰然。

日子一天天过去，情形逐渐变得明朗，英军入侵的消息属实。于是，杰斐逊立即发布了命令，但为时已晚，无法成功解决两军之间严峻的敌对危机。

1781 年 1 月 5 日星期五，随着英军向里士满行进，罗伯特 · 海明斯和詹姆斯 · 海明斯将帕蒂和杰斐逊的其余家人转移到杰斐逊在里士满以西的凡恩溪市的一处房产内，以确保她们的安全。

当天下午 1 点左右，英军抵达里士满，他们列队行进，并向城内发射火炮。一枚火炮射到杰斐逊在夏柯山的住处附近，将一个屠夫的房子的房顶炸了下来。据艾萨克 · 格兰杰 · 杰斐逊所说，"10 分钟后，整个里士满看不到一个白人，因为他们拼命地奔跑"，逃向驻扎在里士满北部贝肯河畔的一个美军营地。

一片混乱。艾萨克 · 格兰杰 · 杰斐逊回忆道，"英军身穿红色衣服"，他"眼睁睁地看着他们在市里行进"。为了防止被英军俘获，托马斯 · 杰斐逊早已撤离州长官邸。在英军入侵里士满的数小时里，他在市内不停绕行，努力确保美军的物资供应，并与美军军官会合。

杰斐逊的这项离开战事中心的决策无疑是正确的。因为英军已经带来了手铐，以期逮捕《独立宣言》的作者。

英军找到了杰斐逊在夏柯山的住所，一名英国军官问起他的去向。艾萨克的父亲乔治 · 格兰杰为了保护他的主人杰斐逊，答道："他到山上去了。"

据艾萨克回忆，那名军官紧接着问道："房子的钥匙在哪里？"艾萨克的父亲便把钥匙交给了他。

"家里的银器在哪里？"军官继续问道。

"也都带到山上去了。"乔治 · 格兰杰回答道。这其实是一个谎言：因为据艾萨克回忆，他的父亲已经把家里所有银器放到了一个床套里面，又将床套藏在了厨房的一张床底下，从而挽救了这些银器。

不久之后，本尼迪克特 · 阿诺德便将军队撤回到了海岸地区。与此同时，英军抓走了大量杰斐逊的奴隶，艾萨克 · 格兰杰 · 杰斐逊就是其中的一个。他们随英军离开里士满时，听到了战争的声音——据艾萨克 · 格兰杰 · 杰斐逊回忆，爆炸的气浪袭来，"像发生了地震一样"。

如果更早发出调集民兵的号令，里士满防御战的结果会有所不同吗？英军入侵事件一个月后，杰斐逊在里士满写道，他认为"如果阿诺德向这里进军或撤离"，"勇气十足和信念坚定的民兵们"就可以俘获他。那样的话，被调动起来的民兵很可能会发挥其军事价值。杰斐逊的思想非常强大，但这一次，他对时局做出了错误的判断。

在推迟下令召集民兵一事上，杰斐逊犯了一个常见的政治错误，那就是一味顺从公众意愿，而不是对他们进行引导。许多参与了真正民兵战斗的弗吉尼亚人都对杰斐逊所体现和代表的精英领导者们表示不满和质疑。弗吉尼亚州的本土文化原本就不利于抓住最好的时机进行迅速的军事部署，如今在战争时期，民兵们就更加难以召集。1781 年 3 月，法国的拉法耶特侯爵抵达弗吉尼亚，担任大陆军的指挥。杰斐逊对他说："法律法规不够严厉，民众不适应战争局势，也不习惯及时地表示服从，战争所需食物匮乏，又找不到采办这些物资的办法，这一切导致了我们下达的命令往往不起作用，因而迫使我们拖延了民兵的召集。当我们以某种方式无法实现目标时，就要尝试想别的办法。"

杰斐逊可能并不是因为惧怕英军才在那两天内阻止自己发布号令。他所担心的可能是，在自己无法确认来自英军的威胁是否真实的情况下，如果动员公众战斗，他将冒惹怒大众之险。由于他的犹豫，里士满没能守住。

然而，几年后，当杰斐逊肩负起更大的责任时，他在弗吉尼亚州汲取到的这一痛苦教训给他带来极大的帮助。无畏和果断有时是一位领导者应具备的美德。英军入侵弗吉尼亚其间，杰斐逊没有表现出无畏和果断，这让他为拖延付出了代价，但也获得了宝贵的经验。但是，当时他并不知道，有一天他将把自己成功当选美国总统的一部分功劳归于 1781 年的这次失败。

第十三章
蒙蒂塞洛的英军

这种恐怖和混乱是你无法想象的。州长、州议会，所有人都匆忙地跑来跑去。

——丽贝卡·伯韦尔的女儿帕蒂·安布勒

面对英军的进攻，杰斐逊领导下的弗吉尼亚州岌岌可危。1781 年春末，康沃利斯勋爵和以手段残忍著称的陆军中校伯纳斯特·塔尔顿的注意力集中在弗吉尼亚州。迫于英军的步步紧逼，州长杰斐逊和弗吉尼亚州议会从里士满撤退到了夏洛茨维尔。但是，即使在那里，州议会也只能勉强召集齐议会的法定人数。

就在这一困难时期，一个曾经在杰斐逊家上演过的悲剧又发生了：一个孩子夭折了，到目前为止他们已经失去了三个孩子。这次去世的孩子是露西·伊丽莎白，亡于 1781 年 4 月的一天上午 10 点左右，当时她还不到 6 个月。第二天，杰斐逊没有出席州议会的会议，而是留在家里陪帕蒂。当天的天气非常不好，他给同事们写信："据我所知，现在没有什么迫切需要解决的问题，而杰斐逊夫人的状况让我不放心留她独自在家，今天的会议我就不出席了。"

他留在家中陪伴帕蒂，一起为孩子的去世感到痛心，这一天对他来说是一次罕有的能和家人情感交融的机会。迫于工作的压力，他当时很少有时间休息。1781 年 5 月 28 日星期一，杰斐逊意识到，他预料中的那一天即将来临。英军正朝着夏洛茨维尔向弗吉尼亚州内陆地区推进。因此，州议会拟定了一项召集弗吉尼亚州民兵的草案，但引发了暴动。杰斐逊不得不向乔治 · 华盛顿将军寻求个人援助。

在这样的局势下，杰斐逊给华盛顿写信，因为民兵人数不足，无法抵御英军，“民众普遍认为……没有人能阻止”英军的必然胜利。“我认为”只有华盛顿将军“来到他们中间，才能让他们完全相信他们可以得救，也才能让他们相信一切皆有可能”。

杰斐逊是在 5 月 28 日给华盛顿写的信，他打算在几天后，他的州长任期期满时引退。他对华盛顿说：“长久以来，我一直都表明了自己将（州长一职）让给更有能力的人的决心，我已经做好了退休的准备，过自己的个人生活。”

然而，在这样的紧急状况下，杰斐逊所提到的卸下重任（他称之为“我职务内的工作”）并回归个人生活这一举动并无法美化他的形象。州议会忙于处理各项事务，整个州都处于危险之中，在这样的局势下，谁都希望杰斐逊能化身为一位骑马而来的英勇的救世主，将弗吉尼亚人团结在一起，阻止英军的侵略。

但杰斐逊并不是救世主。1781 年春，英军入侵弗吉尼亚州这一事件的可悲之处在于，全程没有出现一个爱国领袖，领导人们成功地应对这一紧张局势以击退阿诺德、康沃利斯或塔尔顿。战争过于分散，局势又非常不稳定，任何人都无法控制，包括杰斐逊，尽管他前两年一直忙于弗吉尼亚州边界地区的军事防御工作。

1781 年 6 月 2 日星期六，杰斐逊在蒙蒂塞洛陪伴家人及几位客人，包括弗吉尼亚州下议院和上议院的发言人们。议员们享受他的殷勤款待，并等待将于 6 月 4 日星期一在夏洛茨维尔召开的立法会议。杰斐逊的继任者将在本次会议上选举产生。

杰斐逊经过仔细考虑后，建议他的政府同僚们选举政治和军事经验丰富的小托马斯 · 纳尔逊为下一任州长。杰斐逊说，“是时候该将民事和军事权力统一集中在同一人手中了”——前两年的经历让他认识到，这一举措“将极大地为军事措施的实施提供便利”。

虽然对于在蒙蒂塞洛召开的这一会议完全不知情，康沃利斯早已命令塔尔顿前往夏洛茨维尔追捕州政府官员。1781 年 6 月 3 日星期日，英军骑兵策马飞奔，路过位于路易莎县的布谷鸟酒馆。英军经过酒馆的时候天色已晚，大概晚上九十点。当时，一个名为杰克·朱厄特的弗吉尼亚大个子民兵（据说身高6英尺4英寸，体重220磅）正好在路易莎县。当他意识到敌军正要去抓杰斐逊，便立即上马，冒险夜行40英里赶往夏洛茨维尔。

据说朱厄特骑着“方圆7个县中最好的且脚程最快的马”在旷野里狂奔。为了避开敌军，他没有走那些广为人知的大道，而是穿过林地，沿着山脊疾驰。据一个报道说，“在他策马前行的过程中，沿途低矮的树枝狠狠抽打着他的脸，划出许多伤口，最终变成了一道道疤痕，据说这些疤痕伴随着他的余生”。大约晚上11点左右，英军暂停行进，在一个种植园休息了大约3个小时，这为朱厄特争取了一点儿时间。深夜时分，塔尔顿再次下令暂停行进，纵火焚烧了一辆为美军运送物资的火车。

天亮时分，朱厄特抵达蒙蒂塞洛，他通知杰斐逊英军即将来袭。杰斐逊冷静地下令招待所有住在他家的人吃早餐，之后为家人召唤了一辆马车，然后与议员们道别。议员们下山返回了夏洛茨维尔，而帕蒂和他的两个孩子以及一些奴隶则动身前往周边的种植园避难。

杰斐逊留在了蒙蒂塞洛，非常孤独。不过，至少还有两个奴隶陪着他，其中一个便是马丁·海明斯。预料到英军的袭击，他们正忙着将家中的银器藏起来。而杰斐逊则试图抢救他的文件，他说：“在为离开蒙蒂塞洛做准备时，我把文件塞到任何可以塞的地方。”

之后，他做了一些完全符合他性格的事情：他决定亲眼看看英军是否来袭。他的控制和行动本能促使他骑马从蒙蒂塞洛前往附近的一个名为蒙塔尔托山或卡特山的山顶。他随身带着他的小望远镜。透过望远镜观察夏洛茨维尔，他并没有发现什么异常。于是，他转身准备返回。就在这时，他的剑杖滑落到了地上。捡起剑杖时，他突然好奇心起。于是，他再次拿起望远镜仔细地观察。

这次，他看到了英军。

他当即返回蒙蒂塞洛，骑上了他最好的卡拉克塔克斯，出发追赶他的家人。他刚离开5分钟，英军便抵达蒙蒂塞洛。一个英军掏出一把手枪，扣动扳机，瞄准马丁·海明斯的胸膛，要求他说出杰斐逊的下落，否则就开枪。海明斯回答：“那你就开枪吧。”

不过，在英军短暂占领蒙蒂塞洛期间，这里没有任何枪声，也没有任何掠夺。

（唯一的例外是英军喝掉了一些杰斐逊的藏酒。据说，他们喝酒是为了庆祝乔治三世的生日。）相比之下，康沃利斯对待杰斐逊的其他几处种植园则远远没有这么小心谨慎，尤其是对麋鹿山，英军驱散了杰斐逊在那里的奴隶，并放火烧了农作物。在塔尔顿–康沃利斯入侵事件期间，共有 23 名奴隶逃离了杰斐逊的种植园，其中至少有 15 人在约克镇或朴茨茅斯的英军营地中死于疾病。

离开蒙蒂塞洛后，杰斐逊骑马赶上了帕蒂和孩子们。最终，他们到达了杨树林庄园避难，这是他们在贝德福德县拥有的一处地产。他的家人安全了，他也安全了。

然而，他的名声却受到了损害。

1781 年 6 月 12 日星期二，弗吉尼亚州议会在斯汤顿市的三一教堂召开会议，会议表达了对朱厄特的感谢，授予他一对手枪和一把剑作为纪念，以表彰他勇敢的夜间骑行。此次会议还通过了另一项决议，正是这项决议伤透了杰斐逊的心：

> 决议如下：于下届会议上调查本州行政首长在过去 12 个月当中的行为。

杰斐逊想象不到比这更糟糕的状况了，他的勇气和能力都受到了指控。在自己执政期间遭遇这样的灾难，真是糟糕透了。当他回想最近发生的一切时，也许不会承认这样的指控，但他一定能认识到，英军两次入侵弗吉尼亚州，并将州政府从夏洛茨维尔赶到斯汤顿市，这样的惨败会让人们对他的政治生涯有所质疑。这些他大概能应付。与他相比，乔治 · 华盛顿的声誉则得以维持。杰斐逊所需要的是时间——给他时间平静下来，决定如何才能最好地尽职于他如此坚信的独立事业。

然而事与愿违，他现在被迫与自己的过去进行斗争。对此，他没有刻意掩饰自己的愤怒。在一张纸条上，他以尖酸的语调写道，在议案当中，“既然你们并不是仅打算以普遍提出的一项建议损害我的名声，而是期望以后能找到事实依据以支撑这一建议，那么，劳驾向我详细地说明你们所引证的对我的糟糕的行为指控，希望你们不会觉得我这一要求有所不妥”。

在三一教堂召开的议会会议上，议员们投票决定对杰斐逊进行调查。然而，在这次会议上，议员们还讨论了另一项议案。这项议案含蓄地表示，英军入侵所造成的混乱并不是政府官员的过错，而是政府本身的过错。有议员认为，一个独裁者的时机已经来临，“……他应有权随时支配其公民的生命和财产，而不必服从他人”。

帕特里克·亨利也表示赞成这一“独裁者”措施，他说，一州的最高行政长官（无论怎么称呼他）应该拥有这样的权力……这对于遏制放荡敌军的肆意而为是很有必要的”。这一议案以及与之相关的讨论趋向于为杰斐逊开脱，这表明，那些最真切地经历了英军入侵事件的议员们认为权力的问题是结构性的。问题出在州长这一职务上面，而不在州长个人身上。（该议案最后惜败。）

但是，关于杰斐逊担任州长时的糟糕表现却无法调和两次表决在本质上的矛盾。第一次表决是关于调查杰斐逊，这相当于对杰斐逊行为的控诉；而第二次表决则是关于杰斐逊的继任者们新享有的权力，这相当于默认了杰斐逊执政期间并不享有与时代挑战相称的权力。如此一来，在谴责杰斐逊执政失败的同时又试图改革他曾担任的职务，这本身在逻辑上就将责任从个人转移到了政府机构上。

然而，逻辑鲜能成为政治的重要组成部分之一。杰斐逊的敌人看到了这样一个让他难堪的机会。虽然议会只对杰斐逊进行了短暂的调查——会议最终以赞扬而非谴责杰斐逊结束——但这一段经历永远地留在了杰斐逊的脑海中，也留在了他的政治对手的记忆里。他在被指控失职期间的辛酸是显而易见的。杰斐逊说，那些官方诽谤都“没有根据”。

9 月，杰斐逊又一次迎来了出任驻法国特使的机会——这进一步表明，他担任州长的时期对于任何人来说都不是美好的时刻（仅有的两个例外可能是朱厄特和马丁·海明斯），而他的表现并没有造成灾难性的政治后果。然而，杰斐逊谢绝了这项外交任命。他表示：“我已经决定向这一类事情做最后的告别，然后退休，回到我的农场，享受家人和书籍的陪伴，再也不会有任何事情能将我与他们分离。”

但尽管杰斐逊没有任何私心杂念地坚称自己想过田园般的退休生活，他仍决定留在弗吉尼亚政界，直到证明自己的清白。1781 年 9 月，杰斐逊表示：“我希望自己在卸任时能得到应得的声誉，而不是让它被损害得更严重。出于这样的渴望，我将参加下一届的议会选举，并可能接受其中的一个席位。但是，鉴于我此次任职的目的只有这一个，因此这一目标达成后我就会离开。”在接下来的一年半当中，他没有担任任何公职。但在这段时间内，到处充斥着关于他州长一职的谣言，这让他遭受了极大痛苦。他永远无法完全退出政界，因为政界舆论对他而言仍然很重要。

1781年10月，美军在约克镇大败英军，结束了战争。和其他几个杰斐逊的奴隶一样，当时艾萨克·格兰杰·杰斐逊仍然被囚禁，他目睹了这场战役。据他回忆：“子弹不停地扫射，到处弥漫着枪炮造成的巨大烟雾，仿佛天堂和人间混在了一起。”他记得听到了伤员的哭声。“当烟雾散去，你就会看到倒在地上的死人。”

独立战争取得了胜利。显然，托马斯·杰斐逊也获得了胜利，因为他所从事的事业被证明是正确的，并取得了成功。1782年，法国的沙斯泰吕叙尔侯爵造访蒙蒂塞洛，离开后，他对这里的主人赞不绝口。

> 我来给你介绍一个人——杰斐逊，他不到40岁，身材高大，面容温和且令人愉悦，他的思想和见解比他的外在魅力更加突出。作为一个美国人，他从未放弃过自己祖国的独立事业。与此同时，他还熟练地掌握了绘图技术，并且是一个音乐家、几何学家、天文学家、自然哲学家、立法者以及政治家。他曾当选为著名的大陆会议的议员，并任职两年，正是大陆会议发起了美国革命……他还曾担任弗吉尼亚州州长，在阿诺德、菲利普斯、康沃利斯入侵该州期间坚守这一困难的岗位。他生性豁达，出于对政界的热爱，他表示自愿退休，远离政界和公共事务，因为唯有这样他才认为自己为人类做出了有益的贡献……他不会忘记自己的任何一个目标，似乎从青年时期起，他就早已将自己的思想置于一个崇高的境界，正如他将自己的房子建在山上一样，从那里他可以审视整个世界。

以上这些描述是杰斐逊所乐见的别人对他的认识。然而，现实的情况却是：他认为自己是个失败者，甚至连美国革命的胜利都无法让他完全忘记担任州长时那一段饱受争议的最后时期。他对詹姆斯·门罗说，议会调查对他的最坏影响之一是，公众可能会认为“他被控告是因为内心的背叛，而不仅仅因为思想的软弱”。对于他出任州长期间的工作的攻击，他说：“已经使我的精神受创，只有能够化解一切的死亡才会治愈这一创伤。”

他最后补充道：“杰斐逊夫人又生了一个女儿。”孩子取名为露西·伊丽莎白，是以她刚出生没多久便去世的姐姐的名字命名的。帕蒂没有更多的体力了。她自身体力不支，也找不到恢复健康的办法。杰斐逊说：“从那时起，她一直病得很严重，而且病情现在仍在恶化。”

第十四章
超越死亡的炽热感情

杰斐逊夫人向折磨她的疼痛屈服了，她终于摆脱了疼痛，却使我们的朋友伤心欲绝。

——杰斐逊的朋友埃德蒙·伦道夫对詹姆斯·麦迪逊如是说

杰斐逊的妻子生命垂危。帕蒂·杰斐逊的最后一个孩子，也就是第二个取名为露西·伊丽莎白的孩子是她在10年当中诞下的第6个孩子。她年仅33岁，但已精疲力竭。由于战争造成的紧张和劳累，所有家庭成员不得不撤离蒙蒂塞洛，这使她的健康状况进一步恶化。她可能患上了结核病。1782年初夏，她已病得卧床不起。

她的丈夫不肯离开她。很久以后，女儿帕茜回忆起当时的情形：日复一日，周复一周，月复一月，杰斐逊“一直待在她的身边”。他竭力在每一个细节上都照顾好妻子，帮助她吃药，帮她把杯子放到嘴边。

夜里他也一直守护在她的床前或者守在旁边的一个小房间里。帕蒂也很渴望杰斐逊的陪伴。“她的目光一直停留在他的身上，总是追随着他”，她在家一直是这样。“他说话的时候，其他声音都无法进入她的耳朵，或引起她的注意。当她从沉睡中醒来，如果找不到平日俯着身陪在她旁边的那个身影，看不到平日注视着她的那道目光，她会立即表现出担心和痛苦，甚至惊恐。”蒙蒂塞洛和他们彼此成了他们夫妇眼中俩唯一的真实生活。

渐渐地，她有了些力气，便开始在一小张纸上抄写斯特恩《项狄传》中的一些段落。

> 时间挥霍起来真快：我写下的每一个字母
> 都在向我诉说
> 人生如何在我笔下迅速地流逝。构成人生的那些日子，那些时刻
> 正飞过我们的头顶，就像起风时
> 天上的云朵一样一去不复返——
> 所有的一切都在继续——

她的字迹在这儿渐渐淡了下去，杰斐逊接着为她抄完了这一段话：

> 每一次
> 我亲吻你的手与你告别
> 那之后的每一次分离，都是永久离别的前奏曲
> 我们马上就会永远地分离了！

在这一段文字中，斯特恩传达且不间断地传达着悲哀的讯息，因为在他看来，甚至连在情感交融和相爱的瞬间，人们感受到的都不是满足，而是生命的短暂：这是一种阴郁但又现实的人生态度。

詹姆斯·门罗感觉到帕蒂生命垂危，也感觉到他的同僚深切的悲痛。他说：“说起杰斐逊夫人，我感到非常难过……每一次收到她安然无恙地度过了一天的消息后，我就很害怕她将离去。”他还向上帝祷告，希望帕蒂能康复：“祷告也许可以取悦上帝，让我们可亲的朋友恢复健康，从而重新拥有一个朋友，如果失去她你会感到极其悲痛。你的孩子们也可以重新拥有母亲，这是任何经济状况的改变都永远无法取代的。”

然而，祈祷并没有起到作用。1782 年 9 月 6 日星期五近中午时分，帕蒂去世了。根据蒙蒂塞洛的传统，“家中的仆人”，包括伊丽莎白·海明斯，都在帕蒂·杰斐逊弥留之际陪伴她。据在以后的几十年里管理蒙蒂塞洛的埃德蒙·培根说，蒙蒂塞洛

的奴隶们“经常对我的妻子讲起，杰斐逊夫人去世时，他们都围绕在她的床边。杰斐逊先生坐在她身旁，听她讲着她想要完成的很多事情”。

像杰斐逊已故的母亲一样，直到生命的最后一刻，帕蒂都在安顿家中的各项事宜。“当说到孩子时，她簌簌泪下，一时泣不成声。最后，她举起了她的手……对杰斐逊说，一想到她的孩子们将来会由一个继母照看，她就无法放心地离开。”杰斐逊只有39岁，他精力充沛，性欲旺盛，要求这样的一个男人承诺永远忠贞看起来是一个自私的临终请求。然而，帕蒂之所以提出这样的请求最有可能是考虑到她的孩子们的幸福。她可能认为，孩子的姑妈们，以及她认识很久、关系非常亲密的伊丽莎白·海明斯都可以给予孩子们母亲般的关爱，这就足够了，不必冒险找一个陌生女人成为蒙蒂塞洛的女主人。帕茜当时将近10岁，波莉4岁，露西还是个婴儿。而杰斐逊年轻富有，声名远扬，有着迷人的魅力。但他还是做出了承诺。他向奄奄一息的帕蒂保证，他不会再婚。

当时，许多人见证了杰斐逊的这一誓言。萨莉·海明斯就是其中之一，她是帕蒂同父异母的妹妹，当时还不满10岁。

在那个星期五差15分钟12点的时候，帕蒂·杰斐逊去世了。杰斐逊悲痛欲绝，他的妹妹玛莎·卡尔不得不搀扶着他离开他妻子的床边。据杰斐逊的女儿回忆，他当时“毫无知觉”，“卡尔夫人费了很大劲儿才把他带到了书房，在那里他晕倒了”，而且并非短暂的昏厥。他“昏迷了很久，大家都非常担心，怕他永远醒不过来”。

当他苏醒过来时，悲伤得语无伦次，并且陷入了狂怒之中。一切都表明，帕蒂的去世对他而言是一场灾难，让他失去了所有控制力。据他的女儿帕茜说，“我没有目睹那个情景”——大概是指杰斐逊在书房苏醒过来的“情景”——“但是，晚上当我悄悄地进入他的房间时，他的情绪非常激动，直到现在我自己都不敢描述那种激烈程度。”（帕茜在半个世纪后这样写道。）

为了让他更舒适一些，人们在他的小书房里铺了一个床垫。然而，在悲痛的驱使下，他疯狂地冲出门外。帕茜抓住她的父亲，仿佛紧紧地抱住一个一直在她生命中的亲人。对她来说，兄弟姐妹们在她生命中来了又去，现在，她的母亲也去世了。在战争时期，他忙于领导大局，那时的他对于帕茜而言似乎是一个慈爱但又有些生分的父亲。但是，他深爱着他的家人，总是想尽各种办法让他们生活得更好。

对待深陷丧妻之痛的父亲，帕茜表现得很坚强，也彰显出成熟，从她身上，杰斐逊看到了他的母亲和他的姐姐珍的影子，当然，还有帕蒂的影子。杰斐逊与帕茜紧紧相拥。在这段绝望的黑暗日子里，父亲和女儿相互慰藉，这种温暖而亲密的相处模式一直持续在他们以后的生活中。

帕茜说："他在房间里待了三个星期，期间我从未离开他的身边。他几乎昼夜不停地在房间里走来走去，只有在精疲力竭时，才会偶尔躺在那个床垫上，床垫是在他漫长的昏厥期间被放置到他房间里的。我的姑妈们也一直在他身边陪伴了几个星期，我记不清具体是多长时间了。"

他没办法让自己安静下来。"他终于从房间里出来，又骑着马出去了。从那个时候开始，他总是骑着马去山间漫步，有时会到人迹罕至的小路，也常常会在林间穿梭。每一次忧郁的漫步，我永远陪在他身边，唯有我见证了他许多次悲伤情绪的爆发，这些记忆总能唤起那些时间无法抹去的失去亲人的记忆。"他不停地骑着马出去漫步，仿佛只有活动起来才能缓解痛苦。在1782年9月6日的那场灾难后，他首次给朋友们写的信中，他说："我考虑过暂时离开弗吉尼亚州，去费城或者北方某地待一段时间。"

谣言几近将杰斐逊逼疯。埃德蒙·伦道夫对詹姆斯·麦迪逊说："我一直都知道他把家庭幸福放在首位，但是，我绝没有想到他的悲伤会如此强烈，真的像坊间流传的那样，他一看到他的孩子就会晕过去。"

他为帕蒂写的墓志铭摘自荷马史诗《伊利亚特》的核心部分。他将这些诗句用希腊文刻在墓碑上，这样，只有有教养的人才能够分享他对妻子的追思。亚历山大·蒲柏将杰斐逊选取的诗行翻译如下：

> 如果说在死亡的忧郁中，
> 友情和爱情的烈焰会不再炽热，
> 但是，我的感情的烈焰定会持续燃烧；
> 它将超越死亡，永不衰竭，给我的灵魂赋予生命。

在他心里，他与帕蒂的感情是永恒的，甚至能抵御死神的召唤。然而，墓碑上的文字却道出了不得不面对的现实："玛莎·杰斐逊……于1772年1月1日嫁给托马斯·杰斐逊，于1782年9月6日去世，永远离开了他。"

一个月后，他曾暗指自己有可能自杀。他写道："这样痛苦地活着对我而言实在是太沉重的负担，我快无法承受了。如果不是为了忠实地履行照管孩子们的神圣职责，我一刻都不想继续这样痛苦地活着。"随着帕蒂的去世，他的世界似乎也崩塌了。他给帕蒂的表妹伊丽莎白·埃普斯写信："我的一切幸福计划皆因她的去世被打乱了，对于未来的日子，我看不到任何希望，只有一片愁云惨雾，即使还有一个指望能让我高兴一些，它也无法将这忧愁抹去。"

为了那唯一的指望——帕茜、波莉和露西，他会活下去。他知道自己对于他的孩子和其他亲朋好友的责任。他对埃普斯夫人说："……和你们沟通时，我会努力控制自己的情绪，不让你们感到沮丧。我答应过你们要去艾平顿庄园，但现在我还不会去，当我可以控制自己的表情，不在别人开心的时候苦着脸让别人扫兴时，我就会去。"

要达成这样的目标，他还有很长的路要走。当前他能做到的只有和帕茜一起到林间漫步或骑马出行。

A Monsieur de Faujas de

Thomas Jefferson

The Art of Power

第四部分

失意的议员

（1782 年年末至 1784 年年中）

在我看来，内部斗争是最乏味又最有可能出现的危险。只有加强我们之间的纽带，才最有可能防止这种危险出现。

——托马斯 · 杰斐逊

谈美国《邦联和永久联合条例》

飞行的未知和刺激使杰斐逊着迷，他详细了解了载人热气球表演的进展，图中展示的是18世纪80年代中期在杜伊勒里举办的热气球表演。

第十五章
重返政治舞台

> 各州之间将无视大陆议会而开战：一个要向法国请求援助，另一个则要让英国帮忙。如此一来，我们将把欧洲的所有战争引到我们的门前。
>
> ——托马斯·杰斐逊对于软弱的国家政府的担忧

杰斐逊现在年近四十，到目前为止，他从来没有在任何事情上失败过。他小时候是一个受宠爱的儿子、一个才华横溢的学生，25岁时在弗吉尼亚州城镇自治议会中执法，31岁时写下《英属美洲民权概观》，33岁时起草《独立宣言》，36岁时出任弗吉尼亚州州长。他已经习惯于成功和大众对他的赞誉，习惯于不断取得进步，成就一次又一次辉煌。

然而，现在的他不再辉煌。他挚爱的妻子已经去世。面对本尼迪克特·阿诺德和查尔斯·康沃利斯对弗吉尼亚的进攻，他对州政府的领导被普遍认为几乎造成灾难性的后果。事情的细枝末节无关紧要。重要的是，现实情况是公众认为杰斐逊的领导力不足。尽管他很厌恶这一点，但它仍然是一个事实。

诗人但丁在和杰斐逊大致相同的年龄时，感觉自己仿佛“在黑暗的树林里徘徊”，杰斐逊现在也有相同的感受，他必须强迫自己从最近的悲痛经历中走出来。他不得不接受一个现实情况，那就是他不再是一个完美的著名人士。除非他认识到，伟大的人生总会有种种不幸和过失，否则他将无法重返政治舞台。

在他准备重返政坛，想到自己的名声会遭遇到的危险时，他给在独立战争期间赢得了诸多著名的胜利，现在却饱受非难的乔治·罗杰斯·克拉克写信：“当你认识到自己做出了杰出的成就时，你必须确信，一定会有人与你为敌。”

如果不考虑到这句话与写下它的人以及收到它的人有着密切的关系，你根本无法理解它。在写给克拉克的信中，杰斐逊还说：“如果你想避免引起他人的敌意，就只能把自己局限在那些让人厌烦的常规职责的范围内。一旦你超出这一范围，并勇敢地做出了一些会让你的名声流芳百世的举动，你就会成为一个招致敌意的标记、一个他人忌妒攻击的对象。不论在你当政期间，还是卸任以后，这些敌意和忌妒都会伴随着你。”

精神的痛苦是一个公众人物需要为他人的奉承所付出的代价。自从杰斐逊担任州长后，他便认识到，在某种程度上自己以前从未付出过那样的代价。他也认识到，坚定地继续前行是将过去抛在脑后的唯一办法。除非他选择永远退休，但这可能使事情变得更糟。由于逆境本身就是杰斐逊所选择的政治生活的内在要素之一，他就要接受这样的生活对他的考验，并且在经历过逆境后，对于要走哪条路做出选择。

杰斐逊在 1781 年和 1782 年所遭受的个人生活的不幸和政治苦难——英军的入侵、对他名声的中伤，以及他妻子的去世——如果发生在那些不如他的政治家们身上，他们很可能会伤心地、愤怒地回到他们的种植园，感慨这一切的不公。

但杰斐逊没有这样做。他选择前进，而不是退缩。

当帕蒂·杰斐逊去世的消息传到费城时，杰斐逊在大陆会议的同僚们请他出使法国，担任巴黎和平委员会委员，负责制定战后秩序。

杰斐逊欣然接受了这一邀请。他后来回忆道：“在我去法国的两个月前，我失去了生命中珍爱的伴侣。在过去的 10 年中，我们之间的感情从未消退，这 10 年我过得一直很幸福。失去她之后，我的精神状况很差，国家的召唤让我得以更换生活环境。”

1782 年 11 月 26 日星期二是杰斐逊一生的转折点。当天，他来到安普希尔庄园，该庄园位于詹姆斯河河畔，福林克里克河附近。它的主人是阿奇博尔德·加里，与杰斐逊一样是个革命者。在那里，杰斐逊给家中写信，吩咐孩子们注射预防天花的疫苗。从那时开始，他恢复了与外界的通信，走出了过去三个月的悲伤，开始重新接触世界。

在他拟写的接受驻法大使这一任命的草稿中，杰斐逊表示："我会诚实正直地完成我的任务，并公正地兼顾两国的利益。"他可能希望通过强调自己更广阔的视野和全局策略，将他的政治生涯里那个不如意的前一章翻过去。不管怎样，他渴望尽快走马上任。他表示："我要抓紧每一刻为出发做准备。"

在他写给沙斯泰吕叙尔侯爵的一封信中，他提到了发生在那个秋天的痛苦事情。他写道，之所以没有回复沙斯泰吕叙尔侯爵之前的来信，是因为"妻子的去世让我的世界也变得死气沉沉，我现在刚刚从那种麻木状态中稍稍缓过来"。

杰斐逊将两个较年幼的孩子（波莉和露西）交由帕蒂的妹夫弗朗西斯·埃普斯和表妹伊丽莎白·埃普斯照顾，而年龄最大的孩子帕茜则同她的父亲一起前往巴黎赴职。1782 年 12 月 15 日星期日，杰斐逊从蒙蒂塞洛在《弗吉尼亚公报》刊登了一则公告，宣布他已将"自己的个人事务"委托给两个人照料，一个是帕蒂的妹夫——切斯特菲尔德县的弗朗西斯·埃普斯，另一个是他的朋友——阿尔伯马尔县的尼古拉斯·刘易斯。4 天后，杰斐逊和帕茜动身前往巴黎。他不知道他们什么时候会回来。

他急切地想离开家，走得越远越好。但是，英国政府对他此行百般阻挠，而且天气状况不好。他和帕茜原本预计将与法国公使一起乘坐"罗穆卢斯"号护卫舰从巴尔的摩前往法国，岂料船在距离巴尔的摩还有几英里的地方便冻住了。因此，杰斐逊只好留在费城，开始重新了解自己在 6 年前离开的那个国家政治舞台。他和他的女儿住在玛丽·豪斯夫人位于第五大街和市场街交界处的公寓里。

在豪斯夫人家，杰斐逊享受政治伙伴们（包括麦迪逊）的愉快陪伴，同时，沉浸在悲痛中的他还感受到了房东女儿伊丽莎·豪斯·特里斯特的同情。这种与富有同情心的女性朋友的友谊对他而言是必要的，自从他和他的姐姐珍建立起这种友谊后，他的生活中便一直有这样的朋友。伊丽莎·特里斯特便继续发挥着这样的作用，在很长时间里他十分欣赏这位朋友。

在豪斯夫人家，纽约州国会议员威廉·弗洛伊德的美丽女儿——15 岁的凯瑟

琳 · 基蒂 · 弗洛伊德向32岁的麦迪逊表达了爱意。在这个戏剧性的事件中，杰斐逊扮演了配角。最终，基蒂赢得了外表严肃的麦迪逊的心。杰斐逊也参与了其中，他称之为所有住在豪斯夫人家的人的“善意的玩笑”，因为它记录了这段浪漫的爱情。

除了花时间和新老同事相处，杰斐逊还认真阅读了大陆会议秘书查尔斯 · 汤姆森保管的“外交事务机密日志”，并做了详细的记录。他还研究了大陆会议与驻法国的本杰明 · 富兰克林、驻西班牙的约翰 · 杰伊，以及驻荷兰的约翰 · 亚当斯的外交信件，并回顾了会议对派往国外的专员的指示，以及驻维也纳、俄罗斯、普鲁士和托斯卡纳的外交大使的任命。此外，他还研读了麦迪逊的文章《大陆会议政治事务观察报告——有关佛蒙特州问题和领土问题的影响》，并仔细研究了西班牙–美国密西西比河以东土地纠纷的有关文件。

渐渐地，杰斐逊熟悉了人看待周围一切的方式，他认识到大多数人在这种情况下都是以自己为中心的。于是，他便向他未来的同事约翰 · 杰伊示好，杰伊当时是驻欧洲的一名外交官。杰斐逊表示：“如果我在更早一些时候见到你，我确信我就不会接受这项任务。因为我在最后时刻才参与其中，我所能做的也只有不给你们添麻烦。”这是一个化敌为友的暗示，旨在减轻对方对于一个新外交官的任何忌妒或厌烦。杰斐逊在努力与他周围的人成为朋友。

此外，他还努力结交那些地位比他更高的人。例如，他曾写信讨好乔治 · 华盛顿。华盛顿在整个国家中的崇高地位是显而易见的。在独立战争期间，杰斐逊便与他保持着最友好的关系。随着和平可能来临的大好形势出现，杰斐逊希望亲切友好地对待华盛顿，并帮他做些有用的事。他向华盛顿表示：“我对阁下为我们所吃的所有苦头和所做的一切表示我的敬意。”

就在这时，有消息传来，杰伊和当时在职的美国驻法代表们已经完成了将与英国签署的《巴黎条约》草案，这项文件将正式结束独立战争。该条约的文本正在送往美国，经大陆会议签署后将正式生效。如此一来，杰斐逊的任务还没开始执行便结束了。

于是，他回到弗吉尼亚州，又一次不情愿地成为一个平民。但是，他向詹姆斯 · 麦迪逊清楚地表明了他的雄心壮志：他想再次行动起来。他写道，“有时我们谈话的主题就是，只要国家需要”，他就会满腔热情地重返政治舞台。

这一愿望在不久之后便实现了。1783年6月6日星期五，杰斐逊当选为邦联议会弗吉尼亚州代表。埃德蒙·伦道夫向麦迪逊简练地叙述了这一消息："杰斐逊先生同意担任代表团团长。"

在这之前，杰斐逊已经有将近一个月的时间没有担任任何公共职务了。

杰斐逊所入选的邦联议会是当时唯一的国家政府机构，根据《邦联和永久联合条例》设立，但它本身就有内在缺陷：既没有独立的行政机关，也没有司法部门，只有邦联议会。每个州在邦联议会中至少要有两名代表。大部分较大问题的决议需征得大多数州（9个州）的同意，这限制了政府的权力。即使议会具备了法定人数，并在重大问题上达成了一致意见，议会也没有什么权力：它不能征税、规范国家贸易或创建军队（尽管它有权宣战）。它也没有执法手段，各州实质上是主权国家，这导致邦联议会这个国家政府机构无力制定一致的外交和商业政策，然而，只有这些政策才可能让这个年轻的国家变强大。

1783年与1774年有着诸多共同点：一段曙色朦胧的时期，一段重大问题的答案尚未揭晓的时期。1774年的重大问题是战争；而1783年的重大问题则是和平，或者更确切地说，是美国人民能否化解矛盾现状，进而将美国作为一个主权国家治理。

从本杰明·富兰克林于1775年提议制定《邦联和永久联合条例》起，杰斐逊就一直在思考在全国层面上治理国家的实际问题。为了探讨富兰克林的提案，大陆会议成立了一个专门委员会，杰斐逊便在该委员会任职。1783年，他又被委派到另一个专门小组，以"组建一个邦联议会休会期间的常设机构"。在他的提议下，美利坚合众国委员会成立。杰斐逊始终执着地倡导增强而不是削弱中央政权。

但是，这个委员会并没有发挥它的作用。杰斐逊后来回忆道："当时，人们将这一失败归咎于两三个人的坏脾气，但那些明智的人都认为它是人的本性所造成的。"在后来的职业生涯中，杰斐逊从战时治理弗吉尼亚的经历和18世纪80年代中期国家机构的瓦解中吸取了经验，支持设立一个单一的（但负责任的）行政首长职位。这样的选择是顺应历史规律的。针对美国总统这一职位，杰斐逊表示："提供建议的人可以有许多，但有最终决定权的裁定者只能有一个。我相信，这样的政权组织形式定能对智慧和实用性进行最佳结合。"

纵观1783年邦联议会的状况，杰斐逊担心国家会陷入无政府状态。独立战争已经取得了胜利，怎样才能避免州与州之间、地区和地区之间相互攻击呢？

唯一的解决办法就是建立一个全国性的、有全部控制力的、有约束力的国家政权。现在的任务非常明确：杰斐逊和他的同代人必须“肩负起责任，加强我们邦联的凝聚力，并避免因目前的羸弱而造成残酷灾难”。

这些问题在18世纪80年代的大部分时间都持续存在。1786年，约翰·杰伊给杰斐逊写信：“我们建立邦联政府的决定从根本上来说是错误的，这一点我思考了很久，而且我现在一天比一天更加确信。将立法权、司法权和行政权集中赋予同一群人，而且构成这一群人的成员每天还在变化，绝对不是明智的做法。”同年，杰斐逊对詹姆斯·门罗说：“如果我们的邦联不显示它的威力，国库里就永远不会有钱。各州必须看到它的铁腕，或者说一些州必须感受到它的铁腕。”

杰斐逊认为，如果没有一个强大的邦联，国家将出现最糟糕的情况。

问题不仅存在于政治和法律方面，还存在于民族性上。美国这个新生国家的生存前景完全掌握在它的国民自己手中。1782年，有人简洁有力地提出了美国的民族性这一问题。赫克托·圣约翰·克雷夫科尔在他的《一个美国农民的信》中问道：“那么美国人——这个新生的种族到底是什么样的呢？”

对于这个疑问，杰斐逊多年来一直在试图解答，虽然他的重点局限于一个区域，而不是整个国家。1780年，法国驻美使馆总领事巴贝-马霸侯爵曾向杰斐逊询问了一系列关于弗吉尼亚的问题。杰斐逊对这些问题的回答最终集结成了一本书——《弗吉尼亚笔记》，这成为他持续时间最长的文学创作，该书几年后在巴黎出版。这部作品是对马霸提出的诸多具体问题的回答，从“能否对弗吉尼亚州的范围和界限进行一个准确的描述”到“该州有哪些特别的风俗习惯”。这本书的内容既具体精确，又兼收并蓄，风格既正式又口语化。

这本书明显地表现出杰斐逊对于家乡的自豪，书中充满了对弗吉尼亚州美丽的自然风光的狂热赞美。但他也实事求是地表达了在革命时期执政所遇到的困难。对弗吉尼亚州的治理需要对诸多因素进行独特整合。“治理该州既需要英国宪法中最自由的原则，也需要那些源于自然权利和自然理性的原则。这些与绝对君主制准则是截然相反的。”

杰斐逊后来发现，弗吉尼亚州的状况在美国更广泛的范围内同样存在。美国人

土耳其岛的威廉·伦道夫一世，或许是弗吉尼亚州最大的家族族长了。托马斯·杰斐逊的母亲珍·伦道夫·杰斐逊是其后裔，稳固了托马斯作为弗吉尼亚精英阶层的地位。

土耳其岛的威廉·伦道夫一世的妻子玛丽·艾夏姆·伦道夫有9个孩子，其中一个儿子——丹吉内斯的艾夏姆·伦道夫是一名商人、船长，也是珍·伦道夫的父亲。珍·伦道夫于1739年嫁给了彼得·杰斐逊。

众所周知的“发言人”佩顿·伦道夫对托马斯·杰斐逊影响深远。作为革命时代早期众议院和弗吉尼亚州各种集会的发言人，伦道夫在美国逐渐脱离大不列颠期间的殖民地统治方面发挥了重要作用。他曾被选为大陆议会主席，最终于1775年在费城逝世。

威廉与玛丽学院的雷恩大楼。杰斐逊于1762~1764年在这里学习，他认为该学院“在礼仪和品德教育方面是美国最好的学校”。杰斐逊在这里度过了快乐的青年求学生涯。

长期以来，英属北美殖民地居民一直希望英王乔治三世能促成某种和解局面，但终究徒劳。乔治三世说：“是服从还是反抗，必须做出最后的决断。”

弗朗西斯·福基尔深谙世事，博览群书。在杰斐逊求学期间，他曾是弗吉尼亚州的官员，他邀请杰斐逊共进晚餐，并鼓励杰斐逊精进小提琴的技艺。

威廉·史莫教授生于苏格兰，曾短暂任教于威廉与玛丽学院，他让杰斐逊了解了很多启蒙时期的作家、科学家和思想家，改变了杰斐逊的一生。

乔治·威勒长着一副鹰钩鼻，他才华横溢，是杰斐逊的法律导师、朋友，也是革命伙伴。两人都热爱学习、法律和美好的事物。威勒于1806年在里士满被谋杀，当时正值杰斐逊第二个总统任期中期。

杰斐逊的第一堂政治课是帕特里克·亨利给他上的。这位弗吉尼亚路易莎县议员在1765年曾极力反对《印花税法案》。杰斐逊自己不擅长演讲，他语带羡慕地回忆道：“在我看来，他的讲话就像荷马写诗一样。”

弗吉尼亚最后一任总督、邓莫尔伯爵四世约翰·穆里，于1775年发布了一项颇有煽动性的公告，宣布替英军攻打美国叛军的奴隶和契约工可以获得自由。这一公告让绝大多数弗吉尼亚的白人大为震惊，从而开始投身革命。

玛莎·杰斐逊·伦道夫，也就是帕茜，是帕蒂和托马斯·杰斐逊存活的孩子里在世时间最长的。她年幼时就随父亲到了巴黎。杰斐逊一家在1789~1790年回到美国后不久，她嫁给了表兄小托马斯·曼·伦道夫。

作为杰斐逊女儿帕茜的丈夫、国会议员、弗吉尼亚州地方长官，小托马斯·曼·伦道夫和他的岳父交往甚密，在杰斐逊任总统期间，他虽然只是国会议员，却住在总统府内。

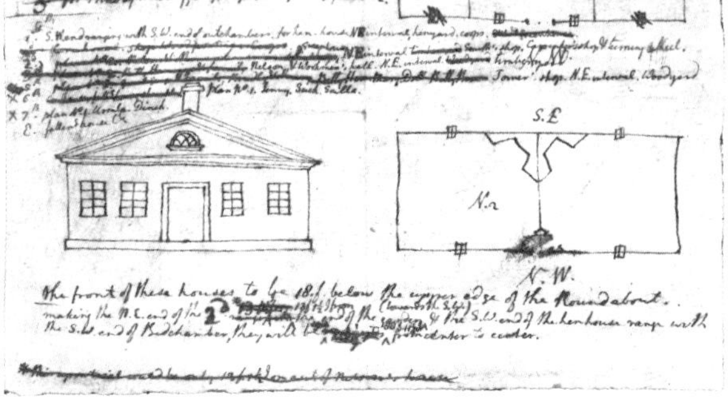

1770年，杰斐逊开始清理蒙蒂塞洛，准备修建府邸和种植园，甚至在计划中安排了奴隶区。种植园的中心是一排排的桑树，看起来会很独特。

1775年，大陆会议在费城召开，马萨诸塞州的约翰·亚当斯和弗吉尼亚州的托马斯·杰斐逊作为代表首次会面，在接下来的半个世纪内，二人亦敌亦友。

1774年夏，杰斐逊在蒙蒂塞洛写下了《英属美洲民权概观》，凝聚了杰斐逊本人早期的观点，也体现了美国的信念。这本小册子在大西洋两岸出版，最初是为了指导弗吉尼亚州代表进入大陆会议，而杰斐逊却因它在当时赢得了“神笔”的美誉。

A
SUMMARY VIEW
OF THE
RIGHTS
OF
BRITISH AMERICA.
Set forth in some
RESOLUTIONS
INTENDED FOR THE
INSPECTION
OF THE PRESENT
DELEGATES
OF THE
PEOPLE OF VIRGINIA,
NOW IN
CONVENTION.

BY A NATIVE, AND MEMBER OF THE HOUSE OF BURGESSES.

WILLIAMSBURG: PRINTED:
PHILADELPHIA: Re-Printed by JOHN DUNLAP.
M,DCC,LXXIV.

1776年6月，杰斐逊受命起草《独立宣言》，为了起草这份文件，杰斐逊在费城的砖瓦匠小雅各布·格拉夫的小套房里，夜以继日地工作。后来，杰斐逊说，这样能让他掌握“美国思想”的精髓。

《独立宣言》原草稿，杰斐逊手稿。

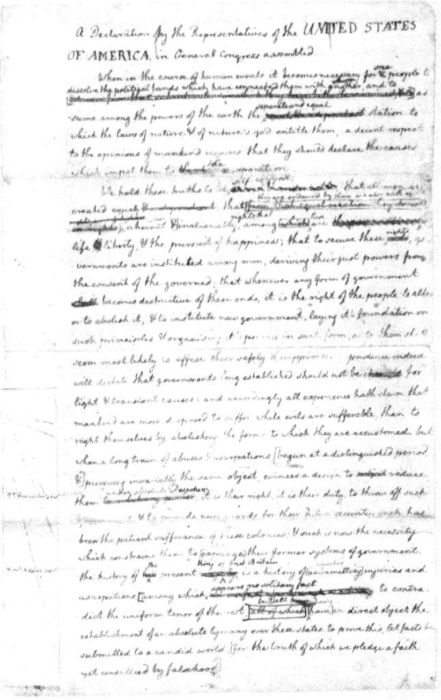

A Declaration by the Representatives of the UNITED STATES OF AMERICA, in General Congress assembled.

When in the course of human events it becomes necessary for one people to dissolve the political bands which have connected them with another, and to assume among the powers of the earth the separate and equal station to which the laws of nature & of nature's god entitle them, a decent respect to the opinions of mankind requires that they should declare the causes which impel them to the separation.

We hold these truths to be self-evident; that all men are created equal; that they are endowed by their creator with inherent & inalienable rights; that among these are life, liberty, & the pursuit of happiness; that to secure these rights, governments are instituted among men, deriving their just powers from the consent of the governed; that whenever any form of government becomes destructive of these ends, it is the right of the people to alter or to abolish it, & to institute new government, laying it's foundation on such principles & organising it's powers in such form, as to them shall seem most likely to effect their safety & happiness. prudence indeed will dictate that governments long established should not be changed for light & transient causes: and accordingly all experience hath shewn that mankind are more disposed to suffer while evils are sufferable, than to right themselves by abolishing the forms to which they are accustomed. but when a long train of abuses & usurpations [begun at a distinguished period &]pursuing invariably the same object, evinces a design to reduce them under absolute Despotism, it is their right, it is their duty, to throw off such government & to provide new guards for their future security. such has been the patient sufferance of these colonies; & such is now the necessity which constrains them to expunge their former systems of government. the history of the present King of Great Britain is a history of [unremitting] injuries and usurpations, [among which, appears no solitary fact to contradict the uniform tenor of the rest but all have] in direct object the establishment of an absolute tyranny over these states. to prove this, let facts be submitted to a candid world [for the truth of which we pledge a faith yet unsullied by falsehood]

本杰明·富兰克林、约翰·亚当斯、罗杰·谢尔曼、罗伯特·利文斯顿和杰斐逊组成的委员会被授予起草宣言的任务。据亚当斯回忆，主要由杰斐逊执笔，部分原因是当时的政治形势下，弗吉尼亚人被认为是“这方面的翘楚”。

1780~1781 年，英国入侵弗吉尼亚，起初局势颇为严峻，但随着美国在约克镇获胜，最终转危为安。然而，在这个过程中，美国人受到伯纳斯特 · 塔尔顿和康沃利斯勋爵攻击。作为当时弗吉尼亚的行政长官，杰斐逊在这一混乱时期执政。很多迹象表明，杰斐逊是一个失败的战时领导人，这种评价伴随着他的余生。

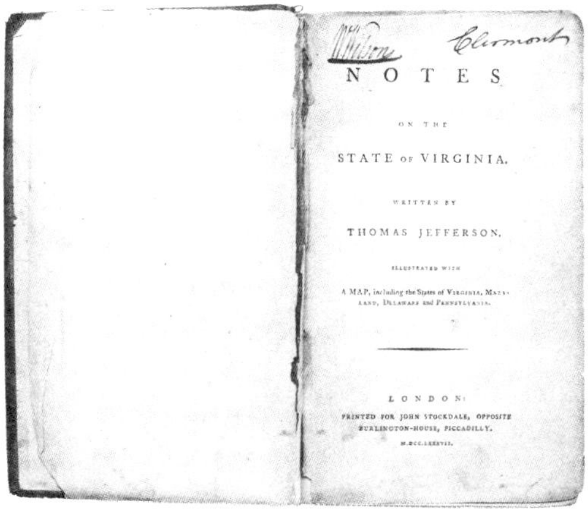

《弗吉尼亚笔记》是杰斐逊写的唯一一本书*，最初是为了回答关于他出生的种种疑问。

*原文如此。——编者注

民还远远没有找到他们生活中那些相互竞争的因素（中央政府和各州、州和人民）之间的制衡点。

在一个雨夜，詹姆斯·麦迪逊在返回奥兰治的途中与他的弗吉尼亚同胞乔治·梅森交谈，他就当下的诸多问题试探了梅森的意见，发现梅森对这些问题持有“非正统的观点”。麦迪逊对杰斐逊说，梅森“对维护邦联的必要性或正当手段几乎没有什么认识”。

在这一时期，麦迪逊在《宾夕法尼亚邮报》（又名“广告周刊”）上匿名发表了两篇文章，但在很大程度上被人们忽视了。在文章中，麦迪逊热切地为建立一个强有力的中央政府提出了有利论据。但是，正如梅森的观点所显示的那样，这一论据未能引起广泛共鸣。

与此同时，麦迪逊的个人生活也出现了一些问题。基蒂·弗洛伊德解除了婚约，这让他倍感羞辱。杰斐逊非常担心麦迪逊，便立即给他写信，表示了自己的关怀和同情：“不论什么原因导致了这次不幸，我由衷地感到悲痛……这与我的预期完全相反，尽管我的预期是基于我对生活的充分了解。但是，在所有事物中，我们的感情却是最复杂、最神秘莫测的。”

这些安慰的话语出自杰斐逊这样一个好友，一个经历过悲伤，并很早就试图以一种达观态度看待生活挫折的人。他曾经体验过悲伤和孤寂，并付出了巨大的努力才使自己的情感正常工作，让他不管遇到任何事情都能继续前行。他相信麦迪逊也会做到这一点。

在这一时期，杰斐逊对有关政局的信息知之甚少。在他当选为邦联议会代表的10天后，他请求在里士满的一个弗吉尼亚州议会代表随时告诉他有关该州政治局势的消息。1783年6月17日星期二，他给该代表写信：“我对有关州议会的消息很感兴趣，但了解却很少，近乎没有。诸如，你做了什么？你正在做什么？你的领导们采取了哪些策略？他们是谁？两院的人员是怎样部署的……”

一如以往，信息就是力量。

第十六章
一场为了赢得尊重的战斗

对外民事部署和外交条约，国内民事部署，在国内和平地建立军火库和军事要塞，西部领土，印第安人事务，钱。

——托马斯·杰斐逊，列出战后美国所面临的问题

邦联议会变得无家可归，而且基本上没有任何权力。1783 年 6 月的第三个星期，400 名大陆军士兵哗变，攻占了位于费城的邦联议会，要求政府支付他们的军饷。因此，议会代表们不得不离开宾夕法尼亚州，并预计在这一年的晚些时候将议会迁往安纳波利斯。哗变发生的时候，管辖费城的宾夕法尼亚州官员没有进行调停，导致议会代表们不得不撤离费城，前往新泽西州的普林斯顿。

换句话说，中央政府被本国人民逼得出逃了。

在这样一个敏感的时期，政府的露面是极其重要的。据詹姆斯·麦迪逊汇报，当时邦联议会的代表们都有一个强烈的意愿，那就是，冒着他们的人身安全遭受威胁的风险，离开普林斯顿返回费城，以“防止任何有关这个如此重要的州的民众对革命或邦联政府不满的推论流传开来”。

尽管如此，邦联议会仍然留在了普林斯顿，直到 1783 年 11 月才迁往安纳波利

斯。虽然在秋季自己的任期开始时，杰斐逊并不确定政府会定都哪里，但他早已让麦迪逊请豪斯夫人为他准备一间房间——无论大小。如果定都费城的话，他还就帕茜的就学问题向特里斯特夫人征求了意见，因为不论议会最终决定在什么地方召开会议，帕茜不久后便会到费城。

1783年10月16日星期四，杰斐逊离开了蒙蒂塞洛。他途经费城，最后于11月4日抵达普林斯顿到议会就职。然而，他在这里停留的时间是最短暂的。他到达普林斯顿的当晚，议会便迁往了安纳波利斯，因为普林斯顿无法为议会代表们提供"足够的住宿"。麦迪逊并不赞成在普林斯顿召开议会会议，他认为这里是"一个村庄，既不能方便地完成公共事务，也无法体面地满足议会代表们的生活所需，更根本不能供养那些与议会有联系的人"。

秩序的实现需要权力，这样的权力是各州所缺少的，也是议会所需要的。杰斐逊既不是一个自反性国家主义的拥护者，也不是一个州权力纯粹主义者——这两种思想已经成形——他一直在努力思索如何在一个充斥着多种利益的国家分配权力。

对于邦联议会在1783~1784年的作用，杰斐逊的认识与他卸任州长后的想法是一致的：不论是谁当政，都必须拥有确定无疑的控制权。杰斐逊写道："合众国各州聚集在邦联议会，共同代表整个联盟的最高统治权。在任何场合，不论是议会之于集体层面，还是议会主席之于个人层面，都应比其他机构和个人享有优先权。"即使杰斐逊在这里仅仅是指正式场合，但他的中心意思是非常清楚的：邦联议会要想发挥它的效力，就必须被置于最重要的位置。

安纳波利斯是一个宁静的地方。杰斐逊认为，这里太过宁静，并不适合成为一个战胜国的政府所在地。1783年12月，他给麦迪逊写信："现在距离预定的开会日期已经过去两个多星期了，却只来了6个州的代表。"按照规定，只有具备9个州的法定人数，会议才可以召开。"罗得岛州的代表有望今天能来，但是什么时候才能再来两个州，这就和地震什么时候发生一样无法预测。"他还表示，富兰克林、亚当斯和杰伊这些驻外专员们写道，"发生在费城的骚乱，以及邦联议会从那里撤离的事件给欧洲各国留下了最糟糕的印象，对于我们邦联的稳定性，以及我们的收场方式，它们也表示极大的怀疑”。

然而，邦联议会即将面临一项极其重要的任务：在有限的时间内签署并正式批准《巴黎条约》，以结束独立战争，并获得英国对美国独立的认可。1783 年 12 月 13 日星期六，杰斐逊被委派至一个专门委员会，以审查该条约内容。

该条约共有 10 项主要条款，其中英国政府承认美国领土，并承诺返还被其没收的财产（包括奴隶）。第 10 条也非常关键，规定了该条约的签署程序：本条约于 1783 年 9 月 3 日星期三在巴黎签署，务必于签署后 6 个月内正式生效。

虽然杰斐逊所在的委员会提议正式批准该条约，但邦联议会仍然不具备开会所需的法定人数。不具备法定人数，就不能采取行动。这种无能为力的感觉让杰斐逊深感厌恶。

这一年的平安夜令人十分不安。杰斐逊感觉不太舒服，他很担忧。就在这一天，也就是 1783 年 12 月 24 日星期三，他给一个弗吉尼亚州记者写信：“我无法克制自己对目前严峻形势的极度焦虑。”现在只剩下“两个月多一点儿的时间”正式批准该条约，并将其送回巴黎。“目前只能说该条约有望得到批准”，希望议会尽快采取行动，以避免如果该条约没有及时得到正式批准，英国将企图对条约进行新的改动。

1784 年元旦，杰斐逊情绪很低落，身体也不舒服。他对麦迪逊说：“自从我来到这里，我的健康状况就一直欠佳。现在，我的身体变得更虚弱了。”

如果邦联议会不迅速采取行动，美国将因未能及时批准和交付条约而在国外受辱。但是，如果议会在未具备 9 个州的法定人数的情况下采取了行动，中央政府则会面临权力被篡夺的危险。

杰斐逊找到了一个折中的解决办法，可以维护——实际上是建立——美国的国际声誉，并避免议会遭受僭越权力的指控。以律师般的精确性，杰斐逊起草了一份议案，利用先前的一次投票表决，通过扩展其权限使其适用于《巴黎条约》，确保了该条约的正式生效期限得以延长。（最终，康涅狄格州和新泽西州的代表终于赶到，经 9 个州的代表批准后，该条约正式生效。）

目前，议会已成功地使《巴黎条约》正式生效，反过来说，该条约也正式结束了独立革命。为了宣布这一消息，杰斐逊起草了一份声明。在这份声明中，他号召“各州的所有优秀公民们”以“每个人都必须要有的诚意”尊重并履行和平条款的内容，“这些维护他们利益的条款的制定得益于邦联政府的权威，他们之所以能够作为一个独立的民族存在，并被世界各国所了解和认可，与邦联政府的权威是密不可分的”。

然而，还有许多工作需要完成。杰斐逊认为，“在贸易政策上，我们一定要作为一个团结的民族采取行动”，这样英国“将做出更多的让步”。但是，照以前的情况看，“英国并不害怕采取报复行动”。

尽管如此，几个月来让杰斐逊备感紧张和不安定的问题终于得以解决，这让他振作了起来，也可能让他的健康状况有所改善。他曾对帕茜说：“我仅仅能在议会大厦里工作，无法到外面出席其他任何场合。”但是，《巴黎条约》正式生效后的第二天，他便表示他感觉“好多了”。这位《独立宣言》的作者宣布了和平的到来，再一次肯定了美国作为一个国家而不是一个地区的身份。

注意到战争期间许多要塞被攻占，该条约还提出了诸多关于美国西部未来的议题，长期以来这是杰斐逊的兴趣之一。萦绕在他心头的西部地区具有浪漫性、科学性以及实用性。他喜爱那里无尽的森林——在那样的景象中，他就像一个古老的撒克逊人，在原始的自由里生活着；他也深深地被那里他所谓的“不同种类的骨骼、牙齿和长毛象的象牙”，以及其他自然标本所吸引。法国博物学家布丰伯爵曾认为，新世界（美洲）的动植物是低等的，这一评论杰斐逊一直记在心里。他后来于1784年在费城买了一张“极其大的美洲狮狮皮”给布丰看。

杰斐逊还是一个爱国者和政治家。同战时的担忧一样，战争结束后，他担心超出美国控制的边境地区会对美国造成威胁。1783年12月，他从安纳波利斯给乔治·罗杰斯·克拉克写信：“我发现他们已经在英国捐了一笔非常大的款项，用于考察密西西比河与加利福尼亚州之间的地区……他们声称这次考察只是为了传播知识，但是，我担心他们想要在那一地区建立殖民地。我们中的一些人一直谈到要尝试对那一区域进行探索，但这一提议的影响力很微弱。”不过，对于用什么办法实现这一探索，杰斐逊很发愁。他写道：“但我怀疑我们是否有足够的勇气筹集资金。你想要如何带领这样一个考察队呢？”

杰斐逊在“人类历史事件”的发展过程中目睹了美国的故事，他很清楚自己所参与的这一事业的规模有多大。1783年12月的第一个星期，杰斐逊多方打听，想通过塞缪尔·豪斯（伊丽莎·豪斯·特里斯特的哥哥，一个费城商人）购买一台机械复制设备。他想确保，到了讲述故事和编写历史的时候，他在独立事业中所发挥的作用能成为这个时代的长篇故事中的一部分。从开始分发他的《独立宣言》的原始版本时起，他就一直在思考这个问题。现在，他正在采取措施，保存关于每一天，甚至是每个小时自己在这个最大的舞台上的活动的记录。

第十七章
消失的城市和终生的劝告

州长是一个最纯真的博物学家和哲学家，还是一个真正的科学家。他知识渊博，在各个方面都极其优秀。

——耶鲁大学校长以斯拉 · 斯蒂尔斯对杰斐逊的评价

在费城，到处都是关于气球的谣言。1784 年 3 月，杰斐逊的朋友弗朗西斯 · 霍普金森给他写信："据邦联议会的议员们的想象，当他们板着脸离开这里前往安纳波利斯时，我们都应该感到深深的悲痛。每看到一副板着脸的面孔，我们都应该回应一声叹息。然而，实际情形却远远不是这样。""议会的名字几乎已经被人遗忘，如果说有一个人会说起这个值得尊敬的机构，那么就有 100 个人会谈论气球。"

此时正值巴黎盛大的乘气球飞行试验季，关于此类飞行，包括一次 1783 年 11 月的载人飞行的消息迅速传开。杰斐逊感觉到，人类对天空的控制可能出现革命性的变化。他回信道："对于这些气球，你有什么看法？议员们确实开始装出一副严肃的面孔。"有报道说有人乘气球在 3 000 英尺的高空飞行了 20 分钟，飞行距离总长 6 英里。对此，杰斐逊以戏谑的语气予以评论，但他的话是有先见之明的。"这一发现似乎预示着那些在四周修筑了防御工事的建筑也会被破坏，除非它们的上空也设防，舰队也会被摧毁等。法国人现在可能会将他们的蕾丝、葡萄酒等向英国免税出口。建立在货物经由港口运输这一假设基础上的整个英国法律体系将进行修改。内陆国家现在也可能成为海上国家，除非你宁愿称它们为空中国家，因为它们将来的贸易将通过天空这一媒介进行。不过，说正经的，我觉得这一发明可能会带来些益处。”10 年后，杰斐逊在费城见证了美国第一次成功的载人气球飞行。

作为一个律师、一个作家，同时也是《独立宣言》的签署者，杰斐逊的朋友霍普金森机智幽默地表达出政治和科学之间的一种联系。霍普金森写道：“在我看来，一个非常成功的政治家恰恰就像一个气球——极其易燃，每一阵风都能将它刮起，那些愿意忍受乘坐它飞上天的人们都冒着它可能会爆破的极大风险，并使他们从自己轻易上升到的高度跌落。”

杰斐逊对于科学的好奇心从来没有减弱。有一天，詹姆斯 · 麦迪逊给他写信，提到了从国外传来的一则不同寻常的消息：“在西伯利亚地区发现了一座地下城市，那里似乎曾经人口稠密，宏伟壮丽。许多罕见的珍品被发掘出来，其中有一座骑士雕像，它的脖子上绕着一条长达 200 英尺的金链。布丰根据俄国女皇曾送给他的一条 6 英尺的金链样品推断，这条金链的锻造极其精致，在巴黎没有一位大师能达到这样的工艺水平。”

詹姆斯 · 麦迪逊牧师（威廉与玛丽学院的校长，同时也是杰斐逊的政治盟友詹姆斯 · 麦迪逊的表亲）和杰斐逊通信聊气候（“英军抢了我的温度计和晴雨表”，对此他很恼火），聊新的科学书籍，还聊彗星。“你一定能观察到那颗彗星，它上个星期五晚上第一次在这里出现……我将尽力追踪它的运行轨迹，并将结果寄给你。”

赫克托 · 圣约翰 · 克雷夫科尔也通过信件和杰斐逊联系，好奇地向杰斐逊询问一个科学问题：在法国有传闻说，“在弗吉尼亚州或卡罗来纳州的一些最偏僻的村落里，人们用蒸馏法从土豆中制取白兰地”，这一传闻是否属实。他表示，他之所以向杰斐逊询问，是因为“我曾经听人很尊敬地提及您的名字，而且，您拥有广博的知识和对艺术和科学的热爱”。

杰斐逊相信反复试验法的正确性，他用这种方法探究布丰的热理论，并在植物学领域寻求突破性发现。他说：“我一直认为，在引进或传播新的植物品种的试验中，在 100 个品种中只要能找到一个有用的品种，并取得试验的成功，那么其他 99 次失败都是值得的。”

杰斐逊还给巴贝–马霸侯爵写信，以感谢他在费城为帕茜找了一位法语家教，并就帕茜的读物问题向他寻求建议。杰斐逊表示，他已经给帕茜找了一本阿兰–列内 · 勒萨日的法国流浪汉小说《吉尔 · 布拉斯》，还有一本塞万提斯的《堂吉诃德》。“以我对这两部作品的了解来看，它们是所有同种类作品中最好的。”他的选择表明了他酷爱冒险思维，并希望他的女儿也能够与他分享这一乐趣。

他是一个慷慨的父亲，但同时可能也是一个严厉的父亲。在写给他的女儿帕茜的信中，他说：“我希望你能在我给你找的教师的指导下学有所成，这些学识会使你更值得我去爱你。即使它们不能增加我对你的爱，也会避免这种爱减少。”他还雇了弗朗西斯 · 霍普金森的母亲托马斯 · 霍普金森夫人照看帕茜，并将他心爱的已故妻子的权力赋予霍普金森夫人。

> 你要体谅这位让你住在她家的好心的夫人，她已经答应会监督你完成所有作业，并在你因不谙世事而迷惘于是非对错时告诫你。将她视为你的母亲，视为唯一一个……你现在要尊敬的人。不论何时，如果你任何轻率的行为导致了她的不悦或非难，都将是极不幸的。届时你要做出一切让步，以重获她的青睐。

在杰斐逊心中，他将帕茜放在了她母亲的位置上。但是，他不是一味地，而是视情况而定地疼爱她。他希望，他的女儿能拿出与他做所有事情时相同的干劲和努力，专心致志地完成他规定的任务。

> 对于你的时间表，我的建议如下：
>
> 上午 8 ~10 点：练习乐器。
>
> 10 点 ~ 下午 1 点：跳舞，第二天画画，交替进行。
>
> 1~2 点：画画（与跳舞同天），第二天写信，交替进行。
>
> 3~4 点：读法语。
>
> 4~5 点：听着音乐运动。
>
> 5 点至就寝时间：读英语、写字等。

除了帕茜外，杰斐逊还教导其他孩子。1783 年 12 月，在写给他的外甥彼得 · 卡尔（他的妹妹玛莎和达布尼的儿子）的信中，他说：“你现在已经长大了，应该认识到如何利用现在的时间对你未来的生活是非常重要的。因此，我希望你一定不要浪费现在的每一刻。”他委托他之前的老师詹姆斯 · 毛瑞照看卡尔。

杰斐逊对卡尔寄予了厚望——这种厚望反映出了他自己的志向。他希望卡尔成为“一个有学问，有影响力的人”，并期望他为登上“公共舞台”做好准备。（他还建议卡尔学习西班牙语。他对卡尔说：“鉴于未来我们与西班牙的关系，西班牙语成为继法语之后现代语种中最有必要掌握的语言。……当你成为一个公众人物时，有可能会用到它。因此，如果你掌握了这门语言，可能会比其他候选人更有优势。”）

后来，他又对卡尔说，宗教需要的是审慎的思考，而不是反射式的接受。“宗教坚定地秉持理性，并以此对每一个事实、每一种看法做出裁断。甚至连上帝的存在都能勇敢地提出质疑，因为如果有上帝，他一定更尊崇理性，而不是盲目的畏惧。”

杰斐逊极其渴望秩序、控制和爱。1784 年 2 月，他从安纳波利斯给麦迪逊写信：“门罗正在几乎毗连我家的地方购买土地，威廉 · 肖特也将要这么做。我希望你也搬到这个圈子里来……你考虑一下。只要你想，这是可行的。人生之所以有价值，就是因为它带给我们许多乐趣。其中最宝贵的乐趣之一就是理性的陪伴，它可以使我们增长见识，性情变得温和，振奋精神，促进健康。”

杰斐逊也一直是一位关心他人、乐于助人的朋友。例如，有一次他给乔治 · 威勒写信：“虽然我们从事不同行业使我们不能在一起，但我很挂念你，我向每一个从你那儿来的人打听你的健康状况……我会永远将那些和你一起度过的愉快、有益的日子珍藏在我的记忆里，并将那些你让我受益终生的极大恩情谨记于心。”又如，1787 年年底，杰斐逊在里士满的朋友亚历山大 · 唐纳德正在家中招待沃纳 · 刘易斯时，收到了一封杰斐逊的来信。唐纳德对杰斐逊说，这封信“非常亲切友好，极大地满足了我的虚荣心，以至于我无法克制自己，忍不住将信给他看。而他所说的话则让我的自尊心更受鼓舞，他说……在他所认识的所有人当中，你对于友谊的表达是最真诚的……似你这样高声望的人会很容易忘记他们的老朋友，但是你没有。而我必须公正地说，我自己从未有过你的这一想法”。

邦联议会仍然处于一种混乱的状态之中，这种混乱似乎超出了杰斐逊的控制，它甚至很难召集到法定人数。1784 年 2 月，杰斐逊对麦迪逊说：“议会向各州发出了一次又一次警告，但起不到任何效果。……我担心，我们的状况现在非常危急。”

报销议会代表们的个人费用也成了一个问题。杰斐逊表示：“在其他立法选题中，我们的经济窘迫应该受到关注。……我已经离开家 4 个月了，花费了 1 200 美元，现在才收到 1/4 便士。”而对于杰斐逊的一些同事而言，钱发的太晚了。“在此期间，由于缺钱，一些人的马从付费马房被赶了出来，我们感到很难堪。这实在让我们无法忍受。”

紧接着，关于英王或者英国重申影响力的唠叨便时常出现，暗示局势更加严峻。这让杰斐逊开始思考这几十年来的政治局势。1784 年 1 月下旬，他针对一位波士顿记者的来信起草了一份答复，这位记者在信中告诉他：“……新斯科舍省政府的大不列颠的子民们侵占了马萨诸塞州的领土。”

几个星期后，当杰斐逊看了本杰明 · 富兰克林的相关报告后，他提醒乔治 · 华盛顿：

> 他的信描述了英国针对我们的部署。他注意到，虽然英国已经与我们和解，但其实并没有和我们重归于好，也并不甘心失去我们这个殖民地。他呼吁我们注意众多的英国王室后代，注意他们中一些人所受的军事教育，以及那些会分散我们注意力的英国思想。他还希望我们认识到，我们的人民已经对他们的新政府感到疲劳。欧洲大陆有可能发生的状况可能会纵容英国重新占领我国的意图，我们也因此会得到一个有益的教训，即加强我们与欧洲国家之间的友谊。

1784 年 3 月，当杰斐逊在克服他的“又一次发作的周期性头痛”时，他给华盛顿写信：“我想，你很清楚邦联议会已经被严重削弱……这所造成的后果是，我们正在浪费我们的时间和精力，努力工作都是徒劳。”

英国人正在催讨美国人的战前债款。而在《巴黎条约》所规定的内容里，至少还有两个问题尚未解决：一是英国承诺舍弃其在西部地区的堡垒，二是英国保证向美国归还其俘获的奴隶以及那些逃脱的奴隶。显然，这两个问题都备受弗吉尼亚民众的关注，并且多年来在英美两国之间引起了骚动。

针对西部地区，杰斐逊构建了宏大的梦想。他提出了一条贸易路线，将俄亥俄州和波托马克河流域连接起来。他说："……如果我们打算拥有它，现在正是占领它的时机。""整个世界都在变得商业化"，他正在促使弗吉尼亚州批准针对这一内河项目的一项特别税，但正如他对乔治·华盛顿所说的那样："这类主张往往会引起最强烈的反对，理由是公共事业会管理不慎，投资巨大但成效甚微。"

杰斐逊克服这些障碍的计划是，招募退役的华盛顿负责这一项目。尽管几十年来华盛顿也一直有实施同一项目一样的想法，但这位将军的答复却是务实的。虽然他认可该计划的可取之处，但他表示："我对公众同意采取这一措施不抱任何希望，一是因为忌妒行为普遍存在；二是因为均衡地分配那些为了实现你所提到的目标而拨给的资金，是很困难的。除此之外，还有两个难题（如果不是我对我的同胞们的看法太糟糕的话）：一是无法让他们认识到这一措施的绝妙和明智之处，二是很难从他们那儿筹集到钱。而且在我看来，这两个困难更加难以克服。"尽管如此，杰斐逊的信重新引起了华盛顿的兴趣。他们希望在波托马克河上开辟航道，并找到一个合适的地点，使该河经由一条陆运通道与俄亥俄州相连接。华盛顿担任一家私营公司的负责人，负责监督波托马克河的河道改善。（在几十年之后，切萨皮克—俄亥俄运河浚成。）

4 月，华盛顿给杰斐逊写信，含蓄地称赞了他关于"辛辛那提协会的意见"。这个组织由华盛顿领导下的军官构成，但有人担心这样一个新兴的贵族阶层可能会腐化合众国。

杰斐逊很高兴华盛顿向他询问这一议题。他说，辛辛那提问题"非常有趣，并和你有着密切的关系，因此，它也是我一直挂虑的事情……我希望你不必受到这一问题的困扰。作为我们的革命领袖，你的名声将流芳后世，任何情况下都不能因那些不重要的争吵而受到损害"。

杰斐逊非常了解他的这位朋友，要想赢得华盛顿的关注，没有什么比指出他的声誉受到了威胁更管用的了。杰斐逊说，他确信华盛顿并无恶意。凭借"个人的克制和美德"，华盛顿"有可能使我们的革命事业避免失败，而没有像其他大多数革命事业一样，因为其建立起来的自由被颠覆而以失败告终"。但是，即使是他也"终究会死去，到那时，这个机构的继任负责人或者以后的继任者中的某一位可能会通过糟糕的途径争取荣誉"。杰斐逊还表示，邦联议会也同意他的看法。

杰斐逊反对这一新兴阶层的理由有两个：第一，出于人的政治本性，一群定期会晤的人是极不可能一直保持和睦的。杰斐逊说："让朋友之间发生争吵的方法就是让他们在公众视线下陷入争论。"第二，一个世袭的阶层与建立在杰斐逊称为"人生来就被赋予的平等"的基础上的合众国是不协调的。

华盛顿似乎认真地听取了杰斐逊的劝告，他敦促辛辛那提协会停止授予荣誉会员资格。在杰斐逊看来，这一种会员资格"可能会让所有有才干、有官职、有财富的人加入这一阶层中，并进而介入政府"。

杰斐逊对中央政府和整个国家事业进行了广泛又大胆的思考。他对麦迪逊说："我认为将我们的年轻政治家们召集到这里能达到最好的效果。在这里，他们能在一个更高的位置看待各项邦联事务，这样他们就能认识到联盟的重要性，并在返回各州后友好地对待邦联的各项措施。"

1784 年 3 月 1 日星期一，邦联议会接受了弗吉尼亚州对俄亥俄河西北部领土的割让，结束了几年来的谈判和利益冲突。这一割让使美国西北部领土的所有权从弗吉尼亚州转移到了国家手中。土地已经割让了，但问题是，下一步应该怎么走。

在这样的形势下，杰斐逊经过思量，已开始制订一项建立新州的计划。他甚至给各个新州想好了名字：西凡尼亚、克罗尼瑟斯、阿瑟尼斯比亚、米索不达米亚、伊利诺伊亚、密歇根尼亚、华盛顿、萨拉托加、波利波特米亚和宾利斯比亚。《1784 年法令》意义重大，因为它将未来新州的组织方面的诸多细节问题交由它们自行决定。但是，这些新州也将"永远是美利坚合众国邦联的一部分"，且"它们各自的政府也必须以共和为体"。

最重要的是，杰斐逊版的《1784 年法令》中规定，禁止将奴隶制扩张至新的领土。但是，这一法令最终在邦联议会以一票之差被否决（一个来自新泽西州的代表因病重无法出席投票，注定了这一法令的失败）。想到当时的情景，杰斐逊写道："我们目睹了数百万未出生的人的命运取决于一个人要说的话，在那一可怕的时刻，上帝也沉默了。"

在他早年的政治生涯里，杰斐逊试图通过法律和立法的手段废除奴隶制；现在，他已人到中年，经过慎重考虑，决定不再冒着失去自己在国家政治舞台上"有用性"的危险坚持废除奴隶制。（但是后来，废奴事业取得了一次局部性胜利：《1787 年西北领地条例》规定，俄亥俄河以北及密西西比河以东的美国领土内禁止奴隶制。）然而，总的来说，公共生活对杰斐逊而言就是妥协和无休止地努力平衡各方利益。追求废除奴隶制，甚至按照杰斐逊的想法，在废除这一制度的同时将黑奴驱逐出境，这会对一个人的政治生涯造成致命性影响。杰斐逊不会再冒着失去一切的危险追求一项他认为时机未到的事业。

1784 年 5 月 7 日星期五，对杰斐逊而言是漫长且意义深远的一天。从早上到下午，他一共写了十几封信和文章，所涉及的话题包括美国纸币、西部地区的商业决议、辛辛那提协会、麦迪逊曾提到的消失的西伯利亚城，还有和波莉、埃普斯家族以及卡尔家族聊到的家庭问题。

下午 5 点，每天按时传送信件的人离开了安纳波利斯。邦联议会任命杰斐逊为美国驻欧洲代表团的一员，与富兰克林和亚当斯一起，负责在新生的美国与欧洲国家之间建立联盟。他急急忙忙给威廉 · 肖特（一个年轻的律师，也是杰斐逊的姻亲）写信，希望肖特能担任他的私人秘书，一同前往巴黎。他还写信叫詹姆斯 · 海明斯前来，希望将他训练成一个法国菜厨师。

在这一任命正式生效后的第二天，杰斐逊给麦迪逊写信："现在，我将远离各州的纷争，进入一个新的领域，那里的分歧更少，但一旦有分歧，规模会更大。"他表示，他将以那些他在公共生活中一直遵守的基本原则为指导："在那里，我将继续遵循我在这里所遵循的原则。我相信，做不公正的事情，或提出不平等的要求，绝不会对任何一方有利。"

与此同时，他还请麦迪逊及时告诉他国内的消息："每一届议会会议结束后的各项整体措施和部署，以及各个党派或个人的政治活动对我而言都是非常有趣且大有助益的信息。"他无法想象自己的生活中没有这样的消息，它们就是他每天的食粮。

他对麦迪逊的友爱和信任早已加深，因此，他将他所谓的"一项须悉心完成的遗留事宜"交由他的这位朋友：彼得 · 卡尔的教育问题。彼得的父亲是已故的达布尼 · 卡尔，杰斐逊在 1784 年仍然真切地记得他，就像他们小时候一样。在给麦迪逊的信中，杰斐逊写道："我不会说这一遗留事宜是关于我妹妹的儿子，虽然她的重要性会让我理应那么做，我会说它是关于我朋友的儿子。如果不是上天彻底改变了我们的命运，我的这位最亲爱的朋友本应成为我的孩子们的一个父亲。"14 岁的彼得“几乎掌握了拉丁语，读过一些希腊语……我希望他在 16 岁之前能充分利用时间学好拉丁语、希腊语、法语、意大利语和古英语。我打算让他满 16 岁时到威廉与玛丽学院上学”。

1784 年 5 月 11 日星期二，杰斐逊给弗吉尼亚州议院写了一封告别信。在信中，他再一次强调了他最主要的政治担忧：极其不稳固的邦联。他表示：“我一切的政治行为的首要目标是，为我的祖国谋求正当权力，并加强与它的幸福和安全紧密相关的联盟。”就这样，他结束了自己为期 6 个月的作为邦联议会弗吉尼亚州代表的任职。在这一段时间里，他曾目睹了邦联的松散和国家政府的无力所付出的代价。

前往巴黎工作的前景既诱人，又有些令人恐惧。在为杰斐逊记录巴黎的政治生活时，威廉 · 肖特注意到，外表和各种微小的细节在那里非常重要。“巴黎这个地方愚蠢得很……是一个可怕的怪物，你必须服从它。”

在等候从波士顿通行期间，杰斐逊搜集了关于北部各州的商业情报，并做了大量的记录。他之所以这样做，是为了充分学习，以使自己“在一定程度上能够满足完成这项使命的要求”。

1784 年 7 月 4 日星期日晚上，杰斐逊完成了他的所有议会事务。这距离他起草《独立宣言》已经过去 8 年了，而美国这个在 1776 年夏宣布独立的国家面临着诸多对其可行性的严重质疑。

1784 年 7 月 5 日星期一早上 4 点，杰斐逊与帕茜以及詹姆斯 · 海明斯一同乘坐“谷物女神”号巡洋舰离开了波士顿港。一个新世界的人将前往旧世界。

Thomas Jefferson

The Art of Power

第五部分

世界是他的舞台

（1785~1789 年）

他浑身充满着荣誉感，一腔真性情，无比热爱自己的国家。不过，他的哲学头脑和温和性情令他很难真正憎恶或喜爱任何其他国家，除非那样做有利于美国的利益。

——德·拉·卢塞恩骑士

就托马斯·杰斐逊出任美国驻法使节发表的看法

杰斐逊非常欣赏巴黎谷物交易所的穹顶这一建筑艺术上的创新设计。就是在一次来交易所参观时，他邂逅了玛丽亚·科斯韦。

第十八章
浮华的欧陆

比起斗士，懦夫总是更易陷于争执。

——托马斯·杰斐逊

横渡大西洋的船开得很快，在船上的大部分时间里也很愉快；帕茜一直对“谷物女神”号上的“好友良伴和……精致的餐桌”念念不忘。杰斐逊回忆道：“整趟航程一直风遂人愿，除了偶尔要闪避浅滩之类，船从未偏离过航向。”

他还未抵达巴黎就已经爱上了法国。从大陆会议时期起，杰斐逊就一直在为美国主权的完整和独立而战，现在，赴任欧洲为他开辟了一个新的战场。常有意见认为，客居法国的这段时间是他的革命狂热期。在此期间，他与君主制的仇敌相见恨晚，对法国大革命及其种种过激行为有褒无贬，对其赞赏甚至到了不健康的程度。他的一些流传最为持久的激进语录就出自这一时期，这些名言往往没能得到应有的评价，因为人们总是把这些话单独拿出来考量，而没有将其放在杰斐逊数十年政治、外交和哲学生涯的大背景之下。

不过，应该客观地看待杰斐逊和法国、法国人的关系：一切以美国利益为先的政治活动。他下决心要建立起一种新的全球权力平衡，在这一均势下，法国能够帮助美国抵御英国人的贸易威胁和可能的军事威胁。从路易十六和玛丽－安托瓦内特旧政权到法国大革命，再到拿破仑时代，杰斐逊看待法国的视角一直都是它如何能在世界舞台上帮助美国。

杰斐逊把他的大部分精力花在了两个方面：为美国赢得国际社会的尊敬；促成商业条约的签订，为美国的贸易和财富铺平并拓展道路。他任由自己的思想漫游、驰骋、翱翔，可在自己肩负的主要职责——增进美国的安全和经济利益——方面，他始终心思专注、头脑清醒。国家只有表现出强大、团结的姿态才能赢得尊敬，为此，他竭力向世人展现美国的力量和团结，这是提升国家实力的需要。他一心致力于在巴黎引导美国展现国家实力，正如他在安纳波利斯所做的一样。

在穿越大西洋途中，杰斐逊安排“谷物女神”号的船长将欧洲的野猫、兔子和鹧鸪运给在弗吉尼亚的亲朋好友，让他们“饲养和育种”。他还订购了斯蒂尔顿奶酪和波特啤酒，送给他的连襟。

经过 19 天的航程，“谷物女神”号在临近法国海岸时遇上了杰斐逊所谓的“浓重阴霾天气”。船程的最后几天里，帕茜突然发起了高烧。杰斐逊陪着她在怀特岛停留了大约一个星期后，才穿越英吉利海峡到达法国。杰斐逊一行于 1784 年 7 月 31 日星期六抵达勒阿弗尔。从这个港口到首都的行程令人沉醉。杰斐逊写道，他们一路骑行，“穿行乡间，再没有比这里更肥沃、更精耕细作的土地”。等到他于 8 月 6 日星期五到达巴黎时，他与这个被他称为 “世界上最可亲的国家”的恋情已经在心里生根萌芽，而且持续终生。

在法国期间，杰斐逊就鲸油和烟草贸易达成了协议，为美国的生产者争取权益。他对法国在南太平洋的一次远征充满警惕，担心这是法国试图在太平洋沿岸建立影响力的举措。1789 年法国大革命爆发的时候，他曾希望这场动乱能够促使法国购买更多美国的出口商品，尤其是食品；他还希望法国能够为美国的商船开放法国在加勒比海的殖民地圣多明戈。最重要的是，他希望能够和巴黎维持一种对伦敦的制约关系。眼前看不尽的是华裙美服，耳边听不尽的是夸夸其谈，杰斐逊却始终不曾忘记，他的首要任务是在各帝国列强激烈相争的世界上，保护和促进共和制的美国。

赫克托·圣约翰·德·克雷夫科尔曾建议杰斐逊拜访那些重要人物。“一定记得请富兰克林先生把你介绍给拉·罗什富科公爵。他是所有公爵中的明珠，为人侠义，还是个出类拔萃的化学家。他的家宅是能人异士经常聚会的场所。”意大利博学家菲利普·马泽伊就法国的一些重要人物向杰斐逊提供了不乏详情细节的描述。（举例来说：“美国人欠德·拉·沃居庸公爵一个大恩情，让他了解到美国人都对他感恩戴德是大有好处的。”）杰斐逊结交的朋友之一是德·孔多塞侯爵，这位侯爵相信美法两国的命运是紧密联结在一起的。他写了一本小册子——《美国革命对欧洲的影响》，其中的观点和潘恩的一样，对眼前的可能性充满了憧憬。“一切都告诉我们，我们正临近人类历史上最伟大的一次革命。启蒙运动的现状确保了皆大欢喜的结局。”

杰斐逊先是在黎塞留街落脚，后来又搬到了小奥古斯丁街的奥尔良府。帕茜寄宿于她在潘塞梦皇家修道院的新学校，杰斐逊特地为她定做了在巴黎人看来时髦得体的新衣服。到了10月中旬，杰斐逊再一次搬家，这次是搬到泰特布路一栋叫作朗德龙府的宅邸，租金要4 000里弗尔一年。美酒、家具、音乐、骏马，还有细麻织品，这一切花光了杰斐逊的收入。“为了家具、衣服和马车……我不得不提前支用我的薪水，而且可能永远都还不上。”杰斐逊在给门罗的信中写道，“希望你能够尽可能谨慎地帮我处理此事，因为我知道国会对此十分敏感。我宁可破产，也不愿失去他们的尊敬。”

在巴黎，他与同样身为美国外交官的约翰·亚当斯会合了。这个时候，阿比盖尔·亚当斯已经来到巴黎和她的丈夫同住，他们在奥特伊区有一栋漂亮的房子。阿比盖尔觉得杰斐逊魅力十足。她写道：“我丈夫的同事杰斐逊先生是个出众的男人。”亚当斯夫妇的女儿纳比认为杰斐逊是“最亲切的人”，而杰斐逊和他们的儿子约翰·昆西更建立起非常亲密的友谊。约翰·亚当斯后来评论道，那段时间，这位年轻人更像是“你的儿子，而不是我的”。

杰斐逊生活和工作期间的巴黎正在飞速发展当中。他写道，巴黎“每天都在扩张，每天都在变得更加美丽”。住宅、剧院纷纷拔地而起，包税人城墙（确保对所有进入巴黎的货物征收税款的壁垒）修好了，同时兴建的还有近50栋新古典主义建筑风格的关税大楼。一个类似于城市购物中心的建筑群皇家宫殿在1784年开幕。这里饭店、赌坊、投注站应有尽有，而且（到了晚上）还有数量可观的娼妓。1784

年正是杰斐逊到达巴黎的这一年，皇家宫殿欢乐喧嚣的气氛令他深受感染。他认为它是“这座城市主要的亮点”之一，还说里士满也应该有这样一个市集。

流连于法国首都，以及后来徜徉于风景醉人的法国南部，杰斐逊学到了他所能学到的一切，关于建筑、艺术、戏剧、音乐、文学、佳肴、美酒，还有这个“伟大、善良”的国度的人民。杰斐逊后来在他的自传中写道：“问起任何一个周游过世界的人，愿意居住在世界上哪个国度？” 他说第一个答案，会是自己的祖国。但是第二个答案？法国，理所当然，一定是法国。

就在杰斐逊致力于向世人明白无误地展示，美国的力量已经足以在外交和贸易政策方面与欧洲列强相抗衡的时候，他在地中海遭遇了一场危机。为此他竭力主张美国采取行动，甚至不惜动用包括战争在内的手段。

当时的巴巴里诸国（摩洛哥、阿尔及利亚、突尼斯和的黎波里）威胁到了美国的贸易安全。巴巴里诸国被视为完全不讲信誉的国家，要求西方各国进贡以免受海盗的侵袭。（当时有一本书《地理：或对世界的描述》，书中写道：“这些国家以对基督教的敌视和主要集中于地中海地区的海盗行径闻名于世。基督教列强中只要有不向它们屈辱进贡的，都会遭到其海盗船的劫掠。”）对许多欧洲国家来说，这一危险真实存在，它们不得不每年向巴巴里诸国进贡，以确保本国船只的安全。

杰斐逊一直在暗中调查，其他国家到底付了多少贡金，才“买来了它们的平安”。他在给詹姆斯 · 门罗的信中写道，没人愿意告诉他，“不过从一些蛛丝马迹中可知数目不菲”——每年 10 万~30 万美元。“我们国家决不付这笔钱，”他继续写道，“向它们提议签订平等条约难道不是更好的选择吗？如果它们拒绝，为什么不跟它们开战呢……如果要发展自己的贸易，我们必须建立起海上霸权。以这样一个冠冕堂皇的缘由，选择这样一个相对孱弱的对手，不正是我们开创这一事业的大好时机吗？”

就在这时，摩洛哥皇帝俘获了一艘美国船只。杰斐逊再次疾呼以战争回应，他对门罗说：“眼下欧洲各国对我们毫无敬意，这势必会带来羞辱，而我们只能以开战回应。”他还认为，在巴巴里诸国对美利坚的敌意背后，是英国人在耍弄诡计：“这些行动是在伦敦密谋策划的，好以此为借口向我们的船只索取高昂的海险保费。”

众所周知，杰斐逊认为英国是永恒的威胁。“他有一个原则，就是为了美利坚合众国的福祉着想，必须远离英国。”卢塞恩写道，“正因此，在这一体系下，与法国建立紧密的联系至关重要。”

杰斐逊还担心英国人正巧妙地利用报章舆论损害美国在欧洲公众心目中的形象，于是他亲自执笔投稿。在给荷兰一家报纸撰写的一系列文章中，杰斐逊杜撰出了一个法国军官，借这个军官之口发表亲美的观点，以抵御英国人的政治宣传。杰斐逊以这个军官的口吻写道：“我（为美国）打过仗、流过血，因为我认为它的事业是正义的。”可是，回到法国之后，这个“法国人”却发现朋友们“纷纷表示惋惜……如此顺应天意的一场战争如今结出的都是苦果”。杰斐逊笔下的军官感到迷惑不解，这些善良的民众为什么会有如此错误的认识？

杰斐逊接着就把预设的答案摆了出来。他写道，因为他们看的都是英国人的报纸。“自从承认美国的独立以来，欧洲对大洋彼岸的境况一无所知，唯一的渠道只能是英国人的报纸。”他说，“但是这些报纸的报道都受到两个主导动机的支配：其一，阻止独立未遂而引发的根深蒂固的仇恨；其二，害怕他们的人民都移居美国而使国家变成空岛。”

这篇文章于 1784 年 12 月分两期登载在了《莱顿公报》上。杰斐逊懂得他那个时代的媒体的运作法则，他发表这封信是精心算计过的，目的就是通过自己得心应手的方式攻击敌人，改变公众的看法。

杰斐逊写信告诉弗朗西斯 · 埃普斯，他给埃普斯和自己的另一位连襟亨利 · 斯基普威思送去了成桶的白兰地（亨利娶了他已故妻子的一个姊妹），并且还计划从波尔多地区为埃普斯订购红葡萄酒。他也有自己惦念的美食：“如果有船从詹姆斯河开来勒阿弗尔的话，别忘了给我捎上一两打蒙蒂塞洛的火腿啊。”

1785 年 1 月，从埃平屯传来了不幸的消息：杰斐逊年仅两岁的女儿露西因为罹患百日咳过世了。这种病“发作起来剧咳不止，像是要窒息一般……而且咳嗽是一阵一阵的，最后通常都要咳到呕吐为止。此外，它还会传染给其他人”。埃普斯夫妇也失去了一个女儿。伊丽莎白 · 埃普斯在信中写道：“蒙此不幸，言语无法描述我内心的痛苦。一场可怕的百日咳夺走了我们两家的两个女儿，两个可爱的露西，她们的病故前后相隔还不到 7 天。我家的露西先走……她不停地剧烈咳嗽，咳得全身都抽搐起来，撑了一个星期便去了。你的可爱天使卧床了一个星期，尽管也受了很多苦，好在没有剧烈发作。她的意识一直都很清楚，临去前还清楚地叫我，说她想要喝水……得了这样的重病，无法想象如何忍受。”

还是她的丈夫弗朗西斯·埃普斯把残酷的真相告诉了杰斐逊。他说，两个露西“都遭受了极大的痛苦，我从没见过还有哪个与她们同龄的孩子遭这样的罪……医药根本无能为力”。杰斐逊听到这个消息时的心情，可以从他问候二女儿波莉的话中看得出来：“代我向埃普斯夫人转达深切的慰问。请她为我吻一下我最最亲爱的女儿波莉。噢！我多想自己能够吻一下她呀！”

露西的死对处在困难关头的杰斐逊来说是雪上加霜。“杰斐逊先生是一个很重感情的人，而且非常疼爱自己的孩子。”阿比盖尔和约翰·亚当斯的女儿纳比·亚当斯在日记中写道：“这个孩子（露西）出生的时候，他的妻子过世了，他为此消沉了很长一段时间，甚至一度离群索居。现在这个消息对他的打击相当大。”

冬天到了，杰斐逊开始厌恶起巴黎的潮湿。“看看我吧，终于来到了浮华的欧陆！”他在 1785 年写道，“在这里，我发现人类的命运只能说是可悲可叹。伏尔泰话中的真理永不过时，这里的每个人不为刀俎，便为鱼肉。”尽管杰斐逊深深地喜爱法国，但旅居国外让他更加热爱自己的祖国。他写信给门罗说：“上帝啊！我的同胞真是身在福中不知福。我承认我之前也跟他们一样。”这是拥护共和的杰斐逊——一位政治哲学家——发出的肺腑之言。他拒绝相信，也许有一天美国会和旧世界的众多国家一样，走上君主专制、神权至上和贪污腐败的道路。

一直等到来年春天，杰斐逊的情绪才有所好转。5 月初，他做出了一个重大的个人决定：要想办法让一家人团聚。他每天都要散步 6~8 英里，好让自己不去触及心中的哀痛。露西已经不在了，他这时迫切地希望波莉能够到巴黎来，跟他和帕茜在一起。他在 1785 年 5 月给弗朗西斯·埃普斯的一封信中写道：“我必须让波莉也到巴黎来。4 月 1 日到 9 月不宜航行，这让我们有时间考虑周详——能在弗吉尼亚雇个妇人陪同她一起过来吗？”

美英两国本就不睦，现在关系更是每况愈下。约翰·亚当斯获任驻英大使，他和阿比盖尔·亚当斯从巴黎移居伦敦。在伦敦，阿比盖尔十分想念杰斐逊。她于 1785 年 6 月写信给杰斐逊：“我想我好像在哪儿听人说过，不管是谁离开巴黎，或多或少都要感到愁闷。我承认，我极不情愿扔下我在巴黎的花园，它无可取代。更糟糕的是，我不得不中断与一位可敬的朋友日益深厚的友谊，只有在这位朋友面前我才能兴之所至，无话不谈。他不必担心自己的位置在这里被别人取代。早晚有一天，他也会来到英国。”

杰斐逊成为唯一的美国驻法使节。他在给一位英国记者的信中谈道：“我国人民对你们国家的怨愤情绪正在发酵，或者倒不如说，这种情绪正是受到你们国家的感染。只有上帝知道最后的结果是什么，不过可以肯定，不是一个极端，就是另一个极端，正如两个热恋的情人不会懂得什么叫适可而止。”

杰斐逊认识到，如同情人或密友关系一样，敌对和疏远也没有中间地带。处在热恋之中，或者热恋过，再想成为普通朋友根本不可能。要么全情投入，要么各奔东西，因为感情一旦冷却，让它保持余温是相当困难的。在这样的情形下，人性往往倾向于再度全力燃起激情的火焰，或是干脆放弃这段感情，把它永远冰冻起来。总有一天，美国和英国必须做出抉择：是做永远的敌人，还是永远的爱人。

对外国势力在美国国内活动的担忧从未消散过。约翰 · 杰伊在 1785 年 7 月写给杰斐逊的信中说：“有情报显示（尽管情报的来源不是百分百可靠，但很多人都相信确有其事），英国人正通过提供免费的粮食、农具等，诱使我们的人民在我们的疆界内定居，但接受他们政府的保护。”

拉尔夫 · 伊泽德是一位参加过大陆会议的前外交官，他从南卡罗来纳州给杰斐逊写来的信使杰斐逊更进一步确认了自己对美国命运感到的忧虑。“据说英国人在背后怂恿海盗国家攻击我们的船只。如果这个消息得到证实，我赞同和英国开战，而不是去打阿尔及利亚。”伊泽德写道，“不幸的是，我们国家现在的状况，使我国没办法跟任何一国打仗……在现任政府下，美国的收入尚不足以抵偿国债。我们拿什么钱支持战争呢？”

伊泽德纵览大局，其中也包括他认识到了美国的政客在国家治理上的失败。“我们的国家一味追求民主。一个手艺人都知道，想要学到手艺，得从学徒做起。可是我们那些偏远乡下的同胞却认为，政治家和诗人一样都是天生的。”

和写诗一样，从事政治确有一部分要靠灵感，但它同时也是一门需要不断练习的技艺。这一点伊泽德说得很清楚，杰斐逊心里也很明白。这个他在威廉斯堡时期就已经学到的经验教训，现在在一洋之隔的欧洲大陆同样令他大受裨益。

第十九章

知识的世界

能否劳烦您为我觅得一副鹿角，越大越好？

——托马斯·杰斐逊写给阿奇博尔德·卡里的信

杰斐逊发现，在法国购物真是太棒了。他不断购买银器、瓷器和佳酿。他对新发明磷光火柴表现出浓厚的兴趣，买了3打送给在美国的朋友。他还自掏腰包观看歌剧、意大利式喜剧，偶尔还参加在杜伊勒里宫的大剧院举行的圣灵音乐会（杰斐逊初次参加这一音乐会时有幸聆听过韩德尔作曲的一支歌）。他在巴黎居住的5年内，总共购入了60多幅画作，其中很多是肖像，或者以宗教为主题。值得一提的有：一幅《浪子》、一幅《德谟克利特与赫拉克利特》、一幅《圣彼得的哭泣》、一幅《抹大拉的玛丽亚的忏悔》，以及一幅《希罗底手持施洗约翰的头颅》。

杰斐逊曾经两次参加过在巴黎歌剧院举办的化装舞会。舞会晚上11点开始，要到次日早晨6点才结束。（有一次，他和约翰·亚当斯的女婿威廉·史密斯成为一位放浪的男爵夫人追逐的目标。史密斯叙述道："杰斐逊落荒而逃之后，这位夫人就把她的利爪伸向了我。"）每星期二是大使日，杰斐逊照例要到凡尔赛宫觐见。他也常到帕茜寄读的潘塞梦皇家修道院看望女儿。这个修道院由西多教团的修女主持。他在写给一个身在弗吉尼亚的妹妹的信中说："这所学校提供的教育可以说是法国最好的，这里的教师也是最优秀的。"

他曾试过和巴黎人下棋，结果发现他们的棋艺远在他之上。他初到巴黎时，曾受邀加入过皇家宫殿的象棋俱乐部，这个俱乐部的成员都是上层人士。他的一个外孙女回忆道："我曾听他说过，他刚到巴黎的时候，参加过一个象棋俱乐部，结果马上就被打败了，而且是转瞬就一败涂地，结果他彻底放弃了与人对弈。"他这个人不喜欢输的滋味。

杰斐逊一心想要结交巴黎这座城市的知识圈子的成员。1785 年 6 月，他前往萨努瓦拜访德 · 乌德托伯爵夫人，寄望这趟行程"为我打开大门，与围绕在伯爵夫人周围的文人学士交上朋友"。杰斐逊在那里听到了一只夜莺的鸣啭，并就此评论道："尽管它的歌声几近完美，但我仍要毫不犹豫地宣称，若是放在美国，夜莺只能屈居季军。毋庸置疑，我们国家的嘲鸫和狐色鸫的歌声要比它动听得多。"

对于欧洲文化和政治正反两面的矛盾，杰斐逊始终态度暧昧。旅居国外时，他不知疲倦地倡导美国的事物；回到美国国内，他又不遗余力地宣扬欧洲的事物。他就这样游走在两个世界之间，向新世界传达旧世界的精粹，又向旧世界介绍新世界的裨益，他自觉扮演起中间人和公断者的角色。从政治理念到伦巴第杨树，从建筑风格到意大利面食，杰斐逊把自己置于这场跨大西洋对话的中心——当然，他所做的一切都是在为祖国效力。

他到处寻访最优秀的艺术家。弗吉尼亚的官员交给杰斐逊和富兰克林一项神圣的使命：委托创作一尊华盛顿雕像，陈列在弗吉尼亚新州府里士满。杰斐逊为此找到了最佳的人选——乌东。杰斐逊视他为同时代最伟大的雕塑家。他在写给华盛顿的信中说，乌东想要前来美国"面见您，以便创作这座半身像"。

杰斐逊能对获得的任何一点儿知识都加以利用。1785 年 8 月，他写信给约翰 · 杰伊："国会想必有兴趣知道，这里的火枪制造技术出现了新的进展。每个零件都按照完全一样的规格生产，从而使得属于某支火枪的部件，可以用在军械库中其他任何一支火枪上面。"他还要求乔治 · 华盛顿"讲讲布什内尔在战争期间的潜水艇航行试验，不管记得多少都行。还有，你认为他的方法能够成功摧毁战船吗？"他给约翰 · 杰伊寄去了有关法国海军的文件资料，因为或许将来有一天，"我们想要”建立一支海军部队。

布丰伯爵认为相较欧洲来说，美洲的动物都是次等的，杰斐逊花了大力气想要说服他情况并非如此。他托阿奇博尔德·卡里为他觅得一对雄鹿的鹿角：他打算拿着这个本土实例证明自己所言非虚。杰斐逊到访过一所盲人学校，学习这所学校的教学方法（他自己还有一本有关教授聋哑人的书）。他和杰出的法国政治家和植物学家马勒塞布也有往来：他用美国的坚果和浆果跟马勒塞布交换法国的葡萄藤植物。他还对美国探险家约翰·莱迪亚德的计划表示大力支持。莱迪亚德当时人在巴黎，他称杰斐逊为“我的兄弟”。莱迪亚德正计划一次远征，从西伯利亚出发，到堪察加半岛，再从那里到北美洲，到大西洋。

杰斐逊所处的位置得天独厚。1785年4月，詹姆斯·麦迪逊牧师从威廉斯堡给他写信：“了解自然科学领域的进展对我们来说至关重要，不过，您几乎是我们唯一的消息来源。”祖国人民对信息的渴望可见一斑。麦迪逊在这封信的附笔中还说：“罗尚神父就他在光学方面的新发现有无再发表过文章？其效应是如何产生的？水晶的比重具体是多少？它和其他水晶石有什么不同？”杰斐逊十分高兴地一一解答了他的问题。

为约翰和阿比盖尔·亚当斯购物也是杰斐逊的一大乐趣。他买了一件罗马神话中战神玛尔斯的瓷器小摆设，并且和之前买的智慧女神密涅瓦、月亮和狩猎女神狄安娜、太阳和音乐之神阿波罗凑成一套，要送给阿比盖尔：“我想，这些摆设放在美国大使驻伦敦宅邸的桌上再合适不过了。英国人都不免要瞧一瞧，并且领会到，尽管智慧是我们的向导，音乐和狩猎带给我们至上的欢乐，但我们同样崇拜战神。这个守护神推动了我们国家的诞生，接受了我们的献祭，捍卫公义，打抱不平。”（遗憾的是，这些小瓷器在运往伦敦的途中打碎了。）有一次，他还受托给亚当斯夫妇的女儿阿比盖尔·史密斯寄去紧身褡。“他希望衣服合身，”杰斐逊在信中以“他”自称，“史密斯夫人未能将她的尺码相告……如果衣服太小了，不妨摆上一段时间。要知道世事仿如潮汐，有起也会有落。”为了报答杰斐逊的好意，约翰和阿比盖尔·亚当斯请人在英国为杰斐逊裁衣做鞋。

1785年9月，他写信告诉阿比盖尔·亚当斯：“我终于找到了一处房子，比起眼下住的地方，要合意得多。”这栋房子是朗雅克府，就在香榭丽舍大道和贝里街的拐角。他在1787年给尼古拉斯 · 刘易斯的信中提道："我在自己的花园里种植玉米，这样可以供应自家的餐点，吃上自家的蔬菜。"

园艺维系着他与遥远祖国的感情纽带。"我已经到了这样的年龄，不再能够轻易适应新的礼仪和新的生活方式了：我仍怀有原始的性情，喜欢森林，喜欢荒野，喜欢蒙蒂塞洛自给自足的生活，更胜过这个花花之都五光十色的欢愉享乐。"

不过，他实在称不上是一个野蛮人。1788年，一位在伦敦研读法律的年轻的美国学生托马斯 · 希彭前来巴黎拜会杰斐逊，他后来写道："我发现，尽管在满屋子的人当中，杰斐逊先生衣着最为朴素，身上挂的绶带和勋章最少，但他总是所有外交使节当中最获追捧、最受殷勤招待的，即使是那些朝臣也不例外。"

他的公务活动开展得游刃有余。1785年，拉法耶特从巴黎写信给马里兰州医生和政治家詹姆斯 · 麦克亨利，信中这样说："他简直就是公正诚实、开明睿智的化身。每个认识他的人都尊敬他、喜爱他。"在1787年发表的一篇随笔中，意大利路易吉 · 卡斯蒂格利奥尼伯爵写道："杰斐逊先生年约五十，身材瘦削，看上去严肃谦逊。初见之下，他杰出的才华并不显目。但是，只要和他聊起他自认有所涉猎的各类话题，人们很快就能发现，他见识高卓，心思敏锐。"

杰斐逊总是能够对他周围的世界迅速地做出判断和评估，对政治、科学、社交都是如此。他曾向一位美国朋友描述他在法国的那些年里巴黎人的生活，从这些描述中能够清楚地看出他的上述能力。他生动地勾勒出"巴黎空虚的熙攘喧闹"背后日常的琐碎：

> 上午11点，一位巴黎贵妇的一天开始了。窗帘拉开，她把头发捋得略像点儿样子，便半倚在靠垫和枕头上，读读信件便笺，了解一下亲朋好友的安康。接下来，她给一些相识之人写写信，然后在家里接待来访的客人。如果客人不多，她还可以出去走走，在皇家宫殿的花园和店铺间闲逛。不过她得抓紧时间，因为该做头发了，这时间可就长了！能赶得上吃饭已经是谢天谢地！饭后犯懒消食一阵，她便忙不迭地穿街走巷，访亲拜友，这大概要花上半个钟头。之后是去剧院看戏，看完之后又再花上半个钟头的时间进出密友的家，便可以吃晚餐了。吃完晚餐便是打牌，打完牌便上床睡觉，直到第二天中午起身，像拉磨的马一样，再把头一天的路线跑上一遍。日子就这样一天一天地消

磨，除了眼前的事物之外看不到任何目标：永远都在想办法躲避无聊……永远都在追求快乐，都总差一步。如果死亡或者破产打破了这个轮回，那也不过是晚上多了一个闲聊的话题，到了第二天早晨便都忘得一干二净。

这就是杰斐逊对法国人日常文化的看法。他在政治上也存在担忧，忧虑法国人是如何看待美国的。他在1786年2月写给麦迪逊的信中说："欧洲的政治现实要求我们，在一切对外事务上，都务必作为一个国家主权，坚定地保持一致。还必须牢记：一个国家如果无法赢得尊重，便会招来羞辱，引发战争。"（他还向麦迪逊索要"一两百个美洲山核桃果。这样我便能够满足这里一些重要人物的愿望，而我也不胜乐意这样做"。）

在国内，麦迪逊在中央政府的权力问题上取得了一些进展，这是他和杰斐逊两人共同忧虑的问题。在安纳波利斯召开了一次大会，讨论贸易相关问题。大会结束时，召开1787年费城制宪会议的呼吁被提了出来。尽管进展缓慢，但实有成效。首先，各州必须同意派代表参加会议；其次，这些代表须拟订一个方案；最后，这个方案务必在各州批准通过。麦迪逊说："我几乎对成功感到害怕。"

在法国期间，杰斐逊开始思考个体与国家之间的关系。他有一个能够擦出思想火花的同伴讨论这些问题：1787年仲夏，托马斯 · 潘恩来到巴黎拜访杰斐逊。

潘恩是个紧身褡裁缝的儿子，1737年出生在英格兰诺福克郡的塞特福德镇。潘恩从小在宗教思想冲突的家庭环境中长大：他的父亲是贵格会信徒，母亲却是一个英国国教会律师的女儿。潘恩幼时受洗于英国国教会，但有时也参加贵格会的集会。

1776年，潘恩撰写的小册子《常识》销售超过50万册，极大地鼓舞了北美民众。随后，他又分别于1791年发表抨击君主制的《人的权利》，于1794~1795年发表反对有组织宗教的《理性时代》。他言辞激昂，笔调铿锵，引起了巨大的反响。潘恩和杰斐逊成为朋友，并且长期保持通信往来。他们对未来怀有共同的愿景：一个开明的新世界。不过杰斐逊从来没有忘记过一点：为了纯粹的理想而牺牲实在的进步，不愿做出任何妥协，是有勇无谋的莽夫所为。

约翰 · 亚当斯希望杰斐逊能够来伦敦。他当时和来自的黎波里的大使举行了一系列的会谈——气氛友好，双方头上裹着穆斯林头巾，抽着烟斗，喝着热咖啡。会谈之后，亚当斯相信，有可能和这个地中海强国达成一项协议。他担心，如果协议无法达成，美国在这一地区的多年经营将受到威胁。他对杰斐逊说，“之前所做的努力、花费的金钱将会全部付诸东流”，并且认为，该地区可能发生一场战事，“战事将持续多年，除非立即采取更多的行动制止”。1786 年 2 月 21 日星期二，他写信给杰斐逊，要求他前往英格兰一趟。

杰斐逊答应赴约。他对帕茜说，自己很快就会回来，甚至不用等她的信寄到伦敦。“给你请一位绘画老师的事等我回来再说，”他告诉她，“我希望到了那个时候，你的琴艺已经大有精进。不用说你也知道，你在任何合宜、有益的方面取得进步都会让我万分高兴。”

就这样，杰斐逊到了伦敦。在一次约翰 · 辛克莱爵士做东、许多内阁大臣就席的宴会上，他被安排坐在一位克拉克将军旁边，这位将军是个苏格兰人。“他先挑起了美国事务的话头，并且在谈话中告诉我说，如果现在美国向英国议会提出请求，希望重新承认英国为宗主国，将被绝大多数票否决。”

杰斐逊不敢相信他听到的话。“他说这番话完全是认真的，而且我认为，席上的宾客同样是这种态度，甚至英国举国上下都可能是这种态度。”在杰斐逊看来，“（伦敦）本届内阁的目标就是大力鼓吹眼下国内的繁荣景象，让国民欢欣雀跃，相信没有了美洲殖民地，英国只有得，没有失。他们是真的相信这一点。天下之大，真是无奇不有啊！”

表面上，他既没流露出愤怒，也没表现出困惑，其实他是把自己的愤怒掩藏了起来。弗吉尼亚及其后多年的生活历练赋予他一种能力：无论内心多么波涛汹涌，表面都可以表现得波澜不惊。他通常能够娴熟地掌控自己的情绪。杰斐逊的一个朋友曾这样评论道：“在我认识的人当中，遭遇人生的种种不快时，再没有人比杰斐逊先生更不以为意了。他知道世事不遂意者十之八九，因此不管遇到什么事情都能够把这一点估算在内。碰上情绪激动的时候，他只要在心里默默数到 10，便能够一如平常地谈论任何话题。”

在伦敦期间，他和亚当斯觐见了英王，结果却发现，“国王乔治三世和王后夏洛特对亚当斯先生和我本人的接见无礼至极”。不管人们对杰斐逊做何评价，没有人会说他是一个不懂礼貌的人，因此英王和王后极不友好的态度——尽管这在一定程度上是可以理解的，毕竟这两位觐见者给汉诺威王朝带来了极大的羞辱——更验证了杰斐逊对世袭权力一贯以来的看法。

他在英国报纸上读到的对美国的恶意攻击令他深感震惊。杰斐逊对阿比盖尔·亚当斯这样评论道："根据这些报纸的报道，美国到处充斥着种种人类最可怕的罪行：暗杀、自杀、偷盗、抢劫。而比暗杀、自杀、偷盗和抢劫更糟的，是最恶毒的污蔑！"他向阿比盖尔交心地讲了自己的看法："这样的职位我恐怕难以胜任。我不喜欢困难，我喜欢在不受打扰的环境中尽我自己的职责。污蔑和诽谤会扰乱我的心绪，最后逼得我不得不放弃自己的职位。这些是我的弱点。而亚当斯先生依靠理智的头脑和您的协助能够幸运地克服它们。"

在杰斐逊返回法国之前，他和亚当斯决定花上几天的时间参观英国的园林。于是两个人便一起旅行，一边热烈亲密地交谈，一边赞叹不已地欣赏园艺大师的鬼斧神工，这些大师凭借极具创造性的想象力，将工匠的巧思与天然的谐趣浑然融为一体。

回到巴黎之后，杰斐逊开始操心起把波莉从弗吉尼亚带来法国留在自己身边的种种事宜。他写信给弗朗西斯·埃普斯："我在这件事上焦虑不安，总觉得自己遗漏了什么细节。幸好你和埃普斯夫人办事稳妥周到，免去了我不少烦扰。请埃普斯夫人代我亲吻我亲爱的女儿波莉，我的心里无时无刻不记挂着她。"

结果他收到了一封简短的来信，信里面只有一句话："亲爱的爸爸，我想要见你和帕茜姐姐，但你得到埃普斯姨父家来。"

杰斐逊不得不和一个7岁的小孩子讲道理；他写信给波莉说："我非常想见你，因此希望姨父和姨妈能够把你送到我身边来。我亲爱的波莉，我知道你舍不得离开姨父、姨妈，还有你的表兄、表姐，可是你姐姐和我不能没有你……你到了法国之后，会有老师教你弹琴、绘画、跳舞和法文，还能学会许多其他的东西，你的朋友一定会更加爱你，并且为你骄傲。最重要的是，只有来到我们的身边，受到我们的关爱，你才会更加爱我们；如果你和我们远隔重洋，你对我们的爱便不会那么深切。"

在黑暗的时期，查尔斯·汤姆森给他写来了一封信，信中洋溢的乐观情绪给他带来了莫大的安慰。信里写道："我可以大胆地断言，全世界再没有哪一国的人民比美利坚合众国的国民更加快乐，更加迅速地取得进步。人口在增长，新的房子建造起来，新的土地开拓出来，新的定居点和工厂不断涌现，其速度之快，简直超乎想象。"

这正是杰斐逊所希望看到的。

第二十章
头脑和心灵

我的朋友，我们并非永生不死，又怎能要求快乐永驻？没有不带棘刺的玫瑰，也没有不掺杂质的欢愉。

——托马斯 · 杰斐逊

一位与她同时代的人这样写道：她“身上流着英意两种血统，一头金发，一双含情脉脉的眼睛，体态婀娜……多才多艺，尤其在音乐方面颇有造诣”。玛丽亚 · 科斯韦，本名玛丽亚 · 路易莎 · 凯瑟琳 · 塞西莉亚 · 哈德菲尔德，1759 年出生在佛罗伦萨附近——她比杰斐逊年轻 16 岁。她的父亲是个旅居海外的英国商人，在意大利经营一家很受欢迎的旅馆。历史学家海伦 · 杜普雷 · 布洛克曾详细记叙了玛丽亚 · 科斯韦的生平。据她所述，这个年轻的女孩从小家境富裕，深受艺术和宗教的影响。她年幼时差点命丧乳母之手，这个乳母在此之前已经杀死了哈德菲尔德家的 4 个孩子，因为她深信，自己是把这些孩子仁慈地送回上帝的怀抱。幸好有人听到她对玛丽亚说，“小可爱，我已经把 4 个孩子送往天国，我也要把你送去”，于是及时制止，才避免了又一出悲剧的发生。在此之后，玛丽亚被送到修道院接受教育，一面深造视觉艺术（她于 1778 年获准进入佛罗伦萨美术学院学习），一面为教会服务（她是圣母往见修道院的管风琴手）。

年轻漂亮的玛丽亚后来前往伦敦，进入了流光溢彩的伦敦社交圈。当时活跃在这个圈子里的，有作家詹姆斯·博斯韦尔、画家约书亚·雷诺兹爵士和安杰莉卡·考夫曼，以及收藏家查尔斯·汤利。她遇到了理查德·科斯韦，一个行为古怪但富有魅力且非常成功的微型图画画家。后来两人结了婚。有人这样形容科斯韦：他是个“身材匀称的小个子”，只可惜“脸长得像只猴子”。科斯韦个性张扬，雄心勃勃，受到威尔士亲王的赏识，而他在蓓尔美尔街的住所也成为伦敦的时髦沙龙。古董收藏家约翰·托马斯·史密斯描述道：“他把自己的新宅装潢得如画卷一般，而且奢华堪比王侯。没让画家把每个房间都描画下来真是太可惜了。这里的许多房间不像是居住场所，倒像是诗人幻想着施了魔法所勾勒出来的。”家具镂花镀金，上面覆着“最昂贵的热那亚丝绒”；象牙雕的橱柜；镶嵌的桌子，四足都刻成雄狮或老鹰的形态；玳瑁壳和金色铜制成的巨大音乐钟滴答作响；“古代……日本”的屏风下铺着波斯地毯。

对科斯韦夫妇的影响力，学者威廉·霍华德·亚当斯详细搜集过当时人们的评价。其中英国文人威廉·黑兹利特曾这样写道：科斯韦夫妇“有点儿像是一对搭档，他们持家的做派如此特立独行，令他们的新邻居都感到惊奇……于是成为城中人们茶余饭后热议的话题”。有一次，在科斯韦夫妇举行的一个派对上，作家兼政治家贺拉斯·沃波尔曾看到德·埃翁骑士当场教宾客击剑。这位骑士平时着女装，是当时闻名遐迩的异装癖者、外交家和间谍。皮埃尔-弗朗索瓦·于格，杰斐逊通过科斯韦夫妇结交的一位友人，曾为两部情色作品《十二位恺撒私人生活纪》和《罗马贵妇私密仪式纪》绘制插图。

1786年夏末，于格和科斯韦夫妇在巴黎结识了艺术家约翰·特朗布尔，其后又经由他介绍，认识了美国驻法大使。

杰斐逊当时的心情好极了。他正在做自己最热衷的事情：一趟悠闲自得、目的崇高，而且具有实用价值的巴黎寻访之旅。他在巴黎穿街走巷，探索建筑艺术，希望能够将欧洲最卓绝的建筑创新用于美国的建设。

杰斐逊同特朗布尔一道前往拜访建筑师雅克-纪尧姆·勒格朗和雅克·莫利诺斯，这两位建筑师设计了巴黎谷物交易所的穹顶。穹顶采用木制排骨架结构，排骨架间镶嵌玻璃，阳光透过玻璃，产生令人惊叹的采光效果。杰斐逊认为它是“地球上最精美的事物”，并且急着想要了解更多，于是便有了到圣弗洛伦廷街6号的这次拜会。在这里，杰斐逊和特朗布尔遇见了科斯韦夫妇。

玛丽亚当时27岁，她的美貌令时年43岁的杰斐逊一见倾心。她娇艳丰厚的双唇、熠熠生辉的紫罗兰色眼睛、梳着时髦发型的一头金发，这一切似乎即刻就点燃了杰斐逊对她的热恋。可以说，他陷入了那双迷人眼睛的深潭里，几乎一个月都没有浮上水面呼吸。

他一心只想着和玛丽亚做伴，其他的一切都顾不上了。那天杰斐逊本来已经有了应酬，答应要到罗什富科公爵夫人府上做客。现在他只好编造借口——不过编得并不太高明——派人向公爵夫人传话，有外交公文送到，“需要立即处理”。他的同伴也都加入这场“阴谋”中来。杰斐逊写道：“每个人当天都有约在身，可是为了能够一起进餐，大家都牺牲了自己的应酬。”

这一天过得近乎完美。玛丽亚虽然会说多种语言，可她的英语并不太流利，这或许倒为杰斐逊和她的交谈更增添了异国情调和迷人魅力。杰斐逊、科斯韦夫妇和特朗布尔一起在圣克卢用餐，观赏了一场焰火表演，又前往拜会了作曲家兼竖琴演奏家约翰·巴普蒂斯特·克伦普霍尔茨。

终于到了分别的时刻。不过，对杰斐逊和玛丽亚来说，他们虽然短暂但炽烈的恋曲才刚刚开场而已。在这段时间里，杰斐逊举手投足间都表现得像个坠入爱河的人。理查德·科斯韦可能察觉到了，也可能没有；即便他察觉到了，也很难说他真的在意。在科斯韦夫妇的圈子中，调情甚至更有过之的，都不过是日常生活的一部分；而在杰斐逊自己的圈子中，这种事也算不上什么新闻。追求得不到的人，这样的事在他来说并不是头一遭，贝琪·沃克就是一个例子。

不过，1786年初秋的这段时间，是他第一次能够大胆展开一段恋情，而几乎不必担心受到周围人的指摘。杰斐逊面临的唯一危险在于：如果詹姆斯·博斯韦尔所言属实，那么玛丽亚“对待男人就像对待狗一样”。

他愿意冒这个险。日子一天天从指间溜走，不知不觉中，8月过去，9月来临，巴黎完全成了他们两个人的世界。从圣日耳曼到讷伊大桥，从塞纳河两岸的山丘到许多僻静的精巧园林，都留下了他们的足迹；杰斐逊觉得“每一刻都令人感到愉悦”。两人都很喜欢到处游览。巴加泰勒堡是一栋新古典主义穹顶建筑，由国王的弟弟德·阿图瓦公爵修建。黑兹花园是一座占地广阔的园林，园中有一栋建在古典石柱之上的4层花房，由弗朗索瓦·拉辛·德·蒙维尔建造，（“石柱的主意是多么了不起啊！”杰斐逊感叹道，“螺旋楼梯也美极了。”）杰斐逊和玛丽亚身处无人打扰的世界。“时光之轮转动的速度是马车的车轮无法想象的，”他说，“可是，到了晚上，回想起一天的光景，我们有多少快乐啊！”

这期间有一次，杰斐逊的右手手腕脱臼了。他神神秘秘地不愿吐露自己究竟为什么受伤。（1786年10月，他写信给威廉·史密斯说：“完全是一个低级的愚蠢错误。”）这个小插曲——可能是充好汉翻越围栏导致的——发生在9月18日当天或之前的某个时候，就在1786年9月11日美国国内各州的代表召开安纳波利斯会议之后几天。

在他休养期间，玛丽亚给他写来了信：“出于私心我希望……能够在席间为您服务，给您帮忙，并在餐后演奏音乐，分散您的注意力，使您不致感到过分疼痛。”

杰斐逊对自己手伤的疼痛程度毫不掩饰。“手腕的疼痛让我一夜没能合眼，”杰斐逊给玛丽亚写信道，“因此我感到万分遗憾，不得不推却您迷人的陪伴。我已经派人去请一位医生来，看看伤情变化是什么原因。希望只是昨天乘坐马车时路面颠簸所致。如果您今天不打算动身，那我还有机会再见到您；如果您今天便要离开，不管您去哪里，愿上帝保佑您……告诉我您今天不打算动身吧。”

玛丽亚即将离开巴黎，她立即给杰斐逊写了回信：

> 对造成了您（夜间）的痛苦，我感到非常抱歉……您当时再三坚称说不会出什么意外，我因为希望有您陪伴，也就没有坚持反对……我会从英格兰给您写信。我无法想象失去您这样一个遂意的朋友在身边的生活。我不想对您多加溢美之词，因为再多的赞美对您来说也是不够的。您的好意我铭记于心，想起我们一起共度的快乐时光，我便满心欢悦。期望来年春天我们能再相聚。

1786年10月9日，约翰·特朗布尔从安特卫普递来一张便笺：“科斯韦夫妇冒雨赶了一夜的路，已于今天凌晨3点抵达。”

他后来在信中告诉她，道别是他“最后一件悲伤的职责”。他于1786年10月12日写了一封剖白心迹的长信。这篇4 000多字的散文（比起一封常规的信，这更像是一篇散文）是这样开头的：“我独自一人坐在炉火边，深感悲伤。我的头脑和心灵进行了如下一场对话。”在这篇杰斐逊用左手写下的文章中，他对人性，尤其是对自己的性格，进行了深刻的剖析：

头脑：啊，老友，你这副模样可真妙极了。

心灵：我实在是天底下最可怜的人儿。悲伤浸透了我全身上下每一处毛孔，叫我无法承受。我情愿上刀山下火海，也不愿受这情感和恐惧的折磨。

头脑：这便是你的激情和轻率带来的必然后果。你一再引领我们陷入这般困境。的确，你也承认自己犯下了愚蠢的错误，可你仍义无反顾地拥抱它们，珍视它们。你若不知悔改，便无法重生。

心灵：噢，老友！现在不是指摘我缺点的时候。我已被悲伤撕得粉碎！如果你有治伤的良药，请将它敷在我的伤口上；如果没有，也请不要在我的伤口上撒盐。在我如此痛苦的时刻，就放我一马吧！换作其他任何时候，你的批评我都悉心接受。

头脑：恰恰相反。你情场得意的时候从不听从我的劝告；在你遭受痛苦的时候，或许能够认清自己的愚蠢，但一旦不再发作，你便好了伤疤忘了疼。因此良药虽然苦口，劝你服药是我的职责所在……

心灵：老天啊，我绝不相信他们就这样一去不返了！

头脑：希望你能够看清自己是多么鲁莽，将感情毫无保留地投放到很快就会失去的人儿身上，而且失去他们将带给你极大的痛苦。记得最后一个晚上，你得知你的朋友就要离开巴黎。光这一点便足以让你陷入苦恼的深渊。你整夜辗转反侧，不能成眠……你一再招惹这些痛苦。为了避免我们永受折磨，下次搅扰安宁前，你必得三思而后行。世上的一切事物均经过计算，因此行动之前一定要慎重考虑，掂量再三。天平的一端放上任何一件事物带来的欢愉，另一端便要放上随之而来的痛苦，看看究竟孰轻孰重。结交新友不可等闲视之，交友的机会出现时，需要全盘考虑。究竟是裨益大，还是烦恼多？不要一口咬上欢愉的鱼饵，除非知道鱼饵后没有锋利的钓钩。生活的艺术是避免痛苦的艺术：谁能成功避过围堵的暗礁浅滩，谁才是出色的领航员。欢愉总是在前方向我们招手，灾祸亦如影随形：在追逐前者的时候，后者往往已将我们绊倒。抵御痛苦最有效的方法是从自身寻找快乐……朋友不幸早逝，或是远离我们而去，我们觉得像是断了一条臂膀；朋友卧病在床，我们得要照看他，分担他的痛苦；朋友的财富毁于一旦，我们必得解囊相助；朋友痛失儿女、父母或伴侣，我们对他们的痛苦感同身受。

心灵：世上哪有比这更神圣的欢乐：为上帝夺去的好友留下悲痛的眼泪；照看病榻上的好友，为他减轻乏味和痛苦；和倾家荡产的好友一起分享面包！这个世界确实苦难无边，我们必须相互分担沉重的包袱……造化让我们共居一人之身，又让我们统辖不同的领地。头脑啊，你分得科学之地，我则分得道德之壤。倘若需要求取圆的面积，或是绘制彗星的轨道，倘若需要探知哪个拱顶支承最大，哪种固体电阻最小，都得交给你来处理，造化没有赋予我认知科学的能力。同样的，你不会懂得同情、仁慈、感激、正义、爱情和友谊，因为造化没有教会你认知情感，它们都在你的掌控之外，只得交给我来处理。道德对人的快乐至关重要，不能冒险让捉摸不定的头脑担此重任。因此，造化将道德的基础立于情感，而非科学。她将科学赋予所有人，因为所有人都需要；情感则只赋予少数人，因为少数人拥有已足够。我知道你装作掌握了至高权力，能够操控我们的一切行为，有时你庄重的格言和警句令我肃然起敬，我想要做正确的事，因此听从你的劝告……可是如果刺刀威逼我们的国家，让我们做出不义之举，这时主宰的是头脑而不是心灵，那我们现在会是什么样子？一定是高高挂在哈曼的绞架上①。你忙着计算财富、比较数字，我们则不惜抛洒温热的鲜血。我们倚靠一腔热情抵抗物质，顾不得自身的性命安危，拯救国家于存亡之际。这同时也是顺应天命，因为上天的旨意是永远要做正确的事，剩下的都交给她来裁夺。长话短说，我的朋友，记忆所及，你的建议从来只会让我作恶，而非行善。因此，我郑重禁止你插手我的一切事务。随你在白纸上画多少三角形和正方形，随你如何摆弄它们……我的朋友，我们并非永生不死，又怎能要求快乐永驻？没有不带棘刺的玫瑰，也没有不掺杂质的欢愉。这是我们生存的法则，我们必须遵从。

---

① 哈曼：《圣经》故事人物，企图灭绝波斯帝国境内的所有犹太人，阴谋败露后被悬于 75 英尺高的木架上绞死。——译者注

那么，最后到底哪一方取得了胜利呢？头脑还是心灵？杰斐逊将最后的话语权和最高的赞美——美国革命的胜利——都赋予心灵，因此答案也就显而易见了。

收到信时，这封信的直接收信人倒不知道该怎样应答才好。玛丽亚写信给杰斐逊道："您的来信得容我细细思虑一番，每个字都要体味一个小时，每一句都可以写成一本鸿篇巨制。"由于她英文不佳，信里接下来的内容都是些文辞不通的话。他们的友好通信往来断断续续保持了终生。

杰斐逊的信是他就相互冲突的人性问题最丰富的文学阐释。他将这些人性的冲动归类为理智与情感的冲突，虽有用但太过简单化了。比如，心灵既可以为情感所驱使，也可以为欲望所驱动，或是两者的结合。他对玛丽亚的情感是出自他的灵魂，还是激素，或者最有可能的是出自两者的结合？即使对杰斐逊本人来说，答案也并非清晰可见。

不过，显而易见的是，杰斐逊有深刻的自我认识，知道生活中存在无法调和的矛盾，他心怀希望对待生活的危机，同时也认识到，心碎、失败、失望和死亡永远都是生活的一部分。"没有不带棘刺的玫瑰，也没有不掺杂质的欢愉。"他笔下的这句话出自他的心灵，而非头脑。"这是我们生存的法则，我们必须遵从。"杰斐逊相信未来会比过去更加美好。他深知最有意义的生活是与志同道合的朋友为追求崇高的理想而奋斗，也懂得痛苦是获得任何有价值的事物而必付出的代价。

第二十一章
你觉得我们的新宪法怎么样

因此，应该珍视吾国人民的精神，悉心培育他们关切国事之心。不要太过苛责他们的错误，应该教导他们改正。

——托马斯 · 杰斐逊

法兰西债台高筑，面临极其严峻的考验。到了18世纪70年代中期，部分由于其在美国革命中的军费支出，路易十六的波旁政府陷入了长期的财政危机。再加上饥荒肆虐，财富又积累在少数人手中，民众的怒火越发不可抑制。杰斐逊对普通法国人的贫困状况深感震惊；帕茜一直都忘不了他们初到巴黎的时候，乞丐把马车团团围住的情景。

君主制和法兰西迎来了空前的经济和政治危机。税赋分摊不均，征收随意。王室的奢靡开支和战争的高昂军费成为两项最沉重的负担。然而，贵族阶级和神职人员身上却负担较少，因为他们大部分是免税的，相反，平民阶级承担了绝大部分的税赋。因此，社会关系极度紧张，阶级对立持续发酵。在1786年8月给路易十六的一份备忘录中，财政大臣查尔斯–亚历山大 · 德 · 卡洛讷这样写道："眼下的形势，增税已经没有可能，借贷只会带来灾难性的后果，而削减开支只是杯水车薪。"

在卡洛讷的敦促下，国王召开权贵会议——这是150多年来的首次——商讨改革方案。“此事当然引起了举国上下的关注。”1787年1月杰斐逊在给约翰·杰伊的信中说。不过，杰斐逊并非鲁莽之辈，他在信中提到，解决如此严重的问题需要采取灵活的对策。

杰斐逊1787年3月写信给一个朋友说：“如果他们的提议超出了国民习惯上能够承受的水平，那么就可能遭遇失败，而且这将无限期地阻碍最终目标的达成。”

权贵会议失败了，召开三级会议的呼声高涨起来——呼吁者包括拉法耶特侯爵。三级会议是贵族、神职人员和平民在中世纪设立的制度，其目的是为了辅佐君主。此前的最后一次三级会议召开于1614年。

希望进行大规模改革的脚步加快了。一位民主派人士在三级会议即将召开之时写下了下面这段话，真切地反映了时代精神：“我们谈论着要为国家制定一部新的宪法，（就好像）这是一件轻而易举、自然而然的事情。”他继续写道：“在那些日子里，狂喜的人们只看到希望，只知道庆祝，几乎不去考虑，在自由的第一根地桩打下之前，在遭到封建君主、特权教士、大行会和旧习俗反对的原则确立之前，我们还有无数的障碍需要克服。”

正当法国人民处于君主专制的水深火热之中时，美国民众却面临完全相反的问题。“我国政府的碌碌无为一天比一天更有甚之，”约翰·杰伊1786年10月给杰斐逊写信说，“国家债务累累，国库空虚，只能寄希望于人民的智慧或是激情带来变革。”

问题在于到底是依靠智慧还是依靠激情。在新英格兰，由于沉重的债务负担，一个独立战争老兵丹尼尔·谢司领导的团体发动了起义。杰伊告诉杰斐逊：“马萨诸塞眼下法纪败坏。”

1786年11月间，约翰·亚当斯写信给杰斐逊，期望消解他对谢司起义的忧虑。“对最近发生在新英格兰的动荡不必过分担忧，”亚当斯写道，“事情的起因是马萨诸塞州议会过分心急地想要摆脱债务。他们征收了一项新税，结果超出了人民能够承受的范围。不过一切问题最终都会得到解决，经过这场暴乱，政府只会变得更加强大。”

杰斐逊松了一口气，他对亚当斯说：“只要大家都理性地处理问题，那就不必担心局势会失去控制。”

当然，还有一个无法回避的问题：英国人会利用这一时机给美国制造麻烦吗？杰伊写信给杰斐逊说，美国领土上可能有加拿大人的阴谋活动，通过“马萨诸塞的叛乱者和一些加拿大领导人物之间存在的某种默契”。杰伊还担心，英国人可能会利用一种“趁机捣乱的观点”：“美国大西洋沿岸各州和西部各州的利益是相悖的”，以及“后者的发展将损害前者的利益”。

杰斐逊给在美国的一位记者写了封信，希望能将自己的观点传达到国内。这时的杰斐逊已经不是1783~1784年那个毫无实权的议员了，他采取了一种更温和、更乐观的调子。毫无疑问，比起离美赴法之前，驻法这几年的经历让杰斐逊的政治观点变得更加民主。他写道：

> 既然我们政府的基础来自人民，那么政府的首要任务自然应该是让人民满意。如果由我来决定，是只要政府不要报纸，还是只要报纸不要政府，我会毫不犹豫地选择后者。当然，前提是每一个国民都能读到这些报纸，而且能够理解其中的内容……不要太过苛责（人民的）错误，应该教导他们改正。如果有一天民众对国是漠不关心，那么你和我、国会、州议会、法官和州长就会变成豺狼虎豹。这似乎是我们这个世界的法则，不以个人的意志转移。历史经验告诉我们，人类是唯一同类相残的动物。

在1787年1月30日星期二写给麦迪逊的一封信中，杰斐逊显示出他对政治的领悟，以及他对施政者与受政者两者性质的深刻理解。

他说，社会有三种存在形式：第一种是没有政府的社会（“就像印第安人那样”），第二种是“每个人的意愿都有公平影响力”的社会，第三种则是“强权社会，所有的君主制国家和大多数的共和国都是如此”。杰斐逊接着说，当然可以认为第一种是理想社会，但是在“任何人口众多”的国家，这样的存在形式都是不切实际的。因此，他摒弃了那种人人自由、共同生活在“没有政府”的社会的伊甸园式图景。人类应该致力于建设第二种社会：“在这样的社会中，绝大多数民众享有相当程度的自由和快乐。当然，它也有其弊端，最主要的是它容易经受动荡。但与君主制的压迫相比，这一点就算不上什么了。”

他说，自由需要耐心、宽容和坚忍。实现共和国的理想非懦弱怕事者所能为。他写信给麦迪逊道：“我倒觉得时不时地来场叛乱不是什么坏事，它之于政治世界就像风暴之于自然世界一样必不可少。”

1787 年 2 月底，杰斐逊离开巴黎，独自一人展开了一趟游历法国南部和意大利北部的旅程。他写信告诉威廉 · 肖特：“建筑、绘画、雕塑、古迹、农业，还有穷苦劳动人民的生活状况，这些时刻都在我的心上。” 普罗旺斯地区艾克斯的乡村美景和美食佳酿令他心醉神迷。“我现在身处谷物、美酒、橄榄油和阳光之地，”他的信上说，“就算天堂也不过如此吧。如果我不幸死在巴黎，请你一定要把我葬在这里，让我沐浴在阳光之下。我敢肯定，它能够让我死而复生。”他热爱古罗马统治时期的遗迹，热爱古老的石桥和高架的水渠。他还爱上了尼姆的卡利神殿，一座 1 世纪时建立的古罗马寺庙。这座神庙后来激发他设计了里士满的弗吉尼亚州议会大厦。1787 年 6 月 10 日星期日，杰斐逊回到了巴黎。

回到巴黎的他发现，世界一片光明。在美国，制宪会议 5 月开始召开。他密切关注会议的进程，并对其中一项提案提出质疑。该提案规定，州立法机构通过的任何涉及国家事务的法案，联邦国会均拥有否决权。杰斐逊深知人性，也深知国会，他认为国会不过就是人性的放大而已，因此，他相信，国会将无法抑制自己对权力的滥用，并会认定一切事务都涉及国家利益。

1787 年 6 月 26 日星期二，8 岁的波莉 · 杰斐逊抵达伦敦。按照计划，波莉将托付在伦敦的阿比盖尔 · 亚当斯临时照管，但她不愿意和同来的船长，一个叫拉姆齐的男人分开，而拉姆齐船长也不愿意和萨莉 · 赫明斯分离。阿比盖尔 · 亚当斯在给杰斐逊的信中写道：“你原本安排照顾波莉的老乳娘病了，这次没能和她一道来。她随身带了一个十五六岁的女孩，是你身边那个仆人的妹妹。”

萨莉 · 赫明斯没有肖像留存于世。从有限的资料可以得知，14 岁的萨莉陪着波莉 · 杰斐逊来到亚当斯夫妇伦敦的宅邸时，从外貌上看几乎完全是白种人，而且“非常漂亮，一头直发垂在后背”。随着年龄的增长，她的样貌多多少少地显露出韦尔斯家族的特征，也就是说，相貌很可能跟已故的托马斯 · 杰斐逊夫人，也就是她同父异母的姐姐，有一些相像之处。也可能大约 14 岁的萨莉发育得很好：阿比盖尔 · 亚当斯所猜测的她的年龄比实际要大一两岁。

此外，我们知道拉姆齐船长想要带着赫明斯在无人监护的情况下横渡大西洋回美国，不难想见，他的兴趣所在并不只是多一个谈话的对象。因此，有理由相信，萨莉 · 赫明斯在 1787 年夏到达欧洲的时候，已经出落成窈窕的少女。

亚当斯夫人立刻就发现，波莉是个童言无忌的聪慧的孩子。到了伦敦之后，她被从拉姆齐身边带走，就开始抽泣起来，大概是因为她在航程中与拉姆齐变得很亲近，而且可能很喜欢他。亚当斯夫人为了安慰她，就提起了她的姐姐帕茜。“我告诉她说，我一次都没见她姐姐哭过，”亚当斯夫人事后写信给杰斐逊：“结果她回答我说，姐姐年纪比她大，比她懂事是应该的，而且姐姐有爸爸陪在身边。”她又告诉杰斐逊：“我给她看了你的画像。她说她不认识画像上的人，她说她连你都不认识，怎么会认得画像上的人呢？”

亚当斯夫人在信中说，杰斐逊应该来伦敦接他的小女儿，最好把帕茜也一起带来，这样或许能“让她的妹妹不再排斥启程前往法国”。这一天结束的时候，阿比盖尔报告说：“小波莉……抹干了眼泪，上床睡觉了。”

一夜的休息在这个小女孩身上产生了神奇的效果。阿比盖尔写信说，到了 27 日星期三，她“已经完全一副随遇而安的样子……昨天的气恼、难过一扫而光。真是个好孩子”。

亚当斯夫人对萨莉倒是不知道该如何作想，她有点儿搞不懂她：“陪同（波莉）的那个女孩几乎还是个孩子。拉姆齐船长认为，她在巴黎派不上什么用场，他想把她带回美国去。当然了，这事该由你来决定。她看上去很喜欢波莉，脾气也挺好。”

1787 年 7 月 1 日星期日，杰斐逊派他的法国管家阿德里安 · 帕蒂去接波莉和萨莉，同时向亚当斯夫人衷心地表示感谢。他宣称繁忙的工作——用他自己的话说，“三四个月以来拖下的事务都堆到一起了”——令他无法亲自前来。

得知父亲没有亲自来接自己，只是派了个人来，波莉大发脾气。她紧紧抓住阿比盖尔不肯放手，只顾着大声啼哭，“又记起了之前的种种伤心事”。阿比盖尔写信给杰斐逊说：“她今天早上跟我说，她抛下了弗吉尼亚所有的朋友，横渡大洋跑来见你，你至少应该抽空亲自接她，而不是派一个语言不通的人来。”为避免杰斐逊以为自己是在责怪他，她又加了一句：“我只是转述她的原话。”

波莉 · 杰斐逊和萨莉 · 赫明斯于 1787 年 7 月 15 日星期日到达巴黎。杰斐逊写信告诉阿比盖尔：“她已经完全不记得姐姐了，对我倒还是有点儿印象”——看来，她之前在伦敦对阿比盖尔 · 亚当斯说不记得杰斐逊的那些话，并非当真如此。

波莉平安抵达之后，杰斐逊坐下来给妻妹写信，感谢她和她的丈夫长久以来为自己年幼的女儿所做的一切。他在给伊丽莎白·埃普斯的信中这样写道："她的读写、礼仪举止都无可挑剔，姨父、姨妈对她的悉心照顾让我们感激不尽。你们现在虽然不在她的身边，但她对你们的感情丝毫未减。请将她的这份敬爱视作对你们的微薄回报吧。"

想到费城制宪会议，杰斐逊给约翰·亚当斯写了一封热情洋溢的信函："这真是一次半神英雄的大会。"

其中一位半神英雄——詹姆斯·麦迪逊，此时却满腹忧虑，他写信给杰斐逊道："再没有比此次大会的召开更引发普遍焦虑的了。"弗吉尼亚局势非常动荡，"在民众中……据传不满情绪日益高涨"。情况虽然还没有糟到像马萨诸塞那样的地步，然而一场干旱导致粮食作物歉收，"征税也是造成不满的原因之一"。一些监狱、法院和政府办公室遭到了"蓄意焚烧"。

杰斐逊的其中一个担忧是，美国可能会改弦易辙，倒退回世袭权力制，甚至可能确立一位君主。他近距离接触路易十六宫廷的时间越长，这种担忧就越强烈。

这样的谣言从来没有平息过。西德尼勋爵 1787 年 9 月 14 日星期五从伦敦写信给多切斯特勋爵称："这里有传言说，美国正寻求推立一位汉诺威王室成员为君主。如果他们确实提出了这样的请求，怎样处理一个如此重大的问题，需要我们慎重考虑。"据说，亚历山大·汉密尔顿相信，与英国重新联合的"最有可能的形式"是"立在位英国国王的一个儿子为君主……签署一项家族协定"。

多切斯特于 1788 年发回伦敦的一份报告中说，这样的计划全都失败了。据称，汉密尔顿的计划是"建立一个君主国，将王冠戴在一位外国王子的头上……但是提议被否决了，尽管它在大会上获得了一些强有力的支持"。

在制宪会议召开的这一年，一位英国间谍——很可能是乔治·贝克威思——给在伦敦的英国外交大臣寄去密信，称美国的君主主义有萌芽之势。"眼下，从新罕布什尔到佐治亚各州，没有一位绅士不对现任政府嗤之以鼻。他们深信这样的政府低能无效，无一不盼望一个君主国的出现。"这封信接着写道：

这些人现在分为三个阵营：

第一阵营提议建立一个类似纽约州政体的联邦政府，下设一年一届的行政院、参议院和众议院。

第二阵营希望推立一位终身任职的国家元首，并设三年选举一次的两院制议会。

第三阵营意欲确立一个世袭制君主国，政府形式与英国的极为相似。

其中，第一阵营中的许多人以华盛顿将军马首是瞻，第二和第三阵营则将眼光投向汉诺威王室，希望推立国王的一个儿子为国家元首。

第三阵营的势力最为强大，当中不乏一些美国国内能人志士。……

通过其他消息来源了解到，美国国内才干卓著的人士普遍强烈地感受到，有必要建立一个君主国，他们认为当前的政府既没有效率，也不配获得尊重。不过，他们在确立何人为君主的问题上分歧巨大，有些人主张推举一个美国人，有些人主张推举一位英国或法国王室成员。

杰斐逊担忧封建君主控制美国国政，但他同时也相信，一个国家必须国力强盛，没有实力就没有自由。1787 年，他看到了在尼德兰共和国发生的一场危机，认为其中的经验教训值得美国警惕。当时，尼德兰总督（得到英国支持）和爱国派（得到法国支持）之间爆发了冲突。在普鲁士国王腓特烈 · 威廉二世的军事干预下，爱国派遭到镇压，尼德兰总督取得了胜利，而法国则未能履行自己当初对爱国派的承诺。杰斐逊在 1787 年 11 月给杰伊的信中写道："这件事给我们上了重要的一课：无论结盟的原因是出于道德、荣誉、利益还是战争，一个在任何时间、任何形势下都可以依赖的盟国是不存在的。"

在杰斐逊看来，一个国家想要屹立于世界强国之林，能够依靠的只有自己。没有永远的朋友，也没有永远的敌人。他告诉杰伊："因此，我们只有全副武装起来，才会是安全的。"

制宪会议在费城结束的第二天，乔治 · 华盛顿就派人给身在巴黎的杰斐逊送去一份宪法草案的副本，本杰明 · 富兰克林也派人送了一份，与此同时，谈论宪法的信件雪片般涌至杰斐逊的朗雅克府。在看过草案的副本之后，约翰 · 亚当斯对杰斐逊说，他觉得这份草案"经过精心的考量，达到了维护邦联完整、增进各方感情、统一思想模式的目的，其成果值得赞许”。

亚当斯问杰斐逊：“你怎么看《权利法案》？难道不应该在通过宪法之前先行通过这一法案吗？”

杰斐逊秉持同样的观点。第一次读到这份草案时，他就表达了强烈的异议。“你觉得我们的新宪法怎么样？”他写信给亚当斯道，“我承认，里面的部分内容让我无论如何也不能赞同大会提出的这一草案。”

有关总统任期的具体条款让他感到不安。“总统四年届满后可以一再连任，直至终身。”杰斐逊说，“理智和经验告诉我们，如果一位最高行政长官的任期可以不受限制，那他一定会终身任职。经过一两代终身任职的行政长官后，世人便会认为这个职位是终身职位。从此往后，每一代的继任都将充满阴谋、贿赂、武力，甚至是外国干涉。”

他把自己不认同的内容之起因都归咎于英国，由于英国报界长期以来都在夸大美国局势的动荡，以致“最后全世界都相信了这些话。英国上至大臣，下至百姓都开始相信这些话，更不可思议的是，就连我们自己都信以为真”。杰斐逊继续说道：

> 我们的 13 个州已经独立了 11 年。这期间只（在马萨诸塞）发生过一次叛乱。也就是说，每个州每 150 年才会有一次叛乱。在此之前，世界上有哪一个国家在 150 年间未曾发生过叛乱？如果不给统治者时不时地敲敲警钟，提醒他人民仍留存反抗精神，哪一个国家还能存续人民的自由？让人民拿起武器吧。方法是通过事实来纠正他们，并且宽恕、安抚他们。如果一两个世纪之内只是丧失几条人命，这又有什么要紧呢？自由之树需要不时以爱国者和暴君的鲜血浇灌，因为这对它而言是自然的养分。我们的制宪会议对发生在马萨诸塞的暴乱过于担忧了。

杰斐逊承认自己有些夸大其词：“由于眼下缺少可以转达你的具体信息，因此我任由自己的论点抒发了一番。既然我们无法提供消息，至少可以满足于逗乐解闷吧。”

1787 年 12 月 20 日星期四，杰斐逊写信给麦迪逊，就宪法的具体条款表明了自己的看法。他欢迎将权力分为行政、立法和司法三个分支；他赞赏联邦政府确保了足够支撑良好运作自由和权力，而“无须屡屡诉诸州立法机构”；同样让他感到高兴的是，“联邦立法机构被赋予了征税的权力，仅凭这一原因，我支持设立由人民直接选举的众议院”。

杰斐逊不同意将权利宣言（或法案）排除在外，这样不能保证“宗教自由、新闻自由、自由不受常备军侵害的权利、反垄断的权利、人身保护法令的永久性和始终如一性，以及获得陪审团审判的权利”。

他表示可以容许这些事项在未来通过修正案或召开新的会议解决。最后，他同意由批准程序决定宪法的最终命运。“毕竟，我的原则归根到底是服从大多数人的意志。”他对麦迪逊说，“如果他们批准了整部宪法草案，那么我衷心地表示赞同，并希望他们能在日后发现问题时随时修正。”

可他越想这件事，就越希望有关权利的问题能够在新政府组建之前得到解决。杰斐逊建议，前 9 个州批准宪法，剩余的 4 个州则否决它，直到将有关个人权利的宣言补充进去。

尽管如此，他最终还是决定接受宪法草案的现状。他于 1788 年 5 月写道：“确实存在一些缺陷，让我一开始无法接受。不过，完美不是一蹴而就的，我们应该对此感到满足。”

这是一个理解杰斐逊观点的要义：他下笔力求完美，但他会发现并汲取好的事物，而不会让两者拼得鱼死网破。

杰斐逊怀着极大的热情关注着新宪法的批准进程。他从各方获知了各州会议的投票结果，并记录下来。1788 年 5 月，他相信宪法的通过已是定数。当月 15 日，他说：“总统和新的国会很可能于 9 月在纽约就任。”

从一开始，杰斐逊就认识到了总统职位的重要性。詹姆斯·门罗在写给杰斐逊的信中谈到，华盛顿“再度投身公职之际，他所选择的道路不仅对他本人，而且对我们大家而言都值得关注：人的本性存在缺陷，如果他放纵这些特质——我们有足够的理由相信这一点与人类脆弱的本性是密不可分的——那么对美国人民来说将是一场灾难”。

国家的前途命运都维系在一个人的身上。

1788 年 4 月，杰斐逊结束了一趟欧洲旅行回到巴黎。在一堆信件中，他一眼便认出了玛丽亚·科斯韦的笔迹，于是迫不及待拆开她的信笺，顾不上读其他信件便坐下来给她写了回信。

他说自己在旅途中梦到了她。“身在海德堡的时候，我真希望您就在我的身边……事实上，我牵着您的手游遍了整个花园。”他写道，“您一定要……再给我写封信来，信里如同我对您的情感一样饱含深情。”他给她讲了个有关鼻子和阳具之间关系的笑话，是他从劳伦斯·斯特恩的小说《项狄传》中学来的，这在当时是相当常见的调情暗示。

不过，在这趟旅途中，他的心里可能同时有了萨莉·赫明斯的影子。在杜塞尔多夫，他被荷兰画家阿德里安·范·德·韦夫1699年创作的一幅画深深吸引，画中描绘的是亚伯拉罕与年轻的女仆夏甲圆房的情景。杰斐逊形容这幅画“非常甜美。若不是他已作古五六千年，我真愿意身为亚伯拉罕”。

1788年5月，他在朗雅克府写信给一位朋友：“巴黎俨然成为政治的熔炉。整个世界都围绕着政治疯狂地运转。无论男人、女人，还是孩童，他们没有任何别的话题。”

第二十二章
巴黎的条约

他希望带我母亲一起回弗吉尼亚，可她犹豫不决。

——麦迪逊 · 赫明斯

1788~1789 年，无论是在杰斐逊的公职生涯还是在其私人生活中，都发生了一连串的事件。在尼德兰，借款谈判艰苦而漫长；在法国，革命洪流滚滚而来；在朗雅克府的围墙之内，萨莉 · 赫明斯的身影无处不在。

法国人对自由有着强烈的渴望——不但立法反对奴隶制，而且揭竿反抗路易十六——在这两年对杰斐逊而言，都是极大的考验，触及他个人生活最私密的领域，迫使他不得不思考自己的哲学信条可能产生的所有影响。

在这个急剧动荡的时期，杰斐逊似乎和他已故妻子的同父异母的妹妹开始了一段性关系，而且这个妹妹还是他的女奴。从赫明斯 1787 年夏陪同波莉来到巴黎之后，她一直领着一份微薄的薪水——每个月 12 里弗尔，一共领了 10 个月。杰斐逊为她置办了衣装，还给她接种了天花疫苗。她的哥哥詹姆斯正在接受厨师的训练。关于萨莉日常的工作并没有清楚的记载，不过她在巴黎的部分时间可能是在修道院女校担任杰斐逊两个女儿的贴身女仆度过的。

杰斐逊的生活不可能更复杂了。他的公务紧急而繁忙；他在巴黎的知识界和社交界里穿梭往来；他要抚养两个女儿；他为年轻、脆弱的共和国日夜担忧；他还要跟一个已婚妇人言语传情，在林荫遮蔽的巴黎市郊偷偷跳下马车，在浪漫迷人的森林公园惬意漫步。从凡尔赛宫到剧场和歌剧院，他既生气勃发，却又忧心忡忡，随时都有可能从美国传来不幸的消息——祖国的安全、稳定和地位危如累卵。

一片疾风骤雨之中，有一个美丽的年轻女子随时听候他的吩咐。这个女子可能让他想起了她同父异母的姐姐——杰斐逊的妻子。杰斐逊和赫明斯两人之间到底有多少感情，这已是一个无法解开的谜团。他可能爱过她，她也可能爱过他。也有可能，如同一些人指出的，这是带有胁迫性、体制性色彩的强奸。或许，她仅仅是为了在一个罪恶的制度下求得生存，把性关系当作一种责任，当作自己受奴役状态的一个组成部分，并且以此为手段，改变自己孩子的命运。又或许，以上种种情形在不同的时期都是真实存在的。

杰斐逊自己有一次评论道，性爱是“人类最强烈的欲望”，如果是他想要得到的，他不会勉强克制自己。而据杰斐逊的外孙托马斯·杰斐逊·伦道夫回忆，萨莉·赫明斯“肤色白皙，非常漂亮”。此后多年间，她生下了几个孩子。从资料记载的孩子的出生时间来推算，她怀孕的时间可能都是杰斐逊在蒙蒂塞洛期间。

尽管资料有限，我们极有理由相信，萨莉·赫明斯是一个聪慧、勇敢的女人。她出生在一个不公平的世界里，却竭尽所能改善自身的境况。她凭借着坚忍性格和生存本能开始了她人生中的这一新篇章，并且在今后的日子中保持了下去。

这个新的开始给她带来了希望。因为过去一直禁锢、奴役她的两大因素——地理和文化——现在站到了她这边：在法国，奴隶可申请获得自由，而他们的主人没有权力阻止。

杰斐逊很清楚这一点。作为美国驻法大使，他曾就这一制度向一个在法居留的美国奴隶主提供建议。萨莉·赫明斯也不是一个无依无靠、孤身一人流落异国的奴隶女孩，她的哥哥詹姆斯当时也在朗雅克府干活，如果她愿意，可以帮助她获得自由。

据他们的儿子麦迪逊·赫明斯后来回忆，萨莉当时已经成为“杰斐逊先生的妾室”，杰斐逊准备返回美国的时候，她正怀有身孕。麦迪逊·赫明斯说：“他希望带我母亲一起回弗吉尼亚，可她犹豫不决。”

犹豫不决即意味着拒绝。对杰斐逊来说，他完全不能接受有人违抗他的绝对意志，更何况这人还是个奴隶。他的一生都致力于尽可能地掌控这个世界发生的种种变数。如今，一个跟他的大女儿年龄相仿的女孩，居然拒绝服从自己，拒绝接受长期以来约定俗成的白人奴隶主对女奴的性支配。

“她才刚刚开始听得懂法语，而且在法国，她是自由的。如果回到弗吉尼亚，她会重新沦为奴隶。”麦迪逊·赫明斯说，“所以她拒绝跟他一起回去。”

这是一个非同寻常的时刻，杰斐逊刚刚同欧洲的银行家就一项债务达成协议，把法国从全盘崩塌的悬崖边上又拉了回来，眼下，他不得不和一个怀了身孕的未成年女奴谈条件。这个女奴现在有机会获得自由，而且这样的机会很可能仅此一遭，错过就再也没有了。

掌握主动权的人是她，而不是他。这样的情形看起来一定是超乎现实、无法想象的，甚至是荒诞不经的。或许这是他人生中第一次，在一件让他紧张的事情上，杰斐逊真正地处于劣势。于是他开始让步，希望说服萨莉跟自己一起回弗吉尼亚。麦迪逊·赫明斯说：“为了劝诱她回美国，他向她允诺了很多特权，并且郑重发誓，会在她的孩子年满 21 岁时给予他们自由。”

萨莉·赫明斯同意了。“她决定完全相信他的许诺，同他一起回到弗吉尼亚。”麦迪逊·赫明斯说，“他们到达美国不久，她就生下了一个孩子，托马斯·杰斐逊是孩子的生父。这个孩子没过多久便夭折了。她后来又生了 4 个孩子，父亲都是杰斐逊。他们的名字是贝弗利、哈丽雅特、麦迪逊（我自己）和埃斯顿——三个儿子和一个女儿。”

他们的父亲最终兑现了他在巴黎对萨莉许下的承诺。麦迪逊·赫明斯说：“根据父母在我们出生之前就达成的协议，我们全都获得了自由。”这是杰斐逊一生中最重要的契约之一。

在巴黎，权贵会议不得不让位于 1789 年 5 月三级会议的召开。杰斐逊在 1788 年 7 月给一位记者的信中写道：“我想你一定听说了关于这个国家内部动荡的可怕传闻。谣言总是愈传愈烈。……迄今为止，据我所能搜集到的最为可靠的证词，在骚乱中尚无一人丧生。”

法国王室深陷财政困境的原因有很多，其中一个便是美国无力偿还欠欧洲——主要是法国——的债务。这个问题给在外交前线的杰斐逊和亚当斯带来了麻烦。1788年年初，两人在阿姆斯特丹碰面，准备与尼德兰银行家展开协商。杰斐逊此行的主要目标包括：找到足够的资金，既可偿付在美国独立战争中服役的法国军官的军饷，又可支撑美国在欧洲各国的外交驻地。1788年，他和亚当斯顺利达成了这两个目标。

随着人们对美国稳定的信心逐渐增强，美国的信用等级在欧洲市场上开始提升。由于杰斐逊本人欠下了大额的个人债务，因此他强烈反对国家背上沉重的债务包袱，认为这会使国家受制于人。1788年5月，他写信给华盛顿："对任何可能会影响我国信用的风吹草动，我都感到焦虑不安。我的设想是，尽可能提升我们的信用，但审慎使用。"

杰斐逊凭借巧妙的外交手腕商定了一项条约，这将是在新的宪法下首项获得通过的条约——一项界定美法两国之间外交关系的领事级协议。这项协议最初由富兰克林在1784年主持商定，但在当时被认为对法国做出了过多的让步，因而遭到国会否决。杰斐逊重开谈判，他的主导原则是："改变做法……不再拒绝任何一项对我们无益的条款，而是接受任何一项对我们无害的。"

这是处理微妙事务的实际办法。协议获得通过后，美国被世人视为一股更强大、更成熟、更受尊敬的力量。杰斐逊的工作完成得非常出色。

他对宪政下的美国政治充满好奇。麦迪逊告诉他，华盛顿将成为总统。约翰·汉考克和约翰·亚当斯是"被提及最多"的副总统人选。麦迪逊还说："我认为杰伊先生或诺克斯将军是更好的人选，不过他们两人很可能都宁愿维持现状。现在还说不准前两人中究竟谁会出任，或者是否还会出现其他人选。"

大家都禁不住要猜测一番。"副总统的人选仍然悬而未定。"杰斐逊在1788年写给一位记者的信中说，"如果不是考虑到富兰克林博士的年龄以及他很可能不会接受，博士倒是个十拿九稳的人选。……亚当斯、汉考克、杰伊、麦迪逊和拉特利奇都有各自的支持者。"

10月过去后，幕后的权力角逐愈发激烈。麦迪逊报告说，考虑到华盛顿出身弗吉尼亚州，副总统的人选将在汉考克和亚当斯两人之间产生。在麦迪逊看来，这两个人都不理想："汉考克软弱无能却野心勃勃，为了赢得支持不惜玩弄低级的花招……亚当斯在著述中公开宣称的政治原则让他遭到许多人的憎恶，在南方各州尤甚。"

杰斐逊热切关注着事态的发展。他在1788年11月说："亚当斯先生和汉考克先生之间存在不公开的敌意，两人都被提名为副总统人选。"

私底下，有关君主制的议论一直没有消失。华盛顿的助理戴维·汉弗莱斯告诉杰斐逊，支持建立一个强大中央政府的人原本"对王权深恶痛绝，现在却开始认为，也许只有一位国王才能消灭邪恶。这样的议论真是令人震惊，不幸的是，连我都已有所耳闻"。

杰斐逊想要回国，至少是在国内待上一段时间，而且他特别希望能与华盛顿建立起私人关系。眼下回到国内，在政治上是有裨益的，因为他极为反感别人在背后说他的坏话。他的朋友弗朗西斯·霍普金森于1788年12月从费城给他写了一封信，信中就提到了这件令人恼火的事："顺便提一句，不断有人在我面前说，你是个强硬的反联邦主义者，这几乎等于在战时说某人是亲英分子一样。"

杰斐逊借此话题对派系斗争进行了抨击。"我不是个联邦主义者，因为无论在宗教、哲学、政治，还是其他方面，我的全部信仰不会只听由某一党派或派别的信条的摆布。我自己能够独立思考。"他在1789年3月给霍普金森的回信中说，"沉溺于派系之争是一个自由和有道德的人的终极堕落。如果不加入某个党派，我就不能进天堂，那我宁可不进。因此我向你郑重声明，我不是一个联邦主义者，但我更不是一个反联邦主义者。"

他一再重申自己的立场："我最大的愿望是不受打扰地恪守自己的职责：避免受到瞩目，避免自己的名字见诸报端。因为在我看来，即便是毫无根据的小小指责，它所带来的痛苦也远远大过溢美之词带来的欢愉。"

麦迪逊从美国来信，向杰斐逊戏谑地报告了一条新闻：约翰·亚当斯想要为总统杜撰一个堂皇的头衔，结果以失败告终。"亚当斯竭力主张头衔的重要性。……拟议的头衔是——美利坚合众国总统殿下、各州自由的保护者。如果这个提议得到通过，无疑将令总统陷入两难的困局，在我们新生的政府中造成裂痕。"

杰斐逊称亚当斯的提议是"我听到过的最为荒谬的事情，简直到了无以复加的程度。这证明了富兰克林博士对我这位朋友的评价确实恰如其分：'无论何时都是一个诚实的人，常常还是一个伟大的人，但有时是个彻底的疯子'。"

这一年，法国迎来了一个严酷的冬天，然而杰斐逊的心情却好极了。他在1789

年 1 月写道："我们的新宪法……所取得的成功远远超出了我最初的期望。"

法国人能否也推出一部这样的宪法，成为一个引发激烈争论的爆炸性问题。1788 年年末至 1789 年年初的寒冬，法国国内食物匮乏、政治动荡，局势一触即发。随着三级会议于 1789 年 5 月召开，巴黎街头发生了造成约百人丧生的暴乱。杰斐逊对此表现出了他后来对法国大革命一贯的态度：他对暴力流血坚持轻描淡写，认为这一事件与更广泛意义上的国家命运问题毫无联系。

在 6 月的第一个星期里，杰斐逊为法国人起草了一份权利宪章，并送到拉法耶特侯爵手中。杰斐逊的草案完全从务实的角度出发，没有对人类自由的大声疾呼，没有对言论自由等各种人权的激情罗列，这份草案更多的是关于程序和权力分配的记录性文件。[比如："法律只能由（三级会议）制定，并须得到国王的批准"，"军队必须听命于国民政府"。]这份草案是他受时代精神的感召，为无数的可能性所激励而匆匆写就的。

1789 年 6 月 17 日星期三，要求迟迟得不到满足的三级会议平民代表自行设立国民议会，从事实上揭开了法国大革命的序幕。数百年来，受尽王权专制的欺压，法国人民终于奋起反抗。在此后的 1/4 个世纪里，从数次试图创立共和政府，到将国王和王后送上断头台，再到产生恐怖统治，最后到建立拿破仑 · 波拿巴的独裁帝国，法国一直在迈向现代性国家的道路上挣扎前行。这场斗争的实质影响不仅横扫法国，而且遍及世界，这其中就包括了美利坚合众国——这个法国曾帮助建立起来的国家——及其领导人，住在朗雅克府的美国驻法大使托马斯 · 杰斐逊当然也是其中之一。

巴黎的动乱也波及杰斐逊。他的宅邸曾三次遭受劫掠，他还目睹了一场在路易十五广场（今协和广场）发生的巴黎市民与德国雇佣骑兵的街头战斗。开始时，还只是民众投掷石块，最后发展成雇佣军动用"强大火力"。

1789 年 7 月 14 日星期二的晚上，在朋友德 · 科尔尼夫人府上做客时，杰斐逊获知了民众攻占巴士底狱的消息。他在两天后这样记叙道，"内阁更迭，在进攻巴士底狱的过程中，民众遭到屠戮，典狱长、副典狱长和商会会长被斩首，这些事件在巴黎引发的骚乱把国王吓坏了"，他向三级会议允诺遣散部队，并发誓进行改革，"将和平与幸福还给人民"。

局势的发展尚未明朗。"市内的气氛仍然极为紧张，遣散军队的时机尚未成熟，并且他们仍在继续武装和组织资产阶级。”到了第二天，也就是 17 日，杰斐逊告诉托马斯 · 潘恩：“巴黎过去这 5 天里的局势比我在美国见过的任何一次战斗都更危险。”

杰斐逊表现得临危不惧。在写给玛丽亚 · 科斯韦的信中，他说，“触目所及都是骚乱和暴动”，“人头落地成了家常便饭，每天早上醒来，倒要回想一下自己的脑袋还在不在脖子上”。

1789 年 8 月 25 日星期二，拉法耶特请杰斐逊“推掉所有约会，在星期三做东设宴。我们一共 8 个人，都是国民议会的成员。我希望我们能够（联合起来），这是制止议会解散和内战爆发的唯一途径”。第二天，国民议会通过了由拉法耶特撰写的《人权和公民权宣言》。这份法国大革命的纲领性文件不仅受到《独立宣言》的影响，并且在起草过程中，拉法耶特也不断征求杰斐逊的意见。

就在这个星期三，宴会从下午 4 点在朗雅克府开始，谈话一直持续到晚上 10 点。杰斐逊回忆说，在整整 6 个小时中，他“作为一个沉默的见证人，目睹了一场不同政见之间冷静而坦率的交锋。这是一场不同寻常的对话、一次逻辑的推理，丝毫没有受到华丽辞藻和肤浅誓言的污染，足以与色诺芬、柏拉图、西塞罗等古人的著名论辩相媲美”。在杰斐逊的餐桌旁，这个 8 人团体就新共和国的政府架构问题达成了一致，并“决定了（法国）宪法的命运”。

对革命成功的期望空前高涨。拉法耶特将巴士底狱的钥匙作为礼物送给了乔治 · 华盛顿。他本人当时负责保证路易十六和玛丽–安托瓦内特的安全，以期在推进革命的同时维护社会秩序的稳定。据帕茜 · 杰斐逊回忆，有一次她和几个朋友站在窗口围观国王和王后的马车通过，随行保护的正是她父亲的这位同僚兼好友。最先过来的是王家马车，一位内侍向她鞠躬致意。接下来，几个小姑娘听到像“数千头公牛的吼叫声”，这是人群在呼喊拉法耶特的名字。“拉法耶特！拉法耶特！”民众欢呼道。这位年轻的法国绅士注意到帕茜正在窗口观看，于是向她鞠了一躬。他的这一致意令帕茜终生难忘。她将一个三色帽结——大革命早期的象征——留作永远的纪念。

尽管不时发生暴力事件，一直存在各种威胁，杰斐逊本人始终持乐观态度。他曾对拉法耶特说：“眼下看来，你们的革命正在稳步进行当中：期间当然少不了艰难险阻，然而，从专政到自由的转变不可能发生在羽毛床上。”

1789年9月初，杰斐逊在病中给詹姆斯·麦迪逊写了一封长信。这封信是他沉浸在法国大革命狂热的激情中写就的，据他自己说，他的思想受到了欧洲近期事件的影响。“我的出发点想来是不证自明的，‘世界的用益权属于生者’——死者既无权威，亦无权利。”他稍后又补充道，“世界永远属于活着的世代。他们在自己的用益期内可以随心耕耘和收获。他们是自己的主人，因此可以随心地支配自己。……既然如此，每部宪法、每条法律，自然而然地会在19年的期限（19年是杰斐逊自己对一个世代的定义）过后终结。”

若仅从字面来看，这些想法简直就是灾难的配方。如果先例失去了权威，法律不能保护财产，榜样也不能引导我们，那么社会就会倒退到弱肉强食的原始状态，强权在无序中得到巩固。

关键在于，杰斐逊的意思是要让后代子孙原封不动地照搬他的想法，还是像他经常做的那样，只是分享自己在时代巨变中那种急切的心情。在这里，后者的可能性更大。尽管他高举今日的大旗，而不是强调回顾和存续往昔，他并不真正主张在世代的更迭中抛弃一切旧有的法律。单从1789年来看，他是着眼于过去5年间的种种事件看待当前世界的：在法国，个人和制度的命运在很大程度上一直由世袭地位决定。“这一原则——世界属于生者，而非死者——适用广泛，影响深远，无一国例外，尤其是在法国。”

1790年，在即将返美的数月前，在写给查尔斯·克莱牧师的信中，杰斐逊又完全换了一副务实的态度。克莱当时正谋求一个众议院席位。杰斐逊信中写道：“你在政治方面见多识广，在人情方面世故通达，不可能不知道自由的土壤是靠着一分一寸的争取而来的。我们应该满足于眼前唾手可得的果实，同时永不放弃尚未开花结果的理想。”

到底哪一个才是真实的杰斐逊——宣扬摒弃一切法律的哲学家，还是相信“我们应该满足于眼前唾手可得的果实”的政治家？

这两个貌似矛盾的杰斐逊很可能都是真实的。他在一个时期抱有这样的想法，又在其他时期秉持那样的观点。有时，他脑海里同时出现两种相互矛盾的思想。这难道不是人类的共性吗？更何况是不断求索、智识活跃的思想家？

作为一个政治家，他能够站在各种不同的层面上思考问题。不过，他总是会从空中楼阁回到坚实的土地上来，挑起治理一个不完美世界的重任——用他自己的话说，永不放弃尚未开花结果的理想。（在法国，他的注意力很快又回到火枪制造问题上——这表明他始终是立足于现实世界的。）

麦迪逊就杰斐逊满是狂想的来信认真给予回复，他总是担负着消化吸收杰斐逊的原始思想的责任。麦迪逊对共和国的诸多贡献之一，便是常常充当杰斐逊生活中的调停人角色，保护杰斐逊免受自身激进思想的伤害。

眼下正是这样一个时刻。虽然麦迪逊言辞温和，但是他坦率地表示了自己的怀疑。“哲学立法的精神从未散播到合众国的部分地区，不论国会内外，都远不能称为潮流。”他写信给杰斐逊说，“此外……在我们这个半球，透过哲学这一介质看到的许多至高真理还不为一般政客的凡胎肉眼所察觉。在此之前，民众仍需启蒙教化。”

麦迪逊提到“哲学这一介质”，这是在告诉杰斐逊，对发生在欧洲的关于人的权利的革命，他的热情是脱离美国治国现实的。麦迪逊的话很有道理，从两人的这番信件往来也可以看出麦迪逊确实是一位诚挚、可敬、审慎的友人，在杰斐逊间或沉浸于哲学狂想时，他能够良言规劝，拉住脱缰的野马。麦迪逊一直在杰斐逊身边支持他、帮助他，同时巧妙地提醒他要牢记自己的核心理念：政治有其局限，政府有其缺憾，人性亦有其现实的一面。

1789 年 9 月的最后一个星期日，托马斯 · 杰斐逊带着两个女儿、萨莉和詹姆斯 · 赫明斯两兄妹一起离开了巴黎，启程返美。在勒阿弗尔和考斯停留之际，他教其他人如何丈量河流的宽度，还教导波莉西班牙语。据他记叙，他还“在当地漫游，想要寻得两只牧羊犬”。“为了找牧羊犬，我们走了 10 英里路，攀上了悬崖峭壁，而且还是冒着我这辈子所经受过的最狂暴的风雨。”结果牧羊犬没找到，倒是在路上见到了一桩触目惊心的事。“在我们回来的路上，”他写道，“看见了一个男人的尸体，这个人刚刚举枪自杀。手枪落在他的脚边，身子后仰，一动不动。子弹从前额到下巴射穿了整张脸，血肉模糊得辨认不出面目。头顶的脑壳也不见了。”就在经受暴雨又发现尸体的隔天，杰斐逊碰上有人卖狗，于是买到了“一只即将产崽的法国牧羊犬”，而他认为牧羊犬是“世界上最警觉聪明的狗”。

他们的船很快扬帆起航。在旅途中，萨莉 · 赫明斯是服侍杰斐逊一家人的佣人之一。一直到 37 年后杰斐逊逝世，萨莉仍然是杰斐逊家族的女奴。

Thomas Jefferson

The Art of Power

第六部分

首任国务卿

（1789~1792 年）

我们同为劳作者，同为受苦者，上天终于赐予我们幸福的果实，作为我们斗争的奖赏。能否在安宁与和谐中享有自治——这一长久以来人类被剥夺的权利——现在就只能靠我们自己了：树立榜样，证明人类能够通过理性解决人类自身的事务，证明大多数人的意愿、每个社会的自然法则，是人的权利的唯一也是最可靠的守护者。

——托马斯 · 杰斐逊

成为国务卿的前一天对弗吉尼亚州阿尔伯马尔县人民呈文的回复

乔治 · 华盛顿 1789 年春在纽约市宣誓就任美利坚合众国第一任总统。杰斐逊不久也来到纽约，出任华盛顿内阁的国务卿一职。

第二十三章
组约的新职位

总的来说，我认为在像我们这样的政府中，给予和索取同样重要。

——托马斯 · 杰斐逊

在正式提名的信函送达的时候，杰斐逊正在埃平屯庄园。这座埃普斯家族的庄园位于里士满西南方的切斯特菲尔德县，就坐落在阿波马托克斯河畔。1789 年 11 月 23 日星期一中午 12 点 45 分，杰斐逊搭乘的“克莱蒙”号于“天清气朗的秋日”横渡大西洋，抵达弗吉尼亚州的诺福克，同行的有他的两个女儿波莉和帕茜，以及萨莉和詹姆斯 · 赫明斯。一行人慢慢悠悠返回蒙蒂塞洛，途中在埃普斯府上稍作停留，主要是为了能让波莉与她挚爱的姨父母团聚。

1789 年 12 月 11 日星期五，杰斐逊收到了总统提名的信函。杰斐逊从巴黎到达弗吉尼亚期间，有关此提名的消息已见诸报端，内容是：杰斐逊愿意出任国务卿吗？

杰斐逊并未给华盛顿一个明确的答复。国务院的职责不仅涵盖所有外交事务，而且包括不少国内事务。杰斐逊对此重担感到畏惧，而他自己也亲口承认了这一点：他担心“公众的批评和指责，即便他们的意图是公正的，亦难免有时会收到错误的信息或被人误导，而他们的意见又总是举足轻重且不可忽视的”。

杰斐逊身陷一个熟悉的困局：他渴望舞台，期盼掌声，同时又害怕失败和非难。在饱受舆论攻击的艰难时刻，他可以雄辩滔滔地声称自己一直希望从政坛退隐。但是，公职生涯让他感到厌恶的一面，同时也正是深深吸引他的一面。他渴望铸就伟业，也认为自己足以成就一番事业。他为国家服务和牺牲的意愿之强烈，丝毫不亚于他因为其服务和牺牲的对象认为他欠缺才能时所感到的痛苦。

有人可能会认为，如果当真如此憎恶“批评和指责”，就早该从公共生活中退隐，以免受流言蜚语和政治攻击的伤害。然而，这样的退隐对杰斐逊来说是不可能的，是对他本质性格的否定，因为他既是一个凡人，也是一位英雄。他既是一个在政治上永不退缩的斗士，又有一个容易受伤的灵魂。而他永远都如此。

华盛顿把说服杰斐逊的技术性工作交给了詹姆斯·麦迪逊。1789 年年末，麦迪逊来到蒙蒂塞洛与杰斐逊详谈此事，并且希望纠正杰斐逊对国务卿职责的错误看法。国务卿并不主管所有的国内事务，他的身份是担任总统外交政策的总顾问。“在这件事上，但凡与我交谈过的人，都热切盼望（杰斐逊）能够接受任命。”麦迪逊写信给华盛顿说，“我有信心不负所托，此事的最终结果定不会令他们失望。”

普遍的赞同态度极大地鼓舞了杰斐逊，也让华盛顿打消疑虑，他认为杰斐逊是合适的人选，即使要与他展开拉锯战也是值得的。1 月中旬在纽约与麦迪逊交换了意见后，华盛顿给杰斐逊写了封信，有力地陈明理由，邀请杰斐逊加入内阁，卸任驻法国大使。

华盛顿对杰斐逊说，“为了让你在充分掌握事实的基础上做出最终的决定，我想有必要告知你”，就是“关于你的任命得到了公众广泛的支持和欢迎”。

华盛顿希望得到答复。杰斐逊可以选择赴任纽约，也可以选择回到法国，但是他必须做出决定。

何去何从？杰斐逊热爱巴黎，而且外交职位既赋予他高度的自主权，又使他免于无休止的批评。可话说回来，他这一生为之奋斗的事业就是美国革命的成功，现在他必须下定决心，自己在哪里才能为这更崇高的事业做出最有价值的贡献：内阁，还是法国？

他接受了华盛顿的邀约。他从实际的政治考量向一位友人解释了自己的想法。

华盛顿在来信中“说我可以自由选择，接受任命或者返回法国。但我很明白地看出，他更希望我选择前者。我从多个消息来源获知”——主要是从麦迪逊那里——“接受任命才是让人满意的做法。因此，我若选择返回法国，难免会招来恶感。这一点是任何职位都弥补不了的”。

杰斐逊出任国务卿时期是美国历史上既动荡不安又激动人心的年月。通过这一经历磨炼出的，是杰斐逊坚强的信念和灵活的策略。在他后来出任副总统，直至最终当上美国总统的过程中，这些信念和策略无疑发挥了巨大的作用。美利坚合众国第一届内阁经历的风风雨雨对托马斯·杰斐逊产生的影响，乃至对整个国家产生的影响，都远远超出了华盛顿政府的任期。

杰斐逊和家人回到弗吉尼亚之后，已经17岁的帕茜很快便决定嫁给小托马斯·曼·伦道夫。小托马斯21岁，是杰斐逊童年玩伴的儿子，也是帕茜的第三代堂亲。他们小时候见过两回，都是在杰斐逊一家拜访茯苓庄园的时候：一次是在1781年英军入侵期间，另一次是在1783年。年轻的伦道夫一头黑发，胸怀宏图壮志，受过良好教育。杰斐逊一家于1789年抵达诺福克之后，他便立刻展开了追求攻势。在给一位法国朋友的信中，杰斐逊写道：“无论从才能、性情、关系，还是家世来看，他都是我的佳婿首选……我还是不敢擅作主张，因为这都得看我女儿自己的心意。”在女儿订婚之后，由于他希望将一切都办得妥妥当当，因此推迟了离开茯苓庄园的时间，以便与伦道夫一家商量婚事安排。最后，婚礼于1790年2月举行。

帕茜一回到美国就结了婚，而且对象还是一个她不太熟悉的男人，这件事似乎有些蹊跷。有历史学家推断，这可能是她对父亲和萨莉·赫明斯的私情做出的反应：女儿可能感到，自己在父亲心中的位置在某种程度上被取代了。

也有可能，事情正如表面上看来的一样。帕茜到了适婚的年龄，年轻的伦道夫又是一个合适的对象，而且从很多方面来说，伦道夫与她挚爱的父亲十分相像：他对农耕、科学、法律和政治都很感兴趣。这位男子得到了父亲的首肯，而且和父亲有着共同的爱好，因此在这门婚事提出之后，帕茜毫不犹豫就接受了，准备开始人生必经的第二篇章。

此后，杰斐逊前往纽约赴任，萨莉·赫明斯则留在了蒙蒂塞洛。在这些年间，她的主要职责是照管杰斐逊的私人房间和衣物，他把自己最珍视的物件都交由她保管。赫明斯在这一时期的具体住处已无法得知，有可能是位于一排 18 世纪 90 年代中期建成的原木奴隶营房中的一座。这排木屋沿着庄园的主要道路桑径修建，研究蒙蒂塞洛的学者指出，桑径两边曾有过二十来座房屋、作坊和牲口棚，当时的几十名奴隶和自由白人工人就在这里居住和劳动。学者认为在杰斐逊任职总统期间及之后的岁月里，萨莉 · 赫明斯住在建于 1802~1809 年的主宅南翼的露台区。

杰斐逊北上纽约的旅程缓慢，途中还不时遇到雪。然而，这似乎是一个政治上的春天。在乔治 · 华盛顿的就职大典举行之际，理查德 · 普莱斯从伦敦给杰斐逊寄来一封信。这位老者在当时的英国是一位激进的哲学家，长期以来一直支持美国革命。他在信中表达了许多人的心声："我想，新宪法下的国会现已在美国诞生，急盼听到国会顺利运作的消息。我已近风烛残年，如今竟有幸见到人类取得进步，宗教迫害几乎绝迹，底层民众睁眼发现自身的权利，世界各国渴望争取失落的自由，老怀安慰，别无他求。"

到了纽约之后，杰斐逊在百老汇大道上找不到住处，于是只得租下了下曼哈顿仕女街 57 号的一栋房子。（他告诉帕茜，这栋房子"马马虎虎"。）亚当斯夫妇等老朋友十分欢迎他的到来。阿比盖尔 · 亚当斯在 1790 年 4 月间的一封信中写道："杰斐逊先生现在身在纽约，他的到来为我们的社交圈子增色不少。"副总统亚当斯和夫人的住处——一所叫作里士满丘的宅邸——当时位于一个较偏远的居住区，此处即是后来赫赫有名的格林尼治村。

这个世界永远都不会风平浪静。不论是在美国国内还是国外——这两个方面是紧密相连的，因为发生在国外的战争和冲突会直接影响美国国内的形势和政局——18 世纪 90 年代已被证明是一个风起云涌的时代。1791 年夏末，神圣罗马帝国皇帝利奥波德二世（他也是玛丽 – 安托瓦内特的哥哥）和普鲁士国王腓特烈 · 威廉二世共同发表了《皮尔尼茨宣言》，宣称要捍卫法国王室。这直接引发了 1792 年春法国革命党人向奥地利宣战，开始了长达 13 年的一系列战争，都发生在革命的（及后来拿破仑的）法国与君主制的欧洲列强之间。法国大革命的暴力流血（包括 1793 年对路易十六和玛丽 – 安托瓦内特的处决，以及 1794 年的革命恐怖时期）也将英国和西班牙卷入了对法战争。

发生在旧世界的冲突同样给新世界造成了难题。在这 10 年间，由于英法之间的战争，美国亦曾数度濒临战争边缘，敌人既曾是英国，也曾是法国。不仅如此，战争的威胁还严重影响了美国国内形势（如在 90 年代末的最后几年，由于害怕爆发对法战争，政府对公民自由出台了强硬的限制政策）。在这重重考验期间，杰斐逊的身份也在不断发生变化。他曾是国务卿，又是先后反对乔治 · 华盛顿、约翰 · 亚当斯政策的反对派领袖，最后还是美利坚合众国的副总统。

杰斐逊在这 10 年风暴中的种种行动，主要受到他对自由和权力的双重信念的驱使。也许可以说，他对法国过于宽容了，但他对法国大革命的同情是与他对英国君主主义的厌恶和恐惧密不可分的。

尽管发生了一场又一场的危机，到这 10 年结束的时候，杰斐逊与开始时并无两样：他仍然是美国试验的保护者和美国利益的捍卫者。

1790 年 3 月 21 日星期日，美国历史上的首任国务卿第一次正式拜会首任总统，标志着两人之间长达 4 年“每日见面、挚诚交心”（杰斐逊原话）的友好关系开始了。这两人有太多的事情要谈，一次会面根本就谈不完，于是两人在星期一（画家约翰 · 特朗布尔给华盛顿画完肖像之后）和星期二再度会面。

华盛顿和杰斐逊相识已近 25 年，这可以追溯到他们在威廉斯堡出任弗吉尼亚下议院议员的时期，当时两人时常在这个旧殖民地首府的议会厅和雷利酒馆之间流连忘返。

在 3 月明媚的春光中，华盛顿有充足理由相信，坐在他面前的这个男人是值得另眼相看的：许多人都向他大力夸赞杰斐逊。拉法耶特曾在 1788 年对华盛顿说：“杰斐逊先生集出众的才能、高尚的品德、讨人喜欢的脾气及其他众多优点于一身，在这些方面，无人能与他相匹敌。因此他既是杰出的政治家、热心的公民，也是可亲的朋友。”美国商人纳撒尼尔 · 卡廷在法国与杰斐逊来往过一段时间后写道：“在我眼里，杰斐逊先生学识广博、见解高卓。他的风度肃穆得体、讨人喜欢。他的众多才能在任何时代、任何国家都可引以为荣。”几年前，约翰 · 亚当斯还在巴黎的时候，也曾对战争部部长亨利 · 诺克斯说：“不论是从能力还是品德来看，都很难找到像我的朋友兼同事杰斐逊先生这样的人才。”

对杰斐逊来说，华盛顿是高高在上、有距离感的，他优雅得体、超然孤高，就像是现实生活中的一个神话。“他无所畏惧，有种山崩于前而面不改色的泰然。”杰斐逊在很久之后写道，“他性格中最大的优点或许就是审慎，行事之前必先对任一条件、因素深思熟虑、再三权衡。如果心存疑虑，绝不会贸然行动。可一旦做出决定，便不顾任何艰难险阻，不达目的誓不罢休。”

杰斐逊对华盛顿才智的评价就没那么高了：“他思维清晰、头脑灵活，不过算不上绝顶聪明。他的洞见深刻，可是不及牛顿、培根、洛克般敏锐，而且他认为自己的判断总是最明智的。他处理起问题来慢条斯理，鲜有创新或想象，但决断有力。”

在表象之下华盛顿还有隐藏的一面。“他天生急躁易怒、自视甚高，不过时刻的反省和坚定的意志让他牢牢地、习惯性地掌控自己的缺点。”杰斐逊继续写道，“然而，一旦失去控制，他的怒火是可怕的。”换句话说，就是与华盛顿打交道需要小心谨慎，不可冒犯他。

杰斐逊抵达纽约不久，他的间歇性头痛又一次发作了。这或许表明，在内心深处，他对未来的职责以及公众的审视感到惶恐。

在过去 5 年中，他不必每一天，甚至是每小时都处身刀光剑影的美国政坛。作为一个驻外大使，他更像是一个观察者，而不是一个演员。然而，现在他是新政府中的内阁高官，完全暴露在虎视眈眈的纽约政治阶层眼前。

他需要花上一段时间适应新的环境，在此期间，他对麦迪逊友情的倚重不但明显，而且真诚感人。有一次，就政府与联邦参众两院沟通形式的问题，杰斐逊写信征询麦迪逊的意见，他在信中表达了自己的感激之情：“不妨直抒你的意见。我在新的岗位上尚未熟悉情况，恐怕有许多地方要烦扰你。”

有一件事他心里非常清楚：国务卿这个行政职位位高责重。他在 1790 年 4 月写道：“与各国交往的事务完全是行政事务，因此除去需要特别呈交参议院决定的部分外，均属于国务院行政首长的职责。例外情况还需严肃解释。”

来到纽约没几个星期，杰斐逊就迎来了自己的 47 岁生日。他是全世界最有名望的美国人之一，可是因为他过去 5 年都在巴黎，所以许多在此期间跃上国内政坛的人物对他并不熟悉。威廉 · 麦克莱，一位不满现政府的宾夕法尼亚州参议员，对杰斐逊的风度不但感到吃惊，而且相当失望：“他仪表随便、心不在焉，完全没有我想象中的一位国务卿或部长那种气定神闲的仪态。我想在他身上找到庄重肃穆，却只发现漫不经心。他说话几乎不停顿，可即便是他的谈吐也带有几分他个人仪表的特质，即随随便便、漫无章法。不过，他的言谈总是能带来有用的信息，有时甚至是卓越的见解。”

多年来，人们眼中看到的杰斐逊是在不断变化的。据报人塞缪尔·哈里森·史密斯的评述，杰斐逊“身材高大挺拔，举止灵巧潇洒。虽然称不上风姿绝尘，却也风度翩翩。他给人的印象便是这般英武矫健”。

一位英国旅行家约翰·伯纳德则写道：“他的见识既高雅，又深刻。他的谈吐高妙，从甚为严肃的道德议题，到轻松愉悦的幽默和畅想，都掌控得游刃有余。他的思路清晰明了，他的描述栩栩如生、一针见血。在所有抽象的话题上，他都直截了当——真是个名副其实的贵格会教徒；可当他谈论起自己对人性的看法时，则旁征博引、妙语连珠，其巧舌如簧不逊色于一位朝臣。”

杰斐逊深谙私人关系在政治中的重要性。他在1791年7月写给亨利·诺克斯的一封信中说：“倘若快到用餐钟点时，天下起了雨，或是天太热了你不想走远路，或是公务繁忙，你想在办公室多待片刻或用完餐后再回来办公，这时在城里用餐便是更好的选择。不管哪一天，如果遇到了上述情况，你都不必拘礼，尽可来与我共进午餐。只要我当日在家，必定欢迎之至。我的午餐时间是下午1点到3点45分，你的大驾光临一定会受到真挚的招待。”

杰斐逊视自己为政治动物。一位记者对他在《弗吉尼亚纪事》中流露出的反英论调提出质疑，他于是写信回应。他指出，书中的言论都出自战时，但是从那时以来，英国并未努力构建它与其前殖民地的建设性关系。“或许可以这样说，自战时以来，他们对待我们的行为和态度，并不如其预期的那样能够博得我们的好感。”杰斐逊在1790年11月说，“尽管如此，作为一个政治人物，我对他们绝不会表示强烈的支持或反对。不论何时，当他们出于对贸易的贪婪，愿意对我们做出让步时，我也将很乐意对他们做出让步，因为这符合我们双方的利益。不过根据我对他们的了解，现阶段我对此不抱希望。”

杰斐逊竭力想博得他人的好感，然而他发现，自己对纽约的政治气候水土不服。他后来回忆说，当时在政府圈子里盛行的联邦主义风气让他感到“惊诧和苦恼”。

在晚间聚会上，他觉得自己“几乎成了民主共和派观点的唯一代言人”。总统的准国王待遇——觐见和鞠躬礼仪、众多马匹牵拉的庞大总统马车——也让杰斐逊感到不安，因为他相信，实质的变化总是紧随在做派的改变之后。他担心，形式上向君主制的倾斜，将是事实上迈向专制政体的一步。

约翰·芬诺在纽约发行的《美国时事报》为杰斐逊的结论提供了更多证据。约翰·亚当斯以笔名在该报上发表了一系列题为“论达维拉”的文章，论辩纯粹的民主是违反自然规律的。“有一个问题值得我们大家思考：平等的法律真正能够实现并得到施行吗？因为它只有在一个权力平衡的政府下才能够出现，并且不应存在任何形式的差别与等级。”亚当斯继续道，“听人说，我们在法国国民议会的朋友已经废除了一切形式的差别。别相信这些话，吾辈国民。不可能发生的事是没法办到的。难道他们均分了所有财产和土地吗？难道他们将所有男人和女人造就得同样聪慧、优雅和美丽了吗？”

杰斐逊担心亚当斯的论点背后隐藏着更深一层的含意：差别是天生的，而且很可能是继承而来的。这一观点在旧世界占据了主导地位，在新世界也将如法炮制。基于这种忧虑，他安排芬诺发表了一篇国民议会对民众讲话的译稿：“国家，法律，国王。国家就是你们自己；法律也是你们自己，是你们的意志；国王是法律的守护者。”

杰斐逊还敦促芬诺在报上刊登翻译成英文的《莱顿公报》文摘，《莱顿公报》是一份以法语出版的亲共和派尼德兰报纸。这样一来，杰斐逊便能够在一向宣传联邦派政策的《美国时事报》上表达自己的观点。尽管到1790年8月初，芬诺完全成为联邦派的喉舌，不过有那么一段短暂时间，杰斐逊还是在《美国时事报》上施加了自己的影响力。

他不仅是从战术上打击敌人，而且是站在宏观的角度看问题。“对于人类和国家来说，我只有一个道德体系，”他在1790年4月写给一位法国友人的信中说，“即对任一约定都心存感激，并信守承诺。在任何情形下都开诚布公、慷慨大度。只有这样，才能长远地促进双方的利益，并且我确信，这也将增进双方的福祉。”

1790年4月的最后一个星期，纽约下了一场晚雪。这之后没过多久，华盛顿总统突然病重，很多人都以为他挺不过来了。可是到了6月初，总统的身体居然已经恢复得已如平常，还带上了杰斐逊前往桑迪胡克钓鱼。杰斐逊不论到哪里都保持着他的务实和乐天精神：他希望晕船能够“让我剩余的头痛一扫而光”。

这趟钓鱼之旅回来后，一天晚上，杰斐逊在华盛顿的宅邸附近遇见了亚历山大·汉密尔顿。

汉密尔顿1755年出生于西印度群岛中的英属尼维斯岛，早年的大部分时间都在维京群岛的圣克罗伊度过。他的母亲是法国胡格诺派教徒，父亲是苏格兰领主，他本人则是一个私生子。母亲在他13岁时就过世了，他下定决心要摆脱卑微的出身，出人头地，于是自学成才。在做了一段时间的小职员之后，一些当地居民看到了他身上的潜力，出资送他到纽约深造学习。他最终被国王学院（今哥伦比亚大学）录取。由于他下笔成章（他是一个多产的散文作家）在美国革命期间，他成为华盛顿将军的首席副官，后与纽约名门斯凯勒家族结了亲，并被选为制宪会议的代表。据说，他的岳父、参议员菲利普·斯凯勒对君主制旧习“情有独钟”。

汉密尔顿赞成建立一个强有力的中央政府，并且在某种程度上，寻求仿效英国金融和贸易制度的基本模式。他对公共事务的构想基于理性、思路清晰，而且他相信，他的构想是美国最佳的道路。正如任何一个研究过历史和人性的人，他对基于普选权和定期选举的共和政府能否长期维持下去心存疑虑——当时的世界上还从没有出现过像美国这样的国家。因此，相较杰斐逊而言，他对依照旧世界的模式改造美国政府持更为开放的态度。而且，汉密尔顿也愿意将总统或参议院世袭制（或至少是终身制）的可行性纳入考量。

在制宪会议上的一次讲话中，汉密尔顿提到了诞生一位美国君主的可能性，这位君主必须“能够抵御民意的洪流”。眼下，他则大力倡导与英国建立牢固的关系，但考虑到当时的现实，这意味着美国将成为英国的附庸国。

汉密尔顿的许多（但并非全部）观点与杰斐逊大相径庭，而且他表达这些观点的时候往往不留余地、言辞激烈。如此一来，杰斐逊逐渐开始把自己树立为这位财政部部长坚定的反对者。比方说，杰斐逊长期以来一直坚信，国家需要一个备受尊重和有效率的中央政府，并且为实现这一目标不懈斗争。然而，由于他目睹了法国的旧王政权，同时担心英国对美国图谋不轨，他对华盛顿总统周围的准君主制气氛感到不安。杰斐逊相信的是一个强有力的共和政府。

随着华盛顿政府逐渐成形，杰斐逊开始把汉密尔顿视作共和派最深恐惧的化身：一个有可能愿意牺牲美国的自由事业换取专制独裁的人。而在汉密尔顿的眼中，杰斐逊是一个为了乘上法国革命的东风，不惜把美国人民辛辛苦苦建立起来的一切都抛弃的人。汉密尔顿的观点（和杰斐逊的一样）是极端的、反应过度的。然而，当时的政治现实是极端、过激的观点盛行，而汉密尔顿和杰斐逊身为政治家，都无法置身时代之外。

多年之后，随着强烈的情感终于冷却，杰斐逊觅得了一尊汉密尔顿的半身像，并把它放置在蒙蒂塞洛的门厅里，正对着一尊自己的半身像。据传记作家亨利·兰德尔所述："走进大门，人们的眼光立刻落在两个面对面置于巨型底座的半身像上，这就是由切拉基创作的杰斐逊和汉密尔顿像。汉密尔顿过世之后，杰斐逊看到人们为雕像所吸引的样子，有时不禁会带着沉思的微笑评论道：'死后和生前一样势不两立。'"

在上述这个1790年纽约的夜晚，杰斐逊看到眼前这位财政部部长"面色沉重、形容憔悴，情绪之低落无法用言语形容"。杰斐逊写道："甚至他的衣着都邋遢不整。"

汉密尔顿如此失仪是有原因的。他于1790年年初发表了自己的第一份《公共信用报告》，第二份报告在当年年末发表。在这份报告中，汉密尔顿提出，应该建立起一个国家金融体系，由中央政府为国债提供资金，并且承担各州的债务；同时还应成立一家国家银行；联邦政府的财政收入一是来自对进口商品征收关税，二是对烈酒课税。

为国债提供资金这一举措存在广泛的争议：这实际上意味着政府向联邦证券持有人支付名义（票面）价值，而投机商一早就在证券的原持有人手中进行收购，他们收购的价格比汉密尔顿建议支付的现价要低得多。这既是一个政治难题，在情感上也掀起了波澜。原因在于，这些证券的原持有人中，有许多是独立战争时期的老兵，他们没能预料到自己手中的纸券价值会水涨船高（他们过去习惯了接受大陆币作为报酬，而这些纸币到了战争结束的时候往往变得一文不值）。麦迪逊告诉杰斐逊说，更加精明的投机者正在"合众国的内陆和偏远地区撒网，利用证券持有人的信息缺乏谋取利益"。

尽管存在这些担忧，汉密尔顿仍然顺利推动了联邦政府对证券的购买，并成功地将联邦政府置于国家金融体系的中心。

汉密尔顿方案的第二部分——由联邦政府承担各州的债务——将进一步巩固政府的地位。如果债务都整合到了联邦政府这一层面，那么就需要政府通过征税偿还这些债务。在所有政府权力当中，征税的权力从来都是最根本和最具影响力的（也许可以说，开战的权力不在征税的权力之下，不过从某种意义上来看，战争也离不开征税，因为战争耗资巨靡）。

然而，由政府来承担债务的提议立刻就在国内产生了分歧。有4个州（弗吉尼亚、北卡罗来纳、佐治亚和马里兰）早已担负起自己的财政责任，偿还了革命战争时期欠下的大部分债务。其他州（主要是马萨诸塞、南卡罗来纳和康涅狄格）则没能还清债务，因此它们很乐意把自己的账单寄给人在纽约的汉密尔顿。财政上更有担当的各州认为，为帮助拖后腿的邻居摆脱债务，自己不可避免地会成为向联邦缴纳税款的冤大头。

1790年4月12日星期一，就在杰斐逊抵达纽约大约三个星期之后，由麦迪逊领导的政治力量在众议院以三票的优势，否决了联邦政府承担各州债务的提案。这对财政部部长汉密尔顿来说，无疑是一次毁灭性的打击。

杰斐逊在总统宅邸附近遇到的，就是这样一位仪容不整的财政部部长。汉密尔顿急需盟友，于是他提议与自己的这位内阁同僚交谈两句。两个人就这样在华盛顿家门口附近的街上谈起话来。杰斐逊是否愿意在债务担负问题上向汉密尔顿伸出援手呢？汉密尔顿相信，如果这个问题得不到解决，“合众国的延续”就将受到威胁。

杰斐逊知道事态紧急，因为国会似乎陷入了瘫痪。“情况确凿无疑”，“东部和南部各州……之间嫌隙至深”，造成了当时“局势一触即发、双方水火不容”的紧张气氛。

杰斐逊认识到有必要采取联合行动。和他的许多弗吉尼亚同乡不一样，这位国务卿并未条件反射式地全盘否定政府承担债务。持强烈反对意见的人认为，这样做实际上赋予北方更强大的财政权，因为如果希望它们改弦易辙，就要用其他条件交换。

首都的选址问题为达成交易带来了些许希望。纽约当时已是国家的经济中心，中部和南部各州期望看到政治中心能够设立在其他地方。费城、巴尔的摩和波托马克河边的乔治敦都是候选城市，还有人提到了新泽西的托伦顿或是萨斯奎汉纳河沿岸的某个地点。麦迪逊在1790年6月给门罗的信中写道：“首都定在波托马克河边的可能性很小，不过，政治交易瞬息万变，最后定在其附近的某处也不是完全不可能的。”

听到汉密尔顿的请求，加上读到南方各州的来信，并对眼前的各项事务进行了一番梳理之后，杰斐逊意识到，可能，仅仅是可能，仍存有达成妥协的余地。

杰斐逊认为，聪明的做法应该是在一开始悄悄躲开公众的视线，于是，他设宴把关键人物都召集到一起。杰斐逊相信，解决办法是能够找到的。他说："只要有机会说明主张，且相互理解，头脑清醒、观点坦诚的人士就能够找到某些交集，携手合作。"

协议如果不能达成，就意味着灾难。杰斐逊写道，事实摆在眼前，"如果每个人都固执己见，拒不妥协，为公共债务提供资金的议案就无法获得通过……没有了资金，将导致政府的覆亡"。

席间，麦迪逊答应缓和自己在债务负担问题上的反对立场，并同意将议案提交国会"以决定其命运"——这对汉密尔顿来说是一个胜利。据杰斐逊所述，不知道是麦迪逊还是汉密尔顿随后说，"鉴于这对南方各州来说是一颗难以下咽的苦果，应该在某些方面进行补偿，以示安抚"：首都理应设在波托马克河沿岸。

杰斐逊认为，这一最终结果是"所有可能的糟糕结果中最好的一种"。他心里清楚，汉密尔顿规划中的商业体制会引发各种金融投机行为，而他对此是深感厌恶的。"应该尽可能采取一切措施，打击没有资金就进行交易的人。"杰斐逊说，"这些商业投机者的行为最终都得由消费者来埋单，这会导致负债、破产，国家债务激增，并为此蒙受耻辱。"

不过，杰斐逊同样也相信妥协。他给女儿帕茜提出忠告：对任何人、任何事都采取宽容的态度。"亲爱的女儿，看待每一个人都要从他的优点出发，因为我们中没有一个人——确实，一个也没有——是完美的。假若有缺点的人都不值得我们去爱，这个世界就会成为爱的荒漠。"杰斐逊在 1790 年 7 月写道，"我们所能做的，是要尽可能善用我们的友情：热爱和珍惜朋友的优点，避免沾染他们的缺点；千万不能抛弃他们，就如同不能因为一两段乐章平淡无奇，就将整本乐谱丢弃。"这些话不论是对蒙蒂塞洛还是纽约的生活来说无疑是至理名言。

1790 年 12 月，一位弗吉尼亚人写信告诉杰斐逊说，弗吉尼亚州议会对政府接管债务提出了正式抗议。信中称："其中一党指控国会的行为是违宪的；两党都指控说，这是不公正的。"

就让他们说去吧。杰斐逊尽力达成了他能够达成的协议，就眼下来看，美国会因为这项协议变得更加强大。

第二十四章
杰斐逊先生太讲民主了

我承认这是我个人的见解……当前的政府形式无法满足社会终极目标的需要……也许引入英国政体才是权宜之计。

——亚历山大·汉密尔顿（据杰斐逊的记述）

杰斐逊就任国务卿的日期是 1790 年 3 月 22 日星期一。112 天后，就美洲爆发一场战争的可能性，他向华盛顿总统呈交了自己的第一份咨文——这绝非一个和平时期。难怪他的头痛病自他上任以来就一直对他苦苦纠缠。

一场世界大战似乎近在眼前。1789 年 7 月，在温哥华岛西海岸的偏远小港努特卡湾，长期雄霸太平洋西北地区的西班牙俘获了两艘英国船。这一地区的毛皮交易利润丰厚，而且关系到与亚洲的贸易航线，因此不仅对西班牙，而且对俄国和英国来说都利益攸关。

1778 年，英国探险家、海军上校詹姆斯·库克在努特卡登陆，并将其重新命名为英王乔治湾。西班牙人则主张，15 世纪教皇亚历山大六世的一份敕令赋予他们对该地的所有权，因此他们决心击退任何国家对其属地的侵占。西班牙探险家埃斯特万·何塞·马丁内斯于 1789 年春抵达此湾，夺取了英国船只“皇家公主”号和

“伊阿宋”号，俘虏了两船的船长和船员。

西班牙人夺船的消息传来，英国举国震惊，与西班牙开战的言论喧嚣至上。1790 年 5 月初的一个晚上，在和一些英国议员共进晚餐之后，南卡罗来纳州律师和政治家约翰 · 拉特利奇提笔从伦敦给杰斐逊写信；信中说，他从没见过像这帮英国议员一样“傲慢的恶霸”。“他们一边倒地主张开战，张口闭口都是老英格兰和英国雄狮；他们轻蔑地笑称要让西班牙人吃尽苦头，（而且）开始迫不及待地计算起（西班牙）不得不为羞辱世界第一强国所要支付的数百万赔款。”

英国人的快乐意味着美国人的焦虑。杰斐逊担忧战争蔓延开来。英国人有可能派遣驻扎在加拿大的英军南下，夺取西班牙的领地路易斯安那和佛罗里达。法国是西班牙的盟友，必定会卷入冲突。到时，全球各大洋都会爆发战事。刚刚通过新宪法一年多的美国，则身处旋涡的中心。按杰斐逊的说法，战争发生的“可能性很大”。

他最大的担心恐怕是，英国有可能对美国形成包围之势。副总统亚当斯赞同杰斐逊的观点；战争部部长诺克斯相信，一旦英国人控制了佛罗里达和密西西比河流域，将招来“塌天之祸、长久之殃”。

局势日趋恶化，美国深陷其中，必须决定是否允许外国军队借其领土通行。杰斐逊主张采取一条他所谓的“中间道路”，即在英国提出要求的情况下，尽量拖延答复。然而，如果最终不得不给出答复，他赞成允许英军通行，因为拒绝就可能引发英美战争。尽管并不惧怕战争，但杰斐逊同时指出“战争充满了变数”。他认为，手中握有尽可能多的选择才是最明智的做法。这是从务实出发的立场。

努特卡湾事件正赶上美国计划发起一次对印第安部族肖尼人和迈阿密人的战役，由西北领地的总督阿瑟 · 圣克莱尔领军。由此产生了一个重要问题：应不应该把这次行动告诉英国人呢？如果告诉的话，英国人可能会向印第安人通风报信。这些部族一直是英国人的盟友，长期以来不断骚扰着美国的边疆地区。

杰斐逊向华盛顿建议，这次对印第安人的作战任务应该要保密。可无论是总统还是国务卿都没想到的是，亚历山大 · 汉密尔顿已经通过英国使节乔治 · 贝克威思将这件事透露给了英国人。此人曾在独立战争期间为策反贝尼迪克特 · 阿诺德出过力。

通过汉密尔顿与贝克威思的关系，我们可以清楚地了解到这位财政部部长的根本立场和行事风格。1789 年，汉密尔顿曾私下里让贝克威思给英国当局传话，说华盛顿政府愿意和伦敦做生意。“比起任何其他国家，我一直更希望与贵国建立贸易关系。”汉密尔顿对贝克威思说，“我们的思维方式是英国式的，双方好恶也相似。”这明显是想要成为英国势力范围内的一员，而不是法国的盟友——后者正是杰斐逊支持的路线。

汉密尔顿告诉贝克威思，倘若英法之间爆发战争，美国的“海军力量将有可能在关键时刻发挥作用，成为贵国至关重要的、决定性的助力”。这样的看法，在汉密尔顿看来，“可以说是我国最精英人士的观点”。

可这些并非杰斐逊的观点，汉密尔顿一派也深知如此。来自康涅狄克州的参议员威廉·塞缪尔·约翰逊对贝克威思说：“杰斐逊先生……眼下对我们来说太讲民主了。”

美国的亲英势力掀起了一场舆论攻势，把杰斐逊描绘成一个空想家，而不是一个实干家。“杰斐逊先生……的确有些才干……可他关于政府的观点不过是些纸上谈兵的空头理论，全是些源于洛克、锡德尼之辈永远不可能实现的奇思妙想。”正如新泽西州参议员威廉·佩特森对乔治·贝克威思所说。

最后是西班牙人服软了。（征讨印第安部族的行动也以失败告终，不过原因与汉密尔顿的泄密无关。）对杰斐逊和他的同时代人来说，努特卡湾事件有其特殊的意义。它的波及面、突发性，以及发生的时点——美国政府刚刚诞生不久，这些都促进塑造成形了一种持续多年的习惯性思维：世界危机四伏，任何特定的事件都有可能引发普世的灾祸，旧世界——特别是英国、法国和西班牙——仍然是对美国和平与安全的威胁。

1790 年，美国首都从纽约暂移到了费城（以等待 10 年之后哥伦比亚特区建设完成）。在 11 月初迁往费城的路上，杰斐逊和麦迪逊在华盛顿的弗农山庄留宿了一晚。杰斐逊对总统的农艺颇为赞叹，他收下了一些麦种作为礼物，派人送给帕茜的丈夫小托马斯·曼·伦道夫，让他们在蒙蒂塞洛栽种。杰斐逊给女婿做出了明确的指示，他说，“最好是种在花园中最肥沃的土地上”，种子应该“分洞埋种，小洞之间需间隔适当的距离”。

到了费城之后，杰斐逊租下了高街 274 号托马斯·利珀的一栋 4 层砖楼。他又给自己和华盛顿订购了佳酿，接着便投入火热的事业中。

杰斐逊的目标是要在最大限度上建立一个受到尊重、繁荣富强、在不过分依赖任何一个盟友的情况下仍保有和平的美国。他首先面临的是三个既独立又相关的议题：与英法两国之间的贸易和外交关系，就英国政府强征美国水手休·珀迪事件与其进行交涉，在地中海地区投入兵力打击海盗。在这些议题上，杰斐逊追求的是自由贸易、相互尊重和正义。

可就在此时，建立国家银行、对杰斐逊所谓的烈性酒征收消费税这两个议题占据了更优先的位置，这些都属于汉密尔顿财政方案的一部分。

税法的通过没有遇到什么阻碍。为偿债提供资金和承担责任的问题敲定之后，政府需要收入来源才能履行自己新的义务。

然而，建立国家银行的提议激起了一场广泛的辩论，各方就联邦政府的作用争执不下，也对汉密尔顿和杰斐逊各自在总统圈子里的影响力意见不一。汉密尔顿希望银行由联邦储蓄提供资金，但在运营的过程中部分地考虑到私人投资者的利益。

杰斐逊和麦迪逊对此表示反对。他们担心，汉密尔顿方案会让金融投机者从政府所资助的商业交易中获益。

华盛顿私下里就银行法案是否符合宪法征询过杰斐逊的意见。杰斐逊回答说，应该做出严格的界定：宪法中任何没有明确提及的权力应归于各州，而非联邦政府。他在1791年2月写道："国会的权力已经明确划定，跨出界线仅仅一步，也会意味着拥有无限的权力，从此任何界定都失去了效力。"

历史后来证明，作为一个临场应变型选手和民族主义者，杰斐逊在这些议题上的立场不是一成不变的。我们要把他的以上观点置于历史环境中考察（这在当时是对抗汉密尔顿构想的唯一手段），并且认识到，杰斐逊对汉密尔顿构想持有怎样的态度（它将营造出更有利于专制、而非共和民主的气氛），这才能够深刻地了解杰斐逊的整体思想观。即便在1791年的这个时候，杰斐逊也不是固执已见的，他在信尾给华盛顿提出了务实的建议："如果利弊难以取舍，（总统）无法决定，不妨相信立法院的智慧，它自会做出明智的选择。"

汉密尔顿给予了绝妙的回击，提出"如果仅从字面遵从（宪法赋予的）权力，政府的运作将会立刻停摆"。汉密尔顿获得了胜利，不过也是一次险胜。华盛顿让麦迪逊起草了一份否决书（虽然最后并未发布），而且一直拖到宪法容许的最后期限才签署法案。当然，他最终还是签署了，汉密尔顿打了一个漂亮仗。

“国会成员可以解散回家了。”威廉·麦克莱写道，“汉密尔顿先生无所不能，只要他想做，没有不成功的。”

费城的春天来了。杰斐逊在给波莉的信中记录下了五颜六色的鲜花绽放的盛景：

> 4月5日：杏花盛开。樱花树抽芽。
>
> 9日：桃花盛开。苹果树抽芽。
>
> 4月11日：樱花盛开。

不过，他并没有忘了汉密尔顿这桩事。杰斐逊给詹姆斯·门罗写信说：“先生，如果我们不能推翻‘欠债越多，致富越快’、‘公债为实业锦上添花’等诸如此类的原则，我们就完了。”就在同一天写给帕茜的信里，他提到的是女帽和费城出现的一种新的帽子样式：“特里斯特夫人说，这里最近出现的一种面纱很受欢迎。它固定在帽檐上，可以围系住脖子，也可以不系。”

仅仅过了一个多星期，杰斐逊的一张便笺引发了一场新的风暴。便笺上只有短短4句话，其中两句还是套话，但可以说，在杰斐逊的一生中，没有多少信件产生过这样的影响力。事情的起因是这样的：麦迪逊借到了托马斯·潘恩刚刚在英格兰出版的《人的权利》的第一部分，他看完后又给了杰斐逊。小册子的主人约翰·贝克利是众议院执事，他请杰斐逊读过之后再递送给乔纳森·B·史密斯，一位费城商人。乔纳森的兄弟塞缪尔·哈里森·史密斯打算在美国出版这本小册子。1791年4月26日，在随书夹递的便笺中，杰斐逊简短地使用第三人称写下了自己的感想。

杰斐逊说，他“对于（潘恩的著作）将在这里重印感到非常高兴，终于有人对在我们中间跳出来的政治异端公开直言了。我毫不怀疑，我们的公民将再次高举起‘常识’的大旗”。他这里指的当然是潘恩于1776年撰写的小册子《常识》。

没过几天，杰斐逊翻开新近出版的小册子后发现，他便笺里的话也被一并印刷了。这几句话的意思显而易见：杰斐逊不但是潘恩的支持者，而且他相信，“在我们中间”有“政治异端”在散播。似乎这位国务卿是在向副总统和财政部部长宣战。

“确实，我当时想到的是，《论达维拉》在芬诺的报纸上连载了12个月都没有人站出来提出相反的意见。”杰斐逊在此事发生之后对总统说，“但是，我完全没有想过，自己要在公众面前站出来，成为那个反对者。”他告诉麦迪逊，之所以写下那几句话，“是为了不让便笺显得干巴巴的”。

杰斐逊相信，汉密尔顿正紧紧抓住便笺事件不放，把它当作杰斐逊“反对政府”的证据。杰斐逊不能苟同，他告诉麦迪逊，自己的话是“针对政府的敌人说的，就是那些想要改政府为君主制的人”。他还说，他相信汉密尔顿正在猛烈地攻击他：“我有理由认为，（汉密尔顿）一直在不遗余力地表达这些观点。”而杰斐逊最痛恨的就是有人躲在暗处诋毁他的名声。

把美国建国之初针锋相对的思想斗争概括为杰斐逊与汉密尔顿之争，貌似很有几分道理。对两人各自的拥护者来说，在当时（并且一直延续至今），讽刺夸大对方的形象是便利的做法：汉密尔顿是个一心建立君主制、诡计多端的标准英国佬，杰斐逊则是个沉醉于过度民主、头脑简单的典型法国佬。当然，这样的简化不可避免是片面的。

18 世纪 90 年代初期，杰斐逊有时会发现自己赞同汉密尔顿（以及华盛顿和亚当斯）的观点，这种情况在随后 10 年中也偶有发生。因为杰斐逊是一个务实的政治家和外交家，他相信一个能发挥作用的中央政府——他在弗吉尼亚任州长以及 13 州邦联时期的经历使他确信这一点——而且常常主张在必要时展示力量。

然而，在一个根本性的问题上，杰斐逊从来没有妥协过。这一信念贯穿了他从 1790 年直到逝世的大半政治生涯。他忧惧的是君主专制和独裁，这有别于忧惧一个强有力的国家政府。尽管常有人认为，在杰斐逊眼中，这两者是一回事。他用来称呼自己对手的一个词——“独统派”——就很能说明问题，因为“独统”的意思是“一个人实行的统治”。

杰斐逊感到焦虑，因为他担心王权可能以某种形式复辟，这种形式可能是一个拥有无上权力、不受 1787 年宪法制约的总统，也有可能是一个角色更明确的君主或独裁者。他不反对施用威权，且一直致力于怎样和平、公正地以最佳方式积累和使用威权。出于浪漫的想法，他梦想着一个品德高尚的自由和谐共处的未来；回到现实，他怀疑自己帮助建造的美国不过是以多凌少的暴政历史上又一个短命的篇章。杰斐逊有一次写信给麦迪逊说：“我们受的是君主主义教育，这就难怪我们中的一些人仍然奉君王为偶像。”

需要时刻保持警惕。杰斐逊曾说过："王室对人民的爱永不改变，就像野狼对羊群的爱。"就连约翰·亚当斯似乎也存在这种担心。他1787年10月写信给杰斐逊说：

> 如果安古莱姆公爵，或者勃艮第公爵，甚至是法国王储本人向您漂亮、可爱的女儿求婚，那么全美国，从佐治亚到新罕布什尔，都会感到他们的虚荣心和骄傲得到了极大的满足，于是所有至理名言都被抛诸脑后，甚至我们头脑清醒的新英格兰共和派都会在心里把这一天当作感恩节庆祝。如果华盛顿将军有一个女儿，我毫不怀疑法国或英国王室的某个成员一定会向她求婚，或许两国都会提出婚约；如果他有一个儿子，那么这个儿子一定会被邀请到欧洲挑选一位妻子。

亚当斯认为，美国和欧洲的贵族家庭之间联姻只会带来麻烦，美国会因此重蹈旧世界的覆辙，延续旧世界的陋习。"简言之，我亲爱的朋友，你和我不屈不挠、毕生为之奋斗的事业可能到了下一代就会毁于一旦，仅仅是因为某些我们现在还不知道名字的人的虚荣和纨绔念头在作怪。"

威胁国家安全的传闻不时从美国西部和英国王宫传来。前者诸如"西部地区的政治形势正迅速滑向危机边缘，必须即刻寻求西班牙或英国的保护"，自称"一位肯塔基绅士"的詹姆斯·威尔金斯在1789年写道。后者诸如"一种对我国根深蒂固的厌恶正在宫廷中不断滋长。如果无须全面开战或惊动内阁就可以惩治我们，针对美国的敌对行动早就重新展开了，即便这样做只是为了平息国王的怒气"，美国律师约翰·布朗·卡廷1788年8月从伦敦写信对杰斐逊说。

1793年6月，一位美国军事副官皮尔斯·达菲，在尼亚加拉与英国陆军军官、上加拿大省督约翰·格雷夫斯·西姆科进行了会谈。皮尔斯在他的报告中回忆说，西姆科曾问他，"美国人民还像从前一样支持华盛顿将军吗？还是像我了解的那样，他们更倾向于接受英国政府的管辖"？

要理解作为内阁成员、副总统及后来成为总统的杰斐逊，有一点需要牢记：他不但对人民一腔热情、对共和推崇至极，而且在他心里，深信各种势力正蠢蠢欲动——可见的和无形的势力、国内的和国外的势力——企图通过重新建立神职人员、贵族和君王的统治破坏人的权利。他之所以反对约翰·亚当斯和亚历山大·汉密尔顿，反对英国人和金融投机家，都是出自这一根本性的关切。

与任何一位卓著的政治家一样，杰斐逊一面致力于追求远大的理想，一面则在主政时擅于应变。他认为，只要自己坚守根本的共和信条，并且得到政坛上下和社会各界盟友的支持（这些人相信他会坚定不移地倡导法治下的民主自由），那么面对具体问题时，一切都可以灵活处理。

一些人认为这是虚伪，另一些人则认为这是政治智慧。一位政治领导人只要具有核心的战略信仰，那么战术上的灵活多变是颇有裨益的，而杰斐逊对共和制的捍卫正显示了他是一位这样的领导人。即便亚历山大·汉密尔顿也承认杰斐逊对国家的奉献精神，尽管两人在具体方式上天差地别。汉密尔顿在 1801 年曾说："在我看来，若要真正对杰斐逊先生做出评估，需要一个中和的、而不是极端的价值体系。"

遗憾的是，产生这样成熟的想法不是始于两人冲突之初，而是到了尾声。杰斐逊和他所谓的独统派（独统派则视杰斐逊为美国的雅各宾，认为他恨不得在费城竖起一座巴黎的断头台）之间的较量之所以引起大家的兴趣，相当一部分原因在于他们虽是势不两立的仇敌，却能够（而且确实）不时地合作。即便是在双方水火不容的时候，他们仍然在同一个内阁供职，在同一张餐桌用餐，同样在美国政坛这个紧密的圈子里活动。手足之间时常爆发战争，正如杰斐逊与联邦党人长达十来年的斗争所表现的那样，家庭内部的战斗是最为残酷，也是最令人眼花缭乱的。

1790~1791 年，在圣多曼格岛（今海地），奴隶和他们的自由民盟友起义反抗法国奴隶主。这场血腥的战事后来持续了 10 年以上。法国大革命让岛上的黑人奴隶看到了希望，他们要通过斗争赢得《人权宣言》中宣称的自由权利。

对美国的奴隶主来说，圣多曼格岛的战争似乎让他们瞥见了美国黑奴大规模反抗的未来。许多白人逃离了该岛，这引起了杰斐逊的关注。"圣多曼格岛逃难者（尽管他们都是贵族）的境况值得我们给予同情和援助。"他写道，"人类历史上还未见过如此惨痛的悲剧。……我更加确信，整个西印度群岛都会落入有色人种的掌控之中，早晚所有白人（会）被赶走。"对杰斐逊来说，对待这场起义最可取的方法，是把它当作一次警告。他说："是时候了，我们应该预见到，这血腥的场面未来肯定（会）发生在我们的孩子身上，甚至可能发生在我们自己身上（在波托马克河以南的地区），我们应该竭力避免这一灾难。"整个 18 世纪 90 年代，美国的奴隶主都在担心，以圣多曼格岛为引火线，国内会爆发一场蓄势已久的奴隶战争，黑奴很有可能得到圣多曼格岛黑人的直接帮助。英国外交官爱德华·桑顿于1802年向伦敦报告说，人们的担忧日益加深，“每当出现岛上黑人首领获得胜利的报道，都会引发美国的黑人采取更为大胆的行动”。

随着时间推移，杰斐逊开始感到，圣多曼格岛有可能成为他为美国的奴隶寻找的庇护所（事实证明，这种情况并没有发生）。当他站在国务卿的战略制高点观察圣多曼格起义的时候，他没有料到图桑-卢韦蒂尔领导下的黑人的胜利，将给法国在新世界的势力以致命一击，而巴黎有一天会重新评估其在美国边界上的战略抱负。

1791年的部分时间里，华盛顿巡视了南方各州。“我今天写这封信就如同守夜人打更一样，不过是为了证明他还醒着，并且诸事安好。上个星期几乎没有任何国外或国内消息值得您关注。”杰斐逊1791年5月1日写信向华盛顿报告说。

杰斐逊和麦迪逊也打算出一趟门，前往纽约州和新英格兰的部分地区。这一地区是联邦党人的地盘，两人的政治对手都紧盯着他们的行动。杰斐逊和麦迪逊声称，他们此行是为了考察植物，杰斐逊还对小麦瘿蚊特别感兴趣。

这次旅行既有科学目的，也有政治目的。两个弗吉尼亚人在纽约市短暂逗留期间——杰斐逊住在比克曼街——会晤了纽约州首席法官罗伯特·R·利文斯顿和参议员阿伦·伯尔。他们还与菲利普·弗雷诺见了面，弗雷诺是一位作家，麦迪逊早在普林斯顿时就已经认识他了。两人想请他创办一份报纸，用来对抗亲汉密尔顿的《美国时事报》。起初，弗雷诺拒绝了，不过他最终还是接受了邀约，并于1791年10月31日出版了第一期《国家时事报》。杰斐逊后来聘用他为国务院的一名翻译员，让他得到了国务院的资助。

聘请弗雷诺是新生的民主共和党迈出的关键一步。通过创办报纸，杰斐逊扮演起了反对派领袖的角色。在随后的几年中，众议院执事约翰·贝克利逐渐成为民主共和党最出色的战略家，帮助组织策划了多个政治行动，在反对联邦党人的斗争中发挥了巨大作用。杰斐逊有一次曾说，那些“天生的领导者”必须将“同胞高涨的热情”汇聚起来，并导向“团结与成效”。这正是民意领袖的任务。

杰斐逊于6月中旬踏上了南归的旅程，麦迪逊则留了下来。1791年7月，他在写给杰斐逊的信中，生动地捕捉到了当时纽约的城市氛围：“这里没有新鲜的话题。

实际上，所有人嘴里谈的都只有股票投机，咖啡馆里成日里聚满了赌徒。”

杰斐逊在费城仍没有完全安顿下来。这并非易事：他的行李散落四处，从法国到费城，再到蒙蒂塞洛。“你之前提到说，有两个抽屉送到了蒙蒂塞洛。”他写信给波莉，“我的两副象牙象棋在抽屉里吗？我在费城的行李里遍寻不着。”

1791 年 8 月 13 日星期六，杰斐逊和汉密尔顿私下里就亚当斯和由《论达维拉》而生的政治风暴交换了意见。据杰斐逊所述，汉密尔顿表示说，尽管他个人相信一个英式政府会更加稳固，但“既然我们走上了试验的道路，那么不论我的期望如何，都需要给这条道路一个公平的机会”。

杰斐逊反对汉密尔顿是出于政治考量。他在提到汉密尔顿方案时曾说：“不管这些措施在理论上的对错与否，都必须更多地关注广大民意。”在纽约时他曾询问利文斯顿：“选区的选民对我们政府的种种举措，是否真像他们的代表所称的那样满意呢？”杰斐逊还指出：“在南方，广大民众的不满情绪正在不断扩散、加深，天知道会在什么时候、以什么方式爆发出来。我对此感到忧虑。”

他还担心着立法机构的腐败——立法者在经济上和汉密尔顿的证券与银行股票体系牵扯不清。杰斐逊认为，这样的金钱关系虽然算不上是公开的贿赂，但确实营造出一种国会和财政部相互关照的有害氛围。这种微妙的“腐败”形式让杰斐逊感到不安，他把这看作汉密尔顿及其盟友操控政府大方向的手段。而杰斐逊从来都不愿看到的，就是操控大权落入他人之手。

第二十五章
两只斗鸡

何其不幸……此刻宿敌和损友环伺，内讧却在攻击、撕扯我们的要害。

——乔治 · 华盛顿

宴会结束，美国政府的高层官员围坐在一起品尝佳酿。华盛顿总统此刻人在弗农山庄，他请杰斐逊代为召集副总统亚当斯和几位内阁成员，商讨待决事务。

国事处理完毕之后，谈话转移到了更为宽泛的话题上。杰斐逊的客人个个来头不小——约翰 · 亚当斯、亚历山大 · 汉密尔顿、战争部部长亨利 · 诺克斯、总检察长埃德蒙 · 伦道夫，而这场国务卿家中饭后闲谈的主戏，便是亚当斯和汉密尔顿的“意见冲突”。

当晚的话题是英国体制的政府。在烛光下，亚当斯表示，在他看来，“如果一些缺陷和弊病能够得到纠正，那它将是人类发明的最完美的政府架构”。

可以想象，坐在那里听亚当斯对一个始终维护世袭权力的国家高唱赞歌，杰斐逊是何等震惊。

接下来，汉密尔顿比亚当斯更进一步，声称“这已经是最完美的政府模式，任何纠正其弊端的做法都等同于建立一个空中楼阁的政府”。在杰斐逊听来，这意味着汉密尔顿（同时，亚当斯在较小的程度上）更加相信英国体制的政府，而非美国体制。

汉密尔顿席间不经意的一句话更加深了杰斐逊的这一印象。杰斐逊在自己居所的墙上挂了启蒙时代大师的肖像，其中有弗朗西斯·培根爵士、约翰·洛克和艾萨克·牛顿爵士。汉密尔顿问杰斐逊，这些都是什么人。杰斐逊回忆道：“我告诉他这些人的名字，并且告诉他，他们是我的三位一体，古往今来世上最伟大的三个人物。”

听了这话，汉密尔顿沉吟了一会儿，然后打破了沉默。

“古往今来世上最伟大的人物，”汉密尔顿说，“是尤利乌斯·恺撒。”

这个晚上就这样结束了，杰斐逊不禁思忖起亚当斯和汉密尔顿两人之间的差别：“亚当斯先生做人、为政都诚实正直；汉密尔顿做人亦是如此，却相信为政时，需要借助武力或腐败。”

两人在华盛顿任总统的风云年代里都不是杰斐逊的盟友，分别代表了杰斐逊认为让人担忧、令人不安，甚至危险的势力和倾向。

1792 年 2 月 28 日星期二的午后，杰斐逊眼看要迟到了。他原本希望能在 3 点总统对外接见访客之前拜会华盛顿。这次面谈对杰斐逊来说事关重大——他提出改进邮政服务，建议“将驿骑的速度翻一番”，从现在的每天 50 英里提高到 100 英里——却因为种种其他事务而耽搁了。

终于见到华盛顿之后，杰斐逊急急忙忙道出自己的提议。他解释说，邮政局应该归属他的国务院管辖，而非汉密尔顿的财政部，因为“财政部的影响力已经大到足以把一切行政权力吞入腹中”。

这件事不是出于“个人利益”的考量，杰斐逊说，因为他打算在华盛顿任期结束时就辞去国务卿的职务。他对总统说，他的唯一目的是为了公众的利益，寻求“建立稳固的秩序”。

华盛顿还没来得及答话，就被叫去接见下午的访客了。临走前他问杰斐逊明天早上能否与他共进早餐。

杰斐逊回答说可以，而且第二天准时赴约。早餐过后，两人复议了邮政问题。接下来，总统又将话题转回到杰斐逊前一天提起的更宽泛的话题上来。华盛顿说，他打算在四年任期届满后卸任，既是因为他年事已高（“他真的感觉到自己年纪大了”），也是因为免得让人以为他贪恋权位（“如果他继续留任，可能会招来话柄，说他尝到了总统职位的甜头之后便舍不得引退”）。不过，总统企望内阁成员不要仿效他的做法，他担心“这可能会在国民中引发震荡，造成危险的后果”。

杰斐逊含蓄地提到了击退敌人后随即辞官务农的古罗马英雄辛辛纳图斯，把自己的政治生涯归因于时代的机缘巧合。“我对他说，没有人比我更不情愿担任公职：当年形势危急，战争迫在眉睫，人民的一切辛苦经营可能付诸流水，凡我国民莫不应该为国鞠躬尽瘁，所以我才出任弗吉尼亚州长”，而且自那之后，他两度谢绝外交任命，直到“丧亲之痛……令我想到，离开一段时间，换个环境，对我来说可能是合宜的”，这才接受了驻法使命。

这个深冬的上午，望着眼前的总统，杰斐逊可能感到了一种无须多言的同志情谊。在与联邦党人的斗争中，他尽心尽力，也已感到疲倦。总统鼓励他在这个高位上继续干下去，无疑是对他个人的一种肯定。

这两个弗吉尼亚人既有着相仿的家世背景，又经受了相同的革命洗礼，在抵达人生顶峰的时刻，他们停下脚步，回顾来时的道路。不论多么短暂，在这一刻，两人是相互坦诚的。他们向对方倾吐的这些关于壮志、义务和权力的话，也是他们想对自己说的。两人都希望自己留给世人的印象是超脱党争、远离政治的钩心斗角的。

在这个充满了真挚友情的时刻，华盛顿向杰斐逊吐露了自己的忧虑，杰斐逊则开诚布公地表达了自己的看法。华盛顿说，政府“在初始之时得到了民众的广泛支持，可是……不满的情绪近来正不断加重，这远远超出了他的意料。如果政府发生剧变，这种不满情绪会发展到何等程度，实在难以预估”。

杰斐逊立刻抓住了这个机会。他直言不讳且较为详尽地论述了自己的观点。他说，依他之见，“这些不满情绪只有一个源头”：汉密尔顿的财政部。

杰斐逊说，汉密尔顿“没有金银打底就大量印发纸钞的行为正在压垮这个国家”，这样做只会鼓动投机，阻碍“其他有利的行业”的发展。杰斐逊还对华盛顿说，他相信汉密尔顿派的议员“用纸币给自己造起了安乐窝”。

还不止这些。杰斐逊说，他的敌人“现在发起了一项提案，比以往任何提案都更进一步，也必将牵动许多人的视线，因为它最终决定我们的政府拥有的权力到底是有限的，还是无限的”。

说完这些话之后不久，杰斐逊就起身告辞了。

据杰斐逊回忆，他和汉密尔顿如今“天天在内阁争执不休，就像两只斗鸡”。杰斐逊意识到汉密尔顿是个聪慧的政治家，而且心不甘情不愿地赞赏其政治技巧。举例来说，汉密尔顿苦心经营同英国公使乔治·哈蒙德的关系。杰斐逊发现，汉密尔顿似乎总是对哈蒙德的想法了若指掌。用杰斐逊的话来说，这一点“证明了两人之间过从甚密。我据此相信，他把我们的所有观点和意见都转达给了哈蒙德，同时也从哈蒙德那里了解到英国宫廷的观点和意见”。

杰斐逊时刻都在担忧，会有人背弃对共和制的承诺。即便华盛顿本人也无法幸免于杰斐逊这些灰暗的想法。一次，谈到众议院能否投票通过为条约规定的款项提供经费时，华盛顿变得不耐烦起来。杰斐逊在1792年4月写道：“他说，他不愿看到事事都交给民主表决，如果（众议院议员）不愿遵照宪法规定的义务行事，那么政府就会终结，必须采取另一种形式。”

对杰斐逊来说，君主制的阴影始终挥之不去。美国革命的豪言壮语——杰斐逊的豪言壮语，他笔端结出的果实——在首都的政治喧嚣声中日益式微。这里不像是共和国的中心，倒像是国王的宫廷。

公债、纸钞、消费税和国会的腐败嫌疑，随着1792年慢慢过去，杰斐逊相信所有这些将有可能导致终极的背叛。杰斐逊对华盛顿说：“这一切的最终目标都是在为政府形式的更迭铺路，从现在的共和制政府变更为仿效英国的君主立宪制。”他不点名地指出，早在1787年，汉密尔顿便提议建立更接近君主制政体的体制。“制宪大会期间已然议及此事，这不是什么秘密，其支持者也毫不隐讳自己的意图。”杰斐逊说，“当时想要付诸现实显然不切实际，可这些人并未放弃目标，正预先为其最终的实现做好一切准备。”

杰斐逊认为，许多国会议员在汉密尔顿式金融体系中都有既得利益。它“会在日后成为一件任人利用的工具，用来产生国王、贵族、平民，操控者选择产生何物，就能产生何物”。他对华盛顿说，“拥护君主政体的联邦党人”的目标，是把“新政府仅仅当作一块通向君主制的垫脚石”。

他担心，南方各州为了抗议联邦党人的主导地位，可能会脱离联邦，而这将带来灾难性的后果。杰斐逊说："我想象不出，还有什么比合众国分裂为两个或更多的国家更无法估量的灾祸了。"一旦北方各州的利益集团占据了主导地位，事态的发展将难以预料。

在这件事上，杰斐逊相信华盛顿能够发挥作用。"整个联邦的信心系于您一人身上。……如果可以依靠您，北方和南方就能够团结在一起。"

再给我们几年时间，杰斐逊说，也许形势就会大为改观。"接下来的一两届总统任期将决定这场危机的结果。您已经把这么多年的时间奉献给了人类的福祉，我禁不住希望，您能够下决心再出任总统 1~2 个任期。"

1792 年 6 月 7 日星期四，杰斐逊在华盛顿的宅邸就餐。据杰斐逊回忆，他与同席的约翰 · 杰伊"临近傍晚时分发生了一场小小的争论：世袭还是选举，哪种制度更有可能产生睿智和诚实的公职人员"？杰斐逊拥护民主，杰伊则崇尚贵族统治。

华盛顿在一旁听着两人的争论。"我很高兴总统先生认真听取了这场谈话。这正可进一步证明我在先前信中提到的该党的图谋。"

杰斐逊向拉法耶特吐露了自己的忧惧："太多证券投机商和国王投机商进入了我们的立法院，或者不如这样说，我们有太多的立法者成为证券投机商和国王投机商。"

对君主制的威胁，杰斐逊忧虑日深，华盛顿则试图在这一问题上安抚他。"他承认，可能确实存在这样的想法，但他不相信，存在以君主制替代当前政府形式的切实图谋。"杰斐逊回忆起华盛顿 1792 年 7 月曾对他讲过的话。这实在不是个让人安心的保证。

据杰斐逊所述，到了 8 月，华盛顿又重新提起了杰斐逊和汉密尔顿的分歧。华盛顿在信中写道：

> 何其不幸，何其令人遗憾啊！此刻宿敌和损友环伺，内讧却在攻击、撕扯我们的要害。……我相信，要牢牢驾驭政府的缰绳，或维系政府使之不致分崩离析，即便不是空中楼阁，亦甚艰难：若衣料量好了尺寸，却不摆上机器缝制，一人扯住左袖，一人扯住右袖，这件衣服不等试穿，便已撕裂了——在我看来，人类幸福和繁盛的最大期望便将丧失，也许是永远丧失了！

杰斐逊情绪激动地回了一封洋洋洒洒的信，言辞激烈地为自己辩白。他对华盛顿的语气变得尖锐——虽然依旧讲究策略，但已露出了锋芒——这是他针对总统8月那封信中含蓄的批评做出的回应。被人指说自己错了，这是杰斐逊的一大忌，因此他竭力为自己辩护："在私下场合，我曾断然否定财政部部长提议的制度。对于这一点，我坦率承认，并且不怕再次重申。我们的分歧不仅仅是人们的猜测。"

他这是在直接挑战华盛顿。总统在信中表示，应通过实践活动解决意见分歧，杰斐逊则明确回答：不，他和汉密尔顿的分歧是更深层次的，触及根本的。他说，汉密尔顿的制度"源自与自由背道而驰的原则，且经过精心谋算，是要利用他的财政部对立法院议员施加影响，从而达到破坏和摧毁共和国的目的"。

政治斗争前所未有的激烈。杰斐逊把自己塑造成一位忠诚的斗士，受到野心勃勃、恃强凌弱的财政部部长的迫害。"他擅作主张与（法国和英国的）使节举行会谈，并且……每到议事时，（他）便透露出……这类谈话的只言片语，改头换面，断章取义，为自己的政见服务。"

最后，杰斐逊还告诉华盛顿，一旦自己卸下公职，若有需要，他将保留在"报章笔战"中阐明自己立场的权利："我隐退之后，决不容许自己的声名因某人中伤诽谤而沾染上污点。此人从历史容其登上舞台之时起，便极尽阴谋操弄之能事，不惜颠覆收留他、培养他，而且施予他无限荣耀的国家的自由。"

1792年10月1日一大早，杰斐逊再次与总统会面，这一回是在波托马克河边的弗农山庄。华盛顿仍然希望杰斐逊能够留任。据杰斐逊说，总统"认为我的观点可在内阁中起到至关重要的制衡作用，有利于诸事遵循正确的轨道，不致走得太远"。

在君主制的威胁到底有多大这个问题上，总统和国务卿再度产生了分歧。华盛顿说，他"认为在美国，其意见稍有分量的人物当中，支持君主制的不超过10个"。杰斐逊的回答是，"人数远比他想象的要多。……我告诉他，尽管人民头脑清醒，可是有一个人数众多的派系心中以君主制为念。财政部部长就是其中一员。我曾亲耳听他说，当前宪制像兑了水的牛奶一般寡淡无味，是个不能长久为继的草台班子，唯一的用处就是当作一块垫脚石"。不久，早餐端了上来，谈话到此为止。

对自己左膀右臂之间的斗争，华盛顿采取了理智的态度。他在1792年10月18

日星期四写给杰斐逊的信中说："我郑重坦言，两位秉承的观点，我坚信皆出自无私、善意。唯实践能够证明争议诸事的政策的健益。"身为总统，不得不从大局出发处理这件事，华盛顿的做法是可以理解的。

"既如此，"华盛顿继续写道，"这些美利坚合众国国民中见识卓绝的精英，坚持理想、久经考验的爱国者，内无私心恶念，外守纯良品行，他们何至于各守阵营，搅得风波不息？两位又何至于如此执着己念，竟不容对方一分半点？"

就在华盛顿斡旋于杰斐逊和汉密尔顿的同时，他还在为另一件事头疼不已：宾夕法尼亚州西部因消费税而起的暴乱。他告诉杰斐逊，该地区的对抗局势现在已经发展得"过于公开、过于暴力、过于危急，政府若再轻描淡写，等同于将权威拱手相让，对可能发生的暴行袖手旁观"。抵制烈性酒税的声浪尤其让汉密尔顿感到不安，他因此起草了一份由总统发布、措辞强硬的公告。在这件事上，华盛顿特意将杰斐逊纳入意见征询程序中，并最终为公告赢得了国务卿的签字支持。总统希望自己的政府对外展现出团结一致的姿态，即使这个政府内部仍在你征我伐。

杰斐逊或许确实夸大了君主制的威胁，不过这个威胁绝不是他生造出来的。上加拿大省督约翰·格雷夫斯·西姆科在1792年8月写道："倘若国会迎纳布伦瑞克王朝的一位亲王即位为总统或国王，则两国福祉从此紧密相连，不可分割——一切妒意烟消云散，两国的持久情谊必成为独立的国与国之间关系的典范。"此时正逢华盛顿为消费税公告争取杰斐逊的支持之际。"大不列颠深切关注此一目标，亦为美利坚合众国众多和平人士所希冀。一旦计划系统地付诸实施，各项事宜必将加速促成目标的完满达成。"从友人处听来的消息加深了杰斐逊的忧惧。有人向他报告说，在一次与汉密尔顿的宴后闲谈中，这位财政部部长说："除了君主制，再没有任何一种政府形式能够获得稳定和保障。"

而汉密尔顿也有其他烦心事。1792年年底，他和一位有夫之妇的私情遭人揭露。这个名叫玛丽亚·雷诺兹的妇人与自己的丈夫詹姆斯·雷诺兹合谋，引诱财政部部长上了钩。据汉密尔顿自己承认，他在玛丽亚的诱惑面前没有多少招架之力。这对夫妇不断敲诈汉密尔顿。最终，不但私情传了出来，而且有谣言说，汉密尔顿在经济上有不正当行为。一个由国会议员组成的小组专门就此事展开了调查。结果认定汉密尔顿确实犯有通奸，但并不存在经济上的不法行为。

1793年年初，弗吉尼亚州国会议员威廉·布兰奇·贾尔斯提出决议案，旨在迫使汉密尔顿就某些问题做出解释，而这些问题与他的私生活并无关系。贾尔斯的意图是想更深入了解财政部的财政政策。

联邦党人把这一行动视作对汉密尔顿的党派攻击，他们指称，决议案是由包括杰斐逊在内的弗吉尼亚民主共和派系一手炮制的。虽然这份决议案一石激起了千层浪，却很快就不了了之。一份据称是杰斐逊所拟的草案以如下惊人之语作结："会议经过表决认定，财政部部长在行使职权的过程中渎职舞弊，以国会之见，应请求美利坚合众国总统解除其职务。"贾尔斯最终提交众议院的议案中，并未出现吁请总统将汉密尔顿解职的语句。即使是这样一份措辞相对温和的决议案，最后也未能获得通过。

杰斐逊只在私下里表露出他对此事的失望情绪。1793年3月，谈到贾尔斯的决议案时，他在纪事中写道，只有贾尔斯"和其他一两个人抱有不切实际的乐观想法，认为决议案事实分明，众议院绝无可能不予通过"。但凡像他一样熟悉众议院的人，杰斐逊说，则对这样的结果毫不吃惊，因为他相信，眼下的众议院是由这样一帮人组成的："（1）……银行董事，（2）银行股东，（3）证券投机商，（4）盲信的追随者，（5）不了解（决议案）的无知之辈，（6）懒骨头和老好人，他们了解决议案的内容，也认可决议案的主张，可要不就是懒得审议，要不就是不愿出声当恶人。"

尽管在立法院遭到了挫败，杰斐逊仍然认为，或许就长远来说，这一行动对民主共和党人是有利的。用他的话来说，"通过此事，公众会明白他们面临的巨大危险"。或者不如说，这是杰斐逊一厢情愿的期望。

华盛顿最终同意续任总统，杰斐逊也答应了再留任国务卿一段时间。鉴于当时他在报纸上屡遭攻击，杰斐逊不愿让外界认为，自己是被赶下台的。他的自尊心太强，无法忍受这样的屈辱。他会在国务卿这个位子上一直留任到"之前兴风作浪的人"歇手为止。"等到这些人自己经受风雨之苦，不得不偃旗息鼓，"杰斐逊说，"我的船便会入港靠岸。"

自1792年秋以来，法国的暴力局势不断升级，最终在1793年9月达到了历史性的顶点：革命党人宣布实行"恐怖统治"，大肆处决那些被视为革命敌人的人。看似没有止境的流血事件为美国的亲英力量注入了新的活力。

在美国政坛，对法国大革命的支持一度是众口一词的。“我们全都对法国怀有深厚的感情，在这一点上，能胜过我本人的更是寥寥无几。”约翰 · 马歇尔回忆道，“我真心相信，人类的自由在很大程度上取决于法国大革命的成败。”尽管一些联邦党人从一开始就有所异议，人们还是普遍认为，法国人民争取自由的斗争和美国革命同属一体。然而，随着法国大革命自 1792 年秋开始变得愈加血腥，美国舆论逐渐分化。特别是在极端分子举起屠刀发动暴乱和清洗，迫使拉法耶特流亡国外，并于 1793 年 1 月将路易十六送上断头台之后，两派的立场更是泾渭分明。

杰斐逊本人对在巴黎发生的事件抱有复杂的态度，他的许多友人命丧断头台。拉法耶特逃离法国之后，落入奥地利和普鲁士的保皇军队手中，在欧陆度过了 5 年的囹圄生涯。然而，杰斐逊把法国的动乱看作共和与专制之间更广阔斗争的一部分，他相信，斗争的结果将决定时代的命运。“在这场必要的斗争中，许多有罪的人未经审判便遭处决，更有一些人无辜丧命。”他在 1793 年 1 月 3 日写给威廉 · 肖特的一封信中说。接下来，他又写道：

> 我对无辜者的殒命深感痛惜，并且至死都会将他们中的一些人铭记在心。然而，我哀悼他们正如我哀悼战死沙场的将士。……全世界的自由均系于这场斗争的胜负。自古以来，如此崇高的目标，岂是这么一点儿无辜者的鲜血就能够换来的？我为因这一事业牺牲的烈士悲恸不已，可是，与其事业失败，我宁可半个地球化为焦土。每个国家即便只剩下亚当和夏娃，只要他们是自由的，也好过眼下的光景。我向你倾吐内心的观点，是因为我真切知道，我们的公民中，100 个里有 99 个和我一般看法。

杰斐逊表达这番夸张言辞的部分原因在于，法国依旧在美国政坛上扮演着象征性的角色。对杰斐逊来说，支持法国大革命等同于表明自己是民主共和党人，是自由的朋友；反对它，或是对它持保留态度，则意味着宣称自己是君主主义者，是自由的叛徒。

不过，他对当时政治气氛的描述倒也并不是不着边际的。就在 1793 年 1 月 29 日星期二，波士顿的亲法国团体宣布将举行集会，声援法国的革命者，公告中特别提到：“我们的法国盟友在当前争取自由和平等的光荣斗争中不断取得胜利，许多市民迫不及待想要庆祝……为此，他们愿意宰杀一头公牛，并且供应美酒。”

1793 年 2 月，华盛顿向杰斐逊提出了一个新想法：他是否愿意考虑返回巴黎担任大使 1~2 年，为美国在法国的利益代言。杰斐逊拒绝了总统的提议。

华盛顿在回复中对杰斐逊提出了尖锐的批评。总统说，杰斐逊“再三敦促”华盛顿“续任公职”，(现在) 轮到自己身上，“却拒绝做出相同的承诺”。

杰斐逊见招拆招。他写给华盛顿的信言辞恭维、谦逊，但不难看出，他决心已定：“我对他说，两件事截然不同。他一身维系全美人民之信任，除他之外，再无旁人能够做到这一点。因此，他续任与否至关重要。我的情况则不然：我如果外放，不会牵动人们的视线，除我之外，随手拈来，皆有良选。因此，我觉得自己在此事上可以任意而为。”

华盛顿只好让步，冷淡地要求杰斐逊“慎重考虑此事应如何安排”。这件事于是到此为止了。

在这个全美国最得人心、最有权势的人面前，杰斐逊如愿以偿。他在这件事情上采取了既彬彬有礼又讲究实际的态度：一方面赞扬了华盛顿；一方面又指出，比起在法国，自己在美国能够更好地处理当前的事务。他的论点是强有力的。

违拗乔治 · 华盛顿不是件轻易能够办到的事。但杰斐逊巧妙地运用了策略，在明确表达自己意愿的同时，由于他话语恭谦，反而让华盛顿无从反击。这件事突显了杰斐逊的政治形象：他能够在不动声色间不容反驳地达成目的。他不会咆哮怒吼，也不会浮华虚夸，他的言辞如和风细雨，可他的意志毫不动摇。

第二十六章
最后的风暴

我同情你的处境，可你必须挺过去。于公于私，无论从哪个方面来说，都要求你再做出一段时间的牺牲，推迟退隐蒙蒂塞洛的打算。

——詹姆斯 · 麦迪逊对托马斯 · 杰斐逊的劝解

在弗吉尼亚州坎伯兰县的阿波马托克斯河畔，有一座叫作比怪的种植园，园主名叫理查德 · 伦道夫。看姓氏也知道，此人是杰斐逊的一位远房表亲。1792~1793年，发生在这里的一起事件引发了诸多的揣测和漫天的流言蜚语。这件事性质之残忍、恶劣，即便是杰斐逊本人，也难以泰然自若。

事情的原委是这样的：小托马斯 · 曼 · 伦道夫的一个妹妹（也就是杰斐逊的女儿帕茜的小姑子）安 · 卡里 · 伦道夫，与自己的姐夫理查德 · 伦道夫私通，并且怀了孕。在和姐姐、姐夫到邻近的一座种植园做客期间，安（大家都叫她南希）生下了死婴（不过也有可能是她流产了）。死婴当时被拿到野外处理了，尸体再也没有被找到。这件事迷雾重重，引人遐想，因此很快就传扬开来。理查德 · 伦道夫被控弑婴而出庭受审，不得不聘请包括约翰 · 马歇尔、帕特里克 · 亨利在内的律师为自己辩护。

发生在弗吉尼亚的这一恶性事件打破了当地和谐安宁的生活，这不禁让杰斐逊想到，自己身在首都，和谐安宁是多么鲜见。他写信给女儿帕茜，竭力劝她对四面楚歌的亲友要宽容体谅：“在他人最需要深情厚谊的时候，切不可吝啬相与，也不可为了明哲保身，不愿对溺水之人伸出援手。”杰斐逊笃信个人修养，并且认为，越是遇到急难关头，个人修养的作用越是重要。他在费城欲求和谐安宁而不得，时时刻刻都受到考验。

华盛顿第二届任期的就职典礼日益临近，可国家的改革依然不见迈出关键步子的迹象。在一次商讨总统宣誓仪式的小型会议上，亨利 · 诺克斯的焦虑情绪终于爆发了。“在讨论的过程中，诺克斯一直坚持要举行游行仪式。他突然变得非常激动，大声宣称，我们的政府如果不能完全改造，那么不出 10 年，必定分崩离析。”杰斐逊写道，“他说，当前的这个政府在他眼里一文不值。维系这个政府的，不是明文的宪法，而是华盛顿总统的个人魅力。”

在一封并未寄出的信中，纽约州首席大法官罗伯特 · R · 利文斯顿写道，他希望杰斐逊不要因为 1792~1793 年遭到的攻击而辞职。利文斯顿说，杰斐逊不应“表现得像个被革除出部队的军官。因为完全有理由相信，一旦将军的职位出现空缺，你将被擢升为大军的统帅”。他还把杰斐逊在华盛顿内阁中任职称作 “打入了敌方的阵营”。

汉密尔顿和杰斐逊之间的战争还远远没有结束。1792 年 9 月，汉密尔顿在《美国时事报》上刊文称：“杰斐逊先生……在世人眼里是温和、谦逊、与世无争的哲学家，朴实无华、无欲无求的民主共和党人。他当然不会贸然自毁形象，让人视自己为耍弄阴谋诡计的煽动家、野心勃勃的捣乱分子。”

1792 年年末，杰斐逊搬出了费城市区，迁居至斯库尔基尔河畔。他急切地想要知道家里的消息。“你一定得把蒙蒂塞洛的点滴新闻都写进信里告诉我，我在世上唯一关心的就是这些了。”他在信中对家人说，“我栽下的小栗子树长成什么样了？你的花园现在是何种景况？果树都开花了吗……

对每天绷紧神经的杰斐逊来说，蒙蒂塞洛的回忆是生活中的一个慰藉。他和华盛顿、亚当斯、汉密尔顿常常在思想上无法达成一致。这里有一个看似不起眼的例子：杰斐逊有时会为总统拟好信件，再由总统签名。他在信中用到了“我们的共和国”这样的说法（比如，“贵国派驻我们的共和国的全权公使”）。

据杰斐逊说，华盛顿有一次告诉他，“我们的政府无疑是一个共和政府，不过这个称谓不应如此使用。他确信，想要建立君主国的只是极个别人，全美国没人比他更坚定不移地反对这样一种改变。不过他不担心这个，他的忧虑来自另一方面：国家面临陷入无政府状态这一更大的威胁”。

不管怎样，可以说华盛顿那时的心情很糟。“诺克斯转述了几个小小的传闻，惹得总统大动肝火。”杰斐逊回忆道，“其中一件事是金先生告诉他的，金先生本人是听一位女士说起的，而这位女士又是听一位先生说的：总统先生和历史上任何一位暴君没有本质区别，很快就会被人民赶出费城。”

杰斐逊相信，正是汉密尔顿一派在背后捣鬼。他们假冒民主共和党人，撰写文章大肆批评总统，其目的就是要使总统陷入孤立，“让总统相信，民主共和党是他真正的敌人，如此一来，他的天平便会完全倒向独统派一边”。

在杰斐逊面前，华盛顿提到了弗雷诺的报纸上的一篇文章，说此事让他深感不快。“他显然心烦气躁。”杰斐逊记述道，“我猜想，他是希望我向弗雷诺施加压力，或许解除他在国务院办公室的译员职务。而我决不会这样做：在我们的政府向君主制飞奔而去的时候，正是靠了他的报纸才挽救了宪制。”

杰斐逊不愿退让。在这场意志的较量中，这位国务卿一如既往地拒绝妥协。

1793 年上半年，旧世界的战争再次成为人们瞩目的焦点。2 月 1 日，就在路易十六遭处决 11 天后，法兰西共和国向英国宣战。华盛顿决心发表声明，宣称美国在这场战争中保持中立。杰斐逊对声明草稿很不以为然，他认为，声明中流露出汉密尔顿式的亲英论调。

中立声明同时还引起了一些民主共和党人质疑行政权力是否过度扩张。麦迪逊写信给杰斐逊说：“还有人提出疑问：宪法是否允许行政机构在美国主战还是主和的问题上表明倾向？……决定战或和的权力……归于立法机构。”

华盛顿表现得太像一个国王了吗？詹姆斯 · 门罗认为，这份中立声明“是违宪的、不恰当的”。

总统对外界质疑中立声明的声音十分敏感。在 11 月的一次内阁会议上，华盛顿特意提到，他在一份草稿中就用到了“中立”这个词，“当时我们并未对这一措辞提出反对”。即使是在用餐之后，华盛顿仍然对这个问题耿耿于怀。杰斐逊回忆说：“讨论其他问题的时候，总统动辄发怒，我从未见过他这副模样。”

华盛顿对治理国家过程中的各种争吵深感厌倦。1793 年 11 月，内阁讨论是否该由总统提议创办一所军事学院。华盛顿断然拒绝，因为“尽管可以说这是一件好事，他也不愿引发任何争论和批评”。

然而，争论和批评不以华盛顿的意志为转移：法国使节埃德蒙 – 夏尔 · 热内的即将到访在国内又掀起了一阵波澜。汉密尔顿认为，此时不宜以官方礼仪接待这位法国人，由此引发了“疑虑重重、麻烦不断的漫长商讨”（杰斐逊语）。

杰斐逊希望能够热情地公开欢迎热内，以此显示美国民众对法国的广泛支持。结果没想到，热内的到访简直是一场灾难：他不但侮辱了华盛顿，而且其言行举止引发了普遍的反感。不过，这里面不仅是个性冲撞的问题：这位使节试图组建一支私掠船队，这就公然违反了华盛顿的中立声明。据杰斐逊说，热内“头脑冲动、脾气火爆，凭空妄想，毫无见识，笔端和口头不但对总统大不敬，甚至出言粗鄙……他让我的处境极其难堪”。热内的确陷杰斐逊于两难，因为他向杰斐逊吐露了自己的计划：他打算在英国和西班牙的殖民地煽动叛乱。杰斐逊决定保守秘密，因为热内这番话是对“杰夫（杰斐逊昵称）先生，而不是对国务卿”说的。

在汉密尔顿的推动下，1793 年 8 月，内阁决定促请法国政府召回热内。杰斐逊视这一结果为必然，汉密尔顿也就赢得了这一仗的胜利。杰斐逊写信对麦迪逊说：“如果不把他赶下台，他一定会凿沉共和国这艘船。”

麦迪逊能够感觉到，杰斐逊在国务卿这个位子上越来越坐不住了，但他劝说杰斐逊坚持下去。杰斐逊不同意自己这位老朋友的看法。他在 1793 年 6 月的一封信中写道：“我尽忠尽职地为国民服务，已经履行了自己的义务。”经过了 25 年的公职生涯，并经历了革命、战争和内忧外患的脆弱和平，杰斐逊感到疲倦。他说：“我体内血液的流动已经跟不上这个世界翻涌的节奏。”

在灰心丧气之中，他把自己的烦恼和无力感一股脑儿地倾吐出来。“从早到晚、日复一日地劳心劳力。心里明知道这些努力不但折磨自己，而且无益他人，仍然单枪匹马与一支大军进行绝望、永恒的斗争，这支军队正在系统地破坏公众的自由和富足。”他接着又说，他“献出自己热爱的所有，换来自己憎恶的一切。眼前没有、将来也不会有人表示一丝一毫的感激；眼前既得不到快乐，将来也见不到希望”。

斗争无止无尽，胜利遥不可及。詹姆斯·门罗写信来说，他担心美国“正被一群心怀歹意的君主制拥护者撕成碎片”，这更加深了杰斐逊的忧虑。

就在此时，杰斐逊听到一个传言，说如果出现杰斐逊一派主导政府的情况，亚历山大·汉密尔顿以及联邦党人鲁弗斯·金、威廉·史密斯“已经为自己在英格兰铺好了一条后路”。消息的来源“没有说明，这条路是他们主动铺好的，还是英国人告知他们的。这样一来，他们便可大胆行事，阴谋策划政府改弦易张；如果失败了，不得不撤退，那么像阿诺德……一样，英国有一份酬金在等着他们”。

在纽约，民众中出现了对联邦党政府不满的迹象，起因是出现了许多被称作“民主–共和社团”的团体，并且赢得了广泛的支持。这些团体由工人阶级和中产阶级领导，其中很大一部分人是新移民。然而，民主–共和社团宣扬共和主义和贵族威胁的言论激怒了华盛顿。一次内阁会议上，当亨利·诺克斯提到民众对总统的批评时，总统终于发了脾气。据杰斐逊回忆：“总统大发雷霆，无法自控……他不怕与天底下任何一个人当面对质，其任职以来所做的哪一件事不是出于最高尚的动机……以上帝之名，他宁愿进坟墓也不愿当总统，宁愿农耕度日也不愿君临天下。可竟然还有人指责他想当国王！”

会议不欢而散。

杰斐逊决心退隐。是时候做出战略性撤退了。只有这样才能看清，能否赢得更大的战争的胜利。另一方面，华盛顿不愿看到杰斐逊递交辞呈，他于 8 月拜访了杰斐逊在斯库尔基尔河河畔的宅邸。

总统心事重重。而汉密尔顿也想辞职，这让华盛顿感到，他正失去对政府的掌控。他提议杰斐逊留任到下一期国会结束。杰斐逊拒绝了，他委婉地表示：“自己处在这个位置上，浑身都不自在。社交礼仪迫使我不得不在一成不变的圈子里活动，而我心里知道，这个圈子里的人，这些有钱有势的贵族、与英格兰唇齿相依的商人、（还有）靠证券投机起家的暴发户，都对我深恶痛绝。”

总统回答说，“我们所拥有的宪法是极好的，当前的要务是维护它。可能确实存在这样一个党派，他们试图改变我们的政府，建立一个君主制国家。但是，他全心全意地发誓，如果出现这种情况，全美国没有一个人会比他更加坚决地站出来反对”。

杰斐逊对华盛顿说：“任何一个美国人，只要他还头脑清醒，就不会怀疑您对共和国的忠诚。然而，我们三天两头听到拥护君主制的党派在叫嚣，宣称我们的政府不过是兑了水的牛奶，是无力自给的草台班子，必须将它彻底推倒，建立起更强有力的政府。对于这样的言论，我们居然拿不出实据来反驳。”

杰斐逊提出任命一位临时国务卿，过段时间再转而委任此人为财政部部长。华盛顿表示反对，他认为，“人往高处走，一旦坐上国务卿的位子，再想让他担任级别稍低的财政部部长，就没那么容易了”。

1793 年夏末，费城爆发了黄热病疫情。“疾病已经传播到城里的大部分地区，而且传染性很强。”杰斐逊写道，“起初，4 个病患里面就有 3 个丧命，现在，死亡率降到了 1/3。患者先是头痛、肚痛，接着轻微发寒，再下来转为发热，呕吐物和粪便呈黑色，2~8 天内可能死亡。”（一位求职者甚至试图借着疫情为自己捞到好处：“眼见此次疫情夺去各阶层、各行业众多无辜者的性命，不禁忧心如焚，深感悲伤。在下猜想，必定有一些公职空缺。因此缘故，特向阁下自荐。若得一官半职，必在此位上尽职尽忠。”）

杰斐逊不忘嘲讽汉密尔顿。“据说汉密尔顿染上了黄热病。”杰斐逊写信告诉麦迪逊，“前天晚上，他把两个大夫请到自己家里。他的家人担心他有性命之虞。照我看来，不过是他过于惜命，小题大做罢了。……此人乘船、骑马、患病，无一不是战战兢兢，如临大敌。他军中英勇的名声若是货真价实，倒真是天下一大奇闻。”

杰斐逊如此在意公众舆论对自己的看法，甚至甘冒染病的风险：“我想过暂时离开此地，因为我认为危险确实存在，但……我不想表现出恐慌。”

1793 年 12 月 31 日，杰斐逊正式向华盛顿请辞，华盛顿则在新年的第一天接受了他的辞呈。总统表示，他对杰斐逊的决定“深感遗憾”。两人都极为看重名声，因此华盛顿对杰斐逊任期内的贡献给予高度赞扬：“值君离任之际，一定容我表达钦佩之情。你的忠诚和才能……尽显于本职岗位，完全不负期望。”

华盛顿的临别祝福是热切的：“请接受我最衷心的祈愿，祝君在退隐生活中找到幸福之源。”

杰斐逊开始打点行装，他告知自己的知交和信友："里士满是距我最近的港口，往后的信件和包裹最好都寄到那里。"

人们纷纷猜测，他这次退隐会持续多长时间，没几个人相信他会永久隐居。独立战争时期的战斗英雄霍拉肖·盖茨听闻这个消息后就认为，杰斐逊的退隐很可能不会长久。他从纽约玫瑰丘给杰斐逊写来一封信，信中说，杰斐逊此次离任"荣耀载身。民众深怀感激之情，某一天或将迫使你不能不放弃闲适生活，再度为国效力。因此，切不要匆忙许诺，以免落得跟其他许多伟大人物一样，最终自悔食言"。约翰·亚当斯则言简意赅，仅仅感叹道，政治植物在不见阳光的地方长得多么茁壮啊！亚当斯与杰斐逊之间的友谊始于近二十年前，却未能经受住时代风云变幻的考验，成了政治角力的牺牲品。1794 年 1 月 6 日星期一，亚当斯在给阿比盖尔的信中写道："杰斐逊昨天离开了。就像丢弃一只缺了口的碗，这不失为一件好事。我知道他才能出众，也相信他正直不阿，但是狂热、偏见和宗派观念已经毒害了他的思想。"

杰斐逊提到这次退隐的口气，给人的感觉像是要一去不返了。"再没有任何私人事务能够把我从这片土地上召唤走。政治更是绝无可能，我对政治从理论到实践都深恶痛绝。"他在 1794 年 2 月 3 日星期一写给霍拉肖·盖茨的回信中说，"庄园的生活带给我莫大的欢愉。我先前放弃这份快乐，是因为国家危难，凡天下事，'人皆有责'。"最后这句引自维吉尔。他接下来回到航海的比喻："遇上这样的风暴，所有船员都必须到甲板上待命。如今海面恢复平静，我欢天喜地将航船交给热爱大海的水手。归根结底，我是陆地上的人，不过机缘巧合离开了自己的天然环境。现在我回来了，抑制不住内心的喜悦，除却航程中结下的友谊，我宁愿把此行的一切见闻都彻底忘记。"

然而，既然杰斐逊把自己在国家舞台上的责任归因于风云变迁，那么，当风暴再度来临的时候，他便没有拒绝复出的理由。不用说，风暴总是会再次来临的。

T. JEFF
JOHN

Thomas Jefferson

The Art of Power

第七部分

反对党领袖

（1793~1800 年）

为了捍卫思想的自由，为了捍卫言论的自由，每个人都应该做好牺牲的准备。因为只要我们能够按照自己的意愿畅想，按照自己的思想畅言，人类便可称得上是走在进步的道路上。

——托马斯 · 杰斐逊

于他称之为“邪巫统治”的亚当斯政府时期

1800 年大选混战中的一幅宣传画。

第二十七章
蛰居蒙蒂塞洛

从清早离开早餐桌后，到黄昏坐到晚餐桌前，我一整天都在马背上度过，甚至常常用过晚餐还会再骑一阵，直到天黑为止。

——托马斯 · 杰斐逊

“记得好像是蒙田曾经说过：无知是最柔软的睡枕。”1794 年 2 月，杰斐逊在一封从蒙蒂塞洛寄给友人的信中写道，“拿关乎政治的一切事务来说，我想这句话再正确不过了。因此，我竭力避免与任何政治事务沾边。”从费城回到蒙蒂塞洛的家中不过几个星期的时间，杰斐逊就惊异地发现，不论首都的政治风云如何变幻，对普罗大众来说，都是远在天边、与已无干的事。“身在费城的时候，我怎么都不会想到，民众对首都正在发生的事情会如此孤陋寡闻……就如同这里的情况一样。”他对詹姆斯 · 麦迪逊说，“由此看来……在对他们的政府表示支持还是反对的问题上，显然人民并无任何能力做出判断，更不用提对政府决策的影响力了。”

从杰斐逊退出华盛顿内阁，到 1796 年重返国家政坛，与约翰 · 亚当斯角逐总统，他在蒙蒂塞洛蛰居了仅约两年时间。这段时期是深深契合杰斐逊性格的。在这两年里，发生在英国、费城、宾夕法尼亚州西部以及各民主－共和社团之间的种种事件，加深了公众眼中联邦党人拥护君主政体的印象，令其形象大受影响，而杰斐逊安居远方的家中悄无声息地发挥政治作用，让自己成为象征共和派希望的一面旗帜。杰斐逊深知，避世的英雄通常都会受到召唤，再度出山。毕竟，不久之前的华盛顿就是一个活生生的例子。美国人民曾经有过一次向一位伟岸的弗吉尼亚隐士求援的经历，他们很可能会再度这样做。

约翰·亚当斯此时仍然担任副总统一职，他于1794年4月送了一本书到蒙蒂塞洛，并且随书附上了友好的问候："我要恭喜你，能够在种植园享受明媚的春光，远离政治的喧嚣和战争的传言。真希望我这里的春天能和彼处的一样啊！"杰斐逊回信向亚当斯表示感谢："从前的我每天要习惯性地写上10~12封信，现在的我就像个农夫，把回信的事都推到了下雨天。倘若再遇上其他紧要的事务，回信更是遥遥无期。"可他还是忍不住要就外交政策略表评论："我的同胞正因饱受英国人的羞辱而煎熬。我希望能找到一个方法，既可捍卫我们的信念和荣誉，又可维系和平。我承认，目睹过一场战争已经足够，这辈子再也不想见第二回了。"

这几句话耐人寻味，因为身在纽约和费城的时候，杰斐逊极少提到革命时期的战事。不过，现在回到了阿尔伯马尔县，他大概很难不会回想起英军的劫掠和暴行。眼前的景物不断提醒着杰斐逊战争的恐怖，他因此对当下发生的事件产生了新的认识，这是他整天忙碌于外交事务的时候无暇思考的。阿诺德、康沃利斯、塔尔顿，美国民众并没有忘记这些残暴的英军将领。

亚当斯同样不愿看到战争，他附和杰斐逊的想法，希望能与英国和平相处。在回函的最后，他表达了自己的愿望，希望很快有一天能和杰斐逊一样，"从'罗马的浓烟、金钱和喧嚣'①中抽身"。

然而，两人都希望看到的和平正面临新的威胁：英国海军发动了一系列的袭击，试图摧毁美国与法属西印度群岛之间的贸易航线。英法两国眼下正处于交战状态，英王秘密颁布枢密令，要求封锁这些岛屿，切断（对法国人来说的）利润丰厚的贸易链——而这些贸易绝大部分是由美国船只承运的。美国人同时还担心，英国人强迫施行不平等的贸易条约，鼓动地中海的巴巴里海盗，并且暗地里支持美国边

① 此诗出自罗马帝国奥古斯都统治时期的著名诗人、批评家贺拉斯的《歌集》。——译者注

境上敌对的印第安部落。“我们必须采取有效的报复策略，以撼动他们整个王国的根本。”一家民主共和派报纸宣称。

乔治·华盛顿为了抵挡国内对英宣战的压力，派遣约翰·杰伊作为特使前往伦敦。曾担任过邦联外交国务秘书的约翰·杰伊现在是美国的第一任首席大法官。杰斐逊希望，杰伊此行的外交使命“能够在确保我们的信念和权利不受侵犯的条件下，帮助我们避免战争”。这不是件容易的差事。“我们当地的好战情绪愈发滋长了起来。”杰斐逊 1794 年 4 月写信对门罗说。

杰斐逊在山顶的庄园安居下来之后，想要开始构建一个尽可能自给自足的世界。18 世纪 90 年代中期，他决定把房子的大部分都拆了重建，以建造一所更为恢宏的宅邸。由此，最初的蒙蒂塞洛消失了，取而代之的是后世所熟悉的蒙蒂塞洛。这座庄园总是处在不断的建造和翻修中。蒙蒂塞洛初建的时候，杰斐逊曾写信对乔治·威思这样说：“以房子现在的状况来说，我们眼下和住在砖窑里没什么两样。”没想到多年之后，浩大的土木工程又开始了。

他理想中的房子真正竣工，要等到 1809 年他的总统任期结束之后，不过他看起来再没有比他在建造房子的时候更快活的时候了。一位访客曾经评论说：“他花了很长时间完善他的工程。”其实无须赘言，谁都看得出来：毕竟杰斐逊从 1768 年起就在山顶动工，而过了 40 年，仍然没有完工。杰斐逊自己也承认：“建筑是我的爱好，建了拆、拆了造是我最大的乐趣之一。”

在蒙蒂塞洛大兴土木的这么多年中，为了满足杰斐逊的需要，沿着主宅东南侧延伸的桑径两边也在不断扩建。根据蒙蒂塞洛史学家的研究，杰斐逊新建了更多奴隶营房，一间熏制鱼、肉等的烟熏室，还有制酪场、铁匠铺、木工坊、洗衣房、锯木坑等。1794 年 4 月，他还在桑径创办了一项新的制造事业：一家制钉厂。在这家厂里，庄园的男童奴每天最多可以生产 10 000 枚铁钉。

一位法国友人 1796 年拜访蒙蒂塞洛时，不禁为杰斐逊对庄园事务巨细必究的娴熟掌控所惊叹。“他觉得指望不上临近的两个小镇，因此每一件物品都是在他自己的农庄里制造出来的。他的黑奴中有木匠、石匠、砖瓦匠、铁匠等。”这位访客写道，“童奴在制钉厂里干活……女奴则负责纺纱，以满足庄园的用布所需。”到了翻修工程于 1809 年完工之际，主宅的面积比原来扩大了一倍，并且新增了两个 L 形的露天平台。这两个平台是杰斐逊早在70年代初就开始构想的，它们将平台底下大部分的劳动和生活场所都巧妙地掩藏起来。制酪场、烟熏室和洗衣房都搬到了这里，此外还有厨房、冰窖、贮藏室、马车房和几个奴隶营房。

在这段造房务农的时期，杰斐逊的风湿症频繁发作，令他“被无休无止地折磨”，不过，家人的陪伴为他带来了慰藉和快乐。他在1795年年初的一封信中充满慈爱地提到帕茜的儿子、自己的外孙托马斯·杰斐逊·伦道夫：“小杰斐逊好动极了。他的一双小手摸着永远都是冰凉的，像冰块一样，可他就是不愿意穿戴暖和。一整个冬天，他穿着鞋的时间不超过一个小时。这边刚给他穿上，一转身他就踢掉了，还把坚果等小玩意儿塞进一只鞋里拎着。这两天我们终于给他和安妮都穿上了印第安‘莫卡辛’鞋。这种鞋是用软皮做的，穿上去不但合脚，而且绑着鞋带。两个小孩子再也没办法把鞋子脱下来了。”

杰斐逊喜欢枪支和马匹，爱好狩猎和钓鱼。他往往给自己的坐骑起些高贵的名字，比方说，我们所知的杰斐逊的第一匹马，名字叫艾丽·克罗克[①]。还有古斯塔夫斯、库库林、大将军、阿尔弗雷德、卡拉克塔克斯、埃塞琳达、银尾、奥拉·穆尔、佩姬·华芬顿[②]、赞加、波莉·皮彻姆。他的两匹拉车的马分别叫罗慕路斯和雷穆斯[③]。此外，还有雷利、塔尔坎、卡斯托、迪奥梅德、布雷莫、威灵顿、特库姆塞和维和士。他的最后一匹马于1820年购得，取名神鹰。

无论留居庄园还是出门在外，杰斐逊都不会放过钓鱼的机会。在弗吉尼亚，他钟爱里瓦纳河上“老河坝下游不远处”的一块垂钓宝地；在费城，他享受斯库尔基尔河畔的钓鱼时光。1791年，他与詹姆斯·麦迪逊在北方的阿第伦达克山区旅行时，特地抽出一天时间在乔治湖上落竿。他在给帕茜的信中说：“湖中水产丰饶，溪红点鳟、湖红点鳟、鲈鱼等，不一而足，令我们在尽兴游玩之际更享受到了垂钓的乐趣。”杰斐逊对尚普兰湖的评价就没那么高了，在他看来，尚普兰湖虽然面积更大，但是“远不及乔治湖令人愉悦。此湖水质污浊，水流暗涌，鲜有猎获”——污浊、暗涌、鲜有猎获，这些不仅是杰斐逊在垂钓时最不喜的，也是他在生活中最不

---

① 艾丽·克罗克：取自流行于18世纪的一首爱尔兰民歌，内容是关于一位绅士向名叫艾丽西亚·克罗克的女士求爱却遭到拒绝。——译者注

② 佩姬·沃芬顿：在乔治王朝时期，英国伦敦有一位著名的爱尔兰女伶名叫佩姬·沃芬顿。——译者注

③ 罗慕路斯和雷穆斯：一对双生子，传说中罗马城的建立者。——译者注

希望见到的。

杰斐逊家中不但收藏有枪支，旅行时也随身携带（有一次，他途经弗吉尼亚州的奥兰治县城时，不慎把一支锁在箱子里的枪遗忘在了旅馆里，不得不写信给旅馆老板）。对杰斐逊来说，狩猎是最佳的锻炼方式。尽管到了晚年时，骑马成为他最大的慰藉和消遣，只要提到狩猎，他还是常常竭力推荐。据他的黑奴艾萨克·格兰杰·杰斐逊回忆，杰斐逊主要猎杀"松鼠和山鹑"，"老主人不会射杀孵蛋的山鹑"。他是个讲求公平的猎手，在射猎前总是要将山鹑或野兔"从藏身处赶出来"，给它们一个逃跑的机会。他还会赶跑闯进蒙蒂塞洛鹿苑的偷猎者。

杰斐逊的枪支收藏中，包括一支双管猎枪和一整套土耳其手枪，这些手枪的"枪管制作极其精良，长 20 英寸，我用它们在 30 码[①]开外射猎松鼠时从未失过手"。在个人是否应该持有枪支的问题上，杰斐逊显然是他那个时代的产物。他在 1822 年写道："每一个美国人，只要他希望保护自己的农庄免受四条腿的野兽的蹂躏，保护自己的国家免遭两条腿的侵略者的践踏"，都应该"拥有枪支"，并且说："提到狩猎这项男人的运动和有益健康的锻炼方式，我是大力提倡的。"

通过与（以詹姆斯·麦迪逊为首的）友人的书信往来，杰斐逊时刻关注着当前的政治和外交动向。联邦党人和民主共和党人之间的嫌隙是永恒的主题。美国经济学家坦奇·考克斯当时在汉密尔顿的财政部担任助理部长，他从费城写信时提道："不论是私下里还是台面上，两党之间相互攻讦，人身攻击令社交乐趣或是大受折损，或是难以获得。"这封信送达不过一个星期，另一封詹姆斯·门罗的信也寄到了，信中向杰斐逊详述了近期的消息：在杰斐逊贸易报告的相关决议问题上，两派激烈交锋；在国会要求审查古韦纳尔·莫里斯通信内容的问题上，双方争执不下；参院投票罢免了阿尔伯特·加勒廷——一位宾夕法尼亚州民主共和党人——的议员资格，理由是他当选时获得美国公民身份尚未满 9 年，不符合法律规定；一份印第安条约得到了签订；当然了，还有埃德蒙-夏尔·热内灾难性的到访。杰斐逊生活的环境虽然相对闭塞，但是各地的新闻却从来没有断绝往来过。

1794 年 3 月，马萨诸塞州的联邦党众议员西奥多·塞奇威克在国会试图推动

① 1 码≈ 0.9 米。——编者注

一项立法，要求新建一支 15 000 人的军队，并且赋予总统控制海上通行的特别权力。据门罗对杰斐逊说，塞奇威克的理由是，“这项法案将为我们防范外敌的侵略提供支持。考虑到英国过去一段时间以来对我国的不友好行为，这样的侵略事件极有可能发生”。尽管民主共和党人确实对英国心存忧虑，但他们同时也对联邦党人的图谋怀有疑虑。他们担心，这只不过是联邦党人计划的第一步：这样一支军队日后如果壮大起来，虽说可能起到保卫美国的作用，但也很可能在危急关头成为颠覆宪法的工具。共和国往往因军事独裁而灭亡，而军事独裁者必然需要一支军队。“如此重大的变化一定是基于更为深远的目标。”门罗在写给杰斐逊的信中说，“这支部队的兵力来源不限于任一地区。尽管除去战时之外，这些士兵的地位差不多仅相当于临时民兵，但从其他任何方面来说，他们都算得上是正规兵。……军队的指挥权将归于辛辛那提。”

民主共和党人竭力寻找任何突破口发动攻击。作为入籍法案的一部分，威廉·布兰奇·贾尔斯提出修正条款，要求新入籍的美国公民声明放弃其原所在国的任何世袭头衔。通过这一做法，杰斐逊派希望能够大大降低移民贵族把旧世界的价值取向带到美国的概率。

作为反击，马萨诸塞州的联邦党众议员塞缪尔·德克斯特也提出了自己的修正条款，要求蓄奴的移民申报他们拥有的奴隶财产。德克斯特称：“你们要向公众展示我们是世袭贵族，那么我以牙还牙，要向同一批公众展示你们是奴隶贩子。”贾尔斯的修正条款获得了通过，德克斯特则未能获得足够的支持。从这两项动议中，我们对左右当时美国政治的情感因素可以窥见一斑——民主共和党人担心世袭权力日益壮大，联邦党人则忧惧蓄奴主的力量不断增强。

杰斐逊和他的战友一直以来都在忧虑，联邦党人手中掌握的权力会越来越大。1794 年秋末，国会召开。在向各位议员发表年度咨文演讲时，华盛顿不仅提到了威士忌暴乱，而且对民主－共和社团毫不留情地进行了鞭挞。

发生在西部地区的威士忌暴乱源起汉密尔顿的消费税在农民中引发了强烈的不满情绪。抗议活动逐步升级，直至 1794 年达到高潮，发生了围攻联邦税务官约翰·内维尔将军的宅邸凉亭山这一事件。暴乱者的一个首领詹姆斯·麦克法兰中弹身亡。联邦政府征召了一支人数庞大的军队派往宾夕法尼亚西部地区，由汉密尔顿和绰号“轻骑哈里”的亨利 · 李三世统帅。华盛顿本人还曾一度随军亲征。暴乱分子很快就溃散了，但是华盛顿却在心里认定，这一暴力事件与民主－共和社团的政治煽动脱不了干系。因此，他在1794年对威士忌暴乱和这些社团都进行了猛烈的抨击。

到了12月中旬，杰斐逊写信给威廉 · 布兰奇 · 贾尔斯，表明他对所发生的事件早有预见：“已经出现了这样的动作，企图限制本国公民集会的自由、就关切的议题交换观点的自由，以及在公开发行的报纸上表达这些观点的自由，这比我预料的时间提早了整整一个世纪。”

杰斐逊认为，政府不仅是在试图镇压宾夕法尼亚州的叛乱，同时也是在剥夺人民和平集会的自由。他直言不讳地对麦迪逊道：“独统派胆大妄为的举动我们早已见怪不怪了，此次对民主–共和社团的指责便是一例。”威士忌暴乱造成了什么真正的危害吗？对杰斐逊来说，几乎是不值一提的。他在1794年12月给麦迪逊的信中说：“抗议者确实举行了一次集会，就是否脱离联邦征询意见。但是，就某一议题征询意见并不等于确定地表示赞同，更不等于切实地转化为行动。”

杰斐逊深知，民众的吵吵嚷嚷是民主必须付出的代价。

杰斐逊坐镇家中时，他对事事都要严格掌控的性格显露无遗。他对自己的马匹有着一丝不苟的苛刻要求。他年轻的时候，但凡仆人把坐骑牵到他的面前，他都会用一条细纺白手绢擦拭马肩。如果手绢上沾染了灰尘，那么，他一定会要求仆人把马牵回马厩。只有一切做到最好才合乎他的心意。

他养的马匹给他带来了无穷的快乐，不过，他不喜欢动物有自己的意志。有几次碰上不听话的马，他平常的镇定自若都被丢到了一边。“他唯一按捺不住脾气发作的时候，是碰上他的马不听命令。每当这种时候，只要马稍有违忤，他都会用鞭子一顿猛抽，直到马乖乖驯服为止。”他的一个外孙后来回忆说。

家里人还流传下来另外两件他大动肝火的逸事，这两次发火都是因为他公然遭到了忤逆。第一件事是这样的：杰斐逊吩咐家里的一个奴隶去马厩要一匹拉车的马出门办事，可掌管马匹的黑奴朱庇特拒绝了他的要求，而且拒绝了不止一次，而是两次。居然有人违抗自己的命令，杰斐逊勃然大怒：“马上把朱庇特给我叫来。”据家里人叙述，朱庇特受到的这番叱责可不比寻常，简直是一场疾风暴雨，杰斐逊“说话的口气和脸上的神色，无论对是朱庇特还是被吓坏了的旁观者，都永生难忘”。杰斐逊的命令是不容挑战、不可置疑的，任何情况下都不行。

第二件事发生在一个渡口。有一次，杰斐逊和他的女儿帕茜乘船渡河。船上的两个渡工之前一直在争吵，开船后不久，两人就要动起手来。据说，杰斐逊“两眼冒出火光”，立刻“抄起一支桨来，挥过两个渡工的头顶，然后厉声呵斥，将这两个人的争吵声压了下去”。杰斐逊手里拿着武器，发出明白无误的命令：“赶紧给我好好划船，不然的话，我就把你们两个都丢进河里！”

当时在河中央，因为这两个渡工的争吵，他和女儿的人身安全受到了威胁，因此杰斐逊掌控住局势，强力贯彻了自己的意志。“他们真的就赶紧好好划船了。那个高个子怪人在他们头顶上挥舞着一支沉甸甸的木桨，眼里怒火熊熊、脸上杀气腾腾的样子，我想这两个渡工恐怕是不会轻易忘掉的。”杰斐逊的外孙女记叙道。当他的挚爱受到威胁的时候——在这件事中，是他的女儿帕茜——他的真实情感便会流露出来。

美国也是他心中的挚爱，而且他越来越相信，国家的前途正处在危险之中。

“如果你以农夫的身份来探望我，那么我们有很多东西可以相互学习。我不过是一个初学者，内心既迫不及待，但又感到绝望。因为我现在年纪已大，很难学会一门新的手艺。”杰斐逊对威廉 · 布兰奇 · 贾尔斯道。他喜欢和老朋友在一起，在一封写给老友的信中，他说：“来吧……我们可以每天在一起喝汤饮酒，追忆青春岁月、过往传奇。”

麦迪逊对这样的田园生活不以为然。他在1795年3月写信对杰斐逊说：“你必须做好准备……接受你再固执己见也无法回避的事实。”对麦迪逊来说，这个事实的核心是：托马斯 · 杰斐逊是注定要谋求美利坚合众国总统职位的人。

杰斐逊承认自己曾考虑过这件事。他告诉麦迪逊，他的敌人“在报纸上无休止地含沙射影”，说他企图继华盛顿之后成为总统，这迫使他感到，“为了自己的安宁，必须认真面对和思考这一问题”。他的结论——他在1795年4月写道——是否定的，他不会竞选总统。“我早几年的那点儿雄心壮志早已烟消云散，而且比起身后的评价，我更看重眼前的名声。”严格来说，这并非他的真实想法，不过是拿来劝慰自己的话罢了。政治人物不能够表现得贪恋权位，因此尽管杰斐逊渴望推动时代进托马斯·杰斐逊，1743年4月13日出生在沙德维尔，一个瓦纳河畔的种植园主家族。身为家中的长子，他从小就立志要在他人的生活中发挥核心和领导作用。这幅肖像绘于1776年，杰斐逊供职于大陆会议期间。

此画像大约于1786年杰斐逊旅居巴黎期间，由美国画家马瑟·布朗所绘。杰斐逊热爱法国，在朗雅克府的日子是他生命中一段非常愉快的时光。法国外交大臣德·拉·卢塞恩骑士曾这样评价他：“他浑身充满着荣誉感，一腔真性情，无比热爱自己的国家。”

杰斐逊于1770年绘制的蒙蒂塞洛草图（蒙蒂塞洛在意大利语中意为“小山”）。这是他在阿尔伯马尔县的家中老宅沙德维尔附近新建的房子。

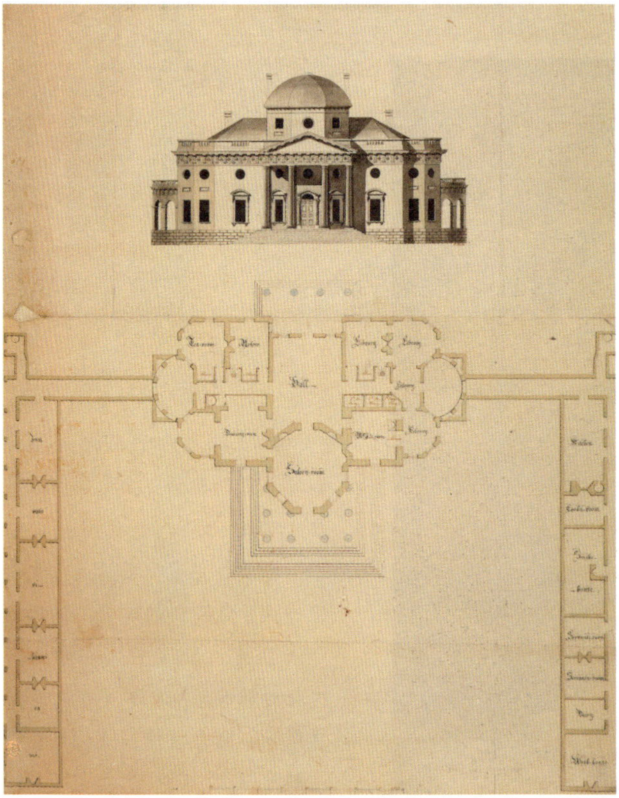

1803年前后蒙蒂塞洛的平面图，由美国建筑师罗伯特·米尔斯设计。杰斐逊从华盛顿的内阁退隐之后，实际上重建了整幢房子。工程一直持续到1801~1809年杰斐逊自己担任总统期间，最终建成的房子已经几乎与米尔斯的草图毫无相像之处了。

巴黎塞纳河畔在建的萨尔姆府。杰斐逊18世纪80年代在巴黎居住期间，对这幢建筑很熟悉，它的设计风格不但影响了蒙蒂塞洛的重建，对美国白宫也有影响。“我在巴黎期间，狂热地迷恋上了萨尔姆府，几乎每天都要去……瞧上一眼。”杰斐逊写道。

影响杰斐逊的人物

旅居巴黎期间，杰斐逊定制了美国历史上几位关键性人物的肖像摹本。这幅克里斯托弗·哥伦布的肖像摹自佛罗伦萨乌菲齐美术馆中一位佚名画家的作品，是乔维奥系列藏品中的一幅。

亚美利哥·韦斯普奇的肖像，同样摹自乔维奥系列藏品中佚名画家的作品。

沃尔特·雷利爵士对新世界的探险令杰斐逊深感钦佩。他想要收藏一幅雷利的画像，“添加……到我已经拥有或应该拥有的美国历史上重要人物的肖像藏品中去”。

弗朗西斯·培根爵士是杰斐逊最为推崇的偶像之一。培根的《论说文集》和《学术的进展》启发了杰斐逊的思想，加深了他对启蒙运动精神的理解。

艾萨克·牛顿爵士的科学理念及其哲学影响，使他成为杰斐逊的又一位偶像。

约翰·洛克有关自由和政府的著述为他赢得杰斐逊心目中“三位一体”中的最后一个席位。他和培根、牛顿一道，被杰斐逊称为“古往今来世上最伟大的三个人物”。

康沃利斯率英军在约克镇投降。美军这一胜利标志着美国独立战争中军事行动的结束。

乔治·华盛顿。杰斐逊尊重他、敬仰他、畏惧他，但并不热爱他。

本杰明·富兰克林。他和杰斐逊一样，被认为是具有文艺复兴时期特征的人物。

詹姆斯·门罗的肖像，由美国画家吉尔伯特·斯图尔特创作。门罗是杰斐逊多年的门生兼弗吉尼亚盟友。当杰斐逊需要一个自己能够完全信任的人前往法国，商讨路易斯安那领地问题时，他首先想到的就是门罗。

由马瑟·布朗所绘的约翰·亚当斯肖像，创作于杰斐逊和亚当斯旅居欧洲的18世纪80年代。

阿比盖尔·亚当斯曾认为杰斐逊是“地球上少数的精英之一”，然而到了18世纪90年代末期，政治斗争愈演愈烈，亚当斯夫妇和杰斐逊在诸多问题上立场相左，两人之间的友谊日渐消磨殆尽了。

詹姆斯·麦迪逊是杰斐逊最亲密的政治战友，他常常在杰斐逊一时头脑发热的时候扮演劝解人的角色，以免后者在公开场合发表过激的言论。“我的身后事就交代给你了”，这是杰斐逊对麦迪逊郑重的托付。

在杰斐逊任职总统期间，多利·佩恩·麦迪逊是杰斐逊的少数几位女性友人之一。她的丈夫麦迪逊担任国务卿期间，她有时会充当杰斐逊宴会的女主人。

杰斐逊与法国

拉法耶特侯爵，全名马里–约瑟夫·保罗·伊夫·罗克·吉尔伯特·德·莫蒂耶。美国独立战争期间，正是美法结盟使胜利成为可能，而拉法耶特可以说是法国盟友的代表人物。法国大革命初期，杰斐逊到达巴黎之后，两人的私交益发深厚起来。

《拿破仑穿越阿尔卑斯山》，法国画家雅克–路易·达维德作品。这位从士兵摇身成为皇帝的科西嘉人决定出售路易斯安那领地，这就赐给了杰斐逊一个良机，从此改变了美国的面貌。此外，拿破仑的法国与英国之间争夺霸权的斗争也为美国初期的内政外交政策定下了基调。

美丽、魅惑的玛丽亚·科斯韦的父母都是英国人，她自己却出生在意大利，后来又嫁给了画家理查德·科斯韦。正是她激发杰斐逊写下了吐露最多内心情感的一封信，在这封信中，杰斐逊的头脑和心灵有如天人交战。

在 1793 年路易十六和玛丽–安托瓦妮特被送上断头台之前，美国民众普遍支持法国大革命。此事之后，这个新生的国家分裂为两个阵营，泾渭分明。

《下十字架》画家弗兰斯·弗洛里斯作。杰斐逊的私人藏品之一。

《希罗底手持施洗约翰的头颅》，佚名画家的摹作，杰斐逊的私人藏品之一。原画约1631年由意大利画家圭多·雷尼创作。

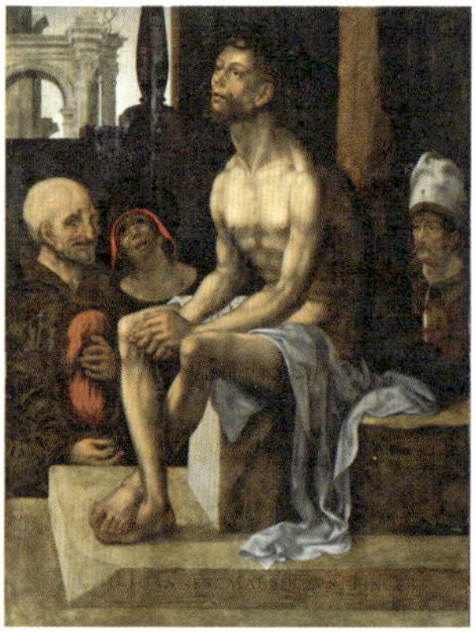

《耶稣在总督府》摹作，杰斐逊的私人藏品之一。原画作者为画家扬·格萨尔特，署名“马尔博迪乌斯”。

《撒拉献夏甲于亚伯拉罕》，荷兰画家阿德里安·范·德·韦夫作品。杰斐逊亲眼欣赏到这幅画作的时候，据说正是他开始与萨莉·赫明斯发生性关系之际。画中描绘的一家之长娶女奴为妾的场景，很有可能引起了他的共鸣。

一幅描绘弗吉尼亚州天然桥的版画。杰斐逊曾写道，这座天然桥实在是“太美了”，美得“简直无法用言语形容”！

《索克族的年轻酋长》，佚名画家约于1805年创作。杰斐逊的私人藏品之一。

《刘易斯与克拉克在哥伦比亚河下游》，美国画家查尔斯·马里昂·拉塞尔作品。这两人领导的探险军团横越大陆，抵西太平洋沿岸，称得上是杰斐逊执政时期一项光辉的政绩。

在《通晓哲学的公鸡》（1804）这一幅用作政治攻击的讽刺画中，杰斐逊被描绘成一个性侵犯成癖的奴隶主。这是詹姆斯·汤姆森·卡伦德在里士满一家报纸上指称杰斐逊与萨莉·赫明斯有染之后发生的事。

杰斐逊长久以来一直担忧，他的政敌亚历山大·汉密尔顿所憧憬的政府会把美利坚合众国引上君主制的道路，或者至少是准英国模式的道路。如此一来，这场美国式试验也就被葬送了。尽管一同供职于华盛顿内阁，杰斐逊说，他和汉密尔顿的关系就像斗鸡场里的“两只斗鸡”，为了获得主导权厮杀不休。

阿伦·伯尔是一位谜一样的人物，他的外祖父和父亲都曾担任过新泽西学院（今普林斯顿大学）的校长，他本人则是一股来势汹汹、捉摸不透的政治力量。伯尔为民主共和党在18世纪90年代政坛上的崛起发挥了关键性作用，并在1801年的总统选举中与杰斐逊打成平手。自此之后，杰斐逊再不信任他，1804年选举时还另择竞选搭档。在杰斐逊执政后期，伯尔受到指控，说他意图在美国西部自立为王，由此引发了一场著名的叛国案审判。

蒂莫西·皮克林是一位令人生畏的联邦党人，他从未信任过杰斐逊，并且在新英格兰地区煽动分裂主义情绪。他曾在华盛顿和亚当斯两位总统的内阁担任国务卿，又于1803~1811年出任马萨诸塞州的参议员。

美国与地中海地区的巴巴里海盗似乎常年来一直处于交战状态。从他派驻法国开始，到他就职国务卿，再到他担任两届总统，数十年间，杰斐逊一直都在应对这一难题。

托马斯·杰斐逊·伦道夫，杰斐逊的长外孙，由美国画家查尔斯·威尔逊·皮尔所绘。

便携式写字台。就是在这个写字台上，杰斐逊写下了《独立宣言》。“政治和宗教一样，都会引起迷信。”杰斐逊写道，“随着时间的推移，迷信愈深，总有一天，会将凭空想象出来的价值附到这件纪念物上，因为它和我国伟大的独立宪章的诞生联系在一起。”写字台由杰斐逊亲手设计，由费城的本杰明·伦道夫制造。

杨树林庄园主宅和庭园全景图。这座庄园位于弗吉尼亚州贝德福德县，是杰斐逊为了躲避蒙蒂塞洛络绎不绝的登门造访者，而特意为自己修建的静居所。

弗吉尼亚大学，它的创立旨在传扬杰斐逊致力于精神生活和理性追求的教育理念。这所大学是杰斐逊晚年退休之后快乐的源泉，也凝聚了他大量心血。

程的意愿甚为明显，他在嘴上也总是要予以否认。

不过，在 1795 年的这个春天，他嘴上这老一套的抗议倒是比往常更多了几分可信的理由。一方面，他的风湿屡屡发作，长期忽视的庄园和账目事项也让他无暇分身；另一方面，外孙、外孙女承欢膝下，而且很可能在经过了 4 年之后，第一次能够长时间地维系与萨莉 · 赫明斯的私情。

当他写信给麦迪逊和其他朋友，告诉他们自己打算永久隐退的时候，他并非是在说谎。他在蒙蒂塞洛找到了安宁和慰藉。只不过，他可能并未完全意识到，自己与政治仍然如此紧密地联系在一起，这种联系是自然而然、不假思索的。从他初次当选弗吉尼亚州自治议会议员到现在，已近 1/4 个世纪过去了，这个国家的命运早已和科学、音乐、蒙蒂塞洛一样，成为他生命的一部分。就像他无法选择不对科学或书籍发生兴趣一样，他同样无法选择从共和国的事务中抽身而出。

他需要政治舞台，需要一个能够施展宏伟抱负的天地。这不仅关系到他的身体健康，而且关系到他的自我意识和心灵安乐。“我坚信，要想获得自身的幸福，必须不断地接触世界，跟随世界的脚步前进。任何人倘若失去了与世界畅通无阻的交流，必将因头脑的衰退而饱尝苦果。唯有满足我们好交际的天性，才能预防这种情况的出现。”杰斐逊在成为总统之后写给波莉的信中说：“关于这一点，我是有切身体会的。1793~1797 年，我赋闲在家的时候，除了访客便再见不到其他人。终于，我清楚地意识到，这种状况对我的头脑产生了危害，其直接的、不可阻挡的结果是造成了社交的障碍。当不得不参与社交活动时，我会感到浑身都不自在。我强烈地感受到与周围世界脱节所带来的影响，并由此认识到，这种影响会产生不合群的、遁世的情绪。如果任由这种情绪滋长，必将饱尝苦果。这个教训让我永生难忘。”

阐发信念，履行公职，为支持民主共和、反对君主专制摇旗呐喊：政治不仅仅是托马斯 · 杰斐逊所选择的事业，而且已成为他不可割舍的一部分，尽管有时候他自己没有意识到这一点。

1795 年 6 月，他请费城的报社主编本杰明 · 富兰克林 · 贝奇“把你们 1794 年出版的报纸为我发一份过来”。麦迪逊寄来一份他自己称是“即兴写就的报文”：一本题为“政治评论”的小册子。威廉 · 布兰奇 · 贾尔斯表示，“在我前往参加（国会的）冬季会期之前”，要来探望杰斐逊一趟。当年秋天，纽约州的阿伦 · 伯尔造访蒙蒂塞洛，联邦党人听到消息后，指责这两个人是在为即将召开的国会“部署和核准”民主共和党议程。

伯尔的这次造访是短暂的，他只在杰斐逊的山顶庄园逗留了一天。当时谁都没有想到，尽管这年秋天两人的会面只持续了短短数小时，在随后的12年中，两个人的名字却将一直紧密地联系在一起——先为盟友，后为仇敌。

阿伦·伯尔1756年出生在新泽西的纽瓦克。他的外祖父乔纳森·爱德华兹是著名的神学家、传教士，也是新泽西学院（今普林斯顿大学）的院长。伯尔的父亲阿伦·伯尔牧师娶了爱德华兹的女儿伊丽莎白，后来也成为该学院的院长，而伯尔正是在新泽西学院接受了教育。

阿伦·伯尔岁数比杰斐逊小，他面容英俊，谈吐迷人，敢做敢当，雄心勃勃。他在独立战争期间当过大陆军军官，后来做了律师，最后成为他所处的那个时代最为耀眼的政治家之一。他娶了西奥多西娅·普雷沃斯特，一位英国军官的遗孀，两人生了一个漂亮的女儿，也取名叫西奥多西娅。

伯尔是纽约州民主共和政治的奠基人。他一步一步攀上政治高峰，先是当选为州议会议员，接着出任纽约州总检察长，又在1791年进入参议院。深谙选举之道的伯尔为杰斐逊的政治事业做出了难以估量的贡献——直到1800年总统选举的时候，杰斐逊认为两人的目标产生了冲突。

不过这都是后话了。眼下，不论何门何派的任何一个美国政治家，甚至举国上下，都在担心美国可能与英国开战。

约翰·杰伊的伦敦之行不但未能达成杰斐逊期望的结果，而且事实上与他的期望相距甚远：1795年3月7日交到华盛顿总统手里的条约，被认为对英方做出了过多的让步。汉密尔顿多年来一直试图加强英美两国之间的经济联系，而这个条约让他如愿以偿，从实质上把两国的经济牢牢拴在一起，并以条文的形式确定了下来。

一场政治风暴迅即刮起，华盛顿遭到了无情的抨击。愤怒的民众当街焚烧杰伊的纸人像，甚至有人提出要弹劾华盛顿。杰斐逊对这一条约嗤之以鼻，认为它是汉密尔顿派一手炮制出来的，他的立场得到了大多数国民的支持。1795年8月，杰斐逊在写给小托马斯·曼·伦道夫的信中说：“从北到南，人们无不对这一条约口诛笔伐，谴责它不是极端愚蠢，就是极端肮脏。”

甚至 8 月中旬发生的洪灾也未能转移公众对杰伊条约的注意力。“在此之前，还从未有任何一份协议能引发如此普遍的不满情绪。”杰斐逊说。

他敦促麦迪逊在报章上撰文，对条约进行鞭挞，因为他担心，汉密尔顿可能会设法扭转公众舆论，赢得支持（他称汉密尔顿是“反共和派毫无疑问的支柱”），并且“在最初的哗然过后，民众的声音会自然而然地归于沉寂”。

杰斐逊在这个条约中看到的，是汉密尔顿通过杰伊的外交活动成功地把自己的主张转化成了法律条文。他对麦迪逊说：“还没有哪个党派使出过如此大胆的伎俩。噢，不用怀疑，这绝对是某党派的花招。他们在众议院未能赢得多数席位，因此便想出偷梁换柱之计，借助参议院和行政权力的力量，把自己的图谋伪装成条约，使之成为法律确立下来。这样一来，原先反对他们的众议院便被缚住了手脚，再也不能对宗主国的贸易设限了。”

尽管如此，条约还是以微弱优势获得了通过。不论是华盛顿本人，还是参议院勉强够上 2/3 的多数议员都相信，签订这样一份协议总好过与英国开战。

但是条约还面临另外一个难以克服的障碍：条约部分内容所需的资金必须得到众议院的批准。1795 年 12 月，在一片批评声中（如“目空一切的暴君”、“践踏法律和宪法的统治者”），华盛顿前往众议院发表他的年度咨文。

这一次，他受到的欢迎大不如前。以彼得 · 箭猪为笔名的小册子作家威廉 · 科贝特这样描述当时的情景：“直到本次会期开始的几个月前，即便最恶毒的派系诽谤也不敢公开攻击他的人格。这是有史以来第一次，他踏入国会的时候，未能得到在座每一位的衷心欢迎。”如今他放眼向台下望去，瞧见的一张张面孔都“跃跃欲试，想要阻挠他的政策，为他呈上已经溢到杯口的羞辱之酒”。

即便如此，众议院仍然和参议院一样，不情愿地投票通过了对条约的支持。最终，华盛顿于 1796 年 5 月 6 日星期五签署了该条约。就在华盛顿签字三天之后，麦迪逊写信对杰斐逊说：“（如果众议院胆敢否决条约，）新英格兰各州的大批民众已经准备起来暴动，推翻众议院了。这是贵族主义、亲英主义和唯利主义长期在这一地区施加影响的结果，共和主义如今溃不成军。”毫无疑问，这一回合是联邦党人赢得了胜利。

然而，这一外交和政治胜利的代价是高昂的。联邦党人推动杰伊条约获得批准的举动反而赋予新生的民主共和党人一个明确的目标，激励他们向这一目标迈进。

他们清楚地知道，应该向何处、何人寻求帮助。

杰斐逊已经在以务实的态度分析现时的政治形势，并以科学的眼光看待周遭的世界。在他于 1795 年 10 月中旬之后的某次所做的笔记中，概括性地勾勒出自己对当前形势的认识。杰斐逊写道：

在美国，确实已形成了两个政党。它们分别由以下各类人构成。

组成反共和党人的是：

1. 老一代的流亡者和亲英分子。
2. 居住在我们当中的英国商人，这些人是我国商人群体的主体。
3. 依靠英国资本的美国商人，这些人在商人群体中为数不少。
4. 投机商以及银行和公债证券持有人。
5. 联邦政府官员，不过也有一些是例外。
6. 为了往上爬不惜放弃原则的求官者，这些人为数众多，而且折腾的动静很大。
7. 整日里惶恐不安的人，这些人生性软弱惰怠，宁可逆来顺受，也不愿积极进取。

组成合众国民主共和党的是：

1. 全美国所有的土地所有者。
2. 没有土地的农业和手工业劳工。

后者的总人数与前者相比大概是 500∶1，尽管他们之间的财富差距没有如此悬殊，但前者的财富仍然远超后者，而事实上后者还是前者财富来源的基础。尽管反共和党的人数少得可怜，可是因为某些原因造成了他们势力强大、人数众多的假象。他们全都聚居在城市里，因此随时随地可以作为一个整体行动。他们中的许多人在报社供职，因此把持了大部分报纸。与之相反，务农的人口散布在全国各地，彼此之间少有交流信息的手段。但他们能够感觉到自己的强大力量和坚定意志，并且相信，只要依靠力量和意志，随时都可以一记重拳击垮颠覆政府的阴谋。

杰斐逊对敌人的评估混合着恐惧和骄傲两种矛盾的情感。一方面，他对联邦党人心存忧惧；另一方面，他也相信，只要民主共和党人行动起来，便一定能够取得胜利。前者促成了他的危机感，后者则赋予他力量，使他能够在最绝望、最沮丧的时刻坚持奋斗下去。

1795 年圣诞节过后的这一天，杰斐逊写信给贝奇，要求订阅他的《曙光报》；与此同时，他还给费城和里士满的其他许多报社主编写了信，提出同样的请求。尽管他从未真正远离政坛，但是这一次毫无疑问，他重新登场了。

杰斐逊从未怀疑过总统权力的分量。他在法国第一次读到宪法草案时，就意识到总统这一职务将是整个政府运作的中心。此后发生的种种事件证明了他当时的直觉是正确的。谈到华盛顿在杰伊条约这一议题上取得的胜利时，杰斐逊写信对门罗说："你已经看到……一个人的影响力远远胜过了所有人。人民一心支持总统，既不相信自己的判断，也不相信自己选出的代表的判断。共和主义不得不放下船桨，将航船完全交托给领航员，依靠领航员为他们选择他认为最佳的航线。"

杰斐逊说这番话的时间是在 1796 年 6 月中旬，大约 6 个月后，总统选举团便将召开会议，推举华盛顿的继任者。因此不难想象，杰斐逊很可能是在考虑，如果美国这艘航船的领航员是一位民主共和党人，国家的前景将发生怎样的变化。更进一步来说，他自己是否应该担任这个领航员。当时得体的做法是要在是否参选总统这个问题上保持沉默，但是杰斐逊不久就将做出抉择：他会允许自己的名字被提名，参选美利坚合众国的总统吗？这将是自他在轰轰烈烈的独立战争期间选择"国家高于国王"以来，公职生涯中最重大的决定。

不过首先，他想要亲自向华盛顿本人澄清一些疑虑。事情的起因是杰斐逊在 1796 年 6 月 9 日的《曙光报》上看到了一篇报道，报道宣称消息来源是中立辩论期间华盛顿分发给内阁成员的一份机密文件。杰斐逊一向在意他人对自己的看法，并且特别看重华盛顿的评价，因此他决意要说服华盛顿相信，至少他本人没有辜负总统的信任。在他 6 月 19 日的信中，杰斐逊凭"一切神圣的事物和所有的荣誉"起誓，向华盛顿保证自己一直将文件"妥善锁藏，绝无泄露"。

1796 年初夏的这几个星期中，杰斐逊一直在担心华盛顿可能对自己有意见，因为他知道，不断有流言传入总统的耳中，说杰斐逊私下里对他的这位旧上司不仅有诸多批评，而且极不尊重。为了消除华盛顿对自己可能产生的负面印象，杰斐逊在信中提醒华盛顿，有些人可能“试图在你我之间挑拨离间”，造谣杰斐逊“仍在政治圈子里营营碌碌，暗中挑起事端、策划阴谋反对政府”。

1796 年 7 月，华盛顿写来了回信，表示相信杰斐逊在《曙光报》一事上是毫无责任的。不过他也借机谈到了杰斐逊对本届政府的看法：“既然你已先挑起话题，那么故意遮遮掩掩岂不是显得我不够直言坦荡，甚或枉称朋友：人们告诉我，你言行之间对我多有贬损，与我所认为的你对我的看法相距甚远。”

联邦党人为了即将到来的总统选举忙着排兵布阵。他们采取的其中一个策略是向杰斐逊的死敌帕特里克 · 亨利主动示好，支持他竞选总统。亨利表示他不感兴趣。不过，如果亨利接受这一提议，势必在弗吉尼亚州造成分裂，这进一步显示，联邦党人坚信杰斐逊将是他们在选举中的主要对手。

1796 年 8 月，西部地区的议员威廉 · 科克在信中清楚地表明对杰斐逊的支持。科克出生于弗吉尼亚州，现在则是田纳西州的政治领袖之一。他在信中写道，他本人荣幸之至地“告知您，本州人民一致，衷心期望您成为美利坚合众国下届总统，伯尔先生担任副总统”。

杰斐逊的回答既清楚又含糊：“你向我提到的那个荣誉职位，我是断不敢倨傲拒绝的。然而说实话，人们认为我配当此任，对我来说便已足够，并非定要当真坐上那个位子。”他写信对科克说，因为“我深知，总统一职于任何人的名声都只能招来损害，而绝无增益”。

第二十八章
就任副总统

每个人都负有为国效力的义务，这一义务与他所获自然与命运的馈赠相当。

——托马斯·杰斐逊

你我都曾见过激烈的争论与政治上的互不相让。然而，激辩过后，纵使政见不同，双方仍然能够心平气和地交谈……然而，今非昔比了。现如今，曾经的至交好友若在大街上遇到，为了避免见面寒暄，都要穿过马路；为了避免触帽致意，都要扭过头去。

——托马斯·杰斐逊写给爱德华·拉特利奇的信

1796年9月19日星期一，华盛顿公开发表卸任演说，揭开了美国历史上第一次真正意义上的总统选战的序幕。照马萨诸塞州众议员费希尔·埃姆斯的说法，华盛顿的声明是“一个信号，就像帽子往地上一扔，各党各派的参选者听令起跑”。

共和国建国的最初数十年间，总统选举的许多做法在今天看来古怪得很：候选人不会发起竞选活动，他们通过知交或盟友间接放出消息说，已同意自己的名字被列入候选名单。政见相同的联盟于是提名自己中意的总统和副总统两位候选人。在大多数州，总统选举人公开表明自己所支持的两个职位候选人，选民投票给总统选举人，就意味着投票给这两个候选人。在1804年的第十二条宪法修正案通过之前，对总统和副总统并未分开投票选举，得票数第二的候选人当选为副总统。

不论现今的总统选战与当时相比发生了多大的变化，有一个特征是从一开始就保留下来的恒久未变的，那就是候选人之间肆意的相互揭短。

华盛顿的卸任演说发表仅仅10天之后，杰斐逊的政敌便对杰斐逊发起了攻击，而且一出手就毫不留情。1796年9月29日星期四，《哥伦比亚县镜报及亚历山德里亚县时事报》上发布了查尔斯·西姆斯的一份声明。此人是个联邦党人，也是一位律师，并且还是总统华盛顿的故旧。西姆斯在弗吉尼亚州的威廉王子县、斯塔福德县和费尔法克斯县发起竞选活动，希望成为三县的总统选举人，并承诺支持约翰·亚当斯。在9月末的这份声明中，他公然挑战杰斐逊，对其展开了猛烈的抨击。西姆斯宣称，杰斐逊不能胜任政府要职，因为他在战时主政弗吉尼亚期间，“逢敌军入侵”而自顾逃离，“公文案册毁于一旦，致弗吉尼亚州州政府混乱，损失惨重，处境艰难”。这样一个怯懦的人是绝不该成为总统的，西姆斯说，“因为没有人能够预料风暴会自何时、从何处来袭”。换句话说，杰斐逊不过是个贪慕虚荣的懦夫，而约翰·亚当斯则是值得信赖、能够坚持在乔治·华盛顿确立的道路上走下去的堂堂政治家。

杰斐逊一派立刻给予猛烈还击。加罗林县的约翰·泰勒，一位支持杰斐逊的弗吉尼亚人，公开撰文对西姆斯进行批驳。泰勒在文中重述了1781年英军入侵事件的经过，表明时任州长杰斐逊完全履行了自己的职责。更重要的是，泰勒辩驳说，选战必须立眼当下，而不是纠缠过去。这一政治策略此后屡为民主共和党人所用，起到了上佳的效果。他们提出，选战的实质是美国政府今后所走道路之争，是要走向民主共和，还是走向君主专制。

为了说明自己的观点，泰勒提到了1794年时任副总统亚当斯和新罕布什尔州参议员约翰·兰登之间的一场对话。据泰勒称，亚当斯当时说，“若无一位世袭的国家元首、一个世袭制或终身制的参议院，政府难以久立，人民难得福祉”。当年的竞选宣传册上是这样写的："托马斯·杰斐逊是一位坚定的民主共和党人，约翰·亚当斯是一个死忠的君主主义者。"

签订杰伊条约之后，下一届美国总统面临的其中一个严峻问题就是，与法国开战的可能性越来越大，这一风险为原本就如火如荼的选战更增添了几分紧迫感。

秋末的蒙蒂塞洛遭遇了一股寒潮——气温降到了12华氏度（约零下11摄氏度），书桌上墨瓶里的墨水都冻住了——这时的杰斐逊仍在等待着1796年总统选举的结果。鉴于下一届总统将要挑起的重担，杰斐逊说，他倒觉得赢得总统之位还不如当个副总统呢。"在这件事上，没几个人会相信我心里真是这么想的。"杰斐逊写道，"就算如此，也不能代表我说的不是事实。我真心希望自己在投票中位居第二。"

汉密尔顿是此次选举中的一个不定因素，因为他既反对亚当斯，也反对杰斐逊。为了不让他的两个政敌当上总统，汉密尔顿想出了一条妙计。他鼓动南卡罗莱纳州的联邦党选举人不要把总统选票投给亚当斯，而是投给亚当斯的副总统人选、南卡罗来纳人托马斯·平克尼。汉密尔顿这样做的动机何在呢？麦迪逊在写给杰斐逊的信中说，汉密尔顿认为亚当斯"太刚愎自用，当不了这些幕后阴谋家的听话傀儡"。

尽管杰斐逊口头上不断客套地声言自己无心于总统之位，但种种迹象表明，他对这场关系个人荣辱的胜负还是很在意的。其中一个证据是1796年12月10日星期六麦迪逊写给他的一封便函。"如果运气使然，最终屈居人下，敬陪次席，你也应当欣然接受。"麦迪逊对杰斐逊如是说。关键就在这"应当"两个字：麦迪逊是杰斐逊最亲密的政治盟友和顾问，他一定是知道这位总统候选人对国家最高职位跃跃欲试才提出这样的建议。另一方面，麦迪逊也是在给自己的朋友打预防针：由于汉密尔顿一派在幕后耍弄政治花招，可能会出现亚当斯和杰斐逊票数相同的情况。这样的话，将由联邦党人控制的众议院决断选举结果。

杰斐逊知道，之后在众议院也可能出现票数相同的僵局。他在信中对麦迪逊说："这是一个宪法未能提供解决方案的难题。"假若他和亚当斯真的面临这种情况，他授权麦迪逊"代表我，衷心表达推举亚当斯先生的愿望。自我们从政以来，他一直都是我的前辈。既然公众的意愿在我二人之间不分伯仲，理应敬他为先"。

随着各州的投票结果陆续报送到费城，平克尼落到了第三位。麦迪逊开始担心，杰斐逊一心希望当选总统，因此可能拒绝副总统之职。他知道杰斐逊看重名声，于是希望借此说服杰斐逊。他在给杰斐逊的信中说："既然你已下定决心服从国家的召唤，那么，就交由国家来决定哪个岗位需要你吧。"并且，在总统身边若有一个人能发挥民主共和党的影响力，将起到重要的，甚至是关键的作用。"亦有理由相信，你与亚当斯共事可能为他的议事桌带来宝贵的影响，尤其是在我国的外交事务方面。"麦迪逊写道。

1797 年 2 月 8 日星期三，选举人票清点完毕：亚当斯以 71 票险胜杰斐逊的 68 票，平克尼得到 59 票。联邦党人为杰斐逊当选副总统而心有怨言。据称，一位反对杰斐逊的牧师曾祈祷："噢，主啊！求您赐双倍的恩典给我们的副总统吧，您深知他需要您的点化。"

亚当斯对当选总统喜不自胜。他在写给阿比盖尔的信中说，他深信"这个国家的使命、精神和蕴藏的力量，世上没有几人比我对它更加了解，也没有几人与它一起久经试炼，心志犹坚"。尽管陪坐次席，杰斐逊也对选举结果感到满意，认为是公众对他个人的肯定。他说："此次投票的结果对我而言意义重大，不过这意义仅在于，它是衡量我在同辈国民心目中位置的一把标尺。"

在选举过后的那几周中，天气依旧寒冷，杰斐逊把时间都用来思考当前的政治形势。"我一早知道，在特拉华以北各州，亚当斯先生绝无可能丢掉任何一张选举人票，加上他在自由和公正的南方也有一定的支持者，这便足够了。"他写道，"考虑到公众寄予的信任，我若当选便不会推辞（总统一职），可我在上帝面前发誓，免担此责，我内心充满欢喜。"

他颇具预见性地冷嘲道："蜜月期总是转眼即过，这放在哪里都适用，出任总统也不会例外。一时半刻的狂喜终将换来经年累月的烦恼和怨恨。"眼前来说，当个副总统无疑是更佳的选择。"此刻绝非觊觎舵轮之时。"杰斐逊说。

1796 年 11~12 月的《康涅狄格新闻报》上，隐约出现了北方各州可能脱离合众国而自组邦联的言论。这些流言蜚语的背后显然预示着更深层次的矛盾。问题就出在"五分之三条款①"，这条宪法条文规定，各州人口数按照自由人总数加上奴隶实

① 五分之三条款：又称"五分之三妥协"，即将美国每州奴隶实际人数乘以 3/5，算在该州总人数内。此为 1787 年美国南北方达成的妥协方案。这一条款在美国南北战争和美国宪法第十三修正案废除奴隶制后，被废止。——编者注

际人数的3/5确定，并由此对各州的众议员人数和选举人票数进行分配。北方各州认为，包括杰斐逊在内的南方人借助“五分之三条款”在全国选举中占了不正当的优势。4年之后，当杰斐逊成功赢得总统选举之时，抨击他的联邦党人蔑称他为“黑鬼总统”，因为他们认为，杰斐逊正是靠了“五分之三条款”才在大选中胜出的。因此，双方围绕奴隶制的斗争不仅关乎废奴道德问题，而且关乎现实的政治角力：具有讽刺意味，亦具有悲剧意味的是，每增加一个奴隶州，这些州的白人就在谋求权位时更添几分胜算。

与政敌在赤裸裸的权力谋算问题上纠缠不休，这并非杰斐逊所愿，亦非他所长，他更愿意站在宏观的角度强调国家团结的重要性。他对埃尔布里奇·格里说道：“我们永远都不应背弃我们的联邦，它是泊固定我们希望的最后一把铁锚，也唯有它才能阻止这天佑之国沦为角斗士相互厮杀的竞技场。”

在1796年大选的最后那段日子里，杰斐逊拟了一封写给亚当斯的信，信中言辞友善恳切。在一通照例的谦逊之词（“我并没有统辖天下人的雄心”）之后，杰斐逊写道，总统一职是个“吃力不讨好的差事”。倘若亚当斯能够“使我们免于这场会给我国的农业、商业和信誉以毁灭性打击的战争”，那么“荣耀必将归于您一身。彼此相交多年，虽然多有磕磕碰碰，或无意为之，或有意使然，可在我心中，对您那份深厚的敬重之情，一如我们并肩为国家独立而奋斗之时。因此衷心期望您在任期中铸就辉煌，收获喜悦，亦惠及吾辈国民”。

1797年元旦当日，杰斐逊将这封信的草稿寄给了麦迪逊。“我对给亚当斯先生当副手没有一丝一毫的厌恶情绪。”杰斐逊写道，“论及年纪，我是他的晚辈；论及在国会和外交部门的资历，我亦是他的晚辈；即便之前同在华盛顿政府供职期间，我仍是他的晚辈。”尽管如此，他仍想听听麦迪逊的意见：他该不该寄这封信给亚当斯呢？

麦迪逊立刻回信劝他打消这个念头，信中洋洋洒洒列出了六大理由，主要是：第一，既然两人之间眼下气氛融洽，“那么就需要掂量，有没有必要为了更进一步地改善关系而冒将事情变糟的风险”。第二，“并非所有人都不情愿在此刻的危机之下受命掌舵，信中所提及的‘在暴风雨中航行的至高愉悦’之类言语，是否会被误解为是对这些人的非议？当然啦，你比我更清楚亚当斯先生的脾气，不过在我看来，他是颇易动怒的。”第三，“必须考虑到在选举中你的那些热情、积极的支持者的微妙处境。此时的任何举动，即便有一分暗示说他们的渴望和努力不合情理，都会被视作一种贬低，是不妥当的。我就知道有些人因为全心全意地投入你的选举事业中，可能已经招来政治上的敌意，或至少是当选总统的不满，他们在此事上甚感不平。”第四，“考虑到亚当斯先生的政策很可能迫使民主共和党形成反对阵线……你此时给予赞美，表示信赖，虽出自私人的关切和情谊，日后若成了握在他手中的书面证供，岂非大失颜面？”

杰斐逊对朋友的相劝深表感激。他决定不把这封信寄出去。

1797 年 3 月 2 日星期四，杰斐逊到达费城。他一刻都未耽搁，立即拜访了当时住在第四大街弗朗西斯旅店的当选总统亚当斯。亚当斯第二天上午便回访了杰斐逊下榻的临时住处。关上门之后，当选总统随即表示说，他很高兴只有杰斐逊一个人在，两人有很多事情要谈。

亚当斯提到了法国，他对杰斐逊说，他曾考虑过派遣这位新任副总统到巴黎执行一项外交使命，“不过他料想，现在此事已不可行了。因为一旦他本人发生意外，副总统必须代为履行总统职务，这时把人送走，显然是说不过去的。此外，把一个得到民众支持的竞争对手调离，等于是为自己清除障碍，这也不是正人君子所为”。那么，如果派遣麦迪逊出使巴黎，杰斐逊觉得如何呢？

杰斐逊同意自己此时不应该离开国内，他也表示，他认为麦迪逊不会接受这样一项任命。不过，亚当斯看起来已经拿定了主意。“他说即便麦迪逊先生拒绝，他也仍然要任命他。接受与否，全由麦迪逊来担此责任。”

1797 年 3 月 4 日星期六，在国会厅举行了正式仪式，仪式虽简短，却令人难忘。其时，国会召开短会，宣布进行两项事宜，一是总统和副总统的就职典礼，二是新当选参众议员的宣誓就任仪式。杰斐逊的宣誓仪式在二楼的参议院举行，由参议院临时主席、宾夕法尼亚州的威廉 · 宾厄姆主持。

美国的第一位国务卿现在成了第二位副总统。接下来，轮到杰斐逊主持 8 位新当选参议员的宣誓就任仪式，并发表了简短的演说。在演说中，他概括性地提及自己的政治理念，同时言辞得体但明白无误地谈到了总统可能的生死问题：“尽管宪法规定，在出现某些意外的情况下，总统职权由副总统代为履行，但我比任何人都更衷心地祈祷，这种情况不会出现，我不至受召担负更高、更重要的职责。”

但是，在当时两党之间不共戴天的政治氛围之下，杰斐逊的一些支持者认为他的演说是曲意讨好。一位纽约的民主共和党人据说曾这样评论道：“他在参议院做的头一件事是发表一篇趋炎附势、避重就轻的该死演说，公开宣称能够在约翰·亚当斯这样一位久经考验的爱国者领导下为国效力，是千载难逢的无上荣幸。这就等于是在对他的朋友说：我已经上位，你们都可以见鬼去了。”

在杰斐逊主持的新参议员宣誓仪式结束之后，大家又重新回到国会厅一楼的众议院，参加约翰·亚当斯的总统就职典礼。据亚当斯本人回忆，乔治·华盛顿看上去心情很好，甚至可以说是如释重负：“我想我都可以听到他脑子里的话：‘哈哈！我终于脱身了，你终于登场了！看看我们两个谁最快活。’”杰斐逊认为华盛顿是幸运的，他写信给麦迪逊说：“总统真是好运气，在泡沫要破灭的时候及时抽身，留给其他人背这个黑锅。”私下里，杰斐逊再次声明，他对选举的结果感到满意。“担任政府的二把手既是一项崇高的荣誉，又不必花费多少气力。”杰斐逊说，“相比之下，当一把手就有无穷无尽的烦恼。”

就职典礼两天之后，亚当斯和杰斐逊与华盛顿一起用餐。餐后，新当选的总统和副总统一同起身告辞。两个人走到街上的时候，杰斐逊告诉亚当斯，麦迪逊不会接受出使法国的任命。

这倒正合了亚当斯的意。这位新总统当天已经同他的阁僚商议过，他派遣麦迪逊的想法遭到了内阁中联邦党人的反对。“他即刻说，在征询意见的过程中，一些人对这项提名表示了异议，他先前确实考虑欠周。”杰斐逊回忆说，“接下来，他开始以诸多借口搪塞，说到最后，显然连他自己都难为情了。我们到了第五大街就分手了：他往市场街去，我沿着第五大街继续往前走。自此之后，他再未就这件事跟我提过一个字，也未就政府的任何政策征询过我的意见。”

约翰·亚当斯治下的美国内忧外患。在此期间，美法两国爆发了一连串的海战，导致美国损失惨重。（亚当斯称之为“与法国的半战争状态”。）作为总统，亚当斯竭力在后世称为“美法准战争”的这段历史时期维持和平，或至少是维持表面的和平。为了能够顺利履行总统职权，他全盘保留了华盛顿的内阁班底，其中包括出任国务卿的联邦党人蒂莫西·皮克林。这一决定后来造成了不小的麻烦，因为内阁官员往往自把自为，不断拖总统的后腿，陷政府于困境。副总统杰斐逊此时的大部分时间都用来主持参议院的工作，同时（悄悄地）构筑和扶持反对亚当斯联邦党政府的民主共和阵线。

回想起1797年3月6日星期一这天晚上与亚当斯的谈话，以及白天的事件，杰斐逊写道："在这件事上，我当时的看法是，亚当斯先生逢此场合（他的就职典礼），一时激动，忘记了党派之争。他这个人行事一向没有章法，单凭眼前好恶，因此心思一动，决意要不偏不倚地把两党端平。结果到了3月6号星期一，他第一次与内阁碰头，才刚把自己的这些念头抛出来，就立刻被挡了回来，他本人也马上恢复了原先的党派之见。"

亚当斯任总统的这几年，杰斐逊家里的事也是接连不断。1796~1801年，帕茜·伦道夫接连生了三个孩子。1796年，罗什富科公爵造访蒙蒂塞洛，看到帕茜漂亮的妹妹波莉"一直跟父亲住在一起，不过她芳龄十七，又出落得花容月貌，不消说，很快便会发现，人生在世除了要尽女儿的义务之外，还有更甜美的义务在等着她呢"。波莉来年就嫁给了自己的一个表哥约翰·韦尔斯·埃普斯，他们后来有两个孩子。杰斐逊自己于1797年7月11日星期二回蒙蒂塞洛小住。8个月又3个星期后，萨莉·赫明斯生下了一个儿子，孩子取名叫威廉·贝弗利，大家都叫他贝弗利。

在当副总统的几年中，杰斐逊对待批评的态度变得达观了。他把批评看作政治生活不可避免的一个方面，若想在公共舞台上大展拳脚，必然要忍受批评，就像忍受暴雨或烈火的洗礼。"一段时间以来，我一直是大小报纸演出的道具，供任意人等中伤的靶子。"他写道，"有些人仅仅通过这些动机不纯、言论不公的渠道对我有所认识，便也加入其中，乐此不疲。我一生竭力为公，换来的却是部分同胞的肆意谩骂，可以说罪名古怪、惩罚严苛至极。然而，这些以怨报德都是要承受的，就像身体需经受风暴、烈火等的折磨。"比起在法国或是初任国务卿的时候，他此时成熟、克制了许多，这表明，杰斐逊是能够不断成长、学习的。他可以不喜欢，可他知道自己必须容忍。

同样，他也开始把党派行为看作难免之恶。到90年代末期时，他甚至瞧不起那些自认高于党争的政界人士。在1797年6月写给伯尔的一封信中，杰斐逊这样说："有些人全然缺乏固定的信仰体系，一时怯懦，一时无畏，就像风吹墙头草，今天倒向共和派，明天倒向贵族派，支持谁全凭临时起意。"

不过，杰斐逊的政治风格仍然是和风细雨的，不是疾风骤雨的；是彬彬有礼的，不是公然对抗的。对自己坚信的事业，他是一位斗士，可他并不亲自上阵厮杀。若在社会辩论中有至关重要的信息需向公众传达，他会发动知交和盟友撰文、发稿、宣扬理念。他几乎总是以温和的态度待人，部分原因是弗吉尼亚崇尚优雅礼仪、殷勤待客的文化使然，部分原因则是特意为之，是基于他对人和政治的了解：正面冲突往往徒劳无益。

他曾给自己的外孙写过一封经缜密思考的长信，信中阐明了他对政治的这一理解，以及如何处理与冲突各方的关系。在这封给帕茜的儿子托马斯·杰斐逊·伦道夫的信中，他这样写道："在是非对错问题上绝不苟且、行事审慎、待人和善，只有做到这三样，才能赢得世人的尊重。"他接着说，待人和善"就是要在与人交往中，不惜牺牲自己的小小方便或喜好，这点儿损失对我们来说不值一提，却可解他人一时之需；待人和善就是要在与人交谈时，面露愉快、恭维的表情，这样能够取悦他人，他们因此对自己感觉良好，也对我们感到满意。仅仅付出极小的代价就能博得他人的好感，这岂不是太划算了！"他继续写道：

> 遇上别人言语无礼的时候，倘若我们仍然和善待之，他就会恢复理性，为自己的行为感到羞愧，并且竭力弥补自己的过失。在场的人见了，也只会责怪他的不是，称赞你的大度。不过，谈到在社交场合为人处事的审慎原则，有一条至关重要，千万别忘记：绝不要与人公开争执或辩论。我还从没见过在这种情形下，辩论的一方能够说服另一方。相反，双方越辩越激烈，最后因为出言不逊要拔枪决斗，这种情形我倒见得多了。我们的信念源于自身冷静客观的推论，这或需要我们独处深思，或需要我们把自己从辩论中抽离出来，认真听取他人的看法，然后在自己心里不偏不倚地权衡斟酌。就是这一条最重要的原则，让富兰克林博士成为社交界最和蔼可亲的人："从不顶撞任何人。"

亲英的杰伊条约引发了法国灾难性的反应。本来因为法国的缘故，期望维系与英国的和平，现在却因为英国的原因，可能导致与法国的战争，这就是18世纪最后10年的政治现实。

法国舰船开始虏获美国船只。杰斐逊写道："我想不久就会焚烧我们的海港，劫掠我们的边疆，煽动暴民的叛乱，诸如此类一长串的灾难，任何人这辈子见过一次就绝不会想见第二次。"

美国政坛总是浸淫在一种持续的危机感之中：冲突的阴影永远挥之不去，不是与这个，就是与那个欧洲强国。不论联邦党人还是民主共和党人都认为，美利坚合众国的命运会因某一刻爆发的冲突随时改变。社会舆论也深受影响：各党派的编辑发行本党派的报纸，驱动公众抛弃中间立场，只剩下偏激的意见，以及对极端结果的预料。

就在这样一种壁垒分明、剑拔弩张的气氛下，一封杰斐逊于 1796 年所写的信见诸报端，信中言辞似乎是在抨击华盛顿总统甘当维护英国利益的工具。

1797 年 5 月间由菲利普 · 马泽伊发表在报纸上的这封信，是杰斐逊前一年写给他的。"我要是说出改奉异端的变节者的名字来，你一定会以为自己的脑子烧坏了。某些人过去在战场是参孙，在议院是所罗门，现在却让英格兰这个娼妇剃去了头发。[①]"杰斐逊在谈及围绕杰伊条约的争议时写道，"简言之，为了维护我们赢得的自由，很可能要进行坚持不懈的斗争，克服无数艰难险阻。"这封信被视作杰斐逊对华盛顿本人及其所谓亲英倾向的攻击，这就等于把弹药给联邦派报纸送上了门。"眼下敌意之盛，我们有生之年都恐难见其平息。"杰斐逊在给一位老朋友的信中说。

至少在这一点上，联邦党人和民主共和党人达成了共识。在他们看来，对方极端过激、不可理喻的例子俯拾皆是。

联邦党人有杰斐逊写给马泽伊的信为证，民主共和党人耳朵里听到的敌方消息也有一大箩。1797 年圣诞节，麦迪逊再次表达了自己的担忧：亚当斯正利用新一波黄热病疫情为借口，试图推迟国会会议的召开，以期攫取更大的权力。

与此同时，杰斐逊听到一件关于 1792 年副总统选举的传闻：当时与亚当斯竞争的民主共和党候选人乔治 · 克林顿获得了可观的票数，亚当斯为此大动肝火，曾对人说："这些该死的，这些该死的！现在你们瞧见了吧，一个民选政府是行不通的。"据称，亚当斯最近还说过："先生，绝不能让共和主义出头。"

---

① 据《圣经》所载，参孙为以色列士师，被上帝赐予神力。他不听劝告，娶非利士妓女大利拉为妻，结果受其蒙骗而泄露了自己力气来自头发的秘密，被剪去长发，力量全失。——译者注

杰斐逊也听到类似不少关于汉密尔顿的传闻。1797年年末，坦奇·考克斯声称，汉密尔顿曾对他说："'就我来说……我坦承自己是一个君主主义者。我不反对拿这个所谓的共和国来做试验，但是……'云云。"杰斐逊本已对他的联邦党同僚忧心忡忡，这些传闻在此时更是火上浇油。

第二十九章
邪巫的统治

不，我认为在一个自由的国家，若要维护自由，政党是必不可少的：真正品德高尚者应当坚定不移地团结起来，组建一个政党，倘若敌人企图侵害平等的信条和人的权利，这个政党能够随时随地挫败他们的阴险图谋。

——杰斐逊的友人约翰 · 佩吉

新年里，与杰斐逊同住在弗朗西斯旅店的两位众议员——佐治亚州的亚伯拉罕 · 鲍德温和马萨诸塞州的汤姆森 · J · 斯金纳——给杰斐逊讲了一件事，这件令人不安的事发生在 1787 年。据两人描述，“在纽约和东部各州形成了一个人数众多的联盟……其成员或是坚守部分君主制信条，或是受了谢司起义和旧国会无能的惊吓”。他们告诉杰斐逊，联盟的代表“甚至开会商议要武装夺权，建立新的政府。他们互通信件，还派了一位代表去见华盛顿将军，寻求他的支持”。

华盛顿没有参与这项阴谋，与此同时，由弗吉尼亚州倡议的制宪会议召开了。然而，（这一事件中的）君主主义者曾经一直——并且现在仍然——在等着新政府的垮台，君主制便可以顺理成章地取而代之。

1797~1801 年杰斐逊担任副总统期间，政治气氛达到白热化程度。一次，康涅狄格州联邦党众议员罗杰 · 格里斯沃尔德羞辱来自佛蒙特州的民主共和党众议员马修 · 莱昂，说他怯懦无能，于是莱昂一口唾沫啐在格里斯沃尔德的脸上。莱昂是个以激烈言辞攻讦敌党著称的报人，联邦党人趁机提出动议，要将他从众议院除名。然而，动议未能通过，格里斯沃尔德在懊恼之下，挥舞手杖攻击莱昂，莱昂则抓起壁炉旁的煤钳反击，两个人就这样在众议院大打出手。

举国上下都在担忧，杰伊条约签订之后，可能与法国爆发战争。1798 年 3 月，亚当斯透露，一项旨在与法国修好的外交使命失败了，因为三个法国官员——政府文件中称他们为 X、Y 和 Z——不仅伸手索要贿赂和巨额贷款，而且还要求美国公开道歉，如此才肯恢复条约风波之后中断的两国贸易。这一政治事件在美国掀起了一场轩然大波，美国人觉得受了法国人的侮辱，越来越多的人叫嚷着要与法国开战。据杰斐逊说，法国官员勒索未遂的消息“对共和派心理上造成的冲击之强烈，自我国独立以来还未曾见过”。

约翰 · 亚当斯发表咨文，号召美国人民备战。他下令全国“迅速、果决、团结一致地采取”措施，维护“我国以航海和贸易为业的公民的权利，保护任何易遭攻击的领土不受侵犯，贮存武器弹药，建立铸造厂和兵工厂，并扩充国库，以备支付非常开支和弥补贸易损失引发赤字的不时之需”。美法两国由此进入“准战争”状态：尽管双方都未正式宣战，美利坚合众国与它的第一个，也是最重要的盟友之间爆发了一系列残酷的海战。

这是一个硝烟弥漫的时期，接二连三的战事激起了全国上下的忧虑，担心法国势力和法国密探的渗透。亚当斯借机发动攻势，意图压制国内的不同政见（这不是美国历史上最后一次以国家安全为名，行限制民权之实）。值此之际，杰斐逊扮演起他最能胜任的角色：一位滔滔雄辩、捍卫个人权利的斗士。

亚当斯政府引发最大抗议声浪的举动，是广为人知、合称“外侨法和惩治叛乱法”的四项法案。这些议案在战争阴云的笼罩下获得通过，赋予总统特别权力。民主共和党人认为，这些权力是以国民的自由为代价的。《敌对外侨法》规定，总统有权将他认为有危害性的侨民驱逐出境。《惩治叛乱法》则判定言论自由是违法行为，禁止任何人“撰写、印刷、口头或书面发表……任何错误、丑化和恶意的言论，倘若这些言论蓄意中伤美利坚合众国政府，或美利坚合众国国会两院之任一院……或导致它们……遭轻视或羞辱，或煽动美利坚合众国善良人民仇视它们，不论针对以上所有机构，抑或其中任一”。

此后一段时期内，国家严重分裂，两个阵营之间剑拔弩张、言辞激烈。杰斐逊和他的民主共和党同僚认为，美国人自由的终结不再是一个预言，而已经是赤裸裸的现实。“每个人都有权利为自己辩护。”约翰·泰勒写道。他接下去说，政府如今“生生造出一条法律，若要依照它，即便向上帝祈祷好光景都是非法的了”。

一些民主共和党人觉察到，这是君主独裁思想在作祟。杰斐逊昔日大陆会议的同袍约翰·狄金森以英国内战的历史为鉴，感慨亚当斯总统已经在歧途上越走越远：“当时固然不可置信，眼下同样令人震惊：我们的先祖为了逃避斯图尔特王朝的癫狂和暴政，不惜来到美洲这片千里之外、危险四伏的荒野大地。如今他们的后代子孙居然把愚蠢、自私的斯图尔特们的每一个手段、每一条借口都拿来据为己用。”

《惩治叛乱法》一旦获得通过，并由亚当斯签署实行，直抒己见这项基本的自由权利就有可能导致最高 2 000 美元的罚款和最长两年的监禁。“就我个人而言，我看这帮人仅仅是把这些法律当作一次试验，要试试美国人民对公然违犯宪法的行为究竟能够容忍到何种程度。”杰斐逊说，“如果获得通过，我们马上便会看到国会试图通过另一项法案，宣布总统终身任职，死后职位由他的子嗣继承，参议院也要改弦更张为终身制。”换言之，法案的通过意味着杰斐逊这一代人为之奋斗的事业将化为乌有。

亚当斯和联邦党人则不这么认为，他们相信，限制过度的自由正是为了保护自由。战争威胁真实存在，而战争时期便需要施行非常手段（况且《惩治叛乱法》的有效期限仅到 1801 年）。亚当斯和他的盟友认为，大量涌入美国的外侨和毫不留情地质疑政府合法性的报界，这两股力量倘若合流，很可能是致命的。

麦迪逊在 1798 年 5 月准确地描述了当时的政情：“在赋予一国政府的所有权力当中，处理与他国关系的权力看起来最易遭到滥用，因为处理的过程可以隐蔽，也可以公开，或者为了达到营造特定舆论的目的，挑选公开的内容和时机……或许这是一条举世公认的真理：为了对抗来自国外的危险——这危险是真的也好，假的也罢——必得以牺牲国内的自由为代价。”极端的时期似乎理应采取极端的措施。

1798 年 2 月 15 日星期四，杰斐逊与亚当斯一起用餐。“在场的人很多”，杰斐逊写道，不过两人还是在餐后找机会聊了两句。他们谈到了上涨的物价（当然了，这都要怪汉密尔顿的“银行纸钞”）。“我们接下来谈到了宪法……他说，任何一个共和国都必须有一个根基深厚的参议院，如此才可以抵挡一切民众风暴和怒潮。没有了它，共和国绝不会长久。……他还说，将保护国民自由的使命交托给一个平民议会……是彻头彻尾的幻想。”

在费城向一群示威者发表讲话时，亚当斯谈到了自己的长期观点：“我不打算浇灭好奇的热情，也不愿左右探索的自由，只是大胆做一预测：在经过最孜孜不倦、最不偏不倚的研究之后，你们之中活得最长久的那一个会发现，就教育的原则、机构和制度总体而言，再没有比先祖留下来的更适合传给子孙后代的了。”亚当斯如此倒退的教育观就像一粒老鼠屎，让杰斐逊在很长一段时间内都耿耿于怀。

在杰斐逊看来，就像生活有残缺遗憾、政治有力所不逮是活生生的现实一样，人类头脑的惊人奇迹和无限可能同样如此。“若从总体上评价人性，我属于那种抱有期待的人。”他在成为总统的 21 个月之前写道，“一个人只要检视一下已知的领域，就没有可能看不到任一科学分支都是浩瀚无际，正等待我们去发掘的。”

天文学、植物学、化学、自然历史和解剖学，这些“科学分支……值得每一个人关注”，杰斐逊说。他又补充道：“尽管伟大的学科仍未得到探索，我们无法划定它们的边界，但是我们的才智能够担当起认知的责任。”认为“人类的大脑无法再取得进步”是一种“怯懦的”想法。

杰斐逊为美利坚合众国描绘的蓝图是波澜壮阔的。不论某一代人取得多大的成就，为之奋斗的事业永续。“这一代人即将离开历史舞台，他们为人类的斗争做出了贡献，迎头痛击了统治世界数千年的专制暴政，因此理当得到嘉许。”杰斐逊说。然而，迎头痛击并不等于灭绝根除。

1798 年 5 月在费城，大约 1 200 人上街游行，支持通过《敌对外侨法》。这些人向亚当斯呈递了一份声明，为政府的违法政策摇旗呐喊。亚当斯宣布 5 月 9 日为斋戒日——根据独立战争时期在弗吉尼亚州的经验，杰斐逊知道这样的政治招数是能够起到一定作用的——结果，亲亚当斯的联邦党人和民主共和党人之间爆发了冲突。（新英格兰地区的民主共和党人纳撒尼尔·埃姆斯在日记中冷嘲道，“亚当斯的斋戒”意在“祈求上天的帮助来对抗法国人”。）据杰斐逊记述，“双方发生了打斗，轻骑兵被召到了现场。我是一大早写这封信的，因此还不知道详情细节。不过，看起来斋戒的意图就是要引发暴力。局势正迅速向骚乱演变。”这样的场景让杰斐逊回想起他在巴黎最黑暗的时光。

杰斐逊脑子里开始冒出阴谋论的念头。“不论是在住处还是任何其他地方，我知道我在费城的一切行动都受到监视，并被记录了下来。”他还担心有人拦截拆读自己的邮件。当时确实是一个多事之秋。1798 年 7 月，弗吉尼亚参议员亨利·塔兹韦尔写信说起，恐怕《惩治叛乱法》会“迅猛无情地施行”。与此同时，杰斐逊料想一位宿敌即将到来：亚历山大·汉密尔顿可能当选为纽约州参议员。(汉密尔顿最后婉言谢绝进入参议院。)

眼前的疯狂让杰斐逊想到了一种自然元素：火。“政治倾轧和党派仇恨抹去了这里每一个人脸上的笑容。”他在写给帕茜的信中说，“他们就像是以火为生的火蜥蜴。”

杰斐逊手头拮据，他由此产生了一种无力感。“此刻在这世界上，我能够支配的钱不超过 50 美元，而且很长一段时间里，这些钱将是我仅有的积蓄。”他在 1978 年 4 月写道。也就是在这个时候，他得知了自己姐姐婚姻不幸的内情。他姐姐玛丽的丈夫约翰·博林据说不但酗酒贪杯，而且虐打妻子。“博林先生的酗酒恶习会毁了他自己，毁了他的财产和家庭。”杰斐逊写信对波莉说，“酗酒可以说是万恶之首。”不过，他在这件事情上是讲求实际的，甚至是冷漠无情的。“希望我的姐姐能够对他多一点儿耐心，容忍他的劣行。这样做可能减轻他对酒瓶的留恋，或者至少能够让她自己的处境好过一些。倘若我们不得不忍受生活的磨难，那么最好的办法就是咬紧牙关，坚强面对，凡事都顺应现实。”

1798 年 1 月 22 日，帕茜写信告诉杰斐逊，只有两岁的哈丽雅特·赫明斯夭折了。哈丽雅特是杰斐逊和萨莉·赫明斯的女儿，不过帕茜在信中对孩子的身世只字不提。

1799 年 8 月，多利·麦迪逊造访蒙蒂塞洛。杰斐逊写了一封信，请她带给她的丈夫。信中提到了好几件事：蒙蒂塞洛制钉厂依照订单生产了一批铁钉、工匠抹灰泥的技艺，还有“弗吉尼亚和肯塔基决议案”。为了保密，信里未提及家中任何重要的消息：萨莉·赫明斯此时又怀了身孕。1799 年 12 月初，萨莉生下一个女孩，但是还没来得及取名，这个孩子就死了。

政治斗争依然残酷激烈。“别人告诉我，全国范围内由XYZ事件引发的狂热情绪已经极大消退，而‘外侨法和惩治叛乱法’则在四处寻求支持。”杰斐逊在 1798 年 10 月说：“我猜想，一些州议会在此事上绝不会轻易让步。……至少这可能是克伦威尔派的目标，至于蒙克和保王党人（其势力或许最为强大），他们正在耍弄花招，企图复辟仁慈的国王陛下乔治三世。”

在这场政治危机中，我们又一次看到了提及英国内战和其保王党获胜结局的字眼。杰斐逊直接拿 17 世纪的这段历史类比：克伦威尔派就是民主共和党人，蒙克是一位支持查理二世复辟的贵族，保王党人就更不用说了。杰斐逊想要说的话很清楚：他担心当今的君主主义者正寻求让一位英国国王掌控美国大权，也就是所谓的乔治三世。

“外侨法和惩治叛乱法”实施之后，政府针对性检控的行径令人震惊。民主共和党的报纸主编遭到逮捕、起诉和审判，因为他们发表了被亚当斯政府视为具有煽动性的文章。这其中最著名的是费城《曙光报》的本杰明·富兰克林·贝奇案和里士满《观察家报》的詹姆斯·汤姆森·卡伦德案。

报纸主编不是唯一的目标。佛蒙特众议员马修·莱昂——一位出自联邦党根据地新英格兰的难得的民主共和党人——被控犯有煽动叛乱罪，罪状是他曾写信给《佛蒙特日报》，抗议《惩治叛乱法》（这封信是在法案签署施行数周之前就写好的）。莱昂在信中严词谴责了亚当斯总统所谓“不断攫取权力的野心……对荒唐的浮华、愚蠢的吹捧和自私的贪婪有着无穷无尽的胃口”。然而，这封信尽管言辞激烈，却绝对称不上有什么叛国的言论。莱昂是爱尔兰裔，联邦党人因此攻击他是“一个煽动叛乱的外国佬”，“可能给我们造成的危害远胜过战场上 1 000 个法国人”。莱昂因此遭到起诉、审判，并被定罪。主持审理此案的是联邦党人威廉·佩特森，华盛顿任命的美国最高法院大法官。佩特森判处莱昂 4 个月监禁，并处 1 000 美元罚款，并在判词中说：“马修·莱昂，身为联邦立法院的一员，你一定很清楚一个不受约束的政府造成的种种祸害。”

杰斐逊忧心如焚。“我不知道哪一点让我感到更加心痛：是我写信时需要提心吊胆，还是我们国家沦落到如此光景。”杰斐逊写道，“审判莱昂的法官们……成了全体国民恐惧的对象。”尽管被判有罪，莱昂本人倒是勇气倍增，坚信自己是正确的。他去监狱报到，在牢里谋求竞选连任众议员，而且最终获选。

对杰斐逊来说，“外侨法和惩治叛乱法”不仅令他极度灰心，而且让他难以置信。“但凡记得我们所见证过的时代、所经历过的风雨，任谁能够相信，在如此短的时间之内，依着流行新词‘机密’和‘责任’之名，不但贯穿每一次革命行动、来之不易的自由精神被四处围捕，就连英国的辉格主义普遍原则①也未能幸免，反倒是亲英的屈从恭顺信条大获全胜？”杰斐逊写信对纽约州首席法官罗伯特 · R · 利文斯顿说。

杰斐逊绝不是个置身事外的人：私下里，他动员民主共和党候选人竞选公职。1799年年初，他恳请约翰 · 佩吉谋求一个众议院席位：“敬爱的先生，请您务必全力以赴……因为每一票都可能决定哪派（在众议院）取得多数。”

还有更激进的举措：杰斐逊秘密为肯塔基州的州议会起草决议案，抗议“外侨法和惩治叛乱法”。（麦迪逊为弗吉尼亚州起草了同样的决议案。）这件事于是演变成：美利坚合众国的副总统为美国的一个州服务，拟就了一份斥责美利坚合众国总统的官方议案，并呈递到总统手中。《肯塔基决议案》是一份彻头彻尾的民主共和党文件，然而，杰斐逊在文件中一些过激的言辞威胁到了他热爱的合众国。在这份决议案中，他表示支持“联邦法令废止权”——如果一州认定联邦法律违宪，那么它有权拒绝执行。杰斐逊一向都倡导建立一个更强大、更有效的中央政府，而他在此提议的机制却只能引发混乱，几乎注定会导致国家的解体。

如果从哲学的角度来看，主张国家主义的杰斐逊和主张联邦法令废止权的杰斐逊似乎是不可调和的对立面。然而，如果从性格和政治的角度来看，杰斐逊这样做便合情合理了。对任何能够服务于他眼前目标的手段，他都是大力赞成的。担任邦联议会代表期间，他希望提升邦联议会的地位；当选弗吉尼亚州长之后，他希望强化州长的权力；现在，他与联邦政府意见不合（尽管他是该政府的一名官员），因此他希望各州能够掌握控制权，以达成他支持的结果。他的思想理念未必会坚守不

① 辉格主义普遍原则：英国辉格党建立于1678年，得益于1688年光荣革命带来的种种变化，遵循有限君主制和议会重要性等原则。——译者注

变，然而他从政和治国却有一个贯穿始终的主题：他会动用情理许可范围之内的一切手段，把世界塑造成他想要的样子。

肯塔基民主共和党人兼该州众议院议长约翰·布雷肯里奇报告说，肯塔基州参议院对草案提到联邦法令废止权的部分犹豫不决。布雷肯里奇写道：“在参议院，出现了很大的分歧，尤其是对这一句：‘由各州废止这些法令，将是正确的补救办法’。”杰斐逊经过一番考虑后，向麦迪逊承认，一条中间道路可能是更好的选择：“我想，我们应当……将此事预留在这样一条轨道上，既不必一力推进至极端，但若情况许可，亦能够尽可能地向前推进。”

如果说在联邦法令废止权的问题上，杰斐逊的确是言辞过激了，那么对于党派问题的性质，他的观点倒是日渐成熟。“在任何一个自由和公民议事的社会，人的天性决定了必然会出现对抗的党派，出现激烈的歧见和冲突。在或长或短的一段时间内，一方总是会在整体上压倒另一方。”他在1798年写给约翰·泰勒的信中说，“也许党派分歧是必要的，能够促使一方监督对方的行动，并向人民阐述各自的政见。……只需要一点儿耐心，我们将看到邪巫的统治很快就会过去，他们的咒语失去效力，人民恢复视力，看见真相。”

对杰斐逊来说，18世纪的最后10年不尽如人意，不过他从来没有真正绝望过。他知道搞政治需要贴身近攻，因此他尽可能消除自己对手的戒备。审理过莱昂叛乱案的最高法院法官威廉·佩特森曾这样评价杰斐逊：“只要真正认识了杰斐逊先生，就不可能与他结下私人仇怨。在政治上，没有几个人比我更激烈地反对他。直到不久之前，不论他的为人还是政见，都让我打心底里感到厌恶。”结果，这两个人碰巧一块儿旅行，途中交谈，加深了彼此的了解。“他的言谈很讨我喜欢。”佩特森说，“尽管我们两个在许多问题上意见相左，但他的态度不偏不倚，没有偏见。”

1799年1月，杰斐逊给埃尔布里奇·格里写了一封信，阐明了自己的政治信仰：

> 我赞成宗教自由，反对任何促成某一教派合法凌驾于另一教派之上的图谋。我赞成新闻自由，反对任何压制言论的违宪行为。国民针对其代理人的抱怨或批评，不论公正与否，都应该通过理性说服，而不是武力镇压。我赞成促进一切科学领域的进步，而不是借着神圣的哲学之名大声抗议……为了改善现状，应当往前看，而（不是）往后看，相信最黑暗蒙昧的时代才拥有政

府、宗教、道德及任何其他科学最完美的形式，相信没有任何东西能比我们的先辈所创立的更加完美。……我心中最挚爱的是我的国家，我的家庭、财富和我自身的存在全系于它一身。对其他任何国家，我没有点滴兴趣、丝毫依恋，也没有一星半点儿偏爱的动机。我只关心它们对我的祖国是否友好，友好到何种程度。

当然，杰斐逊也不是一味沉浸在空想之中。他采取一系列措施反对“外侨法和惩治叛乱法”，其中包括发动友人撰写抨击文章，还和麦迪逊讨论影响公众舆论的策略。杰斐逊说，公众对民主共和党的立场是愿意听取的，他由此“相信，这个夏天是系统发动攻势、不计牺牲的最好时机。新闻报纸就是我们的引擎”。他把民主共和党的宣传册寄送给门罗，请他代为散发：“希望你能将这些小册子递到我们的同胞中最有影响力的人物手上……在此事上不要提及我的名字。”他还请弗吉尼亚州民主共和党的主席分发一些传单：“小册子从我处得来这件事，我相信你会严守秘密。”

在副总统任上，杰斐逊能做的只有这么多。“一位坚定果断的政府领导人，能够在影响民意方面，发挥至关重要的作用。”约翰 · 泰勒 1799 年 2 月写信对杰斐逊说。泰勒信中谈到的是州长一职，不过他和杰斐逊都知道，这个道理同样适用于总统之位。

第三十章
亚当斯对阵杰斐逊：第二回合

吾輩国民中的共和人士视我为他们权益的坚定维护者。我必须承认，这对我来说是全人类所能给予的最高奖赏。

——托马斯·杰斐逊

联邦党的策略看似儿戏，却行之有效。1799 年 2 月 25 日星期一，众议院的民主共和党人计划发起申诉，反对“外侨法和惩治叛乱法”。联邦党人在众议院占有微弱多数的优势，他们召开了秘密预备会议，会上决定——据杰斐逊对麦迪逊言——“无论对方发表何种言论，他们这一方只以缄默回应”。

当天在议院，瑞士出生的宾夕法尼亚州州众议员、众议院民主共和党领袖艾伯特·加勒廷首先发言，反对《敌对外侨法》；弗吉尼亚州州众议员约翰·尼古拉斯紧随其后，发言反对《惩治叛乱法》。众议院多数党则通过最原始的方式破坏申诉程序：淹没发言者的声音。联邦党人“开始大声谈笑、咳嗽等”。

发生在众议院的这番喧嚷让民主共和党人不知所措、灰心丧气，他们甚至感到无能为力。“根本没有办法继续。”杰斐逊说。

蒙蒂塞洛和阿尔伯马尔县正当春光明媚，杰斐逊却在担心，亚当斯打算征召一支“总统部队，或总统国民军”，这支军队的组建“令我确信，它的意图旨在强行改宪”。他还相信，汉密尔顿会是新的兵团背后真正的指挥者。杰斐逊在 1799 年 4 月写道：“一旦汉密尔顿组建了这样一支军队，想要解散它谈何容易？”关于军队的辩论引发了暴力事件，罗阿诺克县的约翰 · 伦道夫——杰斐逊的一位表亲兼众议院议员——在议院抨击维持一支常备军的想法。他把正规军士兵称作“唯利是图的佣军”、“一群流氓暴徒”。第二天晚上，两名海军陆战队士兵在“新剧院”门口截下了他。据杰斐逊说，伦道夫遭到了“推搡”，连“外套也被人扒走了”。

18 世纪接近尾声，美国政坛又一次迎来总统选举，这是思想理念和人格魅力的战争中的一场终极战役。杰斐逊决心再度竞选总统。发生在他称之为“邪巫统治”时期的种种事件令他确信，共和主义正处于危险之中。

这一场胜负关系重大。一位记者报道说，在纽约圣安德鲁斯俱乐部的一次宴会上，汉密尔顿领头向乔治三世祝酒的欢呼声浪，盖过了对约翰 · 亚当斯的祝词。“没有凡人能够预料，哪一个政党会在选举中胜出。”杰斐逊在 1800 年 3 月如是说。

夸大事实是当时的风气。在民主共和党人眼中，亚当斯一心想要称王。一位民主共和党人写道，美国人民“绝不会允许联邦的最高行政长官从总统摇身变作一位君王”。在联邦党人眼中，杰斐逊是没有宗教信仰的危险分子。《美国时事报》告诫选民，要选择“上帝——和一位虔诚的总统。如果投票给杰斐逊，就是亵渎的行为，是背弃上帝”。

然而，杰斐逊支持宗教自由的立场，赢得了许多温和派选民的支持。新泽西州的民主共和党人指责杰斐逊的敌人把宗教作为攻击武器，“因为杰斐逊不是一个宗教狂热分子，他不愿看到贵格会信徒、浸礼会信徒、循道宗信徒，或任何一个基督教教派，向其他教派的牧师纳税；他也不认为，仅仅因为天主教徒相信圣餐变体①，或犹太教徒相信亚伯拉罕、以撒和雅各的神②，就要驱赶他们”。

尽管如此，杰斐逊不同寻常的信仰仍然一再遭到攻击。最高法院大法官塞缪尔 · 蔡斯，一个死硬的联邦党人，曾向一个大陪审团“慷慨陈词”，据门罗报告称，这篇讲话“处处含沙射影，充斥着东部各州（对杰斐逊）的构陷之词”，“他一本正

① 圣餐变体：天主教认为无酵饼和葡萄酒在弥撒中经神父祝圣后变成耶稣的身体和血。——译者注
② 亚伯拉罕、以撒和雅各的神：即耶和华。——译者注

经地宣称，绝不会容许一个无神论者在法庭上陈词做证”——这个“无神论者”显然是影射杰斐逊。

蔡斯还推动起诉、审判苏格兰出生的报人詹姆斯·汤姆森·卡伦德，罪名是煽动叛乱。卡伦德是一位言辞犀利、刻毒的民主共和党人，并在经济上得到杰斐逊的资助。这些指控的直接起因是一本名字看来高瞻远瞩的小册子：《我们的前景》，书的文风却极尽尖锐。“迄今，在亚当斯先生治下，邪风恶气不绝。”卡伦德写道，“身为总统，他一张口，一动笔，便语带威胁，厉声责骂。亚当斯政府一直以来的宏伟目标，是要激起反对党派的怒火，恶意中伤任何敢于和他意见相左的人，直至将他们置于死地。亚当斯先生煞费苦心——他的这番苦心不幸亦取得了成功——要破坏同志情谊，任信任和友谊毁于一旦，掐灭人生这场黑暗、可鄙的闹剧中最后一丝欢乐的火光。”

杰斐逊对卡伦德说，他的小册子“定会收到良效”。

阿比盖尔和约翰·亚当斯读到此册子之后，不禁怒火中烧。

1799年12月，乔治·华盛顿在弗农山庄辞世。尽管杰斐逊私下里一直记挂着这位老总统，但两个人在政治上已经渐行渐远，形同陌路了。杰斐逊觉得，此时最明智的做法还是留在蒙蒂塞洛，避免出席任何纪念华盛顿的活动。他仰慕华盛顿的领导才能，可是心里禁不住认为，这位美利坚合众国的第一任总统最终成为联邦党的象征，而在杰斐逊看来，这个政党正把国家引上歧途。

这两人之间的关系从来都不是三言两语就可以说清的。杰斐逊没有对华盛顿说实话：他确实在暗中支持菲利普·弗雷诺和《国家时事报》，以这份报纸作为民主共和党人的阵地，抨击首任总统。他宁可拿假话蒙骗华盛顿，也不愿与华盛顿正面冲突。最终在政治上成为华盛顿继承人的，并不是杰斐逊，而是汉密尔顿。“举国上下，也许没有人比我更为他的辞世感到哀痛。”汉密尔顿在华盛顿去世后说，“将军对我的恩情我铭记于心，他是支撑我的最坚实的支柱。”

在全国各地一片歌功颂德的悼念声中，弗雷诺不忘借几行短诗给民意大潮注入一针清醒剂：

不烂舌，生花笔，

尔辈轻狂难尽数；
肆意吹捧寻常事，
反污逝者身后名。

曲意谄媚妄尊神，
君临四海未有之；
千般颂词都罢了，
只留清白在人间。

清白原是他根本，
何需荣耀落满身；
顶天立地大丈夫，
救国危亡只靠他。

詹姆斯·麦迪逊对联邦党人的活动也做出了阴暗的预言。他在1800年4月给杰斐逊的一封信中这样写道："很显然，即将到来的总统选举让他们感到惊恐万分。在此之前，他们必定会拼死挣扎。"在给妹妹玛莎·卡尔的信中，杰斐逊把《惩治叛乱法》与1800年大选联系起来："决定总统选举结果的选战已经拉开序幕，造谣诽谤的大炮火力全开。另外那个党首先对报纸出版人发起猛烈的进攻，其目的就是要夺取战场的主导权，迫使对方无法还击。"他在给帕茜的信中说："我们的对手觉察到自身的力量正在衰退，可是他们仍不死心，试图通过立法维护自己的统治地位。"

杰斐逊真心期望人民能够做出明智的选择。他对民主的信奉不是一种姿态，而是一种信念：他相信，只要开启民智，大部分民众便能够发现真理。

现在已经是1800年了，杰斐逊确信，联邦党人的"疯狂和奢靡"昭然若揭，蒙蔽不了选民雪亮的眼睛。"全国各州的人民，"杰斐逊说，"都拥护共和体制、共和原则，拥护简朴、节俭的生活方式，拥护宗教和民权自由。"

5月初，亚当斯对内阁进行调整，提名约翰·马歇尔为替代蒂莫西·皮克林的国务卿人选，任命塞缪尔·德克斯特接替战争部部长詹姆斯·麦克亨利。当初，亚当斯决定原封不动地保留华盛顿内阁，结果在他任内，他对政府的掌控一直未能达到自己的期望，现在他企图挽回失地，可惜为时已晚了。亚当斯同时还解散了杰斐逊所谓的“总统国民军”。杰斐逊写信对他的女婿小托马斯 · 曼 · 伦道夫说：“临近大选，（联邦党人）企图博取一些民心，只等换来 4 年执掌大权之后，便可继续违逆民意。”

1800 年 7 月 4 日国庆的前一天，巴尔的摩的《美国人报》刊载了一则传闻，说杰斐逊“偶染微恙 48 小时”后在蒙蒂塞洛去世了。由于提到了时间、病情方面的细节，报道显得很可信。几家报纸随即转载；《美国时事报》称，报道“貌似有几分可信性”。直到 7 月 6 日谣言才完全平息，所有人都得知杰斐逊平安无恙，身体好得很。法国经济学家皮埃尔–塞缪尔 · 杜邦 · 德 · 内穆尔专门就此事从纽约写来一封信。“我以为自己失去了这个大陆上最伟大的人物，他的开明见识对新旧两个世界来说都是极其宝贵的。”他写道，“一连好几天，我都深陷难以言喻的绝望之中。”

在康涅狄格州的沙伦，一个联邦党人主导的地区，科顿 · 马瑟 · 史密斯牧师有一次宴请几位客人，当时尤赖亚 · 麦格雷戈里也在座，他是一位杰斐逊支持者。“我认为他是一个立场强硬的联邦党政客。”麦格雷戈里说。席间，史密斯问麦格雷戈里，他是不是真的希望见到“杰斐逊坐上总统这个位子”。

麦格雷戈里对此给出肯定的答案，史密斯听了之后，“说了许多恶意中伤的话”，抨击杰斐逊存在所谓的经济问题和违法行为。史密斯声称，杰斐逊“采用欺诈和强占的手段获得……产业——（他说）您有一次身为遗嘱执行人，从孤儿寡母的手中又骗又抢，得到了一块地产。这块地价值 1 万英镑，您不但只付给他们纸钞，而且票面价值还不到实际价值的 1/40”。麦格雷戈里并不相信，并且当面质疑史密斯。史密斯执意不肯收回说过的话；他说，这件事千真万确，“是可以证明的”。

在 1800 年 7 月写给杰斐逊的信中，麦格雷戈里指出，在宴席间如此这般抨击杰斐逊，是前所未有的。“先生，我知道在这个州，您常常遭受辱骂毁谤——据我从可靠人士处打听得来的消息，这些指控都是没有根据的，是恶意中伤——然而，即便最恶毒的诽谤者也从未怀疑过您在钱财方面的清白。我是第一次遇到这种情况。”他觉得应该告知杰斐逊指控他的这些罪名是何，并且希望杰斐逊能够对此予以还击。“先生，我冀望有能力在报纸上登载一篇事实分明、不容置疑的驳斥文章，与那个恶毒的谎言一起，摆在读者面前。”

杰斐逊完全否认这些指控——这些指称都是毫无根据的——并且为出现这样的

谣言感到痛心。在这件事上，杰斐逊只能说，他指望“有一天，说谎的证人会遇上一位公正严明的法官，这位法官对他的造谣污蔑一清二楚”。

1800年秋，弗吉尼亚州亨赖科县一个名叫加布里埃尔的奴隶密谋暴动，结果在举事的当晚败露。这次起义组织散漫，领导者计划吸纳广大奴隶加入队伍，占领里士满、诺福克和彼得斯堡的部分地区。白人当局立即无情地展开镇压，对26名暴动参与者处以绞刑。

詹姆斯·卡伦德从里士满狱中写信告诉杰斐逊：“他们的计划是杀光所有白人，不分老幼，不论男女；还要杀光所有不肯加入他们的黑人；然后他们打算带着从城里劫掠来的财物逃进山区。妻子如果不愿追随自己的丈夫，也会和其他人一样命丧在屠刀之下——真是只有非洲人才想得出来啊！”

如同圣多曼格岛的武装冲突一样，加布里埃尔的暴动密谋使杰斐逊更加确信：黑人和白人自由地比邻而居，这样的理想社会是不可能实现的。鉴于加布里埃尔事件，以及弗吉尼亚州对奴隶发动暴力叛乱的恐慌，弗吉尼亚州众议院咨询杰斐逊，国外是否有地方愿意接收美国黑人。当局随后向塞拉利昂公司①表达了意向，但是出于种种原因，谈判没有进行下去。

在纽约，亚历山大·汉密尔顿对政情的发展感到不安：由于阿伦·伯尔领导有方，民主共和党人在他的大本营步步进逼。1800年春，纽约州选举结果出炉，民主共和党人一举夺下“他们的议会中的绝大多数席位”（杰斐逊语），实际上已经把赢得该年冬天总统选举人票所需的票数牢牢攥在手里。（在纽约州和其他10个州，总统选举人由州议会选出；联邦的16个州中，只有5个州的选举人是由全民选出的。）爱德华·利文斯顿从纽约来信报告：“每一个亲英分子的脸上都笼罩着愁云惨雾，实在是大喜之兆。”

汉密尔顿和他的岳父菲利普·斯凯勒向时任纽约州州长约翰·杰伊陈情，希望在新当选的民主共和党多数成员就职之前，更改该州的选举法，从而在事实上推翻选举结果。这是一个典型的汉密尔顿式花招。“身处我们眼下的时代，”他吁请杰

① 塞拉利昂公司：1792年建立，是英国在非洲第二个殖民地的法人团体。当时的移民是美国独立战争中因加入英军获得自由的美国黑奴，战后曾定居于英国在北美的新斯科舍殖民地。——译者注

伊，“容不得半点儿谨小慎微。”汉密尔顿声称，他的首要目标是“阻止一个宗教上的无神论者和政治上的狂热分子掌控国家的舵轮”。

杰伊不为所动。他在汉密尔顿这封信的末尾提笔写道：“出于党派私利提议这样一项举措，恕我不能为之。”民主共和党得以保全纽约州的胜利果实，为汉密尔顿的死敌走向总统之位铺平了道路。

纽约州选举结果传来的当天，人在费城的杰斐逊恰巧因为其他事务要和亚当斯碰面。据杰斐逊说，听到民主共和党在纽约州获胜的消息，总统“显然大受震动”，主动与自己的副总统“攀谈起来”。

“如此一来，我猜想这次选战我会是你的手下败将了。”亚当斯对杰斐逊言道，“我只有一句话要说：我会做一个最忠实的国民。”

“亚当斯先生，这并非你我之间的私人竞赛。”杰斐逊回忆自己当时这样回答。他接下来又说：

> 在政府制度的问题上，由于秉持两种原则体系，我们的同胞分裂为两个党派。您和其中一党观点一致，我呢，与另一党志同道合。如今在世的这一辈人当中，我们两个活跃在公共舞台上的时间，比大多数人的都要长，我们两个的名字也因此为更多人所熟知。为了这个缘故，其中一党以您为马首，另一党则把我推到台前。倘若我们两人今天不幸离世，明天立刻有另外两个名字补上，机器的运转丝毫不会受到影响。它运转的动力来自原则体系，不是因为你我个体。

“我想你说得对，我们不过是被动的工具。”亚当斯说，“我们两个的私交不应该受到这件事的影响。”

然而，在杰斐逊看来，亚当斯“没过多久就抛弃了在此事上的公正观点。联邦党人因为心里痛恨我，又因为落败而感到颜面尽失，因此每天编造出数以千计的不实之词诽谤我。我一直认为，跳梁小丑肯定把话都传到了总统的耳朵里，在他心里播下了怀疑的种子”。

杰斐逊说中了一点：联邦党人绝不甘心就这样无声无息地退出舞台。有传闻说，他们打算再次从南卡罗来纳州推举一位平克尼出来，以期给选举制造混乱。1796 年是托马斯 · 平克尼，1800 年轮到他的哥哥查尔斯 · 科茨沃思 · 平克尼上场了：他将是联邦党的副总统候选人、亚当斯的竞选搭档。这一招完全是1796年联邦党竞选把戏的重演。根据法律规定，每一个选举人投票给两位候选人，但是无法指定哪一位是总统，哪一位是副总统。像汉密尔顿这样反对亚当斯的联邦党人期望，南卡罗来纳的选举人会投票给杰斐逊和土生土长的平克尼。这样，就能一举把平克尼推上总统宝座（平克尼稳获支持亚当斯各州的票数，再加上南卡罗来纳的选票，赢得整个大选的胜算很高）。

“给予亚当斯和平克尼同等的支持，很可能是拯救我们免遭杰斐逊的尖牙利齿荼毒的唯一办法。”汉密尔顿在1800年5月给一位联邦党同僚的信中写道。尽管杰斐逊指责联邦党人的战术是“装神弄鬼的伎俩”，但如果一切真按照汉密尔顿所预计的方向发展，杰斐逊有可能难以招架。

亚当斯四面楚歌。1800年10月，汉密尔顿在报纸上刊文，大肆抨击第二任总统。这篇文章题为“亚历山大·汉密尔顿的一封信：谈美利坚合众国总统约翰·亚当斯先生的公共行为与人品”。汉密尔顿在文中称，亚当斯“不具备管理政府的才能”，同时，“他在性格上天生有诸多明显的缺陷，不适合担任国家元首”。纽约州联邦党人罗伯特·特鲁普在写给驻英使节鲁弗斯·金的信中说，他认为汉密尔顿与亚当斯的党内分歧将使联邦党的愿景化为泡影：“我们的敌人团结一致，正在取得胜利。”

然而，汉密尔顿不认为会造成什么损失。“倘若注定要由一个敌人执掌政府，”他说，“我宁可要一个可以大声反对的，可以不必为其负责的，一个不会因其愚蠢、糟糕的举措令我党蒙羞的。”

1800年的秋天是杰斐逊有生以来最关键的一个秋天，每一天都怀着揪心的焦虑和欢跃的希望。他即将登上权力的巅峰，获得举国的支持，迎来胜利的荣光。此时此刻，他内心的情感汹涌澎湃。

在蒙蒂塞洛，他陷入了存在主义的危机。“有时候我问自己，我的祖国是否真的因为我来到这个世上而变得更加美好。”他在私人札记中写道，“我不能肯定确实是这样。的确，我是促成以下几件事的关键因素，可就算没有我，也会有其他人来实现，最多不过是稍晚些发生罢了。”在他列下的几件事中，包括了担任弗吉尼亚州众议院议员期间，改善里瓦纳河的通航条件；参与制定《独立宣言》；修订弗吉尼亚州的法律；把橄榄树引入美国。

各州选举的结果开始慢慢地陆续传抵蒙蒂塞洛。在需要获胜的州，民主共和党都取得了胜利：不但守住了南方的基本地盘，而且在宾夕法尼亚和纽约两州的选情也宣布告捷。前任国务卿蒂莫西 · 皮克林闷闷不乐地说："民主原则的影响力似乎在明显扩大。"

此时传来消息，联邦党人企图利用南卡罗来纳州选举人票将平克尼推上总统宝座的计策失败了，杰斐逊很有可能成为总统。听闻此事，一位新英格兰牧师写道："还从来没有什么坏消息能让我如此震惊。"

到了 1800 年 12 月 12 日星期五，杰斐逊感到已经胜券在握。他私下里说，自己很有可能成为美利坚合众国的下一任总统。在给小托马斯 · 曼 · 伦道夫的信中，他写道："我想现在可以说，大选的结果已见分晓。"特拉华州民主共和党人西泽 · A · 罗德尼为选举结果欢欣雀跃，他相信，杰斐逊当选总统标志着亚当斯执政年代的"狂风暴雨"终于要结束了。

尽管如此，杰斐逊仍然有一种不安全感，他心里时刻都在警惕联邦党人的陷阱。在写给阿伦 · 伯尔的信中，他说，有几个"野心勃勃的联邦党人表示，他们希望见到两位民主共和党候选人所获的票数相等。倘若出现这种情况，他们决意阻止众议院选出总统（他们确有能力这样做），将主持内阁之责转移到参议院议长身上"。

12 月间，杰斐逊告诉麦迪逊，出现平票的可能性"让这里的每一位民主共和党议员面色沮丧，神情阴郁；相反，联邦党议员则喜不自禁，公开宣称他们会阻止选举，任命参议院议长为临时总统——照他们的说法，这只是对宪法的规定稍加扩展而已。……因此，到了 2 月，我们将迎来新的政治风暴"。

不确定的因素太多了。"一些激进分子（民主共和党人）担心，杰斐逊先生不会按照他们期望的方式主持政府。"马萨诸塞州联邦党人乔治 · 卡伯特在 1800 年 12 月 28 日星期日写信对鲁弗斯 · 金说，"另一些人则认为，站在一旁指责挑错是很容易、很轻松的，真要治理国家、树立权威就没那么简单了。他们不愿这个重担落到自己或友人的肩上，还有一部分人担心伯尔会成为总统。"

一些人把当前的戏剧性事件看作更宏大斗争——君主制与共和制之争——的一部分。"亲英分子已经开始跳出来，公开表示说希望出现同票的情形。"罗阿诺克县的约翰 · 伦道夫 1800 年 12 月 16 日星期二写信给马里兰州众议员约瑟夫 · 尼科尔森，"我担心，如果是这样的话，他们会给我们制造麻烦。不过我也相信，反对君主制的人一定会谴责该党的所作所为。”

尽管一些联邦党人提出，愿意支持伯尔以作为政治和政策上的交换条件，这位纽约人表面上并没有流露出反对杰斐逊的迹象。“我不……担心会有任何尴尬，即便出现你我票数相等的情形——我的私交好友都很清楚我在此事上的愿望，绝不会想要从您那里分走任何一张选票。”伯尔对杰斐逊说，“恰恰相反，他们会是您最忠实的追随者。”没有证据表明，伯尔打算背叛杰斐逊，可是没过多久杰斐逊就开始相信，自己的这个竞选搭档是靠不住的、有妨害的盟友。在1800年总统选举的结果出炉后，杰斐逊对自己的女婿约翰·韦尔斯·埃普斯全盘托出了这些想法。

“我听人说，总统情绪极度低落。我们都要庆幸没有处在他的境况。”蒂莫西·皮克林于1801年1月5日星期一写道，“现在举国上下都茫然失措、灰心丧气，这都是他鲁莽的（用个好听点儿的字眼）举措种下的恶果。许多有见识的联邦党人即便嘴上不说，至少心里都在怀疑，到底哪一种情形更不可取：是他再次当选，还是杰斐逊先生坐上总统的位子。”

民主共和党人担心，联邦党人会想方设法违逆民意。“现在大家都在担忧，”一位记者于1800年12月底写信对民主共和党人约翰·布雷肯里奇说，“杰斐逊和伯尔获得相等票数的选举人票，如此一来，东部各州会投票给伯尔，并非因为他们真心认为他更有能力，而是因为杰斐逊是人民的选择……他们的阴谋绝不会得逞。若真这样做，称他们的行为恶毒阴险、违背常情也不为过。不过，他们又有什么事是做不出来，不敢尝试的呢？”

1800年就这样在迷雾重重中走到了终点。“联邦党人似乎决意要阻止选举，然后通过议案，将政府大权交给杰伊先生（他会被任命为首席法官）或国务卿马歇尔。”杰斐逊在圣诞节后一天写信给麦迪逊，“不过我倒认为，马里兰和新泽西两州会与7个民主共和党占多数的州站在一起。”到了1800年12月的最后一个星期日，投票结果全部出炉，并且递送到时任参议院议长杰斐逊手中。

杰斐逊和伯尔同票。

1801年1月2日，在给鲁弗斯·金的信中，詹姆斯·麦克亨利提出了关键性的问题。

麦克亨利问道：“最终会是怎样的一个结果呢？”

第三十一章
危急之秋

流言四起，诡计横行。

——古韦纳尔 · 莫里斯

总统宝座会落入谁的囊中，现在根本无法预料。

——约翰 · 马歇尔

1800~1801 年的华盛顿特区是个草草拼凑起来的首都。七八家旅店一起争抢生意（杰斐逊本人暂住在其中的康麦旅馆）；一位费城来的制靴匠刚刚在国会大厦附近开设了一家店铺，新开张的还有一家书店；莫氏杂货店的货架上摆放着马德拉白葡萄酒、白兰地和其他烈酒，此外还有肥皂、灯油和发粉；国会山的山坡上依旧林木丛生，野兽出没。

杰斐逊每天在参议院——他仍然主持参议院的工作——和自己的住处康麦旅馆之间往返，同时试图保持心情的平静。这并不容易做到，没人知道明天会传来什么消息。他在写给一个女婿的信中说："选举问题仍未得到解决。"

曾经的盟友阿伦 · 伯尔现在可能成为威胁。1801 年 1 月 5 日星期一，《费城时事报》刊文称，“有人听到（伯尔）暗示说，他觉得自己和杰斐逊先生一样能够胜任总统的职责”。同一天，本杰明 · 希克伯恩（一位杰斐逊的支持者）报告说：“一些自称是我们朋友的人，愿意加入另外那个党派，以便到时联合起来，支持伯尔中校。”

杰斐逊的敌人确实在到处活动，任何能够不让杰斐逊掌权的方案都在考虑之列。“如果政府落入杰斐逊先生手中，我们有切实的理由担心，他的道德和政治试验会把政府拖垮。”特拉华州的联邦党众议员詹姆斯 · 贝亚德称。

艾伯特 · 加勒廷在给妻子的信中写道：“联邦党人会要弄什么诡计呢？他们会篡夺总统权力吗？……选举的前景存在风险。”

罗杰 · 格里斯沃尔德哀叹事情竟发展到眼下这个地步：“作为一个政治家，杰斐逊是所有人当中最不合格的——或许他当真为人正派，但是了解他私生活的人都非常怀疑这一点。”

1801 年 1 月 11 日星期日，杰斐逊在国会大厦参加了早晨的礼拜仪式。主持仪式的是托马斯 · 克拉格特主教大师，他是马里兰州圣公会主教兼参议院牧师。罗杰 · 格里斯沃尔德当时也在场，因此能够在主教布道期间观察杰斐逊。据格里斯沃尔德称，克拉格特“学识多过智慧”，试图将某个《圣经》预言与法国大革命中发生的事件联系起来。他写道，主教这样做，“势必要长篇累牍地谈到法兰西哲人不切实际的空想引发的种种祸端……接下来又讲到（他们）不信奉正教的行为，最后对他们的图谋在政治和道德上的危害浓墨重彩地描绘了一番”。

在格里斯沃尔德的眼中看来，杰斐逊“以为主教一字一句都是在说自己，是在严词抨击他的理论和愿望”。杰斐逊“脸臊得像个 15 岁的小女孩，我毫不怀疑，他心里一定暗骂，让主教和他的预言都见鬼去吧”。

大西洋中部沿岸各州的杰斐逊支持者计划武装起来，向首都进军。杰斐逊私下说，违逆民意“等于是在我们面前劈开了一道深渊，每一个忠诚的爱国者往下张望时都不禁战栗”。“政府高层”中有人对埃尔布里奇 · 格里表示，杰斐逊的当选“是对宪法的一次考验”。

日子一天天过去，谣言开始四处传播。“值此危急之秋，有关联邦党人的图谋，我们这里听到一些不寻常的流言。”门罗 1801 年 1 月 6 日星期二从里士满写信对杰斐逊说，“据称，他们铁了心要阻挠众议院指定的总统人选。他们打算通过立法将权

力移交给约翰 · 马歇尔、塞缪尔 · A · 奥蒂斯或其他什么人，直到举行下次大选。”

门罗还说，里士满的州议员正在争论要不要延长议会的会期，“以便随时采取必要行动，挫败”任何企图阻止杰斐逊当上总统的举措。

对任何人都不能放松警惕。“对不怀好意的外国使节应该严密监视。”坦奇 · 考克斯在 1801 年 1 月 10 日星期日写道，“对联邦党人的表白也不能轻易相信。……鉴于眼前的形势，我们应当意志坚定、头脑冷静，同时做好最坏的打算。”

·

在选举结果尚不明朗的情况下，联邦党人先下手为强，于同年 2 月通过了《司法条例》(1801 年)。如果杰斐逊或者伯尔当选，天晓得联邦党集团什么时候才能再有能力采取行动。

因此，国会利用当前的时机通过了这项法案，并由亚当斯总统签署生效。该条例新增了联邦司法官员的人数，扩大了巡回法庭，并给予了法庭更大的权力，而且将最高法院大法官的数量从 6 人减为 5 人，这样一来，不管哪个民主共和党总统上台，都少了一个任命的名额。“(1801 年)《司法条例》完全是强塞给我们的，一个字都不容许更改。”弗吉尼亚州的民主共和党参议员史蒂文斯 · 汤姆森 · 梅森写道。

杰斐逊认为，亚当斯临到主政结束才通过的这条法律，是“趁着国会最后一次会期嫁接到司法体系上的寄生植物”，新获任命的联邦党人“撤退到司法机关这座堡垒……要从那里的炮台摧毁和抹杀共和制的所有成果”。这批新任命的法官在民间被称为亚当斯的“午夜法官”。此外，“午夜任命”的现象也出现在一些级别较低的职位上。

在这几个月中，亚当斯做出的最重大决定是任命他的国务卿约翰 · 马歇尔为美利坚合众国首席大法官，这就等于给了杰斐逊的死敌一个终身职位，而且这个职位还是联邦政府分立的三大权力机构之一的最高首长。联邦党人认为杰斐逊的民主共和党人极其危险，就与杰斐逊的民主共和党人认为联邦党人极其危险一样。

亚当斯和马歇尔在 1801 年 1 月碰了面，此时的马歇尔仍为国务卿，前来与总统讨论即将退休的首席大法官奥利弗 · 埃尔斯沃思的继任人选问题。亚当斯此前曾希望第一任首席大法官约翰 · 杰伊重新回到最高法院，但是杰伊选择了继续担任纽约州州长。

“现在我应当提名什么人呢？”亚当斯问马歇尔。

据马歇尔回忆，他告诉总统，他也想不出有什么建议。

“我想我必须提名你。”亚当斯说。

马歇尔回忆自己“既吃惊又高兴，默默地鞠了一躬”。

美国参议院在 1801 年 1 月的最后一个星期批准了总统的这项提名。

马歇尔的提名获得通过之后的几个星期里，民主共和党人相互打气，认为总统大选一定会获得预想的结果。“毫无疑问，杰斐逊先生是我们的磐石，只有他才能拯救我们摆脱眼前的政治困境。不论发生何种情况……我们绝不会背弃他。”特拉华州的西泽 · A · 罗德尼在 1801 年 2 月 17 日星期二写信对约瑟夫 · 尼科尔森说，“戈耳狄俄斯之结[①]把我们不可分离地牢牢拴住一起，任何阴谋都无法把它解开，任何刀剑都无法把它劈开。”

杰斐逊听到传闻说，联邦党人打算让参议院临时议长代理总统一职。他心里十分忧虑，于是前往拜访亚当斯，这次拜访只有一个目的：“请求他动用总统的否决权，阻止这项不顾一切的举措”。

听明白杰斐逊的来意之后，亚当斯勃然大怒。“他立刻大发雷霆，”杰斐逊回忆说，“（他答复我的话）言辞之激烈，以前当着我的面从未用过。”

“先生，”亚当斯对杰斐逊说，“选举的最终结果如何，完全操控在您的手中。”他表示，杰斐逊只需要承诺施行联邦党的某些政策，就可以揭开悬念，当选总统。用亚当斯的话来说，政府会“立刻被收入您的囊中”。

“亚当斯先生，”杰斐逊回答，“我尽职尽忠为人民的事业服务，于公于私，我相信自己的行为没有可指摘之处。我必须说，我绝不会通过暗中交易入主政府。只有在完全自由地遵从自己意愿的情况下，我才会接受领导政府的职责。”

“那么，就只能顺其自然了。”谈话到此结束了。

这是一个令人感到苦涩、难受的时刻——“自我们相识以来，还是第一次，告别的时候彼此心里愤愤不平。”杰斐逊回忆说。这是由当时的政治气氛和双方的政治利害关系所决定的。

在宾夕法尼亚州州长托马斯 · 麦基恩看来，任何事情都有可能发生。“人民利益、道德品格、个人责任和对国家的热爱联合一致，都要求确保（杰斐逊当选）。然

① 戈耳狄俄斯之结：希腊神话中弗里吉亚国王戈耳狄俄斯所系的难解之结，神谕能入主亚细亚者才能解开，后来亚历山大大帝挥利剑把它劈开。——译者注

而我听人说，嫉妒、怨恨、绝望和以制造混乱为乐的祸心，促使亲英的联邦党人将所有其他顾虑都抛诸脑后。他们意图使出一切手段，在各州之间保持等势的分裂，这样国会就有可能以法律的形式为我们直接任命一位总统，直到下次大选。”他说，尽管他个人不相信会发生这样的事，但他同时也相信，应当做好最坏的打算。

“可是，就算诸位议员有可能不顾一切，通过一个支持无政府和内战的党派提出的议案”，麦基恩质疑，他们有什么权力这样做呢？任命除杰斐逊或伯尔之外的任何人选都是违宪的，是篡夺政权的行为。

麦基恩清楚地表明了自己的立场：“倘若恶徒胆敢图谋叛乱，破坏我们的联邦政府和合众国，或令其蒙羞，我即使不顾性命，倾家荡产，也要尽一己之责反对他们。因为依我之见，屈从于国内暴政比屈服于外国暴君还要来得更加可耻。”麦基恩说，宾夕法尼亚州民兵到时候会动员和武装起来，人数“超过两万人”，武器包括“铜制野战炮等”；州长同时打算下达政令，“逮捕和审判在宾夕法尼亚州州界之内的所有国会议员，或任何参与叛乱活动之人”。

华盛顿的一些政府大楼接连发生火灾也引发了疑虑。“上个月战争部刚遭火灾，这个月又轮到财政部，这虽然很有可能纯属巧合，不过，费城早前有人预言会发生这种事，而且去年 7 月间就听到了相关议论，因此很多人怀疑，这其中或有阴谋。”麦基恩说。罗杰 · 格里斯沃尔德也谈到了财政部和战争部的火灾，他评论道：“似乎上天对这座荒野之城中的政府设施降下了诅咒。”

紧张的时局让杰斐逊感到精疲力竭。“我渴望回到外孙、外孙女的身边，他们傻乎乎的小小错误能带给我比贤者的智慧更大的欢乐。”他写信对帕茜说，“在这里，到处人心险恶，我禁不住感到自己身处敌国。”

众议院计划在 1801 年 2 月 11 日星期三召开会议，选出总统。小托马斯 · 曼 · 伦道夫从阿尔伯马尔县写信来说：“2 月 11 日的临近让本县民众屏息以待，焦虑的心情难以自制。”

随着国会议员会聚华盛顿，迷局反而加深了。据杰斐逊于 2 月 12 日星期四所做的笔记，他从与爱德华 · 利文斯顿的一次谈话中得知，有人在暗中进行见不得人的交易 。“爱德华 · 利文斯顿告诉我，（联邦党人詹姆斯 · ）贝亚德于今天或昨晚拜会了塞缪尔 · 史密斯将军。他对将军表示，倘若将军改变阵营，转投伯尔的票，那么所有职位任他挑选，他特别提到了海军部部长一职。史密斯问他，他是不是能够做主，他说自己可以。……贝亚德还以同样的方式试探了利文斯顿……对新泽西州的（民主共和党众议员詹姆斯·）林博士，他们许诺让他主政新泽西州。”

贝亚德很快转变了战术。他前往拜见马里兰州民主共和党众议员塞缪尔·史密斯，通过史密斯向杰斐逊转达他的提议。贝亚德后来声称，他向史密斯说明，要化解目前的僵局，让杰斐逊当上总统，需要做些什么。如果杰斐逊承诺不会解除所有联邦党官员的职务，并且保留海军和公债，一切就都可以顺利解决。据贝亚德说，史密斯去拜会杰斐逊，得到了杰斐逊的默许，然后回复了贝亚德。

“这完全是谎言。”杰斐逊后来写道，“史密斯将军在来访过程中，没有向我转达任何提议，我也没有授权任何答复。”史密斯同意杰斐逊对此事的说法，他说，他与杰斐逊泛泛地讨论了政策问题，但是没有告诉杰斐逊自己问这些问题的原因。因此，史密斯向贝亚德做出的保证，是他自己对杰斐逊意图的揣测，并非杰斐逊的授意。

杰斐逊真的为了当上总统而暗中进行了交易吗？他对此予以坚决否认。不过，当时选举在一触即发的政治气氛下进行，大家开口闭口谈论的都是同一个话题，贝亚德有可能相信自己得到了足够的保证：杰斐逊不会把联邦党此前12年的辛苦经营全部推翻。听了史密斯的话之后——尽管这些话具体、明白到何种程度有待商榷——贝亚德行动起来，准备结束对峙，把总统之位送到杰斐逊手上。

据贝亚德自己的说法，杰斐逊非常清楚联邦党开出的条件。至少有两次——其中一次由亚当斯总统亲自出面——联邦党人请他表明态度，为打消他们的疑虑，以免他们把事情往最糟的方面想。纽约州参议员古韦纳尔·莫里斯有一天在参议院外面遇上了杰斐逊。“他把我拦了下来，开始谈到当前非同寻常、预示不祥的形势。他接着又说起，为什么占少数的几个州一心反对我当选总统，因为他们担心：我会强行免去所有联邦党人的公职，解散海军，撤销公债。所以只要我主动声明，或是授权友人声明，不会采取上述步骤，那么，选举一事即刻就能得到解决。”

站在参议院外的台阶上，认真考虑了莫里斯的这番话后，杰斐逊回答了对方：“我对他说，我迄今为止所走的道路，今后还会继续走下去，这一点我留给世人评判。此时此刻，我认为自己有责任不做回应，保持沉默。我绝不应该答应什么条件，绝不应该通过暗中交易坐上总统的位子，也绝不应该让任何前提缚住手脚，妨碍我为了公众的利益施行自己认为适当的举措。”

杰斐逊知道自己放弃的是什么，据他回忆，“大家心里都清楚，古韦纳尔 · 莫里斯”有能力说动“一张选票改变立场，从而决定选举的结果”。

杰斐逊在宾州大道上遇见亚当斯时，两人也进行了类似的谈话。随后，联邦党人德怀特 · 福斯特到康麦旅馆拜访杰斐逊，希望杰斐逊能够做出保证，等于又把此事重提了一遍。然而，杰斐逊要说的话都已经说了，这是他的底线。“我不记得与塞缪尔 · 史密斯将军特别谈到过这件事。”杰斐逊写道，“很可能我们谈到过。当时私下里和朋友密谈，没有不聊起这个话题的，不是泛泛评论两句，就是具体提及某个方面。不过我可以肯定，不论是他，还是任何其他民主共和党人，都从来没有任何暗示，要我屈从某些条件，或向任何人做任何保证。我更加可以肯定，从来没有向他或任何其他人授意，说我会做什么，不会做什么。”

汉密尔顿清楚这一点。“选杰斐逊要好过”伯尔，他说，“他远没有那么危险，而且还有几分自命清高。”汉密尔顿表示，杰斐逊“懂得见风使舵，会为了自己的名声和利益精打细算。这样一种品性的人，多半选择维护现有的体系：尽管起初反对，可体系一旦建立起来，他心里便明白，要想推倒重来，难免伤及自身”。其他一些联邦党人也同意他的看法。“杰斐逊先生品德高尚、头脑精明，对当前的制度不会试图做实质性的改变。这一制度由我们已故的敬爱的华盛顿总统所建立，并由亚当斯先生坚持奉行。过去 12 年间，几乎整个文明世界都掀起了腥风血雨，只有我们国家在这一制度下维系了和平安宁，创造了繁荣富足。”威廉 · 菲茨休，一位曾是华盛顿密友的弗吉尼亚州联邦党人在 1801 年 1 月这样写道。

选举过程缓慢冗长，在国会大厦里，投票反复进行了一轮又一轮。议员们睡在草垫上，天气非常糟糕。身体不适的马里兰州众议员约瑟夫 · 尼科尔森躺在担架上被抬过雪地，在众议院旁边的一个房间里安置下来，他的妻子引导着他的手写下选票上的名字。

终于，1801 年 2 月 17 日星期二下午 1 点，历时 36 轮投票，杰斐逊获得了胜利。

民主共和党人认为联邦党人是“阴谋家”。据玛格丽特 · 贝亚德 · 史密斯（杰斐逊派的报纸主编塞缪尔 · 哈里森 · 史密斯的妻子）所述，联邦党人马不停蹄地“匆忙躲回自己的住处，生怕同胞正义的怒火”惩罚他们试图破坏选举。

詹姆斯 · 贝亚德在选举过后声称，新英格兰已经准备好“丢弃宪法，甚至不惜为此冒内战的风险”。杰斐逊对麦基恩说：“倘若发生政变，我会坚决地和所有反对它、制止它的人站在一起。否则一旦开启这样的先例，此后必然不断有人仿效，直至暴君上台当政。”

杰斐逊公开展现出的冷静与力量此时起到了关键作用，激励民主共和党人坚持自己的道路走下去。“回想上次大选时的情景，我对可能的后果不禁感到战栗。”弗吉尼亚州斯汤顿县的一名律师阿奇博尔德 · 斯图尔特写道，“民众最初的极度惶恐逐渐让位于坚定的决心，誓要与任何将非民选总统强加我们身上的图谋抗争。……见到民众的这种精神，我心里很是欢喜，因为它表明，我们绝不会不斗争就放弃自由。”

欢腾的礼炮宣布了杰斐逊当选的消息。在亚历山德里亚，礼炮轰鸣 32 响（在县城广场上放了 16 响，在波托马克河上又放了 16 响）；在里士满，人们放起了烟花；在宾夕法尼亚州，民主共和党人敲响钟声，从午前一直持续到日落。“我们的国民兴奋得几乎要发了狂，称他是人民的总统、国家的救星。”一位纽约州的联邦党人如此描述，“人人醉酒嬉闹，献祭给这位新神祇的牛羊比从前犹太祭司敬献给上帝的还要多。”一位新教牧师威廉 · 斯凯尔斯的看法则乐观得多。“许多人说您是个无神论者，”斯凯尔斯写信对杰斐逊说，“即便如此，我宁可要一个开明的无神论者治理国家，也不愿要一个偏执的圣徒，这样的人并不真正知晓上帝的旨意。”

约翰 · 马歇尔的国务卿一职要等到杰斐逊就任总统之后才会卸下，因此他现在身兼国务卿和联邦首席大法官两大要职。作为一个旁观者，他对眼前的这一切既感到惊讶，又心怀焦虑。至于他心里究竟是怎么想的，为什么“公众舆论发生如此天翻地覆、异乎寻常的变化”，以至于杰斐逊取亚当斯而代之，他都拒绝置评。“接下来应该选择哪条道路……才是更紧要的问题。如果不是当选总统圈子里的人，这一点便很难得知。”马歇尔在给鲁弗斯 · 金的信中写道。在外交政策上，马歇尔的担忧也是联邦党人一贯的忧虑：杰斐逊会“煽动人民对英国的憎恶和仇恨”，但是“并不打算挑起任何实质性的对抗”。

尽管近些年来关系一直紧张，杰斐逊和亚当斯夫妇还是保持了点到为止的礼貌关系。1801 年 1 月初，总统和第一夫人请副总统杰斐逊来家里吃饭。“杰斐逊先生和我们一起用了餐。他在答复邀请的回帖中，恳请总统一定要相信，他对总统极为尊敬推崇。”在 1801 年 1 月 3 日给自己一个儿子的信中，阿比盖尔这么写道。她将于 2 月 13 日星期五离开华盛顿，动身之前，她在家里接待了杰斐逊，请他喝下午茶。据阿比盖尔说，杰斐逊“来拜访了我……一则同我告别，二则祝我一路顺风。我没想到他会这么客气”。

这些重感情的点滴小事很能说明亚当斯夫妇和杰斐逊的品格。在过去的大约 1/4 个世纪中，他们一起经历了无数的艰难险阻，他们对彼此的人生了解之深入、透彻，在世的人当中，没有几个能够做到。当初是政治促使他们相聚在一起，现在也是政治促使他们分道扬镳。尽管如此，他们对彼此仍表现出了善意的关怀。

杰斐逊心中为选举的结果暗自雀跃。“无法在蒙蒂塞罗与你（和波莉）团聚，我虽说有些失望，但也并非全然遗憾。因为重任在肩，这对我们大家来说，都应是欢喜的。”他写信给帕茜，说明自己当选总统之后，需要继续留在华盛顿。

他欣喜地看到，人们从全球的视角出发评价他的胜利。“谈到未来，您将是舞台上的主角。”他在独立战争时期的同袍约翰 · 迪金森写道，“或许地球上芸芸众生之中，我们是少数挑选出来的英才，人类中的一大部分会从我们身上学到：自由绝对是超然的恩赐。通过启发心智，它的力量既能够波澜不惊地驱散内心的敌人，也能够锣鼓喧天地击退外来的仇寇。”另一位仰慕者写信对杰斐逊说：“先生，全天下苦苦挣扎的共和人士都以您马首是瞻，从您身上获得希望。”

杰斐逊并没有因为这些话而沾沾自喜。“如果我们一味沉浸在假设之中，”他说，“就浪费了成就一番真正事业的宝贵时间。”他知道自己需要做什么。“国家元首的责任”，杰斐逊有一次说，是要“集全体人民的信任于己身”，“把人民的力量全部联合起来，引导它们向唯一的方向前进，就如同全国上下为一体一心”。他也知道，要达成这样的目标，绝非易事。“对你的祝贺，我衷心表示感谢。不过，现在开篇才只写下几行而已，”他写信对友人约翰 · 佩吉说，“最后结局如何，没有人能够预料。”

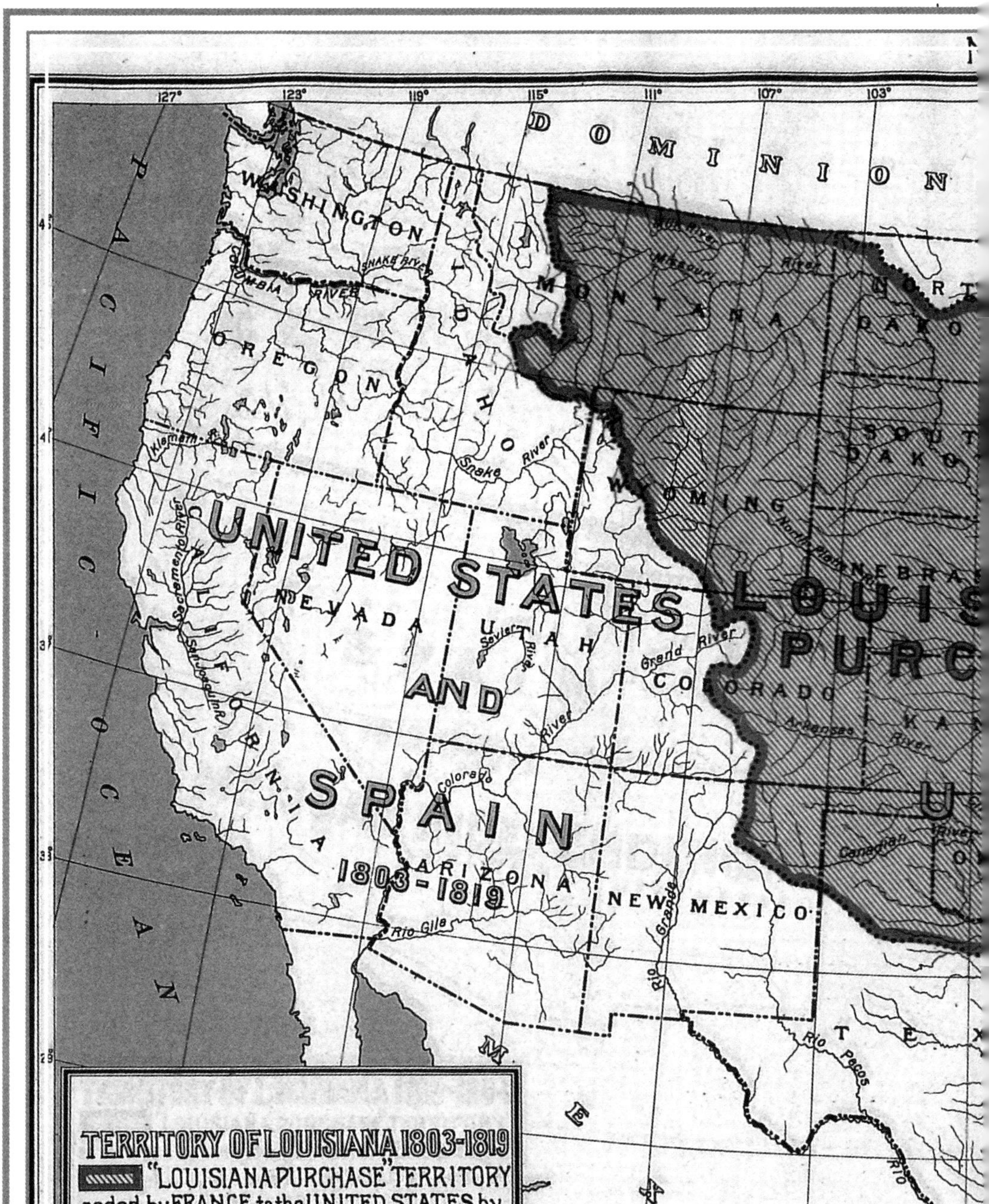
TERRITORY OF LOUISIANA 1803-1819
"LOUISIANA PURCHASE" TERRITORY ceded by FRANCE to the UNITED STATES by treaty of April 30, 1803, as asserted and maintained by the American Government
UNITED STATES AND SPAIN 1803-1819
LOUIS
PURC
DOMINION
PACIFIC OCEAN
WASHINGTON
OREGON
IDAHO
MONTANA
WYOMING
NEVADA
UTAH
COLORADO
ARIZONA
NEW MEXICO
CALIFORNIA
NEBRAS
DAKO
SOUT DAKO
KA
TEX
MEXICO
Snake River
Columbia River
Sacramento River
San Joaquin R.
Sevier River
Grand River
Colorado
Rio Gila
Rio Grande
Rio Pecos
Arkansas River
Canadian
Missouri River
North Platte R.
127°
123°
119°
115°
111°
107°
103°
99°
J.P. Berthrong and C.J. Helm

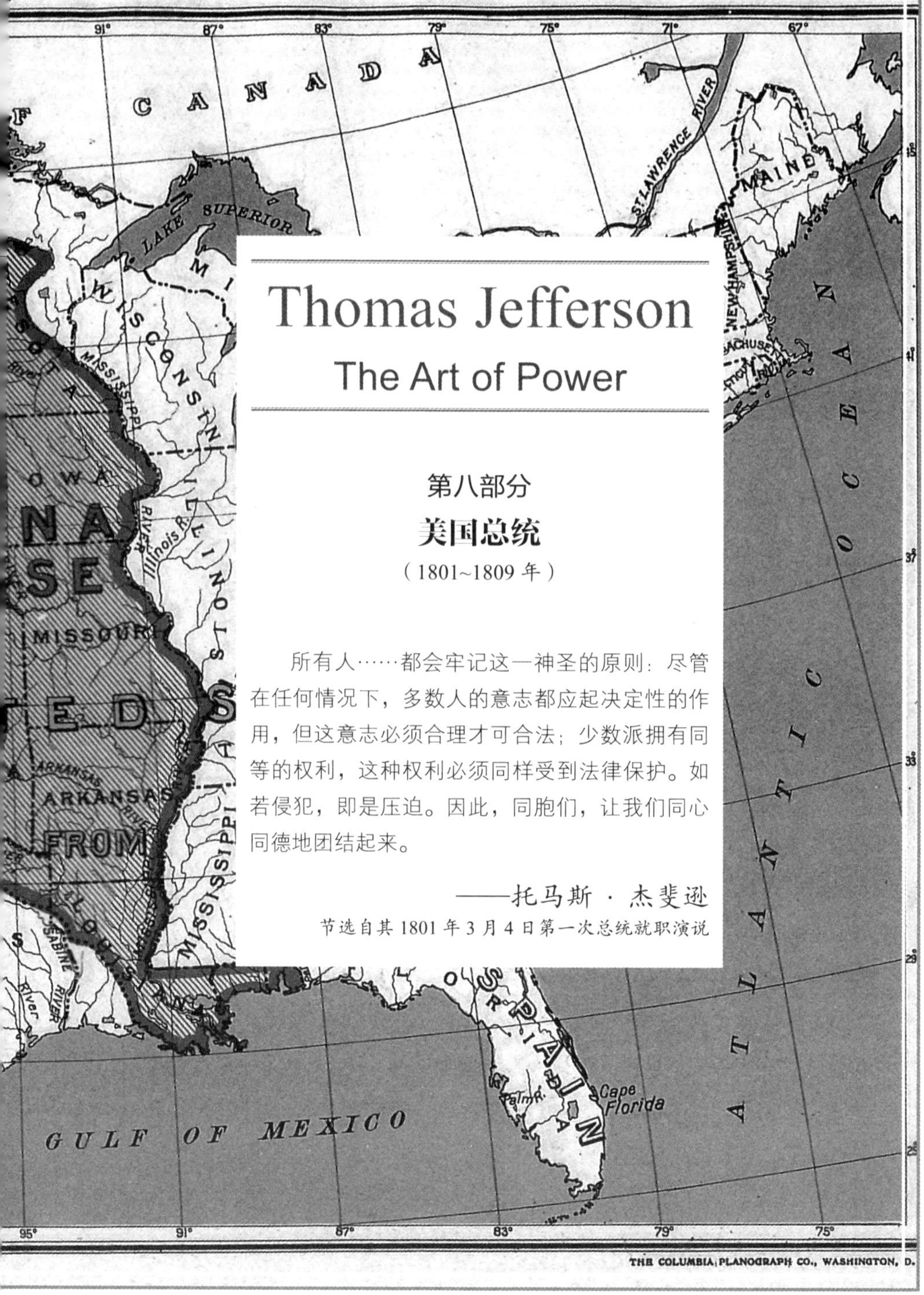

Thomas Jefferson
The Art of Power

第八部分
美国总统
（1801~1809 年）

所有人……都会牢记这一神圣的原则：尽管在任何情况下，多数人的意志都应起决定性的作用，但这意志必须合理才可合法；少数派拥有同等的权利，这种权利必须同样受到法律保护。如若侵犯，即是压迫。因此，同胞们，让我们同心同德地团结起来。

——托马斯 · 杰斐逊

节选自其 1801 年 3 月 4 日第一次总统就职演说

用杰斐逊一位朋友的话来说，买下路易斯安那，这宗美国历史上最大的土地购买交易，整个事件简直就像被施了“魔法”一般。

第三十二章
新秩序开始

您一直深得民众的拥护，如今又取得政府的支持，前景不会比预期更有利了。与此同时，也必须承认，您要面临诸多麻烦与困境。

——詹姆斯 · 门罗

我清楚地知道我们当中有君主主义者。

——托马斯 · 杰斐逊

双方的对话交流缺乏热情洋溢的气氛。为了给就职典礼做安排，杰斐逊不得不给他的亲戚，约翰 · 亚当斯任命的首席大法官、联邦党人约翰 · 马歇尔写信。仅仅几天前他还是杰斐逊竞争总统宝座的潜在对手。杰斐逊写道："既然两院已收到举行时间的通知，我猜想您会理解我希望务必严格守时。"马歇尔复信说他会"特别注意守时"。

两人都很准时。1801 年 3 月 4 日星期三近午时分，当选总统托马斯 · 杰斐逊准备从康拉德–麦克蒙公寓步行前往不远处的国会大楼。约翰 · 亚当斯并不在场。这位美国第二任总统早已计划搭乘凌晨 4 点的马车离开华盛顿，启程北上返家（据说他途经纽约时“风驰电掣”)。《马萨诸塞侦查报》撰文称：“假使他能够逗留到继任者正式就职后再走，两党中理智的温和派人士会较为满意，也定会产生良好的效果。”然而，1800 年 11 月亚当斯之子查尔斯亡故，亚当斯仍沉浸在丧子之痛中，加上阿比盖尔在马萨诸塞州的家中期待他早日归来，他已迫不及待离开首都。尽管亚当斯后来度过了 1/4 个世纪的春秋，但他再也没有返回华盛顿。

国会山上炮声在杰斐逊寄居的公寓外回响：哥伦比亚特区炮兵部队鸣响了礼炮。上午时分，塞缪尔 · 哈里森 · 史密斯造访，来取一个小包：杰斐逊用工整的小字抄写的就职演说的副本。副本将拿去排版，并在《国民通讯员报》上发表。

10 点，来自弗吉尼亚州亚历山德里亚市的一连步兵抵达，组成了一小支游行队伍。将近午时，杰斐逊走到室外，与护送他参加就职典礼的一批军官会面。国会议员代表们加入了护送队伍，他们跟随着这群军官前往国会大楼。军人们分成两列，抽出宝剑，请杰斐逊通过。他步行经过时，军人们立正、敬礼。炮声再次震响，声音回荡在山顶村庄的上空时，杰斐逊走进了国会大楼。

约有 1 000 人在参议院会议厅等候着他。一位立法者在给妻子的家书中这样描述会议厅：“大厅雄伟壮观，装设富丽堂皇。”房间长 86 英尺，宽 48 英尺，顶高 41 英尺。每位参议员都有一张桌子和一把红色皮椅。玛格丽特 · 贝亚德 · 史密斯写道，会议厅“太拥挤，我相信什么东西都进不来了”。当杰斐逊向大厅中部走去的时候，参众两院的议员们纷纷起立以示敬意。

马歇尔主持就职宣誓仪式之后，托马斯 · 杰斐逊发表了他的就职演说。他用微弱的声音——在如此拥挤的房间里很少有人能听清——宣读了美国历史上意义最为深远的国家文件之一：一份争取自由与克己自制的声明。

> 所有人……都会牢记这一神圣的原则：尽管在任何情况下，多数人的意志都应起决定性的作用，但这意志必须合理才可合法；少数派拥有同等的权利，这种权利必须同样受到法律保护。如若侵犯，即是压迫。因此，同胞们，让我们同心同德地团结起来。让我们在社会交往中恢复和睦与友爱，如果没有这些，自由，甚至生活本身都会索然无味……各种意见分歧并不都是原则性分

歧。我们以不同的名称呼唤同一原则的兄弟。我们都是共和党人，我们都是联邦党人。如果我们当中有人想解散这个联邦，或者想改变它的共和体制，那就让他们不受干扰地去做吧，将他们视作象征安全的纪念碑，有了安全的保障，错误的意见就可得到宽容，理性就得以自由地与之抗争。诚然，我知道，有些正直之士担心共和制政府不能成为强有力的政府，担心我们这个政府不够坚强，但是，在试验取得成功的高潮阶段，一个诚实的爱国者难道会因为一种理论上和幻想中的担心，就放弃这个迄今带给我们自由和坚定的政府吗？就以为这个被世界寄予最大希望的政府可能需要别的力量才得以自存吗？我相信不会。相反，我相信这是世界上最强有力的政府。我相信唯有在这种政府的治理下，每个人才会响应法律的召唤，投奔至法律的麾下，像对待切身利益那样，迎击侵犯公共秩序的举动。有时我们会听到一种说法：不能让人们自己管理自己。那么，能让他去管理别人吗？或者，我们在统治人民的君王中发现过天使？让历史来回答这个问题吧。……

各位同胞，我即将担当起你们委派给我的职务。根据我担任较低职务的充足经验，我已经意识到这是最艰巨的职务，因此，我能够预期，当一个并非尽善尽美的人从这个职位卸任时，很少能像就任时那样深孚众望。……由于判断有误，我会常常犯错。即使我是正确的，那些不是站在统筹全局的立场上看问题的人，也会常常认为我是错误的，我请求你们宽容我自己犯的错误，这些错误决不是故意犯的；我请求你们支持我反对别人的错误，这些人如果能全盘考虑，也决不会犯了。

这篇演说堪称政治杰作。“今天，新的政治纪元开启了——新秩序开始了。”约翰·马歇尔在就职典礼开始前给查尔斯·科茨沃思·平克尼写的信中说，“民主党人分成了投机理论分子和极端恐怖主义分子。我不倾向于把杰斐逊先生归为后者。”然而，“如果他与他们达成一致，我们不难预见，我们的国家将面临巨大的灾难；如果他没有如此，他们不久就会与他为敌，造谣中伤之事在所难免。”下午 4 点再提笔写信时，马歇尔的情绪稍微好转了些。他写道：“在收到这封信之前，你就会看到他的就职演说了。总体而言，观点阐述且表达了和解的意愿。”

詹姆斯·贝亚德认为这篇就职演说“政治意义比我们期望得要好，而且也没有迎合另一党派拥护者的各种愿望”。汉密尔顿承认演说“可谓坦率地厘清了过往种种误解，同时向民众郑重保证，新任总统不会沉溺于危险的改革措施，而会在关键问题上继续循着前任的脚步前进”。对医生本杰明·拉什，这位杰斐逊的崇拜者而言，这是感恩祈祷的时刻。“老朋友们由于所属党派不同，因所谓假定的政治原则上的分歧而隔阂多年，听完演说，立即握手言欢，因为他们头一次发现，对于实现国家的利益，他们仅仅在最佳实现方式上意见不同而已。”

政治失意又蒙受丧子之痛的约翰·亚当斯从马萨诸塞州昆西镇致信杰斐逊，信中提到他亡故的儿子。“这种事情是不大可能发生在你身上的，我衷心希望你永远也不会遭受任何类似的惨痛经历。”亚当斯又添了一条亲切的政治意见，“这一带联邦和睦平静，你期待执政期内的平安繁荣料想应无所滞碍，对此我谨向你表达诚挚的祝福。”

杰斐逊绝不会仅仅代理执政。他行事果决，雷厉风行，渴望拥有长久以来追求的权力。小托马斯·曼·伦道夫致信杰斐逊，“我们思索……魁伟强壮之士肩负重担乃自然之选择。我们深知您的心里定会为实现宏大的目标，在广阔领域纵横捭阖、殚精竭虑而欢欣雀跃，这亦是天性使然。”

杰斐逊对建设国家的雄心壮志不可估量。他说，在任期内，他要“坚定不移地追求这样的目标，要证明生活在如本国这样自由宽松的环境中的人民，是有能力在政府的领导下明智行事的，政府基于人的理性成立，而非出于恐惧和愚行。……这是目前最接近我心愿的目标”。

杰斐逊私下里承认他所面临的重担。“我感受到民众极大的善意和殷殷期许，”就职典礼翌日他写道，“现在我的信心要大于自身的能力，我害怕会令朋友们失望。”

无论是追求父母、教师、同龄人还是人民的认可，杰斐逊的一生中无时无刻不以旺盛的精力，尽心竭力地担当着一家之长的重责。一直以来，其所受的教导都是为他人的生活与幸福负责，除此以外，他别无所求。他对人的本性和人为管理思考良多，他相信，为美国人的生活带来自己就职演说中所宣称的“和睦与友爱”，便是他的责任。

从发动战争到干预经济、购买土地，应对联邦开支、法庭传唤，与国会和法庭共享信息，杰斐逊或维护或扩大了总统内阁的权力。杰斐逊很幸运，身为在国会占大多数的共和党党主席，参议院两党人数差距日益拉大：1801~1803 年还是 17 位共和党党员对 15 位联邦党党员的微弱优势，到了杰斐逊执政的最后一年，这个数字变成了 28：6。共和党关于限制与最简管理的辞令的确语出赤诚，但几乎未加控制。杰斐逊在高谈理想却做事务实这方面已是登峰造极。举例来说，为表抗议“外侨法和惩治叛乱法”，他本可以辞去副总统职务，然而，他却继续留任，等待着可能攀登到政治顶峰的那一刻。身为总统，他确实打算沿用一路走来的方法进行统治。

杰斐逊坐镇总统府后，在其两届任期中发生的故事，把他这样一个热衷于控制与权力的人的一切美德与缺点，统统呈现在了最大的舞台上。看来，期待他精简行政权，开启新篇章的联邦党人大错特错了。

杰斐逊的批评者们认为，他关于一个中央政府权力弱化的农业国家的构想，把自己摆在了历史的对立面上。他们说，汉密尔顿才是那个正确地预见了未来的人，未来需要金融体系和举国之力创造国家的辉煌。

这类关于杰斐逊的评论属老生常谈，但失之全面。杰斐逊向制造业和金融业利益集团发出了安抚的信号，它们本早对这位重农轻商主义的捍卫者心存恐惧。1801 年 2 月 18 日星期三，杰斐逊写了一篇通讯：“有一项对我的指责一再被重复，以至似乎有些人已经对它信以为真：我是商业的敌人。他们确信我是农业之友，却揣测我与处理农产品的唯一方式为敌。”

直至 1809 年杰斐逊离任，其任职期间声势浩大、坚决果断，且往往单方面采取行动的例子比比皆是。即便说杰斐逊利用汉密尔顿主义的方式追求杰斐逊式的理想也不为过，他巧妙而又坚定地把大权牢牢握在手中。

打政治战并不适合他，他更愿意不事张扬，拒绝哗众取宠，低调地在事件进程中烙下自己的印记。他太过平静的表现，让他在主流历史上留下了无所建树的总统形象。

他懂得，这个国家欢迎，甚至渴望一个不像华盛顿和亚当斯时代那样侵犯隐私又傲慢专横的政府。在杰斐逊执政的 8 年里，国债由 8 300 万美元减少到 5 700 万美元。他削减税赋，控制开支，在新和平时期——美法准战争在其就职前 6 个月已经结束——杰斐逊把军费开支缩减到了战前水平，海军规模也减少到 13 艘护卫舰。那个时期，他认为美国是无法与欧洲诸海军强国对抗的。他的海上战略重在防御，但对巴巴里海盗，则继续追击开战。

杰斐逊长久以来只关心两件事：美国自由和美国力量。8 年来，为了美国能朝着自己心中所设想的国家前进，他召集了一切可兹驱使的力量。18 世纪 90 年代党派纷争中，他的很多政敌曲解了他崇尚个人自由，反对汉密尔顿式集权主义的倾向，认为这是他不切实际的表现，也是他的弱点。他们很快就会明确无误地知道，他们错了。

联邦制美国改革在表面上始于就职典礼的早晨，杰斐逊谢绝佩带仪式佩剑参加宣誓仪式，打破了由华盛顿和亚当斯沿袭下来的传统。典礼结束后，杰斐逊像往常一样在康拉德–麦克蒙公寓就餐。不久，他卖掉了原属于亚当斯总统的马车和银质轭具，这是对联邦党人威仪的又一次象征性打击。

亚当斯一家人于 1800 年 11 月 1 日入住总统官邸时，阿比盖尔 · 亚当斯把东厅——这位亚当斯夫人之前称之为“尚未竣工的豪华会客室”——用作晾衣室。现在杰斐逊安排他的秘书梅里韦瑟 · 刘易斯在那儿工作。总统自己的办公室则选在了一楼西南角的一个房间。从窗户望出去，可以看到波托马克河。房间里有一张带抽屉的桌子，里面放着杰斐逊的工具和各类小摆饰，窗户上养着天竺葵，几只嘲鸫近在手边。

他性喜安静，却受不了寂静无声。他通常哼着曲子，或者轻声吟唱。从 70 年代初开始，杰斐逊就开始饲养嘲鸫作宠物，他喜欢它们的啼鸣。有时在长达数小时的沉思默想时，他会打开鸟笼，让鸟儿们在蒙蒂塞洛私宅或者总统官邸的办公室里飞来飞去。

1772 年的 11 月，杰斐逊在查尔斯城郡他的岳父约翰 · 威利斯家的一个奴隶处买了第一只嘲鸫。又过了 20 年，嘲鸫才在蒙蒂塞洛自然繁殖起来。当杰斐逊得知嘲鸫在山顶筑巢，他给家里写信说道：“告诉孩子们，要把它当作化身鸟类的灵物给予尊重，如果伤害了它或者伤了它的蛋，它的鬼魂将对他们纠缠不休。”

任总统期间，杰斐逊养了一只鸟，取名迪克。鸟笼挂在办公室的窗户处，窗户周围环绕着天竺葵和蔷薇。据玛格丽特 · 贝亚德 · 史密斯说，迪克“在杰斐逊独自用功时一直陪伴在身旁”，有时停在杰斐逊的肩上，有时“从他衔着食物的嘴上啄食吃。杰斐逊回卧室休息，它经常蹦蹦跳跳地跟在他身后上楼；他午后小憩时，迪克就待在沙发上，唱出一串串婉转的旋律”。

杰斐逊接管总统官邸之后，他下令拆除草坪上一处木质厕所，派人把建造“构造精良的……盥洗室”所需的材料从费城送来。在蒙蒂塞洛已经习惯当一家之长，杰斐逊在总统官邸力求建立起同样的家风。他决定哪些家具保留，哪些家具处理掉。原来亚当斯家人用作正式会客的房间（今美国国家宴会厅）被他选作办公室，一楼椭圆形的房间（今美国白宫蓝厅）被改成了画室。他下令在官邸里安装唤铃，这样他就可以随时召唤佣人。这个便利装置亚当斯一家考虑了很久，而杰斐逊在入住最初的几个月就完成了。管家拉潘向他随时汇报装修和改建的进展。不久艾蒂安·勒迈尔成了杰斐逊在华盛顿的总管。

杰斐逊内阁成员代表着国家的几大主要地区：来自弗吉尼亚州的詹姆斯·麦迪逊被任命为国务卿，宾夕法尼亚州的艾伯特·加勒廷就任财政部部长，来自马萨诸塞州的亨利·迪尔伯恩成为战争部部长，利瓦伊·林肯即将获任司法部部长，来自马里兰州的罗伯特·史密斯成为海军部部长。

任命加勒廷实为精明睿智之举。加勒廷1761年出生于瑞士日内瓦，1780年来到美国，在美国独立战争中参过军，在哈佛教授过法语，精通金融，曾担任一系列竞选职位（其中包括十分短暂的参议员席位，由于不符合美国公民身份的要求于1794年被解职）。在施行“外侨法和惩治叛乱法”的日子里，1798~1800年美法准战争的动荡岁月中，加勒廷是众议院共和党的重要领导人。他和他第二任妻子汉娜与杰斐逊交情甚笃，后者信任他在财政及政治方面提出的建议。他于1801~1814年担任美国财政部部长一职。

列出共和党在国会和各州的获胜情况后，法国外交官路易–安德烈·皮雄向巴黎报告，杰斐逊处于巅峰状态。美法冲突正盛期间，看似不可战胜的联邦党走向衰落，令人震惊。皮雄说：“衰落之迅速实在令人瞠目。”甚至新英格兰地区也受到了共和党的崛起的影响。“因此，我们可以预言，杰斐逊先生仅会面临微弱的挑战”，皮雄写道，西部人口的扩张只会扩大杰斐逊的权力，因为这些人会“无一例外地反对沿海城市”。

兴致勃勃的新任总统用他偏爱的航海作喻。“我们所经历的暴风雨曾横行四野，”就职典礼两天后杰斐逊给约翰·迪金森写信，“我们的‘阿戈斯’号的坚固程度受到了最严苛的考验。她的力量经受住了风浪，即使她被驶向那个方向的目的就是希望她沉没。我们要把她调转到共和党的风向上，让她以优美的动作展示其建造者们的能力。”

英国科学家、神学家约瑟夫·普里斯特利则尽情发挥了自己的历史想象力：“我们不能再说普天之下没有新事物了。人类历史上的这一章是崭新的，共和国版图之广是崭新的，人口之稀少是崭新的，席卷这片土地舆论浪潮是崭新的。”

杰斐逊就是如此理想化，但他也是现实的。“即使可以随心所欲地做正确的事，我也能觉察到，基于理性思考和经验证明的改革，多多少少总有无法诉诸施行的，”他写道，“然而，当我们思索驱动或改变这架社会大机器操作之难，骤然将全体人民的观念转变到理想境界之不可为，我们就会发现梭伦[①]的智慧之处，他说，行事即使合乎情理，也不可超出国家可承受的限度。因此，我们的当务之急是改革浪费公帑的行为，赶走那些靠此敛财的贪婪人士，这可视为对墨守成规上的稍作改动。”

杰斐逊还生动又直言不讳地形容联邦党人是一群疯子：“他们的领导人是一群重症不治的患者，和其他医院里的精神病人一样，享有受保护和受照顾的权利。”然而，希望仍然存在——对于杰斐逊而言，哪里有自由，哪里就有希望。“这段时期令人不快，”他说，“但是他们证明了一条有价值的真理：正直善良的公民永远不会对民主共和国感到绝望。”

普里斯特利也希望，“政治不会让你忘记什么对于科学才是真正合宜的”。杰斐逊实际上把二者看作相互关联的。政治意义上的个人自由才会产生调查自由的感觉。从君主制或者世袭制度的局限性中解放出来的人，生活在公民之间和睦友爱的环境中，他的思想才更有可能无拘无束地发展、成长、创造、革新。这是杰斐逊理想的共和国，他将矢志不移地让它实现。

关于如何按照参众两院狭隘的决议管理政府，杰斐逊收到了不少忠告。“许多朋友会因为失望而渐渐疏远，”詹姆斯·门罗写信说，“那些迫不及待的暴力狂热分子会因为没有如愿以偿而觉得遭到羞辱；另外，……还有那些失意的亲英殖民者，过去主要由于分裂和种种愚行而狼狈落败，也会把分散的力量联合起来对抗我们……他们会与国外势力勾结，因此我们必须加以关注。”坦奇·考克斯发出了警告，他在给杰斐逊的信中写道：“我们的政体所面临的危险，无论国内外，仍然存在。”

---

① 梭伦（约公元前630—前560年）：雅典政治家、立法者，古希腊七哲之一，他修改了德拉古所制定的法律条文，使之不过于严酷，他以财产取代出身把公民分为四等，奠定了雅典民主政治的基础。——译者注

在弗吉尼亚州的威廉·布兰奇·贾尔斯看来，“失势的一党被普遍认为由英国操控，旨在破坏全体人民手中的自由。”

每天，杰斐逊在总统官邸一楼他的办公室里处理着各种事件和问题。官员的任命、新英格兰的政治、巴巴里海岸、农业政策、西印度群岛、法国和英国的外交政策，文件如潮水般在杰斐逊面前来去。

帕茜和波莉都没有来华盛顿和他一起生活，也没有任何记录表明萨莉·赫明斯曾经离开阿尔伯马尔县来总统官邸拜访。尽管杰斐逊喜欢社交，他在华盛顿却过着相对与世隔绝的生活。只有梅里韦瑟·刘易斯和他同住在尚未竣工的宅邸里。杰斐逊说，他们生活得就像“教堂里的两只老鼠”。

他任职初期备感孤独。他的同伴迟迟未能聚集到他身边。在总统府安顿下来时，他说：“我还感觉不知所措。”詹姆斯·麦迪逊和艾伯特·加勒廷尚未定居首都。加勒廷一家抵达时，他们收到了一份杰斐逊发来的全员邀请函，他请他们每天在一起用餐。他说，那将是“真正的承情”。不过，杰斐逊失望了，因为加勒廷夫妇决定搬到离总统府更远的地方。8 月，加勒廷写信告诉杰斐逊，“这座城市有碍健康，我的家人也有同感，因此他们十分急切地想搬到国会山居住。”不过财政部部长很快让杰斐逊宽了心，因为他会住在附近，“以前骑马 20 分钟的距离要被 10 分钟的替代了”。

与他许多官员和议员们不同，杰斐逊喜欢这座首都新城。“我们觉得这里是一处宜人的乡间居所，”他写道，“上流社会，且交往适度，没有噪声、暑热、恶臭的困扰，也不受附近新建镇子忙乱熙攘生活的影响。”

创建美国崭新的未来必须纠正过去联邦党执政时期的过激行动。杰斐逊签署赦免令，释放了一些因《惩治叛乱法》而获罪的出版商人。其中，他的老盟友詹姆斯·汤姆森·卡伦德被定罪、罚款并入狱，他的案子是杰斐逊本人最关切的。卡伦德的赦免令签署于 1801 年 3 月 16 日星期一。

卡伦德有三个孩子要抚养，想让政府归还当初 200 美元的罚款。但罚款迟迟未还，1801 年 4 月 12 日星期日，卡伦德因仍不见动静的罚款问题“大失所望”，感情“受到伤害”。他说：“我现在开始明白什么是忘恩负义了。”

杰斐逊希望他的人民时刻意识到如今是共和党当政时期。1801年3月20日星期五，他让艾伯特·加勒廷对联邦党人罗伯特·古德洛·哈珀写的一封对华盛顿—亚当斯当政时期歌功颂德的通函予以回应。杰斐逊说，通函中描述“虚假浮夸”，因此“有必要展示一下奖章的另一面”。出于极度谨慎，杰斐逊没有在附函上署名。

居于幕后指挥共和党发表文章对于杰斐逊来说已不是什么新鲜事了。这件事同时也暴露出，从执政开始，他转而向加勒廷寻求协助。自1800年起，杰斐逊过去几年一直器重倚赖的卡伦德已经不再受青睐了。

为什么杰斐逊抛弃了卡伦德呢？部分原因在于美国政治中频频出现的一个特点：总统功成名就时，那些帮助他取得胜利的不太正派的人或不够光明的手段，总让他有所介怀。新上任总统通常会经历这样的时刻：他开始觉得自己不是野心家，孜孜以求胜利，而是一名政治家，实际争取选票时遭遇的肮脏与付出的辛劳与他全无干系。正如出身卑微的人不喜欢被人提醒马厩的气味，达官显贵厌恶回忆积垢累累的旧事。那位巧舌如簧的辩才在选举征程中发挥了实际作用，但如今普选已决，他的阴谋诡计在审判时也大白于天下，很显然他的尖刻抨击已无用武之地了。对卡伦德，杰斐逊为追求权力做了一笔魔鬼交易：他支持并与卡伦德——这个精通党争中黑暗手段的人——为伍，但他似乎没有考虑过，这个人有朝一日可能与他变友为敌。

在罚款仍未退还时，卡伦德告诉麦迪逊：“杰斐逊先生没有归还我一分一毫的罚款……我不是那种可以白白压迫或抢劫的人。”卡伦德考虑再三决定，认为拿回罚款固然很重要，但获得里士满邮政局局长这个美差或许更好。他赶到华盛顿与麦迪逊会面。“归还罚款的要求被冷淡地拒绝了，就如同当面侮慢，令人恼火，”卡伦德写道，“小麦迪逊……滔滔不绝，辩称在华盛顿还钱是不恰当的。”

许多因素都在作祟。“你知道吗？他除了其他嗜好，现在还臣服于所谓爱情的专制之下？”麦迪逊问门罗。“他的爱情之火住在里士满。我没问她的姓名，但猜想她年轻漂亮，至少在他眼里如此，而且她的社会地位比他高。他自吹自擂，坚信一份邮局的薪金和名声会为他赢得美人归。不过，就算有这些推荐，他还是要失望地打道回府了。”

麦迪逊也对总统说明了情况。杰斐逊派梅里韦瑟·刘易斯给卡伦德送去50美元，以度过罚款全额赔付之前的困难时期。卡伦德对待刘易斯的态度表明，杰斐逊所面临的问题可能比他所想的要严重。“他对刘易斯上尉的言语十分傲慢，”杰斐逊给门罗的信中说，“他暗示自己手中握有把柄，遇到某种情况时他就会使用。他收到的 50 美元不是施舍，而是应得之物，更明白地说，是封口费。他说，我知道他的要求，即欲求获得某个职位，另外还说了一些类似这个意思的话。”

感觉自己受到伤害，愤怒的卡伦德等待着复仇的时刻。

总统府内，杰斐逊渴望控制一切。1801 年 11 月，他给内阁成员发了一封便函，以通知他们自己的政府的运作方式。这是一份和往常一样存在流程问题的权力文件。

杰斐逊想掌握一切细节，他循华盛顿总统的先例，制定了处理公共事务的方法，几乎所有公函华盛顿都要经手。“以这种方式”，杰斐逊告诉他自己的内阁，华盛顿总统“总是能准确地掌握联邦各处所有的事情和进程，无论这些事情和进程事关哪个部门”。

这也是杰斐逊所期望的事情。他说，他感到“公众的意愿强加给了我一种责任感，我本人要尽力完成他们委托我的任务”。正如斯言，他期待获悉各种情报信息，他告诉加勒廷：“描述正在发生的事或者讲述事态信息，这样的文件……比较合我心意。”

他想知晓一切。他必须知晓一切。

第三十三章
踌躇满志的总统

总统推行的种种举措在全国范围内广受欢迎。

——约翰·昆西·亚当斯

人们满怀激情与热忱，提出如此多的诉求和期望，而各自利益和目标却大相径庭、相去甚远，满足一方诉求，就会有损他方的利益。

——托马斯·杰斐逊，谈华盛顿特区政治文化

时至 1801 年 11 月中旬，总统任期进入杰斐逊称之为“稳定常规阶段”。他每天伏案工作 10~13 个小时，从清早到正午，处理文件，接待来访者。他计算过，“有 4 个小时的时间用来骑马、吃饭和少量余暇”。他中午时尽量离开总统府，骑马或者散步，然后再回来“会见客人，处理事务直到掌灯时分”。仅仅在晚上的时候——这样的夜晚极其罕有——他才有时间沉浸在喜欢的“机械、数学、哲学等学科中”。

杰斐逊极其注重隐私。他很高兴解雇了总统府某位男佣，“我有理由相信，我不

在房间的时候，他会偷看碰巧放在桌上的文件，我又不能每次出去的时候把文件都锁起来”。

杰斐逊自己的时间也很难保证。有一次，他必须快速反应，以缓和与一位支持者之间的紧张态势。杰斐逊给来自北卡罗来纳州的民主共和党两院发言人纳撒尼尔·梅肯写信说：“某个敌人，我们不知道是谁，正种下毒草。”杰斐逊说，事情无足轻重，但是他们要好好谈谈，“今晚我的客人可能会待到很晚，但是明晚或者后晚，我可以一人独处。”

每次国会会议前夕，他会与朋友们相约见面，因为他知道下次再见面时，这些立法者们就要离开华盛顿了。“因为国会本周开会，我们现在就开始忙忙碌碌筹备了。这个星期，我都要和朋友们吃饭，为国会竞选做准备。”他给外孙女埃伦·韦利斯·伦道夫·库利奇的信中说，“这些事一开始，我要处理公务，还要招待朋友，就不能准时回信了。”

其中一位这样的朋友是玛格丽特·贝亚德·史密斯。她与丈夫塞缪尔·哈里森·史密斯这些年来与杰斐逊、多利·麦迪逊、詹姆斯·麦迪逊结下了深厚友谊。麦迪逊一家人安顿好住宿之前，曾在杰斐逊的总统府邸住过一阵。他们起初住在离乔治敦4条街以外的宾夕法尼亚大道，最后在F街1333号定居。多利在她家三层楼的砖结构房子里大办沙龙，她的餐厅和客厅里总有政治讨论和她所谓的“时尚话题”（偶尔也会有牌局，她是位嗜赌人士）。

1801年5月，内阁成员纷纷到来，史密斯夫人说，首都“和冬天时一样热闹了。各位部长的到来似乎给商业注入了新的活力，他们的家人为准备居所也给一些工匠提供了就业机会”。在总统官邸举行的小型晚宴上，麦迪逊一家也在座，史密斯夫人坐在杰斐逊旁边，再一次为他“从容、坦率而又温柔的风度”所倾倒。后来在客厅看到总统和詹姆斯·麦迪逊相处的情景，史密斯夫人觉得这两人“如此亲密而不拘礼，表现得全无克制”。

加勒廷一家也是总统圈子里的熟面孔。他们决定住在靠近32号的M街。加勒廷夫人虽称不上漂亮，但是一位极富魅力的女性。“她的头脑与心灵远比她本人更具吸引力，然而，我并不希望她再拥有除此以外的其他特质。”艾伯特·加勒廷在他们婚姻期间曾这样直率地描述他的妻子，“她善解人意；与众多年轻女士们一样，受过良好教育；为人单纯，不做作；爱我，并且是一位不错的民主人士。”

杰斐逊执政事必躬亲，他不知道有其他办法。他观察过佩顿 · 伦道夫领导1619年弗吉尼亚州议会在威廉斯堡市尼科尔森和北英格兰街伦道夫安有楔形护墙板的深红色房子里举行会议，他有时也会列席。就他在邦联议会度过的岁月，以及以副总统身份主持参议院的4年中，杰斐逊完全了解如何对待议员，因为他长久以来就是其中一员。即便在当时，得到总统的关注对于政客们来说，和对普通老百姓一样，意义非凡。他一直低调处理身为民主共和党象征的身份，杰斐逊明白，与总统本人见面，治国之道就可能大相径庭。因此，他宴请议员，也十分愿意接待来访者。

杰斐逊的策略是奏效的。在杰斐逊主政的那些年，据闻共和党人承认，每当他们计划投票反对杰斐逊时，“总统的宴请让他们噤了声”。

杰斐逊相信总统和议员之间需要不断地对话沟通。他认为，“如果议员们不了解什么样的信息传达给公众才是重要的……这样的政府是投机冒险的政府，而不是计划周详的政府”。总统必须对立法者心存信任，他们的见解和主张可能不会再宣之于众，要与他们建立一种亲密感，让他们了解双方的目的是共通的。向政客们发表演说，或者看上去像是在对他们发表演说，既不会令他们衷心拥护、鼎力相助，也不是管理妙方。

杰斐逊喜欢不着痕迹地行使权力。“美国政府是什么样的政府？”拿破仑有一次问一位刚回法国的游历者，他与杰斐逊总统有过接触。游历者说：“陛下，见所未见，闻所未闻。”这恰是杰斐逊希望世人所想的。

另一位总统官邸的来访者，欧洲博物学家亚历山大 · 冯 · 洪堡特，在杰斐逊的私人房间拜访了他。洪堡特男爵看到民主共和党权力中心放着一份极其负面的联邦党人的报纸，他问杰斐逊：“为何允许这些诽谤言论存在？为何这份造谣中伤的报纸未被封杀？或者，至少报纸的编辑应该被课以罚款并关入监牢吧？”

这些问题给杰斐逊提供了绝佳的反驳机会。“把报纸装进口袋吧，男爵。如果您听到任何人质疑我们享有民主自由、质疑我们出版自由，就把报纸拿出来，告诉他们您是在哪里找到它的。”

华盛顿总统刻意保持一种循规蹈矩的形象；杰斐逊总统早晨和中下午接待访客时却好像刚从外边骑马回来，有时情况确实如此。“杰斐逊先生毫不做作。他迎接客人时不修边幅，全无繁文缛节。”1802 年路易–安德烈 · 皮雄在巴黎写道，“他每天骑马或步行离开，以骑马为主，身边甚至没有佣人跟随。”

杰斐逊清楚自己的身份地位，因此无须通过光鲜的衣着证明什么。与此相反，往往是那些出身优越或者社会地位尊崇的人才能避免世俗的约束——对条条框框的忽视或疏离，本身就是一种身份地位的象征。杰斐逊的衣着搭配多为旧双排扣长礼服、棉绒及膝短裤、纱线长袜、老式便鞋。

英国外交官奥古斯塔斯 · J · 福斯特与杰斐逊会见时，他发现总统“表现得大体上客气有礼”。在总统官邸，“门突然开了”，杰斐逊站在那儿。“他径直朝我伸出手，和其他人也是如此，然后请我坐下。”福斯特给他母亲的信中写道，“幸好我在土耳其待过，对这种简陋的待客之道已相当习惯了。”

杰斐逊的外表令福斯特大为吃惊。福斯特的家书中写道：“他穿得看上去极像个普通农夫，便鞋还趿拉在脚后跟上。”来自马萨诸塞州的约瑟夫 · 斯托里与福斯特见解不同。他是一名律师兼议员，1811 年进入最高法院。他理解杰斐逊的举止所为何意，一个极度关注欧洲对美国品味和文化评价的人不会是个乡下懒汉，他不过是本性如此。“弗吉尼亚人惯以衣着简单朴素自矜，”斯托里写道，“他们情愿以出色的头脑和温文尔雅的态度赢得关注。”

另一位英国外交官爱德华 · 桑顿与斯托里有同样的感受。桑顿给国内的报告中写道，杰斐逊可能受到了共和主义“平均精神”理念的吸引，但是在总统官邸却看不出任何明显的迹象。官邸“陈设比亚当斯先生时期要好得多；就家庭用度和生活水准来看，也比任何一位前任总统（当政）时期的开销要高得多。不过，却没有当年华盛顿将军表现得那么讲究形式和排场”。

杰斐逊对个人及领导力的自信显而易见。他认为 1800 年选举的结果就是一道要求改变的执行令。通常他将权力运用得不动声色，但是他的的确确在行使，确保自己掌管行政部门，同时将意愿传达给国会中的同盟者。约翰 · 昆西 · 亚当斯认为，杰斐逊“通过施加个人或官方影响，令各项议案得以通过，他整套行政机制似乎都建立在这样的原则上”。一如杰斐逊长久以来的做法，他倾向于尽其所能巧妙而坚决地让一切事务都按他的意愿来办。

与其说他是传统斗士，不如说他更像一名象棋棋手：考虑周详每步走法，巧妙迂回下每一步棋，而非不经思考，大张旗鼓地应对。事实上，在华盛顿时，他发现需要一本留在蒙蒂塞洛的书：由象棋大师弗朗索瓦–安德烈 · 达尼康 · 菲利多尔撰写的一部棋谱。这本书对他来说十分重要，因为他精确地记得书籍的位置。“你可以在书房进门左手边第二个书柜里找到。”他写信告诉小托马斯 · 曼 · 伦道夫。

在 1801 年 5 月中旬的一次内阁会议上，杰斐逊与顾问们就巴巴里地区问题展开了争论。议题是美国是否应该派出一支中队前往地中海，由海军准将理查德 · 戴尔带领，震慑针对美国商船的海盗，以阻止其继续进行海上掠夺。“全体一致同意巡航便于行事。”杰斐逊如此记录。

他还想确定全体一致同意另一件事，那就是海军“搜寻敌人的舰队，一旦发现，即予以摧毁”是由行政机关授权，而非立法机关授权。如果戴尔发现巴巴里地区任一国家向美国宣战，他就要“调集船队对他们予以严惩”。如果他发现巴巴里地区所有国家都向美国宣战，他被告知要分布军力“以便保护我方商船，并在发现敌方船只及舰队时，通过凿沉、放火或摧毁的方式严惩其傲慢”。

1801 年 8 月 1 日星期六，戴尔下辖的“进取”号在船长安德鲁 · 斯特雷特的带领下，在马耳他附近击败了的黎波里人的“的黎波里”号。“长久以来，这些野蛮人遭受着煎熬，全因对协议的神圣信念以及对人性的权利和本能进行践踏，”杰斐逊告诉斯特雷特，“你向同胞们表明，敌人在勇气和智慧合而为一时不堪一击。”斯特雷特先牵行了这艘巴巴里船只，后又予以放行，继续其航程。继该事件之后，杰斐逊描述了美国此次的胜利，并请求国会授权在地中海地区对进犯者实施主动进攻。

然而，显而易见的是，早在春天，他就未经国会许可授权如此行事了。斯特雷特自那时起就一直在奉命采取行动。杰斐逊表面上尊重国会的意见，实际已十分有效地控制了军事及外交政策。这是杰斐逊的典型做法：在不引发冲突对抗或横生枝节的情况下达到个人的目的。

国会落入了杰斐逊的掌控，不但在实质上追溯批准了向戴尔发布的命令，而且在斯特雷特事件之后赋予总统更大的权力。国会宣布，行政长官“在战时状态，或者在其认为必要时，可下令采取战备或战争所涉及的一切行动”。

根据此法令，杰斐逊精心策划了一项行动，企图推翻的黎波里当时的帕夏[①]

① 帕夏：巴巴里地区统治者的称号。原指奥斯曼土耳其帝国行政系统的高级官员。由此可看出二者之间的联系。——译者注

（此人暗杀了自己的亲父和亲兄），让已逃亡突尼斯且更易摆布的弟弟哈米特登上王位。其后几年，美国人尝试帮助哈米特发动军事政变，推翻的黎波里政权，但未获成功。这一行动脱胎于杰斐逊最初对该地区势力的单方面规划。他担任国务卿时，就成立美国银行一事据理力争，反对对宪法进行宽泛的解释。事到如今，他发现身为总统，自身的种种权力恰恰得益于对宪法最宽泛的解释。

梅里韦瑟·刘易斯从总统官邸出发，策马奔上国会山。时值1801年12月8日星期二，总统私人秘书刘易斯受命向国会递交杰斐逊的第一份年度报告。

杰斐逊说，除巴巴里国家外，世界大体处于和平时期。他谨慎而又坚定地强调，他相信斯特雷特取得胜利的消息，“向世界证明，我们谋求和平并非缺乏勇气，而是衷心希望把举国之力用于人类繁衍，而非造成毁灭”。

杰斐逊削减联邦赋税及支出，阻止建立新法庭，允许各州自主决定内部事务的流程，这些举措标志着华盛顿和亚当斯领导下的国家基本发展方向发生了重大转变。

总统年度报告引发的反响十分热烈。“没有什么比总统的报告更加令人欢欣鼓舞，”约翰·泰勒说，“……也没有什么能令君主主义者们更愁闷不堪了。”

联邦党人对于事情的发展不甚喜欢。“弗吉尼亚简直控制了一切，”1802年4月罗伯特·特鲁普写信给鲁弗斯·金，“杰斐逊是一切举措的最高统领：他不举办招待会，不遵守礼仪，经常身着便装会客，有时甚至穿便鞋；随时可以找他，而且他与要人们的关系十分熟稔。”

康涅狄格州国会议员罗杰·格里斯沃尔德抓住了杰斐逊式象征主义的精髓。年度报告抵达国会山之后，格里斯沃尔德写道：

> 在现政府领导下，不会因循旧制。事无巨细均要改变。亚当斯先生任总统时，总统官邸的大门敞向东方；杰斐逊先生关上了这扇门，新开启的门朝向西方。华盛顿将军和亚当斯先生在每次国会开会时都发表演说；杰斐逊先生则不发表演说，而是通过书面的报告沟通交流。我担心，你们这些新英格兰的贵族们会认为这些重要的变化无关紧要，还要说这些变化仅为表面功夫，但是你们要记得，你们既不是学者，对民主党政策的谜团也不甚了了。

亚历山大·汉密尔顿在《纽约晚邮报》[1]上撰文，指出杰斐逊的报告应使“那些忧心政府安全、思虑国家责任和福利的人士警醒”。他所描绘的杰斐逊，意图不轨、心胸狭隘、性格暴戾。几个月间，汉密尔顿给古韦纳尔·莫里斯写信：“大概美国没有人比我为现行宪法付出更多了，我现在仍尽心竭力支撑着它脆弱而又无用的体系……除了退出，我还能做什么呢？日复一日的现实向我证明，这不是我所期待置身其中的美国。”

1801 年走向尾声时，那时的美国的确更偏向杰斐逊式而非汉密尔顿式。“我们每天都能看到，杰斐逊先生的敌人们苦心编造以诋毁他的子虚乌有的事逐渐消失。”皮雄在给巴黎的上级写信时说。

一天，一个巨大的奶酪送到了总统面前，它来自马萨诸塞州柴郡的人们。在平民百姓中，这件奇物成为向共和主义致敬的象征。“它不是巴士底狱里最后一块石头，也不像一篇有价值的文章能产生深远的影响，但是作为一份自觉自愿赠送的礼物，我们希望它能被收下。”柴郡人民如是说。

1802 年元旦，杰斐逊把上帝和政治都放在了心上。1801 年 10 月，在美国康涅狄格州科尔布鲁克，丹伯里浸礼会赞扬了杰斐逊关于宗教自由的观点。

作为回应，他发表一份有关宗教信仰自由的声明作为鉴证，使得他联邦党的宿敌们大为震动。“要相信，宗教只是个人与上帝之间的事务，任何人对他的信仰或敬神都无权干预，政府的立法权力仅涉及人的行为，而非观点。我怀着至高无上的敬意看到，全体美国人民宣告，他们的立法机构‘不应立法限制宗教成立，或禁止其自由行使宗教权利’，由此在教会和政府之间竖起一道分离之墙。”

1800 年，本杰明·拉什帮助杰斐逊明确了政教分离的观点。“你希望宗教和政府保持相互独立，这我也同意，”拉什告诉杰斐逊，“如果在此关键时刻，圣保罗死而复生，他会对那些正忙着处理政治事务的牧师们说：‘停下你们的政治工作，你们的王国并不在此。细读我的使徒书。其中任何一处你们都不会看到我意图罢黜一名异教徒皇帝，或者扶植一名基督徒登上王座。基督教鄙视受到人类政府的支持。’”

---

① 《纽约晚邮报》：由亚历山大·汉密尔顿于 1801 年创办。1934 年，更名为《纽约邮报》。——编者注

联邦党人中，蔑视杰斐逊的情绪十分高涨。来自马萨诸塞州的乔治·卡伯特惧怕他所称的“民主的可怕弊端”，但是认为杰斐逊无法阻挡。1801~1802 年冬春之交的种种事实表明，卡伯特对杰斐逊权力的评价是正确的。

在这几个月里，杰斐逊说服国会废除所有国内税收，向的黎波里宣战，在西点建立美国军事学院，放宽归化制度，也许更具重大意义的是，废止了 1801 年的《司法条例》。该法令扩大了联邦司法权限，新增了法庭和法官席位，在亚当斯离任前，这些席位全由联邦党人把持。

在听说总统在重新设计一套勋章作为给印第安部落的赠礼后，前战争部部长詹姆斯·麦克亨利语含讽刺：“如果他能只把他革命性的聪明才智发挥到更没意义的事情上，那我们现在对宪法和国家命运就能更少些担忧了。”

从在议院争夺总统之位开始，阿伦·伯尔似乎就成为杰斐逊的共和党内一个不可控的政治因素。部分原因是，共和党人认为，1800~1801 年，联邦党人企图利用伯尔否定杰斐逊的胜利时，伯尔并没有主动拒绝；另一部分原因是，纽约州政治的复杂性——伯尔仅代表党内一个派系——杰斐逊决心一旦总统选举尘埃落定，就挫败伯尔的勃勃野心。一个名为伯里特·马修·L·戴维斯的人想为自己求得一个联邦职位，前来拜见总统。听戴维斯诉说原委时，杰斐逊看到一只嗡嗡叫的苍蝇飞过，他眼疾手快从空中一把抓住了它。这个动作让来访者很难释怀：如此迅捷巧妙抓住苍蝇的总统，除非自己愿意，否则是不大可能为人所动的，最后戴维斯没有得到那份工作。而加勒廷说，那份怠慢被视为对伯尔的怠慢。加勒廷告诉杰斐逊：“在纽约政坛混迹的人，几乎没有谁不相信，戴维斯遭拒是因为其是由伯尔举荐的。”

汉密尔顿十分犀利地评价了杰斐逊总统与伯尔副总统之间的紧张关系。1802 年 6 月，汉密尔顿给金的信中说：“能确定的是，这位领袖和他最可能的继任者之间存在极其严重的裂痕。这种裂痕是绝对无法弥补的，因为两人都野心勃勃，不择手段地彼此竞争。”“伯尔先生一定会问鼎总统宝座，”路易–安德烈·皮雄写道，“玩政治阴谋没人及得上他。”

1802 年，在首都一次纪念乔治·华盛顿诞辰的联邦党人庆祝晚宴上，伯尔不请自到，巧妙地“询问他是否擅自闯入——得到了否定的回答并受到了友好的接待”，据特鲁普向金报告的。伯尔颇为耐心地等了一会儿，寻了个恰当的时机问是否可以祝酒。请他发言时，伯尔举杯说道：“向所有联合起来的正直之士致敬。”对与会者而言，其言下之意显而易见。特鲁普说："联邦党人普遍把祝酒词看作他主动提出合作的表示。"

1802年7月1日星期四，共和党人庆祝杰斐逊废止国内税收。7月4日，美国独立纪念日，南卡罗来纳州查尔斯顿的理查德·弗曼牧师将美国革命与杰斐逊执政联系起来，强调两件事都是上帝的旨意。"全国各地都在7月1日和7月4日举行特别庆祝活动，这足以证明全体民主共和党人对此都很满意。"

皮雄私下对杰斐逊执政颇多批评。"其执政原则显而易见：一股政党豪情，一颗希望迎合大多数人而保住权力的雄心，对标新立异异常的执着，以及质朴外表下隐藏着的幼稚的虚荣心。"皮雄还对杰斐逊颇有抱怨：他邀请法国使节及拜访使节的客人，却未邀请皮雄及其夫人。"一国之都极少会出现这种情况，"皮雄说，"这是荒蛮之地明显的失礼行为。"

然而，联邦党人却看清了政治现实。特鲁普在1802年4月给金的信中写道："杰斐逊才是民主共和党人效忠的对象。只要在下次总统选举时不会危及杰斐逊的利益，伯尔毫无疑问是会被抛弃的。"

尽管杰斐逊从未去过弗吉尼亚州温泉村以西的地方，但他热爱西部。20年前，他曾提议由乔治·罗杰斯·克拉克带领探险队远征。10年后，即1793年，杰斐逊在美国哲学学会提议，计划由法国植物学家安德烈·米肖组织一场探险之旅。但是克拉克和米肖都未能实际成行，最后来自英国的威胁迫使杰斐逊（和美国）采取了行动。这种担心现在看来已完全过时了：英国（以及西班牙、法国及其他印第安部族）会根据情况，在新大陆建立或扩大持有的土地，将美国包围以限制其扩张，同时创造随时进犯的机会。

毛皮商人亚历山大·麦肯齐出版的新书《蒙特利尔启程游记》提供了新的契机。书中记叙了1793年麦肯齐穿越加拿大抵达太平洋的旅程。1802年夏，杰斐逊读到这本书时受到了极大震动。

麦肯齐激情满怀地写到英国在北美更广大地区的美好前景，称"仅需要英国政府的支持"以"确保国家对臣服者的贸易"。除此以外，还有"许多政治原因"——大概包括大英帝国有可能再度统治失去的殖民地——"每一个熟悉英国土地及商业扩张的人都会意识到这些政治问题"，麦肯齐暗示。所述种种都契合杰斐逊原有的恐惧，1783 年他对乔治 · 罗杰斯 · 克拉克清楚地提过。“我担心，”杰斐逊写到英国和西部时说，“他们会考虑对那一地区进行殖民统治。”

杰斐逊长久考虑的探险远征之旅适逢其时。他希望找到一条通往太平洋的路线，并勾画出西部地区轮廓，那里很可能成为美国与其他帝国的竞争之地。

杰斐逊没有四处寻找合适人选，而是选择自己的私人秘书梅里韦瑟 · 刘易斯领导这次远征。刘易斯 1774 年出生在距离蒙蒂塞洛 10 英里远的洛克斯特山，一个被杰斐逊称之为自己家“附近”的地方。年轻的刘易斯有一双蓝眼睛，为人勇猛果敢，1801 年在美国陆军担任詹姆斯 · 威尔金森的副官时，被杰斐逊邀请去华盛顿总统官邸任职。刘易斯对“西部、军队及其现状的了解”给杰斐逊留下了深刻的印象。他评价约翰 · 亚当斯所移交的军队时，很显然激发了刘易斯身为军官的壮志。

杰斐逊信任刘易斯，欣赏他坚韧不拔的作风。在国会秘密同意资助远征队寻找通向太平洋的最佳路线后，杰斐逊请他领导远征队。（总统申请并收到 2 500 美元经费，而实际最后开销是这个数字的 15 倍。）杰斐逊告诉本杰明 · 拉什：“刘易斯上尉勇敢、谨慎，惯于在林中活动，熟悉印第安人的风俗和特点。”刘易斯请乔治 · 罗杰斯 · 克拉克的弟弟威廉 · 克拉克加入远征队，共同组建了众所周知的西北探索军团。

杰斐逊认为美洲是“自由之帝国”。如今，他即将对这块大陆上国家现存边界以外的地区有更清晰、更细致全面的了解，占领这片广阔的西部地区的机会来临了。

第三十四章
胜利、丑闻与隐疾

我们的总统和这位名叫萨莉的女子，生了几个孩子。夏洛茨维尔镇没有一个人怀疑这件事，而且知道这件事的人不在少数。

——詹姆斯·卡伦德，里士满《记事报》，1802 年 9 月

曾经有一段时间，并不是很久之前，杰斐逊相信，自己即便不能结束党派分歧，也能超越党派偏见。这是那个时代的理想：那时人们带着恐惧和疑虑看待“政党”的理念。伟大的乔治·华盛顿在发表告别演说时还一度警告党派观念。

警告未起作用，杰斐逊所希望的稳固的政治统一体也从未得以实现。1801 年年初，甚至在杰斐逊发表就职演说，宣布美国人既是联邦党人，又是民主共和党人之前，艾伯特·加勒廷就如实地汇报了首都的现状：“您可能以为被强行聚在一起，同住几间公寓，见不到其他人，我们就不太可能是温和的政客，抑或除了政治就什么都不考虑了。”联邦党人西米恩·鲍德温也有同感，他写道：“不同党派的人之间的联系并不紧密。”另有观察者说：“同一家酒馆或寄宿公寓的屋檐下不会有持异见的人存在。”

杰斐逊的确努力过了。“若可以不废弃原则，我会不遗余力消弭党派痕迹，巩固我们的国家。”1801 年 3 月他这样说。34 个月之后，经历了他第一个任期内的党派斗争，他接受了现实，定下的调子也务实了一些。他说：“我们一两年来光明磊落地追求和解的行动被他们轻蔑地拒绝了。”

杰斐逊心里很清楚，他所能希望的最佳现实情况，不是实现永久的和平，而是与对手休战。政治分歧必然存在，最关键的是身为总统如何处理这些分歧。

杰斐逊采取的策略十分得当。他高瞻远瞩，并相信民主共和制度的前景，也自信自己作为变革领导者的能力：“当一个国家将全部力量与热忱都交托在这些人手中，让他们指引国家前进的方向，这样的国家前途无可限量。”

杰斐逊提出了一份协议：让我们共同面对国家政治挑战，勉力约束过激情绪，避免走入极端，重演 18 世纪 90 年代的灾难——他称为“恐怖主义阴霾笼罩的日子”。由此，政治可以成为取得进步的手段，而不仅仅是冲突的来源。

联邦党人中盛行的观点是，这样的协议说起来好听，但是不可能付诸实际。约翰·昆西·亚当斯在日记中写道，政治斗争不会是偶发事件，它在美国即将成为司空见惯的情况。他是正确的。亚当斯在杰斐逊第一任总统任内写道：“国人已彻底受党派精神的奴役，不盲目追随一党就是不可饶恕的罪过。”

在政治自由且利益多元化的环境里，建国者所梦想创建的没有党派争斗的国家是根本无法实现的。

无论是民主共和党人，还是联邦党人，只要稍加注意，就会看到杰斐逊在首都的行动毫无神秘可言。“杰斐逊先生直言不讳地说，上届政府奉行反共和主义的原则。”法国使节路易-安德烈·皮雄向巴黎报告，新任总统决意纠正此“不平等和谬误”。

凡是威胁到杰斐逊共和制国家远景的，他在追剿并加以清除方面毫不留情。无论是联邦党人法官或其他公职官员，包括美国首席大法官在内，或是敌对的报社记者，杰斐逊的敌人们都面临着来自总统府的无休无止的挑战。由于共和党人在 1800 年总统大选及国会选举均取得胜利，杰斐逊已有力量在很大程度上可以按照自己的意志行事。他已经宣告了自己的基本理念，参众两院的议员也明确地对他和他的理念表示拥护支持。大多数选民希望不再走 90 年代联邦制的老路，杰斐逊已做好当领路人的准备。联邦党人虽然意见多多，但是他们的意见无法与总统手中之物抗衡：选票。

1802年颁布的新《司法条例》对杰斐逊的权力而言具有里程碑式的意义。联邦党人企图通过1801年《司法条例》，使本党人士实现终身任期合法化，从而使政党免遭非议。杰斐逊领导的共和党人起草并通过了1802年《司法条例》，力图打破联邦党人垄断司法部门的局面。一边是联邦党人，宣称所有法庭——包括仅在数月前成立的法庭——神圣不可侵犯；另一边是杰斐逊及其追随者，强调政府的任何机构都没有理由不进行改革。

提出的原则十分清晰，但政治现实也同样明朗。尽管杰斐逊行动谨慎，并未向司法制度宣战，然而他的确采取行动了。1802年，杰斐逊发布年度报告之后，参议院就根据总统的“建议”开始了废止条例的行动。罗杰·格里斯沃尔德说：“司法法案只字未改就直接戳进了我们的喉咙。”

1801年《司法条例》的废止于1802年3月8日星期一获得通过。议院的投票反映出共和党在众议院拥有更多优势。在参议院，法案仅以一票胜出予以通过，但终究是通过了。这对杰斐逊来说是巨大的胜利，联邦党人为此惊骇不已。

杰斐逊从心底里厌恶他的远房侄子约翰·马歇尔，不喜总归是不喜。（杰斐逊曾写道：“这位法官冥顽不灵、食古不化，绝不会放过任何一个折磨牺牲品的机会，以满足他恶毒阴暗的心理。”）1803年2月，这位首席大法官就最高法庭审理的马伯里诉麦迪逊案发表了判决意见。案件交锋一方是威廉·马伯里，约翰·亚当斯任命的午夜法官之一；另一方是杰斐逊政府。判决裁定，麦迪逊扣留委任状的做法是错误的。这一裁定与总统的意愿相背，但马歇尔巧妙地避免了一场终极较量，同时为司法审查的概念奠定了基础。

与此同时，1803年冬，议院弹劾新罕布什尔州法官约翰·皮克林和最高法院大法官塞缪尔·蔡斯案也在进行。皮克林的精神不稳定，长期酗酒的他可能早已精神失常。议院对他的弹劾及判决不像对蔡斯那样，要进行到最后一刻。蔡斯以前一直公开反对杰斐逊及其政党。他挑衅巴尔的摩大陪审团，为共和党人提供了机会。1803年5月，蔡斯说：“当法律制定不明、徇私不公、随意专断，当司法审判不能对所有人公正、公平，当财产安全得不到保障，人身受到攻击和暴力伤害却得不到法律的匡正，无论政府形式如何，他们的人民都是不自由的。”他抨击废止1801年《司法条例》的做法。他对巴尔的摩大陪审团放言：“我们的共和宪法将沦为群氓统治——所有政府形式中最恶劣的一种。”

如此攻击性言论竟出自最高法院大法官之口，杰斐逊勃然大怒，他给马里兰州国会议员约瑟夫·H·尼克尔森写了一封信。尼克尔森在不久前控告了法官皮克林。“对我们的宪法原则和国务院做法蓄意挑衅，公然抨击，难道不应受到惩罚吗？若采取必要的措施，除了像您这样直言不讳之人，公众还会求助于谁呢？”信末，杰斐逊补充了一句，“我提出这些问题谨供考虑。就我本身而言，还是不介入为好。”

只不过，他恰恰介入了。这是典型的杰斐逊式做法——远程指挥行动开展。最终，参议院判决约翰·皮克林罪名成立；众议院弹劾塞缪尔·蔡斯，而参议院判决蔡斯无罪。无罪判决于星期五公布，时值1805年杰斐逊发表第二次总统就职演说之前。蔡斯最终未被免职，这一失败长久以来被看作杰斐逊的败绩。但总统的意图已表达得十分明确。用约翰·伦道夫的话说，任何“为政党竞选拉过选票”的法官，都不会逃脱某种形式的严正谴责。联邦党人的法官们已明白了这一点。

杰斐逊一系列的成功让他的敌人们发了疯。一名记者给总统写信：“阁下在一年内或遭斩首。”一封寄自纽约的匿名信告诉杰斐逊，笔者——在信中署名“一名联邦民主党人”——受邀“前往华盛顿暗杀您”。12天后，又有一封署名A–X的发自纽约的匿名信，信中说：“您正身处险境，一场针对您的可怕阴谋正在酝酿……尤利乌斯·恺撒收到警告，谨防3月15日[①]；我警告您当心4月的最后一天。”

尽管取得了胜利，就联邦政府官员任命这一危险重重的政治任务，杰斐逊仍谨慎行事。政府人员的组建是刚宣誓就职的总统面临的重大挑战之一，也是新任总统领导一个非分裂国家的希望所在。应撤换多少联邦党公职官员，改由共和党人任职？杰斐逊的共和党盟友们督促他采取激进的做法。1801年就职典礼过去8天后，门罗给杰斐逊写信：“对君主主义领导人采取强硬的态度，有助于民主共和党人与新加入我党的人士的团结，并日益巩固您的领导。”

杰斐逊回信说，他希望90年代末的那段狂热期已经过去，希望联邦党人操纵的XYZ事件以及其他可能对国家造成威胁的事件，业已认定是蓄意而为。“事隔这么久，诸如粮桶阴谋之类的拙劣把戏又再度上演，那个党的意图惹人怀疑。”粮桶阴谋这一典故出自1679年英国国内战争时期，是为了阻止身为天主教徒的约克公

① 3月15日：尤利乌斯·恺撒遇刺身亡日。此前他曾收到警告，要其小心这一天。——译者注

爵詹姆斯继承王位而策划的一场阴谋。由于伪造的证据是在一个粮桶中找到的，故得此名。杰斐逊对90年代的事件有此联想，表明在一定程度上，他仍参照17世纪的战乱纷争看待历史、剖析过往——那段时期，君主制主义者与共和党人之间充满阴谋诡计，钩心斗角，气氛紧张。

杰斐逊认为，美国人民通情达理，对联邦党人种种过分行为也有认识，他更愿意采取温和的态度。（他提到联邦党人时说："我们必须与他们和睦相处。"）但是，采取行动时他却不乏坚决果断。

据学者统计，杰斐逊撤换职位的比例相当高：1801年，他撤换了46%的在职官员，其中绝大多数是联邦党人。这样的撤职比例在历史上，仅有30年后的第7任总统安德鲁·杰克逊可相提并论，后者的官员大撤换震惊了整个政坛。对亚当斯最后一刻发布的委任状，杰斐逊格外不留情面。亚当斯其中一项午夜任命，就是任命伊莱泽·古德里奇担任纽黑文港收税官。但是，那个职位到1801年2月才会空出。为照顾康涅狄格州共和党人的情绪，杰斐逊罢免了古德里奇，改任纽黑文市市长塞缪尔·毕晓普。

纽黑文的一群商人发表抗议书，反对罢免古德里奇。这促使杰斐逊阐明他在联邦官员任命方面的考量。"本人发表声明，支持在政治上容忍，在社会交往中和睦友爱，尊重少数派的平等权利。在某些情况下，我的声明被引用，并曲解成任职期内官位无虞的承诺。"杰斐逊继续道，"但是，主张在公共事务中占有一定比例的份额是不是在政治上就不能容忍呢？除非全部掌握在手，否则就不能在社会中保持和睦吗？"

他讲求实际，并能纵观全局。他明白纽黑文官员任免会引发政治上的不和睦，但干事业免不了如此。

同样的手段也用在对付猛烈抨击政府的报纸上。托马斯·麦基恩是宾夕法尼亚州州长，在1800年总统选举中公开明确支持杰斐逊。他认为州内的党派报纸正在滥用言论自由的权利，遂考虑采取法律手段。"报纸上几乎每天都有煽动性的诽谤言论，十分恶劣，越来越无法让人忍受，"1803年2月麦基恩给杰斐逊写信，"即使不能全部禁止……几场诉讼也能狠狠遏制一下。"

杰斐逊的回复很谨慎，但意思明确。"有关诉讼的问题，我说的话必须严格保密，你也知道，我的一言一行多么容易招致攻讦。"2月19日星期六，杰斐逊致信麦基恩，“我一直在想，起诉几个最知名的闹事者，就能达到重整报界、端正风气的良好效果。不要大范围诉讼，那样看起来就会像是搞迫害，只挑几个就好。”

然而，杰斐逊对大部分报纸都鞭长莫及，詹姆斯 · 卡伦德的报纸也不例外。1802 年 9 月 1 日，卡伦德终于在里士满《记事报》上伺机报复，发表了一篇讲述杰斐逊与萨莉 · 赫明斯之间的绯闻的文章。

> 这位人人心怀敬仰的人士，将他的一个奴隶据为情妇，这种情况已持续多年，周围人尽皆知。她名叫萨莉。萨莉的长子名叫汤姆。据说，汤姆虽是黑皮肤，他长得却与总统本人惊人地相似。这个男孩现年 10~12 岁。孩子的母亲当时与杰斐逊先生及其两位千金乘船一同前往法国。该安排之微妙，稍谙人情世故之士都会震惊不已。堂堂美国大使在两位年轻女士面前做出了多么光辉的榜样啊！……
>
> 我们的总统和这位叫萨莉的女子，生下了几个孩子。夏洛茨维尔镇没有一个人怀疑这件事，而且知道这件事的人不在少数……
>
> 瞧瞧这位共和党的第一个宠儿！景行行止的表率！他不加掩饰的所作所为却要颠覆党的政策，破坏人民幸福，甚至危及国家的存亡！
>
> 我们不妨推测，当杰斐逊先生言辞激烈地笔伐奴隶制度的时候，当他兢兢业业“轻慢”非洲种族的时候，他绝不会料到有朝一日，美利坚合众国的首席大法官竟会悍然出面，指出他的观点存在谬误；或者，他也绝不会料到他会选择一位具有非洲血统的女子繁衍自己的后代……
>
> 可以断言，我们坚信以上所述事实无可辩驳。据说，这位“非洲维纳斯”在蒙蒂塞洛任管家之职。杰斐逊先生读到本文时，会抽空掂量一下，对 J · T · 卡伦德诸多莫须有的攻讦，究竟是得是失。

卡伦德所述大部分属实，之后，他又更正了疏谬之处。（例如，他后来写道，赫明斯并未与杰斐逊、帕茜一道走，而是同波莉一起单独旅行。）皮雄向巴黎报告：“由于和一名奴隶私通的陈年旧事遭到揭发，一向呼风唤雨的总统现已偃旗息鼓。”

杰斐逊从未对此直接回应。一直以来，历史学家们认为他在 1805 年的一封信中含蓄地否认了这一指控。他在信中说，“唯有”他追求有夫之妇贝琪 · 沃克的指控是事实。然而，也有可能，杰斐逊在那封信中根本没提有关赫明斯的指控。信中原来包含一份附件现已遗失，那份附件很可能是一张联邦党人申斥杰斐逊品行的简报或复印件。没有附件，我们无法确切了解他是不是否认了有关赫明斯的事。我们只能确认，附件中提及了沃克丑闻和其他一些有违道德规范的事情。不管实情究竟如何，这些指控在他生前身后传播甚广，直至今日。“卡伦德和萨莉会作为杰斐逊人格上的污点，永远被人们牢记，”约翰 · 亚当斯在私信中写道，“黑奴制引发人性低劣的一面，萨莉事件自然会发生，这是几乎无法避免的结果。”不久之后的一天，卡伦德被人在水深三英尺的詹姆斯河中发现溺毙身亡，有目击者看到他曾在里士满大街上醉酒踉跄。死因调查未发现任何可疑证据，一条不幸生命竟走到了如此可悲的结局。

1806 年，爱尔兰诗人托马斯 · 摩尔发表的诗篇中提到有关杰斐逊和萨莉 · 赫明斯的流言：

> 疲倦的政治家只想小憩，
> 逃出议会厅，钻进奴隶的蓬草，
> 天幸求得黑娇娘几许柔情，
> 奴隶的温柔乡里梦自由大计！

帕茜和杰斐逊的前秘书威廉 · A · 伯韦尔把这段“可憎至极的文字”拿给杰斐逊看，杰斐逊只是一笑置之，干净利落地结束了尚未开始的讨论。

就我们所知，除了指责报纸议论此事，表达谴责之意外，无论杰斐逊的家人，还是政治圈的朋友，再也没有人向杰斐逊提起萨莉 · 赫明斯的事。就杰斐逊而言，在这件跨种族的情事上，他似乎只是沉默。

1801 年 12 月，杰斐逊吞吞吐吐地向本杰明 · 拉什透露了另外一件事：他的健康状况。“我的身体一向强健，这些年来我没有什么好担心的……就怕自己活得太长，”杰斐逊写道，“不过，我觉得现在出了个问题，已经不用想活得太长的事情了。”

他再没细说，只是要求关于这事一定要保密。“我跟别人都没有说过，”杰斐逊补充道，“我还指望自己的好身体能让朋友和敌人都保持平静呢。”

直到拉什追问具体情况，杰斐逊才和盘托出。他染上了痢疾，这在当时是很严重的疾病。罗布利 · 邓格利森医生 25 年后照看过病危的杰斐逊，在他的著作《医学词典》中，他这样描述痢疾："通常由肠黏膜发炎或受刺激引起，以频繁液体状……排泄物为表现的疾病。"该疾病可能为"急性或慢性"，有些情况下可致命，"因为与痨病热类似，该病习惯性侵占躯体组织，几乎不间断地发作，通常最强效的药也对其不起作用"。这种病痛一直折磨了杰斐逊后半生。

1802 年，杰斐逊的家人来华盛顿过圣诞节。帕茜和波莉一道前来，玛格丽特 · 贝亚德 · 史密斯与她俩相聚时间颇多。"埃普斯夫人长得漂亮，有生人时腼腆羞怯，但是只和熟人在一起时，滔滔不绝，能言善辩。"她写道，"伦（道夫）夫人长相普通，略微有些像她的父亲，不过比埃普斯夫人有意思得多。她真是我见过的女性中极可爱的一位。她的面容散发着聪敏与仁慈，她的话语也无不透露出智慧与善良。她的态度是如此直爽热情，任何人只要一和她接触，就会和她一见如故，相处十分舒服。"

史密斯夫人接着写道，帕茜"把她的孩子、丈夫的性格和许多家庭轶事都告诉了我。她那种自我中心虽然罕见，但是非常迷人，她讲的事总让人听得津津有味"。

那段时间十分忙碌。"我最亲爱的丈夫，我只能匆匆写下只言片语，来访的客人络绎不绝，我连换装接待的时间都不够了，"波莉给她丈夫约翰 · 韦尔斯 · 埃普斯的信中写道，"这会儿我一边写信，一边等着裙子熨烫好，可客厅里女士们都坐满了。"

看到杰斐逊独居府邸的情况，弗吉尼亚的拜访者大为吃惊。1803 年 1 月，波莉在给杰斐逊的信中说："又要道别了，我亲爱的爸爸，我多么想念我们与您独处的那些时光，一想到您睡在楼上，既不安全又孤单，我的心又是那么难受。"（杰斐逊开始购置合适的家具装修卧室，以便未来更多家人来访。）

他喜欢家人都在身边的感觉。一次，一位访客看见总统坐在客厅的地板上，被孙辈团团围住，"全神贯注，嬉耍喧闹地玩着游戏"，甚至连访客来了都没察觉。杰斐逊兴致勃勃地在外孙女来拜访之前给她写信说："星期日或星期一我会在你的床上捉到你。"

在蒙蒂塞洛，帕茜给她父亲写信，讲述如何管理庄园大小事务。管理中流露出的强硬态度一定能让她的父亲备感欣喜。"我对……家务进行了全面改革，"她告诉杰斐逊，"没有我的许可，任何物品都不能随意进出，而且，我相信浪费极少。天气允许的时候，我会去厨房熏制室，还去看看家禽，按您的心意，看着切肉块。”

杰斐逊在华盛顿拥有个小家族的陪伴还是有希望的：约翰 · 韦尔斯 · 埃普斯和小托马斯 · 曼 · 伦道夫都在谋求国会席位。两人或其中任何一位入选，他们都会来华盛顿，和杰斐逊一起住在总统官邸。（两位后来均入选。）

卡伦德的攻讦、管理政府的辛劳、独居官邸的寂寞，尽管有以上种种不利，杰斐逊仍喜欢担任总统。他为使命驱使，要确保共和国不落入国内外敌人之手。大多数领导人只能冀望对国家保持短暂时间的影响，但 1803 年年中，一份来自巴黎的报告将赋予杰斐逊永久全面变革国家的力量。

第三十五章
有如神助

转让路易斯安那的消息……开启了历史的新纪元，这个事件必会使杰斐逊执政时期流芳千古。

——塞缪尔 · 哈里森 · 史密斯

您的政治智慧如今已永久确立，任何对此失望的党派也无力消减您半分威望。

——霍雷肖 · 盖茨获悉路易斯安那购地案时说

总统上任未满一月，杰斐逊收到报告，伦敦有消息称西班牙已和法国签订条约，将北美超过半数的殖民地交给法国。这个名为“圣伊尔丰索第三条约”的协议，在马德里以北一座 18 世纪建造的宫殿里达成。宫殿富丽堂皇，是西班牙王室夏日避暑之处。双方于 1800 年年末开始协商，最后决定，法国拥有西班牙在新大陆路易斯安那土地的所有权，即路易斯安那土地转让。杰斐逊 1802 年 4 月写道：“这对美国的影响极恶劣，完全颠覆了美国与他国的政治外交关系，将在我们的政治进程中开启一个新时期。”

拿破仑对美洲大陆（及其利益）十分关注。杰斐逊说，“我情愿希望，其他人也和我同样希望”报告是错误的。

报告所言非虚。杰斐逊明白，他需要采取行动，但一定要慎之又慎。他致信法国经济学家皮埃尔–塞缪尔·杜邦·德·内穆尔时说：“我相信这些地区的未来全系于此。”

对杰斐逊而言，事关生死存亡。“整个地球上唯有一处土地，它的所有者是我们无法化解的宿敌。这个地方就是新奥尔良。我们土地上出产的3/8的农产品都要通过那里进入市场。不久以后，新奥尔良丰饶的土地上出产的农作物会超过我们全国产量的一半，那里的居住者数量也会超过我国人口的一半。”在一次与驻华盛顿的英国外交官爱德华·桑顿的“长谈”中，杰斐逊说：“法国对这一地区的占领，使得美法各方面的关系都呈现出了全新的特点。”杰斐逊并不乐观。“这样的邻国在侧，”桑顿引用杰斐逊的原话，“由妒生恨，最后发展到军事冲突的结果不可避免。”

尽管时局令人忐忑，杰斐逊仍信心十足地应对。他当政第一年取得的胜利令他在与拿破仑的对抗中斗志昂扬。路易斯安那购地案体现了国家实力以及杰斐逊的应变能力，更重要的是，体现了他抵抗法国、保卫国家领土的决心。通过这次购地，美国领土面积扩大了一倍，使合众国成为陆上大国。换作行动犹豫、勇气欠缺的政治人物，这宗购地案就可能化为乌有；而过于理想化，囿于宪法条条框框的人物也可能丢了这桩生意。杰斐逊则不然，他既不优柔寡断，也不墨守成规。

他吸取从政以来种种胜利与失败的经验应对这场路易斯安那危机事件。他知道，他需要尽可能掌握决定的各个细节，这是他在威廉斯堡《印花税法》辩论中学到的教训（这次，他派出自己的使节詹姆斯·门罗前往巴黎）。他知道，他需要把公众召集起来，以取得他们的支持，这是他1774年撰写禁食和祈祷日决议，以及1776年撰写《独立宣言》时学到的一课。他知道，更为重要的是，他需要抓住机会，果断出击，这是他在美国独立战争期间身为州长时的亲身体会。

拿破仑对情况了若指掌，杰斐逊明白要采取何种行动。“法国取得新奥尔良的那一天……我们必须与英国及其舰队结成友好关系。”国家利益受到威胁之时，杰斐逊甘愿由支持巴黎转而声援伦敦，至少在外界看来如此，以便增加美国在谈判中的筹码。

杰斐逊对局势洞若观火。西班牙帝国日益衰落是一种情形，拿破仑统治的法国却是另外一番景象。“法国近来的态度对我们是公然的示威，”杰斐逊说，“如果西班牙保留土地，可能还会静默几年……一旦到了法国手中就绝不会没有动作。处在与我们摩擦不断的位置，……一旦在如此敏感的情况下相遇，以法国冲动躁进、实力充沛、不安于室的性格，法国与美国之间不可能继续保持友好关系。”（1802 年 2 月，后续条约文件《阿兰胡埃斯条约》由美国驻英公使鲁弗斯 · 金发往华盛顿，直到那时，有关路易斯安那转让的消息才最终得以证实。）

从美国启程前往法国之前，皮埃尔–塞缪尔 · 杜邦 · 德 · 内穆尔给杰斐逊写了一封信，对世界局势现状提出了指导性意见。其中最重要的一点：美国绝不能冒犯或威胁拿破仑。在众多问题中，欧洲各国最担忧的就是美国对西属墨西哥意有所图。现在问题来了：“您打算怎样以友好的方式取得路易斯安那，如何说服法国拱手交出所有权呢？唉，总统先生，无论国家还是个人，都希望不受条约的束缚，也都想获得财富（贫困对一切强国来说都是巨大的打击，只有二流国家才不受贫困的影响）。您无地可供交换，除了用金钱来购买之外，别无他法。”

杰斐逊本人不能前往法国，因此他派出了可靠的朋友。对于多利 · 麦迪逊所称的“一笔极其重要的政治交易”，总统和詹姆斯 · 麦迪逊多番考量权衡，决定请他们的同乡弗吉尼亚人詹姆斯 · 门罗担任总统使节前往法国。杰斐逊给门罗写信：“在这种情况下，我们必须请您暂时牺牲小我，在我们事业蒸蒸日上之时，阻止这场滔天的阴谋。”门罗接受了委派。

不料一场暴风雪及连日的大风耽搁了门罗启程。他利用这段时间致信杰斐逊，谈到这次的政治使命。“我希望法国政府能明智地看到，我们绝不会容忍法国或其他任何列强染指我们的内务。如果法国意不在此，那么他们就没有理由拒绝我们提出的和解方案。”

与此同时，时任驻法大使的罗伯特 · R · 利文斯顿在巴黎一次聚会中收获颇多。这次聚会在客厅举行，由约瑟夫 · 波拿巴主持。按照习惯，波拿巴夫人先入场，拿破仑随后进来，先与身边的女士交流，然后再与男士攀谈。利文斯顿告诉杰斐逊：“当第一执政在房间里走过一圈，他来到我面前，问了一些这种场合里惯常的问题。”过了一会儿，拿破仑走到英国公使惠特沃思勋爵面前，按利文斯顿的话说，“与惠特沃思勋爵亲切攀谈，告诉他可能会有一场风暴来临”。这是一次公开声明，而在此两日前，惠特沃思勋私下里被告知：“不撤出马耳他就开战。”

之后，与外交官们一番别具意味的交谈后，拿破仑突然离开了客厅。“您不难想象客厅内引起的骚动，”利文斯顿说，“当天夜里两份特快信件发往伦敦，我敢说，第二天欧洲各个宫廷也都得到了同样的消息。”

利文斯顿对这件事的看法与众人一致：这是拿破仑意欲同英国开战的信号。这样，法国有可能将北美问题简单化处理，将路易斯安那交到美国手中的概率增加了。

对法国而言，持有并防卫远离欧洲本土的土地，耗费甚巨，且麻烦诸多。在圣多明各与奴隶军队交锋遭到的挫败令拿破仑大为光火，他认为，需要节约军事资源，用于靠近本土的作战中。

拿破仑正浸在散发着古龙水香味的水中洗浴，他的兄弟们闯进来，抗议出售路易斯安那的决定。“你们没必要带头提出反对，”拿破仑对他的兄弟们说，“我再重申一遍，不会（就此事）举行辩论，因为这个方案……是我构想的，由我去谈判，也会由我一人正式批准并予以执行。你们明白我的意思了吗？”

1803 年 4 月 11 日星期一早晨，拿破仑向法国财政部部长巴贝–马霸宣布：“我声明放弃路易斯安那。”几小时后，法国外交部部长夏尔 · 莫里斯 · 塔列朗询问美国是否有意购买整个地区。“我要割让的不仅仅是新奥尔良，而是将整个殖民地全部出让。我清楚放弃……的代价。声明放弃我无比遗憾。然而，一味固执地保留该地区是愚蠢的行为。”

利文斯顿清楚他要做什么。“我们可购买的土地比指示中所预期的要大得多得多，”利文斯顿告诉麦迪逊，“机不可失。”当时门罗已抵达巴黎，他和门罗共同谈判，签订协议，美国以约 1 500 万美元，每英亩地约合 3 美分的价格购买整个路易斯安那地区。这片土地太过辽阔，连买卖双方都不清楚边界究竟在哪里。

1803 年 7 月 3 日星期日的晚上，消息传到杰斐逊处。鲁弗斯 · 金到达巴黎之后给华盛顿发出一封快件，其中最重要的文件是利文斯顿与门罗的一封信。信中宣布，他们已于 4 月 30 日同法国签署协议，“法国将新奥尔良以及原属西班牙的整个路易斯安那地区割让给美国。”7 月 5 日星期二，杰斐逊在华盛顿给小托马斯 · 曼 · 伦道夫写信，“价格没有提及。”

消息震惊了杰斐逊，尽管是喜讯，但他仍然受到极大震动。在总统官邸读着信件，他慢慢领会到这个消息的重大意义。他一边消化这个消息，一边把所思所想写了下来。“这片土地比整个美国还大，美国现有领土 4.34 亿英亩，它大概有 5 亿英亩。购买下这个地区，无疑是除去了对我们和平的最大威胁。”

太令人惊叹了。“每一位真正支持美国自由的朋友，都会被这个消息震撼，这是自《独立宣言》发表以来发生的最伟大而有益的事件。”7 月 7 日星期四，霍雷肖 · 盖茨写道，“看到做成一桩如此美妙的生意，我十分震惊。几个月之前，我们还只是私下里悄悄讨论而已。真像是有如神助一般！”

安德鲁 · 杰克逊从西部给杰斐逊发来信件，“每一张面孔都洋溢着笑容，每一颗心都欢腾雀跃。”有人给杰斐逊写信，“这件事在世界历史上前所未有。现在更重要的是借此事为人类造福。”

杰斐逊沉浸在喜讯中的同时，致信指示梅里韦瑟 · 刘易斯启程远征。刘易斯于 1803 年 7 月 5 日星期二离开华盛顿，开始了杰斐逊称为“承担发现密西西比河源头与河道、找到从密西西比河至太平洋最便捷水路的重任之旅”。

总统写这封信时满怀乐观，同时也注重实际。他希望刘易斯一行能抵达太平洋，并配备一切所需的给养装备返回。无论此行结果如何，他授权刘易斯必要时可动用合众国的资源。

刘易斯、克拉克带领的约 40 人的队伍，即将北上密苏里河，在冬季进入今北达科他州，沿哥伦比亚河抵达太平洋。对于这件变数极多、前途未卜的使命，杰斐逊已经尽其所能地进行安排规划。他撰写了详细的指示，提供咨询建议，可谓事无巨细、殚精竭虑。最终，事情到了探险者的手中，杰斐逊热切地期待着，从他心中畅游过的地方传来的消息。

7 月 4 日是星期一。总统府里挤满了节日拜访者。塞缪尔 · 哈里森 · 史密斯觉得访客比平时要多。人群中到处都在谈论路易斯安那的消息，史密斯写道：“40 多位女士盛装出席，人人身着华衣美服，无限量供应的蛋糕、潘趣酒、葡萄酒等，也使现场气氛十分活跃。”

受到突如其来的喜讯鼓舞，杰斐逊对所有事情都抱持乐观态度，甚至连联邦的命运也不例外。他致信约翰 · 布雷肯里奇：“大西洋和密西西比河沿岸各州将来的定居者会是我们的子孙。我们留给他们的土地彼此接壤。咱们认为联合起来才会走上康庄大道，也乐见其成。不过，事情也许并不像我们所期待的那样。如果他们觉得分裂才符合各自的利益，我们又何必厚此薄彼，支持大西洋沿岸子孙而反对密西西比河岸的孩子们呢？他们只有长幼之别而已。愿上帝保佑他们，若联合有益，保佑他们紧密团结；若分开更佳，则保佑他们速速分离。”

杰斐逊在信中向约瑟夫·普里斯特利夸赞自己外交方面的敏锐洞察力：“我很早就预见到，路易斯安那在我们的版图上虽然是遥远的一点，但必会引发一场飓风，而我们的公众却对灾难的临近一无所知。正是由于事态朝着有利于我国的方向迅速发展，同时拿破仑明智地看出一切无法避免，世界面貌会随之改变，我们才免于这场风暴的袭击。”信末他问了个学究式的问题：“你读了马尔萨斯论人口的新作吗？那是我读过的最出色的著作之一。”

这是多么典型的杰斐逊啊——身处可能影响到美国生活方方面面的重大事件中，他还能研读马尔萨斯的学术作品。

协定必须在1803年10月30日星期日之前签署完毕。杰斐逊与内阁进行了商讨，并召集国会于10月17日星期一开会，以考虑他称为“重大且重要的事件”。

杰斐逊最初认为，购买路易斯安那并进行管辖需要通过一份宪法修正案。他在给约翰·布雷肯里奇的信中写道：“这份协定理所当然要摆在两院议员面前，对于遵守该协定，他们负有重要职责。我推测，他们会忠于职守，为确保国家利益批准协定，并为此买单。这样利国利民的好事在他们有生之年很可能再也遇不到了。不过，我估计他们会提出一份宪法修正案，让国家赞成并通过以前未曾批准的授权法案。”

在杰斐逊当时看来，迄今为止，他批准诸代表与法国谈判并签署协定的做法，超出了他权力许可的范围。“极大促进国家发展的事件发生时，行政机关抓住了这个转瞬即逝的良机，采取了超出宪法许可的行动。立法机构抛却缜密的推理论证，为国家如忠仆一般挺身冒险，批准协定并为其埋单。我们知道，如果他们以前遇到这样的状况，即使同样并未获得授权，他们也会这样行事。”他以律师身份做类比来强调自己的观点，“这就是一个监护人将被监护人的钱投资购买毗连土地的案件。被监护人成年时，监护人向其说明：本人此举是出于为您的利益考虑，本人并未自赋权力约束您。您可以对我的处理拒不承担责任，而我必定尽可能摆脱这种窘境。彼时彼刻，我认定为您冒险是我的职责。”

1803 年 8 月的第二个星期，当时的杰斐逊认为，尽管议会讨论的进展缓慢又艰难，但对于批准购买案而言，宪法修正案的通过至关重要。但是，给布雷肯里奇去信 6 天后，杰斐逊又匆忙致函，主要表达撤回之前观点的意愿。“我本月 12 日给你写信，信中谈及有关路易斯安那之种种，以及为达成购买可能必须通过宪法条款一事。昨日收到一封信函，情况显示对这个话题我们还是保持缄默为妙，以免传入他人耳中，故意借必须通过宪法条款为由取消购买案。故请务必对我信中内容保密。会议首日希望每一位赞成购买协定的朋友在场，来信使这样做的理由更充分了。”

8 月 17 日星期三收到的这封不利信函寄自巴黎。身在法国首都的利文斯顿和门罗报告，法国方面对这笔交易渐有悔意。杰斐逊担心夜长梦多，改变了先通过宪法修正案的想法，果断采取行动，敦促国会于 10 月迅速投票表决。“对于最近与我方的交易，法国政府有可能反悔。他们会很高兴以修正案为借口宣布交易无效。”1803 年 8 月 23 日星期二，杰斐逊给加勒廷的信中说，“因此，事不宜迟，我们必须立刻行动。”

关键是要速战速决。9 月 7 日星期三，杰斐逊在蒙蒂塞洛给弗吉尼亚州参议员威尔逊 · 卡里 · 尼古拉斯写信：“无论国会认为做何事实属必要，都要尽可能减少分歧，达成一致意见，在涉及宪法的难题上尤须如此。”

司法部部长利瓦伊 · 林肯则担心会有人对购买案提出反对意见，这使得杰斐逊更有理由相信要单方面迅速采取行动。“协定中直接涉及一州事务，不免让人想到政府某个部门中南部各州的比重会变得更大。现在的情况已经引起了不小的嫉妒与恐慌，即便不算纽约和再往南的其他州，包括罗得岛和佛蒙特州在内的东部各州会反对批准这个协定。这样的危险难道不存在吗？……再论述其何其必要、其商业价值几何、其之于国家安全之意义，在群情激昂的一方面前都毫无影响力，也无法与不乏敌意的举措和强烈抗议的反对声相抗衡。”

1803 年 9 月 23 日星期五，托马斯 · 潘恩向杰斐逊提出了一个十分大胆的假设。如果拿破仑大败英国，令其俯首称臣了呢？“英国政府现在已是岌岌可危。一旦波拿巴赢了，英政府就会垮台，” 潘恩给杰斐逊的信中说，“假若是那样的话，我们得到加拿大也并非无稽之谈。而且我认为，百慕大也应属于美利坚合众国。”

潘恩也思索了波拿巴对英的作战计划。潘恩说，这位第一执政仅需择一“风平浪静的月黑之夜”于北海海岸登陆即成。潘恩的言外之意是：值此风起云涌之时，为宪法那点繁文缛节忧心实在愚不可及。

亚历山大 · 汉密尔顿也不能说得更好了。

崇尚理论的杰斐逊认为修正案是必要条件。然而，身为一名政治家，杰斐逊可不打算让理论阻碍了现实。“我承认……在目前形势下，请求人民赋予新的权力，通过树立这样一个先例，用来反对对《宪法》宽泛的解释十分重要，”他致信威尔逊 · 卡里 · 尼古拉斯，“然而，如果我们的朋友们另作他想，我当然也会欣然默许。我相信一旦解释造成不良后果，我们明智的国民会对错误解释进行纠正的。”

因此，他为自己留下了转圜余地。这种政治手段与他在成立美国银行问题上辩解时的手法如出一辙。当时，他反对汉密尔顿对宪法宽泛的解释，然而却（精明地）预留了华盛顿为此埋单的这种可能性。

假设总统另有其人，这种不通过宪法修正案就扩大行政者权力的做法，必定会让杰斐逊倍感愤怒。然而，他的政治生涯中的多数时间都在研究并巧妙地使用权力。为了维护共和制，为了国家的发展，他只得做那些不得已而为之的事情。凡事完美无瑕只可能在理论上存在。尽管他沉醉于自己的理想，也爱惜自己的形象，托马斯 · 杰斐逊是一位理论家，更是一位行动果决的实干者。

印第安部落深谙这点。杰斐逊在世时看不到 19 世纪 30 年代印第安人踏上的“血泪之路”，但他是推动印第安人西迁的始作俑者之一。他急切地从全国印第安人部落手中获取土地，全国土地面积达到 20 万平方英里。和在购买路易斯安那时一样，他想方设法鼓励白人进一步西进和南下，以占有更多土地。1803 年，杰斐逊给时任准印第安纳州州长威廉 · 亨利 · 哈里森写信。他说，他认为印第安人“最终不是与我们融合，成为美利坚合众国的公民，就是迁移到密西西比河以西的地区”。他威胁要对负隅顽抗的部落实施报复，“抓住部落所有男女老少……赶过密西西比河，否则和平遥遥无期”。

杰斐逊四处凯歌高奏，无往不利。“现在要做的就是向着占领了我们 28 年的国家前进，前进，再不踟蹰犹疑。”1803 年元旦前夜，杰斐逊致信前纽约州州长乔治 · 克林顿，“在父辈的土地上用聪明睿智与正直的爱国心建立起亘古未有的伟大杰作。唯此，在临终时刻我们才会欣慰满怀。”

在对手的眼中，杰斐逊的成功更似无法超越，令人无法忍受。1803 年 11 月，古韦纳尔 · 莫里斯在写给罗杰 · 格里斯沃尔德的信中说，“如我所料，（民主共和党人）在加强行政权力方面做的事，即便在华盛顿当政时代，联邦党人也是想都不敢想的。”

1804 年 1 月，来自马萨诸塞州的联邦党参议员蒂莫西 · 皮克林提议脱离共和国，成立一个北方联邦政权。“要我说，在新英格兰地区，联邦制度正在瓦解，片刻都不可耽搁，不然，制度一旦土崩瓦解，自救就来不及了。”格里斯沃尔德婉称为“北部各州联盟”的计划若想成功，纽约州的加入至关重要。“东部人的生活习惯、观点看法和自身利益同南部和西部人都无法调和，”皮克林说，“而对后者就要施行铁鞭统治了。”杰斐逊的反对者们相当绝望。1804 年 1 月 10 日格里斯沃尔德写道：“此刻许多人已准备好宣告杰斐逊为终身总统了。”

这是联邦党人最畏惧的。

第三十六章
举国欢腾

如果我们能保持国家之舰航向不变，平稳航行4年，我的目标就会达成。

——托马斯 · 杰斐逊

我觉得你该好好挨顿踢，你这个红毛杂种，美利坚合众国的总统的“好”家伙，你个下流坯。

——匿名者

在华盛顿时，杰斐逊通常于下午3点半或4点左右在总统府接待晚宴客人。他频频慷慨宴请，用意明确。他敞开大门，款待来宾，这种习惯是在弗吉尼亚传统习惯下成长习得的。

杰斐逊也认为，交际是共和主义的要素。人们彼此喜欢，相互尊重且乐于相处，会更有可能养成良好的习惯，促使国民们去“追求幸福”。与邻居和睦共处、热情友好的人，会更有可能理解杰斐逊所述的共同牺牲的意义，并做出这样的牺牲。

当然，立法者、外交官和内阁成员频频会聚在总统的餐桌前具有更直接的意义。当你与这个人分食过面包，也曾推杯换盏，在想反对他，或者至少中伤他时，就会变得比较困难。随着一道道菜摆上餐桌，讽刺文章不攻自破；享用甜点之际，那些想象出的可怕阴谋也就烟消云散。

杰斐逊对此心知肚明，但是他执政期间异常珍惜有限的时间。如果想创造出脱离党派之见的友好氛围，杰斐逊得把意见相左的政治家们聚到一起。然而，杰斐逊太反感正面冲突了，他禁止邀请共和党人和联邦党人同时与他吃饭。他只有 4 年或者 8 年的时间，把自己的印记留在这片土地上，他不愿意把时间浪费在餐桌前，听两派争论不休，即使是温和有礼的争论也不行。为促进互谅互让而设局，这期间发生冲突的可能性实在太大了。

因此，杰斐逊选择用在总统府设宴的方式，逐步增加别人对自己的好感。这是他的舞台，上演他的剧本。他不再遵循华盛顿和亚当斯总统举行正式会见的惯常做法，即按照身份高低安排座位，而是颇有民主风格地采取“混坐”，或者请宾客随意挑选座位的方式；他也取消了那一套冗长的祝愿身体健康的祝酒礼仪，代之以更轻松随意、毫不拘束的对话。他那种亚里士多德式的穿衣习惯，好似人在家乡蒙蒂塞洛而非首都华盛顿，许多客人都对他穿着旧拖鞋的形象记忆深刻。晚宴上略微的无序混乱恰恰凸显了杰斐逊无比健谈的特点。

建筑师本杰明 · H · 拉特罗布对初次到总统府参加晚宴深感愉快。拉特罗布在写给妻子的信中说：“食物美味极了，（烤鹿肉）按法国菜做法，甜点种类丰富，制作极其精美，还有各式小吃，遮布撤去后，琳琅满目，不计其数。酒的品种也很多，雪利酒、香槟一应俱全，一些广口瓶中还盛着稀有的西班牙酒。”晚宴之初，杰斐逊仅尽地主之谊，相对保守，之后就与宾客愉快地攀谈起来。

拉特罗布对一切都喜欢极了。“好久没有享受过如此美妙的精神盛宴了，”他说，“谈文学、讨论各种农作物和建筑，捎带一点儿工作，每时每刻谈话都很风趣幽默。和杰斐逊先生一起相当轻松自在，大家似乎都感觉到了，也十分享受和他交谈。”

杰斐逊提倡保护自然环境和野生动植物。一次，谈到国会山沿路以及波托马克河、阿纳卡斯蒂亚河两岸迅速减少的树木，他若有所思。据玛格丽特 · 贝亚德 · 史密斯回忆，他说：“这些生长在公共土地上的树木本应该被保留下来。但是，我们这样的政府，人民至尊无上，就不能这么做。这里的‘人民’，这些穷困的居民，有的砍倒这些漂亮的大树烧火取暖，有的则为了伐木卖钱。”

“我真希望自己有暴君的权力，”一天，杰斐逊说道，客人们吓了一跳。“真的，”他继续说道，“我希望自己是个暴君，那样我就可以拯救那些漂亮的大树，不用每天为了人类的贪婪或者穷人的生存做出牺牲。”

一位客人问道：“难道您无权拯救公共土地上的那些树吗？”

“没有，”杰斐逊答道，“只有武装警卫能救它们。对我来说，毫无必要地砍伐那些可能生长了几个世纪的树，简直与谋杀无异。看到这样的罪行，我的痛苦无法言表。”

杰斐逊的社交亲和力缓和了党派之间剑拔弩张的紧张局面。来自新罕布什尔州的联邦党参议员威廉·普卢默刚到华盛顿履职时，对杰斐逊的看法自然十分尖刻。19 世纪初头两三年，普卢默评价总统是一个“孱弱无力的政府的”领导人。之后，他补充说：“我的确认为他才智一流，具有部分善良有益的道德品质。但是，他的观点与真正的超卓之间，如同奸诈狡猾与聪明睿智有天渊之别，吝啬与节俭一样相去甚远。”

随着岁月流逝，普卢默对杰斐逊的看法，在做客总统府、与之近距离接触的过程中，由充满敌意逐渐转为略怀敬意。1806 年普卢默写道：“越是客观细致地考察杰斐逊先生的人品与德行，我越发认为他为人端直。”这位参议员仍然强烈反对总统先生的政策，但是杰斐逊的优雅风度与热情好客打动了他。普卢默写道：“我的好奇心在和他见面并攀谈之后得到了满足。我深入地了解了他的性格、他的观点以及他党内的那些人——他天生善于与人沟通。”

在总统府时，杰斐逊送给普卢默一些山核桃种子种植。接着，两位男士开始了一番彬彬有礼的交流。“过 20 年它们就会结果。”杰斐逊说。

“到那时我可吃不动了。”普卢默说。

“您的孩子会满怀喜悦地享用您辛勤劳动的成果。”杰斐逊说。

“我会教导他们牢记对谁心存感激，因为谁，他们才有了后来长成果树的山核桃种子。”普卢默答道。

杰斐逊悉心照顾每位客人。乔治敦市长的夫人搜肠刮肚想和总统先生讲讲话，但她只想得起听说过卡特斯山——据说这个地方是 1781 年杰斐逊从英国人手中逃出的藏身地点。她完全没有意识到提到这个地方会引起多么不好的回忆和尴尬，便询问杰斐逊是不是住在卡特斯山附近。

“很近，”他说，“它和蒙蒂塞洛毗连。”

“我猜这地方交通既方便，环境又宜人吧？”毫不知情的夫人继续说着，她丈夫尴尬地坐在一旁，不知如何阻止她说下去。

杰斐逊泰然自若，简洁地答道：“哦，是啊，我觉得在战时的确如此。”话题在此结束了。

另一回，几个人在晚宴席间高谈阔论。史密斯夫人当时也在场，形容这几个人是“尊贵的人物”，谈话进行得“真挚而又热烈”，但是有一位旅居欧洲一段时间的客人，“一言不发地”坐着，“无人注意”，显然位高权重的同席人令他不知所措。他不禁觉得自己是“身在祖国的异乡人，在座的人都不认识他”。

这时美国总统注意到了这位归国同胞。“C先生，我们对您感激不尽……唯有您当得起祖国的敬意。”

聊天戛然而止。席上的大人物们听到总统的赞语大吃一惊，注意力突然全都集中到这位无人搭理的客人身上。“是的，先生，”杰斐逊继续说道，“您从阿尔及尔送来的高地稻米目前已种植成功，等种植园园主大面积播种时，将证明它给南部各州带来的好处无可限量。”

杰斐逊优雅巧妙地把一位无人问津的客人变成史密斯夫人所称的“重要人物”。总统先生履行了身为主人的最基本职责：他对来宾们展示了敬意，令他们惬意自在，并受到关怀照顾。

对杰斐逊而言，每一位来到他屋檐下的客人都很尊贵。他很少，实际上，他全无耐心对待官场的繁文缛节。他官民混杂的做法、民主共和党简朴的做派以及美酒佳肴并未受到所有人欢迎。英国新任大臣安东尼·梅里发现，在对待英王乔治三世代表应有的尊重方面，他与杰斐逊很难达成一致。总统迎接这位使节的招待会可谓波澜不惊，然而邀请梅里夫妇出席总统府的晚宴却掀起轩然大波。麦迪逊夫人担任当晚的女主人，因此杰斐逊携她入席。梅里夫妇最后被安排在他们自己认为是次席的位置上。

由此，华盛顿总统府的客厅与宴会厅就上演了一场规模虽小但异常激烈的社交兼外交战。梅里阵营包括西班牙部长一家，后者也讲究仪式与繁文缛节。杰斐逊说，梅里夫人实属“悍妇一个，短短几周时间就遭到所有人厌弃。在这么短的时间里能被人讨厌到这种程度，我本来以为是不可能做到的事呢”。

这是旧世界与新世界之间的对抗。在杰斐逊的关照下，新世界即将获胜。1804年1月，杰斐逊写道：“我们要对他们说，不。我们的社会准则以及我们的政治制度之准则，乃人人享有平等的权利。平等应当盛行的场合，一定是旨在追求友好、欢乐气氛的交际圈。”

风波起因还包含一个特定的政治因素。杰斐逊说，英国代表们认为“我们现在对大不列颠不如购买路易斯安那之前那样友好了”。杰斐逊对此予以否认：“这种说法完全毫无根据。我们对英国的友谊诚恳真挚，对法国也一样……我们认为两个国家相互遏制，十分必要，能避免对他国实施专制统治。”

安东尼·梅里从未对杰斐逊示好，而任何对美国的不满，英国外交人员都予以支持。然而，杰斐逊受到拥戴，1804年2月共和党党团成员大会上，他再度被提名竞选总统。联邦党人由担忧渐渐转为绝望。

1804年2月11日星期六，参议员蒂莫西·皮克林在华盛顿哀叹杰斐逊当政的这段时间情况是多么糟糕，联邦法官和其他在职官员正遭受抨击，以杰斐逊为领袖的那帮乌合之众统治着国家。“难道我们要向这些邪恶势力屈服吗？”皮克林致信马萨诸塞州的联邦党人西奥多·莱曼，“就没有解决之道吗？”

皮克林认为，脱离联邦是一条抵御杰斐逊政府“滚滚洪流”的可行之路。马萨诸塞州最有可能带头。如果该州脱离，康涅狄格州就会跟上，而新罕布什尔州、罗得岛和佛蒙特州必定紧随其后。如果能说服纽约州成为新国家的中心，纽约州一定会加盟。皮克林说，那么，纽约州又会带动新泽西州以及萨斯奎哈纳河以东的宾夕法尼亚州加入。

还有英国。英国很有可能同意其在北美的部分属地与北方联盟联合在一起。从理论上看，所有设想似乎都合情合理。皮克林说：“两人在共同关心的问题上意见相左，那就分开来，单独处理各自的利益，朋友之间这样做并不罕见，双方的友谊也由此得以维系。如果不分道扬镳，两人的友谊毫无疑问会尽毁于此。”

皮克林的构想多半意味着内战。杰斐逊领导的共和党怎么会同意北方各州脱离出去呢？另一位与皮克林有书信往来的是马萨诸塞州联邦党人乔治·卡伯特。他认为脱离合众国的时机尚未到来，不过现在可以开始寻找合适的时机了。卡伯特写信给皮克林："总而言之，我们是提倡民主的。我坚信政府到了最坏的时候，民主自会发挥切实的作用。"

皮克林态度执拗。他在杰斐逊就职三周年时写道："我讨厌统治我们的人，也讨厌他们处理事情的方式。"皮克林寄希望于伯尔，有消息称伯尔可能有意担任纽约州州长。他希望，这样可与弗吉尼亚形成制衡。皮克林说："那么，杰斐逊在耍他那些手段时就得被迫谨慎、克制一些了。"

根据鲁弗斯·金一封信上的说法，联邦党人认为："在民主的道路上，专制独裁困难重重，必不长久。"

金并不主张脱离联邦，但他说皮克林的信"应当把联邦中真正支持自由的朋友吸引过来，目前事态似乎正迅速演变成一场危机，此时更要取得应有的支持"。好几年，脱离联邦的流言甚嚣尘上。安东尼·梅里收到消息，向伦敦做了汇报；英国外交官奥古斯塔斯·J·福斯特也向他的母亲写信谈及此事，1805年6月，他的信中写道："大众报刊上甚至公开讨论分裂的可能性，东部和南部各州之间也不断相互攻讦。"

除此之外，还有阿伦·伯尔，这股捉摸不定又颇具威胁的政治势力。1804年1月26日星期四，伯尔登门总统府，拜访杰斐逊。自从1800~1801年选举打成平手之后，两人在任职期间几乎没有联系。杰斐逊打定主意不让他参加1804年的选举。

伯尔讲到自己时，总是真诚暖人。他说，自己是最谦逊、最诚实的。

伯尔知道无论公开场合还是私下，他都备受批评。据杰斐逊称，伯尔说过"很多流言蜚语都传到了他耳中，他觉得我这边一定也一样听到了不少，他对此深感厌恶。但是，感情是相互作用的，或者当时那段感情已经烟消云散也未可知。所以，他选择与我当面交谈，而不是通过中间人来问我，我对他的看法是否有所改变"。伯尔说，他愿意放弃选举席位，但是他需要杰斐逊协助，给他安排"某个职位"。

杰斐逊的答复令人恼火。总统先生否认在竞选活动中会有任何小动作。他说，他对伯尔爱莫能助。

与此同时，宪法第十二修正案的草案正在各州讨论通过。该修正案旨在避免今后再出现类似的选举危机，建议将选举总统与副总统的选票分开，这意味着同一份候选人名单上的两个候选人不会再出现同票数的结果。"联邦党人一定会强烈反对这个修正案，”1804 年 1 月杰斐逊写给托马斯 · 麦基恩的信中说，“他们明白，如果修正案最后通过，总统或副总统的人选都只能通过公平选举产生，获得多数票才能担任，而他们得不到多数票。”

弗吉尼亚州诺福克发生火灾，损失惨重。（杰斐逊捐出 200 美元“以帮助不幸的受灾群众”，但他要求匿名。）1804 年 2 月 15 日星期三，家住埃奇山的波莉生了一个女儿。“我亲爱的玛丽亚，祝贺家中迎来新成员，祝你欢欣快乐！”2 月 26 日星期日，杰斐逊给爱女写信，信中用 1789 年 11 月波莉给自己取的名字称呼她。

但并非事事顺意。波莉身体未见好转，她的丈夫约翰 · 韦尔斯 · 埃普斯从华盛顿赶回家中。一路上寒风肆虐、道路结冰，旅途颇为艰难。“她生产时身体极度虚弱，我十分担心她会得重病。”埃普斯写信告知杰斐逊。

1803 年 10 月里的最后一天，美国护卫舰“费城”号在地中海被的黎波里海军截获。三个半月之后，即 1804 年 2 月中旬，海军准将斯蒂芬 · 迪凯特率领一支骁勇之师击沉了“费城”号，以防舰船被利用反过来攻打美国。在英国海军中将霍雷肖 · 纳尔逊的眼中，迪凯特的这次行动是“当代史上最勇猛无畏的事件”。杰斐逊评论该事件时也持同样的看法。“失去‘费城’号时，大多数驻国外政府人员表现出的惊慌失措令我感到耻辱，”1804 年 4 月杰斐逊给麦迪逊写信说，“好像他们觉得，丢了一艘舰船，我们就一无所有了。欧洲各国因此必定会小觑我们。所以，我们必须对的黎波里施以同样的报复，欧洲两大强国已给世人做出无数示范了。”

1804 年 4 月 1 日，杰斐逊离开华盛顿，前往蒙蒂塞洛。三天后抵家，他发现波莉的情况比他预想的要严重得多。他立刻全权负责照看她的起居饮食。

在极少数情况下，杰斐逊稍微告诉麦迪逊事情并不顺利。“这个春天格外阴沉。”4 月 13 日星期五，杰斐逊 61 岁寿辰当天，他写信给麦迪逊。波莉的情况不断恶化，为了稍微分分神，以求片刻喘息，杰斐逊与迪尔伯恩、加勒廷和麦迪逊通信讨论政务。但是事实证明根本不起作用。在讨论有关西班牙在莫比尔的关税问题时，杰斐逊告诉迪尔伯恩，波莉“情况糟糕……我根本无力对这个问题予以置评”。4 月 17 日，波莉离世。“我不知道总统先生会怎样撑过这个打击，”小托马斯 · 曼 · 伦道夫

写信给西泽 · A · 罗德尼，“昨天他整晚拭泪，手帕不离手。再见。我觉得自己也需要手帕了。”

多利 · 麦迪逊从杰斐逊本人处获悉了这个消息。“总统先生来信告诉我们可怜的波莉去世的消息，他们全家人都陷入无比的悲痛之中。这和许多其他事一样……告诉我们生命多么无常啊！”麦迪逊夫人给她姐姐的信中说，“这么年轻、这么可爱的一个姑娘，她父亲、朋友和医生的努力都白费了。”

杰斐逊拖着疲惫不堪的身躯和满心的伤痛回到了华盛顿。5 月 14 日，杰斐逊在华盛顿写信给帕茜：“我昨晚就到了，这是我多年来感觉最累的一次旅程。”帕茜是他与已故妻子最后一个还在世的孩子。

6 月 2 日星期六，一封寄自马萨诸塞州昆西镇的信不期而至总统府。“自那以后很长一段时间，我觉得这辈子没有什么事能激起我的同情心了，”阿比盖尔 · 亚当斯写道，“但是我懂得，父母在心中对子女的牵绊是多么紧，一旦突然分离，那种切肤之痛又是多么痛彻心扉。”

杰斐逊礼貌地回了信，信中简洁地提到了导致亚当斯一家同杰斐逊关系破裂的事件——卡伦德发表的恶意文章《我们的前景》以及午夜任命事件。

7 月 1 日星期日，阿比盖尔再次致信杰斐逊，解释了她为何对他如此恼怒。

> 阁下，我从未对您当选美国总统而心怀仇恨。但是，我极端厌恶和鄙视为了达到目的不择手段、极尽污蔑、中伤之能事的做法。我已见过太多担忧、关切、欣羡、嫉妒与抨击加诸这个职位，也清楚它须担负的巨大责任，因此满心希望见到职位交出的那一天……
>
> 阁下，我现在坦率地和您讲明，是什么割断了我们的友谊，是什么使我大大改变了原来对您的看法。
>
> 您在任期间释放了一名正在接受法律公正惩罚的犯人。这个无耻之徒编造并发表最下流无耻的谎言，恶意造谣、诋毁污蔑您前任的人格和名誉。您与前总统交情甚笃，对他极为敬重。您一定也清楚，他做不出那些卑鄙龌龊之事。您豁免了卡伦德的罚款，这是公开认可了他的行为。如果堕落狂徒不为人痛恨厌恶，那么对无德之人的最后约束不就没有作用了吗？那些人不就连一点儿羞耻感都没有了吗？……你养的蛇，给它爱，给它温暖，它却咬了喂养人的手，

还告诉你什么才是聪明，怎样才算感激，何谓公平正义，它才是真理。

这封信私下写成，别人都没看过。忠诚乃朋友之伤痛。我常常希望您走了一条不同的路。我心无恶意，也未怀仇恨。即便可以，我也不会实施报复。不仅如此，以基督徒宽容慈爱的精神，我会原谅您，也希望获得原谅。

7 月 22 日星期日，杰斐逊回信称，他支持卡伦德是基于对《惩治叛乱法》的反对，同时，他也同意当时作者的政治观点。“我给他的一点儿资助并不是对他污言秽语、粗鄙下流的肯定，这就如同我给门前的乞丐施舍一点儿钱，也不是对他不良生活的奖赏一样。”

对上一个 10 年里发生的事件，杰斐逊和阿比盖尔的观点大相径庭。1804 年 5~10 月，尽管双方往来通信达到 7 次，但再说下去也毫无意义。就这样，通信突然开始，又突然结束了。约翰 · 亚当斯到 1804 年秋天信件交流接近尾声时才得知这件事。

1804 年 7 月 11 日星期三，在哈得孙河上游、新泽西州威霍肯高地上，美国副总统在决斗中开枪打死了美国第一任财政部部长。据称，这场决斗因亚历山大 · 汉密尔顿对阿伦 · 伯尔的毁谤性言论而起。

杰斐逊仅对汉密尔顿的死提过只言片语，而且语焉不详。他没有赞颂的纪念文章，也没有致意友人的作品登载在报纸上。当时，即 1804 年年中，他的沉默显得奇怪，甚至有些不通人情。那时的政治状况或许可以解释杰斐逊为什么对这件事三缄其口，也不写任何文字。其时，公众对汉密尔顿的死亡反应激烈，群情激昂。他一手创建的《纽约晚邮报》对他歌功颂德，称他为“最伟大、最具才德之士”。在纽约举行了盛大的葬礼，最后在曼哈顿下城区、百老汇与华尔街的三一教堂举行了安葬仪式，十分令人瞩目。

秋季总统大选在即，杰斐逊很有可能认为保持庄重的缄默——他希望这种缄默至少会被视为庄重而非冷酷无情——是最佳方式。1804 年盛夏，对汉密尔顿的赞颂没有被解读为对他英年早逝的震惊与惋惜，而是被理解为对他计划的支持以及对其对手的谴责。约翰 · 亚当斯看到了这一切，后来给杰斐逊写信说，汉密尔顿所在党党人“抓住公众的同情心，随后在葬礼上演讲，又印制歌功颂德的文章……为什么这么做呢？只是为了羞辱老辉格党人，同时安抚那些基金会和银行家而已”。

对杰斐逊而言，汉密尔顿代表着最危险的趋势。然而，身为总统，杰斐逊并没有对汉密尔顿建立起的金融体系加以摧毁。“我们之间真的没有个人恩怨，”杰斐逊在后来提到汉密尔顿时说，“也许，就个人而言，我们都认为对方不错；但是，作为政治家，我们两人的政见是完全对立的。”

关于伯尔的事情更加紧迫。他被纽约州验尸官陪审团和新泽西州大陪审团同时以谋杀罪起诉。副总统先生在7月末逃脱了两个州的起诉。但是，对于杰斐逊来说，阿伦·伯尔的麻烦才刚刚开始。1804年8月6日星期一，距离汉密尔顿离世还不满一个月，安东尼·梅里向伦敦汇报，伯尔意图“起事，将美国西部各州和大西洋与山脉之间的各州彻底分裂”。

杰斐逊总统发现，了解反对派们的言论和行事用处颇多。在幕后，他是消费报纸和政治情报的精明行家。通过阅读敌人的报刊，杰斐逊找到了可能得以连任的灵感，也发现了阻碍连任的危险。“我衷心地感到遗憾，联邦党人孜孜不倦的污蔑诽谤迫使我全心投入对国家审判的裁决上。原本我最大的愿望是本任期结束后，回归平静的生活，这是我当初就职时就决定的，”1804年他给埃尔布里奇·格里的信中说，“是他们逼迫我竞选连任。”

1804年选举中，乔治·克林顿代替伯尔成为共和党的副总统候选人。克林顿是纽约人，父母是爱尔兰移民。他在政坛的崛起预示了美国政治的情况。约翰·杰伊曾经这样写道：“克林顿的出身和社会关系并未赋予他如此杰出的成就。”这是典型联邦党人的观点。杰斐逊式的观点则不同，后者允许社会地位和政治地位在白人间自由流动。

联邦党人派出查尔斯·科茨沃思·平克尼上场。他在4年前是约翰·亚当斯的副总统候选人，但是任何对现任总统的挑战都注定是一场令人尊敬但败局已定的战斗。杰斐逊凭借他超高的人气、低税收政策、国家的繁荣以及路易斯安那购地案，保持着稳固的地位。总统以162票对平克尼14票的压倒性优势成功连任。曾经雄踞一时的联邦党阵营开始日渐衰落。

1804年12月，一个署名为“宪法之友”的人从费城发来一封信。信中告诉杰斐逊：“有人阴谋杀害您……一伙儿暴徒已参与此事。事成之后，他们会得到1万美元。他们计划携带匕首和手枪。我曾被邀请加入，但我宁愿去死。我建议您多加小心，出行时请务必谨慎，因为其中一些杀手已经到华盛顿了。”

此类恶意威胁事件与当时国家大背景是相悖的。“现任政府的权力依托于全联邦绝大多数人民的支持。这是自宪法创立以来，往届任何政府都没有达到的。”杰斐逊大选胜利后，约翰·昆西·亚当斯说。亚当斯本人的父亲的政治信仰注定了失败的结局。

延续下来并占有统治地位的全然是杰斐逊的理念，生机勃勃、充满活力，反映出这位获胜总统复杂的性格。杰斐逊领导下的美国既不全是联邦党式，也不全是民主共和党式。它更像是两者大理石般斑驳的混合物，经由一位务实者调配而成。路易斯安那购地案在形成国家未来格局、显示杰斐逊政治领导力方面，意义深远、无可超越。例如，他认为政府的权力应该是有限的，但当他认为权力更广才能最好地服务国家时，则应不在此列。那是回味胜利与成功的时刻。

首都到处静悄悄的。“城里只有几个陌生人。”1805年1月7日星期一，杰斐逊给帕茜写信。

手中握着第二份就职演说，杰斐逊的思绪回到了过去40年中他和他的同胞们经历的种种艰难险阻。“参加第一次革命时，我们还年轻，革命结果皆大欢喜。”杰斐逊给新罕布什尔州政治家约翰·兰登写信说，“我们老了，还不得不进行第二次更危险的革命，因为我们的人分成了两派。但是，我们经受住了考验，一切都回到了正轨。”

然而，即使取得胜利，杰斐逊仍能感受到期望带来的压力。他明白政治上一时的风平浪静绝不会持久。1804年12月，联邦党参议员威廉·普卢默应邀与杰斐逊共进晚餐。总统先生衣着得体（“一套崭新的黑西服、长筒丝袜、新鞋、干净的亚麻衣料，头发还上了很多粉”），来宾们乐享美食（“他的晚宴食物精美、种类丰富”）。然而，在普卢默眼中，杰斐逊并不像一个正处于政治巅峰的人。普卢默在他的日记中写道：“他今天比较沉默，显得有些郁郁寡欢，很少说话。”

总统心事重重。当时正处于拿破仑与纳尔逊争雄的时代，两个大国之间争斗不休，似乎从未经历过真正的和平。而美国一直是敌人们觊觎的目标，意图霸占美国全境或部分领土。杰斐逊担任公职的最后4年如同以往的几十年一样，他仍然在奋力保卫国家的安全。

英国最先开始，但不是最后结束的那位。英国仍然对美国的综合实力持怀疑态度。1805 年，英国外交官奥古斯塔斯 · J · 福斯特在写给他母亲的信中说："我们驱使他们成立了一个国家，可时机并不合适，他们也不适合，比我们流放到博坦尼湾的罪犯好不到哪里。"

1805 年 3 月 2 日星期六，副总统伯尔献给参议院一篇赞歌后离开了首都。他在赞歌中将参议院称为"一座圣地，一座法律、秩序与自由的堡垒，并矗立在这里。只有这里提供尊崇的庇护；只有这里，会抵御民众狂暴的狂风骤雨；只有这里，会抵御政治腐败的汹涌暗流；如若宪法在蛊惑民心或篡权者手中遭到亵渎，愿上帝阻止，只有这里，会见证他们最后垂死的挣扎"。

威廉 · 普卢默认为伯尔的政治生涯结束了。后来，他又做了一番思考。"他再也不能东山再起了，"普卢默在日记中写道，"不过，他的确是一个相当了不起的人物，是一个从不循规蹈矩的另类。"普卢默当时还不知道他的话是多么的一语中的。

"现在全是公务，紧急，还总有干扰。"杰斐逊在第二次就职前一晚说道。

他处理政务时主导一切的态度好似与生俱来。在一封私信中，奥古斯塔斯 · J · 福斯特讽刺他，称他为"蒙特祖玛的继承人"。虽然这是把杰斐逊比作了 16 世纪阿兹特克神王，这种挖苦还是表达了对他权力的敬意。

杰斐逊第二次宣誓就职日是一个星期一。他身穿黑服，骑马离开了总统府。在参议院，杰斐逊发表了第二次就职演说。这次的声音仍然过小，听清楚的人不多。"在上届政府期间，那些旨在干扰政府工作的新闻界，把炮口对准我们狂轰滥炸，其放肆和大胆到了无以复加的地步。"他说，"攻击一种对自由和科学如此重要的制度，这实在让人深感遗憾，因为这些攻击意在削弱这种制度的功用并损害其安全性。"然而，应当由市场决定。审查监督应交到人民的手中。

之后，杰斐逊大开总统府，迎接拜访者。这次也是遵循"混排"的原则。从宾夕法尼亚大道好不容易来到总统府参加庆祝会的福斯特报告说，"凡是登门的他全都接待，甚至连那些几乎与黑人无异的，包括肮脏不堪的搬运工都接待。那些人就在我们面前，喝着他的葡萄酒，四仰八叉地躺在沙发上。" 一段器乐声响起，宣告接待日接近尾声。用福斯特的话说，"几声笛响，伴着一阵鼓声"，所谓的庆祝活动就结束了。

杰斐逊如今是第二位连任两届的美国总统。他返回总统府，向民众（包括福斯特所表述的“几乎与黑人无异的肮脏不堪的搬运工”）致意时，一心想以华盛顿为榜样，履职4年后退出政坛。仅有一种意外情况可能促使他再战第三届。1805年年初，他曾向卡罗来纳州的约翰·泰勒提到过这种意外情况。“我原来的想法是美国总统应连任7年，然后永远再无参选资格。”现在他不太确定了：

> 后来我意识到，连任7年不能撤换，这时间实在太长。对于行事错谬的人，应当有一种和平的方式在中途将他换下。8年任期中，在第4年时有权使他卸任，这种经过经验修正的方式与我的原则大体接近。危险在于人民对领袖的纵容与依恋，会让人在即使变成昏聩不堪的老糊涂时仍执掌大权。然后不断连任变成一种惯例，最后演变成终身制。华盛顿将军为我们树立了榜样，连任8年后主动离职。我也会仿效他的做法。多几个这样的先例，将来有人意图延长任期时，就会成为不良惯性的有力阻碍。或许，最终还能列入议事日程，通过一项宪法修正案正式确立这样的制度……然而，有一种情况我会默许再参加一届选举，那就是和继任者之间存在实行君主制度这样的严重分歧。不过，这种情况是不可能发生的。

君主制度在未来的可能性仍让他忧心忡忡。

1805年春，刘易斯和克拉克探险远征队首批成果源源不断地运抵东部。4月，威廉·克拉克给杰斐逊写信：“承刘易斯上尉所愿，我不揣冒昧将本人行程中所写日记原封不动寄给您，仅供您本人审阅。”梅里韦瑟·刘易斯给杰斐逊的简报中写道：“我看不出任何能阻挡我们前进的实质性或者潜在的障碍，因此，我对此行圆满成功抱有极其乐观的预期。”

两位队长从北达科他州密苏里河上的远征队冬季据点曼丹堡，给杰斐逊寄来了一大批手工艺品。一个箱子中装了羚羊皮、水貂皮、狼皮以及骨架，还有各种麋鹿角、大量植物，另外还有4只活喜鹊。对杰斐逊而言，这次收到的物品让他大喜过望了。

刘易斯和克拉克的游记令公众大开眼界。“刘易斯上尉的发现之旅吸引了好奇者的注意，也引起了许多对美国心怀偏见者的关注。”1805 年 8 月，威廉 · 尤斯蒂斯在马萨诸塞州写道，“这个国度从未像此刻一样受到外国的尊重，人民也从未像此刻一样举国欢腾。”

1805 年年末，经过 3 000 多英里的长途跋涉，在一棵能俯瞰太平洋的大树的树干上，克拉克钉下了杰斐逊长久以来梦想的宣言：

> 威廉 · 克拉克上尉
>
> 1805 年 12 月 3 日
>
> 陆路至此
>
> 1804~1805 年美国领土

波托马克河上构想的使命最终在太平洋得以完成。取得这项成就的过程如此波折，正是杰斐逊权力的映射：通过找到一条穿过西大荒的路，进而控制整个大陆。

杰斐逊很高兴收到来自西方和东方的物品。他向伦敦订购了一套巴克斯特所著的八卷本《英国史》，大量有关酿酒、地质学和天文学方面的书籍，还有欧洲、亚洲、非洲和南美洲的地图。他还想要一架望远镜和一对“包括 1800 年最新发现的”英国地球仪。

所有东西都各得其所。杰斐逊在职的这些年里，他不但将总统职位变得完全不同，他还把总统官邸也改头换面。这里变成了新奇有趣物品陈列及咨询中心、一个生机勃勃的机构，从自然科学到文学艺术，在国家广泛生活方面扮演着非正式但重要的角色。

杰斐逊在官邸单独辟出一个房间陈列化石，有头盖骨、下颌骨、牙齿的碎片、野兽的獠牙，还有一条动物前腿。“一头巨兽的角”以及 200 块威廉 · 克拉克搜集的小型骨头，“骨头全部陈列在一个大房间里。有空时你可以来这里工作，从早到晚，无人打扰，还可与我们一起用餐。”他致信费城外科医生小卡斯帕 · 维斯塔，医生后来出版了一部《系统解剖学》。

探险者泽布伦 · 派克在沿格兰德河行进途中从一个印第安人那里买了两头小熊幼崽。他的手下用牛奶饲养这两头小熊，并将它们在 1808 年安全运抵总统府。“如果条件许可，我会建议把两头小熊关在一起（不要拴链子），定期供给食物和水。我几乎可以确信，它们会和平相处，性情也要比拴上链子，关在两处温驯许多。”派克告诉总统。

总统采纳了派克的建议。“我把它们一起关在 10 平方英尺的地方，”杰斐逊写给博物学家兼画家查尔斯 · 威尔森 · 皮尔，“第一天玩的时候，它们彼此还充满戒心，但那之后不时玩闹，在一起是极高兴的。”事情发展并不意外，但把两头熊养在总统府里还是不切实际，因此，杰斐逊把它们送到了皮尔在费城的动物园。

有人提出请求，希望得到专家意见，以确定一块石头是不是陨石。杰斐逊说：“任何我们确认不了的，我们自然也不能否认。”他并不总是保持本应持有的怀疑态度，有关自然科学方面的问题，他也会大错特错。蒂莫西 · 皮克林暗指麦迪逊和门罗两人操纵总统连任一事。他说，正当共和党人为 1808 年总统选举备战时，“总统本人却在路易斯安那的荒野中‘徜徉’，考察一片片盐地是岩盐还是矿物盐，探索它广袤的草原，他在那里发现了人间‘乐土’——数不清的印第安人部落及遗迹，他们会说那么多种语言。部落附近有滚烫的温泉和温暖的泥洼，还有各种奇妙的发现：一种小小的，或者‘极小的贝类’，形状像贻贝，但长着四条腿；一种‘半英寸长的蠕虫，爬起来像蛇那样蜿蜒蠕动呢’”。

杰斐逊对自己多方面的兴趣爱好颇感骄傲。“杰斐逊先生性格特点中最引人注目的包括对赞赏和谴责的戒备感。他对前者有多感激，就对后者有多厌憎。”英国外交官爱德华 · 桑顿写道。他说，杰斐逊“被认定为能力卓著的政治家恰如其分。但是，有人认为他‘兼具处理公众事务的才干及追求科学所必需的抽象能力’时，他就更感自豪”。

英国人甚至认为杰斐逊长久以来对伦敦持有敌意，部分原因是他在法国培养了对科学和文学的热爱。“我真的认为，早年间他的文学才能未在英国有所发挥，当其他事件引起他对英国的不满时，早年的经历更加剧了这种不满情绪，”桑顿写道，“而法国人，至少在君主制时期，似乎对他的这一面了解更多。通过在文学圈里的交流往来，赢得了他的青睐。”

杰斐逊总是保持着旺盛的好奇心。“您明天能来与我们共进一顿印第安式晚餐吗？”1806 年 3 月，杰斐逊给约翰 · 布雷肯里奇写信，“有一个酋长真的很少见，他会用手语沟通。我们经常听说，但以前从没亲眼见过。时间和往常一样，还是 3 点半。”在华盛顿，他和剧作家兼画家威廉 · 邓拉普聊青蛙的蛙鸣声。“早春的蛙鸣是在评价法式和英式园艺风格。蛙鸣表示更喜欢后者，赞赏他们在园艺布局方面很有品位。”在总统官邸与塞缪尔和玛格丽特 · 贝亚德 · 史密斯夫妇喝茶时，杰斐逊谈到“种植、园艺及二者在不同国家的区别，在不同的气候条件下出产哪些不同的作物”。他还把马耳他的香瓜种子寄到史密斯夫人的家中。

谈什么话题无关紧要，杰斐逊一直在努力解决政治和哲学问题。“以这种方式建立一支新奥尔良防御军队，你们怎么看？”1806 年 2 月他写信给麦迪逊、加勒廷和迪尔伯恩，“给每个壮丁补贴 50 英亩土地，直接送出土地的条件是：即刻在该片土地上定居，并承诺，如果在定居的头 7 年里被征召，必须服两年兵役（期间军饷照发）。”

他总是乐于给年轻人提出建议。“我会……建议他今年夏天读李维、塔西佗和贺拉斯，”他给一个朋友写信，这个朋友有个儿子，“前两个人的著作会让他充分了解罗马史，而且，这三人的作品能使他在语言上受教。他也可以读读法语版的阿纳卡西斯的作品，在强化法语的同时了解希腊史。我还建议他读读巴克斯特所著的《英国史》。他已经读过休谟的作品，巴克斯特可以作为一个修正，他可算是共和主义式的休谟。”

1805 年，国家主要的政治关注点放在了处理与西班牙的紧张关系上：确定路易斯安那确切边界；因马德里拒绝移交，佛罗里达前途未卜；债务索偿。西班牙仍在北美洲盘踞，并与法国结盟。门罗前往西班牙首都的使命失败，这引发了杰斐逊内阁的一场争论：美国是否应该采取武力进攻西班牙的据点。

美国是否应该冒着与西法两国开战的危险而坚守立场呢？如果开战，美国是否应该考虑与英国建立攻守同盟？英国需要盟友对抗拿破仑，结盟能否把英国这个潜在的敌人，至少暂时地转变成美国的朋友呢？

杰斐逊最终的回答是，不。与英国签订一个临时协议，万一与西班牙或法国打仗时能有一个盟友，这样的可能性虽然存在，但是杰斐逊认定，保持中立仍然是国家的上上之策。“我们的《宪法》是为和平创立的，并不是为了战争而设。”杰斐逊说，“战争会危及它的存在。”杰斐逊读过的史书中，战争意味着陆军、海军、债务和荣誉，所有这一切在共和国的衰落和帝国的兴起中起到了不可忽视的作用。

然而，为了自由，偶尔还是不得不抗争。杰斐逊对此非常明白，而且他也承认，打仗虽然是最后一招，也毕竟是一个手段。在最后祭出美国军队之前，这位曾经被塔尔顿追捕的人会把能想到的武器统统使用一遍。各种不牵涉传统战争模式的措施——用大炮加强港口防御、建炮舰进行沿海防御、组建民兵队伍以备未来军事部署——即将被大派用场。杰斐逊在1805年年底给国会的年度国情咨文中呼吁采取以上所有措施。

这一年走向尾声时，杰斐逊只觉得强敌环伺，危机四伏。英国不断骚扰美国船只；法国也是如此，只是略少于英国；拿破仑在奥斯德立兹赢得了一场辉煌的胜利；纳尔逊赢得特拉法尔加一役却光荣战死；近在身边，前副总统伯尔据称正策划阴谋推翻美国。

在这个内外交困、麻烦不断的时刻，杰斐逊试图充分利用时机，以对付法英两国。“此时此刻，世界呈现在我们面前的是多么可怕的景象，”1806年1月，杰斐逊写道，“我们本应希望，陆军军力强大者拥有不了制海权，而海上霸主没有陆军军队。在这种情况下，我们才可能享有安宁，至少在国内如此。”杰斐逊无法回避，终要面对的问题是：这种安宁会持续多久？又能持续多久呢？

第三十七章
黑暗大阴谋

我们这位喀提林[①]的计策貌似真切，但设计得过于理想。

——托马斯·杰斐逊评价阿伦·伯尔在西部的动作

杰斐逊的冬天随着帕茜一家在总统官邸长住而变得明朗起来。这个他和妻子唯一的尚在世的女儿在官邸诞下了他的外孙。外孙取名詹姆斯·麦迪逊·伦道夫，以表达对外祖父的国务卿的敬意。多利·麦迪逊在此之前已帮助帕茜准备好了新年用品，从巴尔的摩购置了“一顶时髦的假发……一套打理头发用的梳子，一个系带女帽，披巾和白色的蕾丝面纱”，另外还买了两块带花边的手帕。

总统也抽空去了趟他在华盛顿的酒窖，查看一下是否有足够的波尔多酒（量是足够的）。但是，他仍然派人再去买一些汽酒，他觉得他目前的存货“都是烈酒，没有不含酒精的”。

然而，在国会山，他的一个亲戚破坏了杰斐逊正在享受的宁静时光。洛亚诺克的约翰·伦道夫，一个秉性怪异的人，杰斐逊曾经的盟友，1806 年 3 月和杰斐逊

---

① 喀提林：罗马的阴谋叛变者。——译者注

分道扬镳。一年前，伦道夫终止了一项杰斐逊主导的让步方案，协商解决由来已久的事关亚祖土地公司的争议案（腐败的佐治亚州立法机构为进行土地期货投机，把原属于克里克人的合法土地进行售卖）。这个事件是伦道夫最终走向反对杰斐逊的前奏。

为报复英国军舰劫掠美国商船，决定限制甚至禁止从英国进口货物的辩论成了新的导火线。在众议院，伦道夫向杰斐逊政府宣战了。

那天，威廉·普卢默离开参议院会议厅，前往众议院听他发言。“他认为，大不列颠眼下正为了自身生存，同时也在为文明世界，与妄图篡夺世界霸主地位的波拿巴努力奋战。”普卢默是这么记录伦道夫的演讲的。伦道夫特别点名批评了杰斐逊和麦迪逊两人。普卢默写道：“那是我听过的最激烈、最严厉、最巧舌如簧的抨击。”第二天，伦道夫再度放言。普卢默说：“对总统出奇地严厉……伦道夫先生已经渡过了卢比孔河①，此后无论总统还是国务卿都不可能与他为善了。他已公然反对二人和他们制定的措施。”

伦道夫说话尖酸刻薄，谁也不放过。一位同僚起身想发言，被他挥手制止。“坐下，先生，我说坐下。先生，要知道自己的身份啊。”伦道夫说。提到总统本人，伦道夫“对他执政行为谴责用词之粗鲁狂妄，令所有听者骇然”，马里兰州参议员塞缪尔·史密斯写道。

伦道夫小集团后来人称为“奎兹”（源自tertium quid，拉丁语意为“第三方”），也有人称之为“老民主共和党人”，代表着更绝对、更单一的民主共和党原则。伦道夫的追随者们认为，杰斐逊朝联邦党方向走得太远，无论是总统还是他的信徒，都不是真正的民主共和党人。

从某种意义上来说，这次分裂标志着杰斐逊超越了后1798时期单纯从语言上进行区分的做法。人在谋求权力的时候，从理论上谈论理想化的政治是很容易。然而，一旦大权在握，行使权力的要求是如此复杂多变，原本在思想上十分确定的事往往在真正执政时被最先牺牲掉。杰斐逊取得的成就，在他的联邦党政敌看来，是不可企及的。对某些人来说，他已经不再像个民主共和党人了。换句话讲，杰斐逊

① 渡过卢比孔河：卢比孔河为意大利北部河流，为当时高卢与罗马共和国的界河。根据当时罗马法律，任何将领率军越过此河，既视为叛变。故而至今，西方仍以其表示人们断然将自己置于没有退路的危险境地。——译者注

令当时的极端分子极其不悦，这标志着他做事没有死搬教条，而是遵循着实用主义的原则。

总统确实在考虑扩大权力，扩展政府公共部门的职权范围，超出一些赞成严格限制政府权限的人的规定范围。杰斐逊是第一位支持开展全国性公共工程项目的总统，他呼吁通过宪法修正案，赋予行政机关批准资金以支持“教育、道路、河流、运河”及其他项目的权力。

“通过这些举措，”他在第六次国情咨文报告中说，“各州之间新的联络渠道会被打开，分隔的界线会消失，各州的利益会趋于一致，它们会因坚不可摧的新纽带变得更加团结。”之后，1808 年春，财政部部长艾伯特·加勒廷提交了一份具有里程碑意义的报告：建议斥资 2 000 万美元进行道路和运河方面的基础设施修缮。由于禁运期间资金吃紧，与英国关系日趋紧张，而且杰斐逊本人认为，未经宪法授权，他无法实现这个宏大的计划。但是，加勒廷计划的每个项目最终几乎都全部完成。项目中第一个完成的是联邦政府出资修建的坎伯兰公路（又称国家公路），从马里兰州向西直达伊利诺伊州。

在伦道夫看来，杰斐逊大多数时采取中庸态度的政治主张，必然走向灾难。1806 年，伦道夫写道：“我认为，自由政府的事业没有比现在更让人担心的了。”忠诚于总统的民主共和党人已经变成了共和事业“暗藏的敌人或者温和派，对曾经宣誓坚守的原则‘虚褒实贬’”。伦道夫煽情地发问：“现在的行政机关难道无懈可击吗？那个部门里形形色色的人就从来没有犯过错？他们就不会犯错？”

对伦道夫而言，答案是显而易见的。杰斐逊所作所为已经证明他过于妥协让步。伦道夫说，中庸之道，是千百年来“野心戴着的面具”。等到总统任期的最后一年，伦道夫告诉詹姆斯·门罗：“老民主共和党早已朽坏，无可救药了。”

对国会里发生的种种事，杰斐逊表现得镇定自若，但是，他的头疼病又犯了，这足以说明民主共和党内部的分裂以及欧洲局势的错综复杂——其中包括可能爆发的美国内战——都像千斤重担一样压在他心头。

1806 年 4 月末，为查找英国船员，英国军舰“利安德”号在纽约州搜查美国船只。开炮预警时，“利安德”号误杀了一名美国船员。当时，另外两艘英国军舰，“驾驶者”号和“威尔士”号也在附近。杰斐逊命令三艘船离开美国海域，下令以谋杀罪逮捕“利安德”号的船长。

他的头痛发作得越来越厉害。“我现在病痛难忍，白天一整天既不能做事也不能交谈。”杰斐逊写信给宾夕法尼亚参议员乔治·洛根说。杰斐逊只能在晚上与人面谈，那时头痛似乎减弱些。他的腿也疼（他称之为“膝部麻木”），他还担心着钱的问题。“我在华盛顿欠下太多债了，现在不但不能开新账单，而且所有非必需的开支也通通取消。我现在必须这么做，不然，等我离开这地方时还有债在身，如果不幸要动用我的私人财产归还，我注定晚景凄凉了。”1806 年 5 月杰斐逊在给约翰·韦尔斯·埃普斯的信中说。

夏初，他最年长的导师去世了。1806 年 5 月 25 日，乔治·威思像往常一样起床，在家里吃早饭。早晨大约 9 点左右，他开始胃痛，他的家人也都生了病，其中一个叫迈克尔·布朗的混血青年在几天后死去。地方治安官威廉·杜瓦尔怀疑死因，下令进行尸检，有 4 名医生参加，杜瓦尔告诉杰斐逊，“从胃肠部的肿胀情况来看，他们说是由某种毒药引起的”。嫌疑犯锁定乔治·斯威尼，他是威思的孙侄。如果是他干的，他的动机可能与嫉妒及金钱有关。

1806 年 5 月 25 日，威思曾说：“我是被谋杀的。”但是，杜瓦尔报告，威思“没有提及姓名”。病情恶化时，他说：“让我体面地死去吧。”

故事耸人听闻，有人对乔治·威思的私生活提出了耐人寻味的问题。威思结过两次婚，目前鳏居，和年轻人迈克尔·布朗及身为自由人的黑人女管家莉迪亚·布罗德纳克斯住在威廉斯堡。按照威思的遗嘱，除继承其他财产外，布罗德纳克斯还继承威思的房子。威思在条款中注明，如果自己身故，请杰斐逊监管迈克尔·布朗的教育问题。

这些安排隐含的意思虽未经证实，但十分明确：布朗是威思和布罗德纳克斯的孩子。“不论被形容为‘黄’皮肤的布朗是不是威思的亲生儿子，威思对他的教育问题上似乎不遗余力，”历史学家安妮特·戈登–里德写道，“当然，请自己最得意也最有名的学生——现任美国总统来做迈克尔的监护人，足以表明他对这个男孩的钟爱。”

威思遗赠给自己最喜欢的学生杰斐逊书籍、银质酒杯和金头手杖。这起罪案令总统不安又沮丧。他告诉杜瓦尔，他原本十分乐意负责迈克尔·布朗的教育。他说，这一嘱托原本“能让我在实现朋友的遗愿时，常忆亡师，给我带来无尽的安慰”。杰斐逊相信迈克尔 · 布朗是他老师的孩子吗？如果相信，这起据称由他导师所在的白人家族内部心怀怨愤的一员犯下的谋杀罪会在杰斐逊心中激起怎样的波澜呢？杰斐逊对这样的生活可再熟悉不过了。杰斐逊的所思所想，我们不得而知，不过，有趣的是，他认为这个事件十分离奇异常，在一般生活中不会发生。“这样的邪恶事件就我们所知到目前为止只出现在诗人的寓言故事里。”1806 年 6 月，杰斐逊写信给杜瓦尔说。杰斐逊想象自己与威思的命运，相差得越远越好。

夏天出现了新情况：弗吉尼亚的旱情日趋严重。到秋天这些事已经不再新鲜了：不断有报告称阿伦 · 伯尔在制造事端。

与汉密尔顿决斗之后，伯尔开始四处游历。他到了西部，有流言称，他正密谋说服某些州脱离联邦，在西部建立一个帝国；也有传闻说，他在策划一场进攻墨西哥的战争。

另有一种猜测引起最大骚动，将事态描绘得更加严重。伯尔正考虑组织军队直捣华盛顿，企图接管美国。“毫无疑问，伯尔正积极参与筹划西部各州脱离联邦。”1806 年 11 月杰斐逊写道。据称，这位前副总统正在招募士兵，囤积军火，建造船只。

杰斐逊收到的所有消息都无法令他的担忧之情略减分毫。“这的的确确是一个无比黑暗的巨大阴谋，”11 月，詹姆斯 · 威尔金森将军给杰斐逊写信说，“对无论老人还是年轻人，民主共和党人还是联邦党人，本国人还是外国人，争取国家独立的老爱国者还是初来乍到的异乡人，富人还是穷人，居高位者还是平民百姓，通通加以笼络，我担心新奥尔良会大力支持。”

威尔金森本人就是个麻烦。他一直从西班牙那里收受贿赂，在高层军官中臭名昭著，还与伯尔就提及的阴谋保持着千丝万缕的联系。但当事情进展到某个阶段时，威尔金森认定，向杰斐逊告发伯尔可能出现的叛国行为最符合自己的利益，如此又可逃过一劫。

1806 年 11 月 27 日，忧心忡忡的杰斐逊发表了一份公告，警告说“形形色色的人”，包括“美国公民”在内，正“密谋联合起来”占领西班牙的属地。

伯尔究竟在做什么呢？两个多世纪后的今天，我们依然无法确定。起初，他似乎有意采取军事行动占领得克萨斯及其他西班牙在美洲的殖民地。这样的行动被称作挟持议会——自行对外国发动战争。伯尔和他的各色同盟者似乎在为某次军事远征做准备。目标并不清楚，但是杰斐逊认为，这一军事行动必定涉及伯尔欲夺取西部的权力与土地，他可能在南至墨西哥的广阔土地上建立一个自己的帝国。

1806 年 12 月 27 日星期六，新罕布什尔州参议员威廉 · 普卢默和杰斐逊一起吃饭。喝咖啡时，杰斐逊说他相信所有事情都会顺利解决。普卢默说：“（杰斐逊）毫不怀疑，阴谋事件尽管波及范围极广，但一定会被粉碎，而且美国几乎不用费吹灰之力。”很快指控伯尔的文件出现了，1807 年 1 月，杰斐逊将这些文件转交给了国会。

与此同时，杰斐逊也在谋取处理国内危机的权力。在他与普卢默聊天的 8 天以前，杰斐逊起草了一份议案：“在叛乱事件发生时，可授权征用美国土地及海军。”他把起草的立法文件发给弗吉尼亚议员约翰 · 道森，并附上一张直白的便条：“杰斐逊向道森先生致敬，在此请求他抄写一份副本后，将原件焚毁。他本人极不希望与立法议程细节有任何牵扯。”

纯粹作为政治家的杰斐逊就是这样：为奋起保卫国家，请求被授予权力，然而在获得那份权力的过程中却竭力隐藏自己。他的对手会认为这种手段虚伪下作、不光明磊落，但是就杰斐逊看来，他在用正确的方式做正确的事。堂而皇之地掌权会威胁这个国家的民主精神——他认为这种精神至关重要。他认为，宁可通过在国会的盟友从中运作，也比冒着成为他人眼中的独裁君主的风险要好，即使换作联邦党人当总统，可能也想这样做。讲求实际的人就用这种方法做事。

杰斐逊攻击伯尔时毫不留情。他这样做倒不是出自个人野心或者嫉妒心——自从汉密尔顿被杀，伯尔在传统政治体制内对杰斐逊已经构不成任何威胁——而是出于对国家安全和主权的关心。如同路易斯安那购地案一样，保持联邦的统一比杰斐逊所称的“严格的法律条文”要重要得多。1807 年 1 月 22 日星期四，杰斐逊向国会递交的有关伯尔的报告中迈出了少见的一步：他宣称他的前副总统“犯罪事实确凿”。这个结果与很久以前他对约书亚 · 菲利普斯案以及逮捕“买头发的将军”所做的决定不无相似。如果这些决定令包括伯尔在内的嫌疑人的自由受到了侵犯，那就侵犯吧。

1807 年 3 月末，伯尔被逮捕。杰斐逊对案件审理过程密切关注。“没有谁的过往更能说明诚实的价值了，”杰斐逊写道，“真能如实以告，有什么事他没做过呢！”不幸的是，他说，他的头痛“害得他每天早晨只有一个半小时的时间能处理事情”。

伯尔被带到里士满受审，审理在雄鹰酒馆临时搭建的法庭里进行，由约翰·马歇尔主持。杰斐逊对案件关注到了病态的程度，他搜集情报，并向公诉律师建言献策。他认为事态严重，千钧一发，又以一贯事无巨细、事必躬亲的姿态投入这件事中，但是，他仍保持着应有的距离。

尽管伯尔以叛国罪受到指控，但随着案件的进展，控告漏洞也变得越来越明显。由同案犯转为污点证人的詹姆斯·威尔金森控告称，伯尔意图攻占新奥尔良（这一指控已致使杰斐逊对新奥尔良宣布戒严令），并意图进攻西班牙殖民地。（威尔金森的控告有问题，因为自行对外国发动战争并不违法。）

里士满的信差在黑夜里骑马上山来找杰斐逊。度假中的总统还没入睡，他仔细地研读着来信以及信中的附件。这并不是普通的邮件：伯尔案的公诉人、美国联邦检察官乔治·海给总统发出传票，要求他本人出庭做证。其时麦迪逊正在蒙蒂塞洛作客，与麦迪逊商讨过之后，杰斐逊决定拒绝把自己及行政部门交由他人掌控。第二天，他给海写信：“我认为地方法院没有权力命令执政府放弃高一级的职责，听从指派，无论距离远近，我不愿意凭一纸传票就创下一个先例，认可一个如此荒谬的程序。”

杰斐逊决定保留自己是否遵从法庭传令前往做证的决定权，他为行政机关树立的这个榜样具有深远意义：杰斐逊称，与应付法律系统的胡搅蛮缠相比，总统对广大公民具有更高的责任和义务。取而代之的做法是，他给海寄去相关文件，这是非常聪明的折中办法：既避免了总统凌驾于法律之上，又保留了应有的处事能力，在地处偏远的地方法庭征召时免去了舟车劳顿之虞。他又把海发给他的传票原封不动地随信寄了回去。

马歇尔作为审判法官的决定和态度令审判进一步恶化，杰斐逊把起诉过程中受到的种种不利全都归咎于这位首席大法官的政治伎俩在作祟。马伯里案之后，弗吉尼亚州的司法程序废除了1801年颁布的《司法条例》。弹劾塞缪尔·蔡斯是杰斐逊与司法系统长期斗争的首战，一年年过去，他越来越不喜欢，也越来越不信任司法系统了。

伯尔最终被无罪释放，总统勃然大怒。实际上，指控被告犯有叛国罪的证据并不确凿。然而，杰斐逊希望，国民会同他一样，明白起诉失败是因为马歇尔在其中起了关键的作用。“全国人民会审判两名违法者，并且是为自己审判，”杰斐逊写给威廉·布兰奇·贾尔斯的信中说，“如果行政部门或者司法部门有人犯错，人民把他赶下台的日子就不会远了。”杰斐逊认为，由伯尔判决激起的愤慨之情或可引导另一条宪法修正案的制定，让法官们对公众更加负责。

他已忍受病痛达一个星期之久。“今天是我犯周期性头痛的第 7 天，我早晨趁头痛发作之前写的这封信。”1807 年 3 月他给帕茜写信，“这些天发作没有前几次那么严重，但是发作起来时间很长，从早晨九十点开始，直到天黑才停。到现在服用氯化亚汞和树皮都没有任何作用。”

杰斐逊还有惯常的抱怨和精神压力。“我厌倦了在政府部门工作，这里其他人并不逊色于我，而且他们还乐意在政府任职。”1807 年年初，他写信给他的老革命战友约翰·迪金森，“对我个人来说，这工作就是没完没了的苦差，每天都在化友为敌。”

在此期间，一份与英国的协定提议抵达了华盛顿，提议几乎没有考虑美国的利益。“英国的达官贵人们极尽扭曲之能事，每项条款占尽一切，寸步不让。”1807 年 3 月杰斐逊提到协议时说。简而言之，外交手段并未解决与英国之间的冲突，尤其在阻止英国强征美国海员这一侮辱性事件上毫无用处。杰斐逊拒绝将提议交给参议院审议。

1807 年 2 月，杰斐逊碰见两位女婿，在交谈中邀请约翰·韦尔斯·埃普斯和他一起去某个场合（详情不得而知），却没有叫上小托马斯·曼·伦道夫。这种出自无心的轻慢立刻激怒了伦道夫，他很不高兴地给杰斐逊写了一封情绪激烈的信，抱怨总统偏向埃普斯。伦道夫对埃普斯心生妒恨，视他为敌，认为他占尽了岳父的宠爱和关注。

杰斐逊读到信吃了一惊。他说，他注意到这两位都娶了他女儿的国会议员之间的关系有些紧张，但是他决定不去询问紧张的因由（这是杰斐逊典型的做法）：避免正面冲突是杰斐逊的专长。杰斐逊写信安抚伦道夫：“我想不出，我做过什么事令你觉得我更喜欢或者表现出对（埃普斯）的喜爱。”

心中既怒又痛的伦道夫在此之前已搬出了总统府。“你如能搬回家住，对我将是莫大的安慰，”心里放不下这件事的杰斐逊写道，“我对你视如己出，爱你如子（我的确不知两者能有什么区别），我太过想当然，以为你与我想法一样。”他在1807年2月19日第二封短信里这么说。

已决定不再参加竞选连任议员的伦道夫在新居中得了病，杰斐逊派家仆去照看他的病况。

杰斐逊对伦道夫慈父般的感情出自挚诚。“我定不会催逼你做任何令你十分反感的事，不过，我希望，亲爱的先生，你能同意搬回你原来住在这里时的房间。”2月28日杰斐逊给伦道夫写信。

伦道夫的确搬了回来，但是他病得很重，又很抑郁。他甚至想自杀。杰斐逊记录着病情好转的伦道夫在总统府二楼圆形房间里每天能走多少步（第一天走了大约五六百步，第二天走了1 200步），还给帕茜频繁去信，汇报好消息。对他而言，家庭和睦与政治和谐同等重要。

第三十八章
这该死的禁运

自莱克星顿一役以来，我还从未见过国内产生如此强烈的愤慨情绪，且即便是在当时，全国上下也从未如此同仇敌忾。

——托马斯 · 杰斐逊，评论英国攻击美国军舰“切萨皮克”号

在华盛顿，杰斐逊进入了战备状态。1807 年 7 月，他写给财政部部长艾伯特 · 加勒廷的信中说：“现在几乎每天都有事发生，而就这些事最好听取几位部长的意见。内阁成员们大可随意在自觉方便的时候随时来找我。”

1807 年 6 月 22 日星期一，一场危机突然爆发：美国军舰“切萨皮克”号在弗吉尼亚州海岸亨利角附近海域遭到英国军舰“猎豹”号攻击。这艘英国船命令美国船只允许其登船搜查逃跑的船员。“切萨皮克”号指挥官詹姆斯 · 巴伦拒绝了这一要求，而“猎豹”号则向这艘美国护卫舰开火。22 发炮弹击中“切萨皮克”号，此时美国人才设法发射出一发炮弹给予回击。巴伦和另外 17 名船员受伤，另有 3 人死亡。

这种战争行为是对美利坚合众国的侮辱，也是对美利坚合众国的袭击。公众反应十分迅速。“我读到有关‘切萨皮克’号遇袭这一无耻的消息时，我的感受和每一

位真正的美国人一样：对英国人无比愤慨和憎恨。”6月29日星期一，一位记者从费城致信杰斐逊。

杰斐逊立刻召集内阁。加勒廷当时身在马里兰州。“我很抱歉，被迫催你快些返程，”杰斐逊给他的信中说，“我祈祷旅途顺利，没有片刻延误。”加勒廷身体抱恙，但不久即能好转。“我身体太过疲惫，无法搭邮车夤夜兼程。不过，我会在星期三下午两三点与你见面。”一分一秒都不可浪费。

7月4日，联邦党人现身杰斐逊一年一度的招待会，表达了自己的立场。报纸称，总统的宿敌们“与他们的民主共和党兄弟亲密无间，其乐融融”。在斯特尔举行的宴会上，响起爱国宣言般的祝酒词。有的说：“美国人民，时刻做好准备，面临危机时，维护自身的权利，并为祖国受到的不公复仇。”另一位客人起身说道：“美国总统，起草《独立宣言》之手，会维护它认可的原则，并使这些原则不受侵犯。”

杰斐逊领会了此刻的重要性，他发布公告，宣布禁止英国武装船只驻留美国领海。在一次内阁会议上，他决定号召各州州长召集总数达10万人的民兵待命，并下令购买武器、弹药和补给。这均是总统单方面下发的命令，没有经过国会的批准。

他认为，他最能判断出在此危机时刻什么是当务之急。“当我们的和平受到威胁，我认为保证我们弹药库里目前储备的一般的军用物资库存更加充足这十分重要。”事后杰斐逊告诉国会，“我相信，立法机关同样为国家安全感到担忧，通过这样的预防措施提前做好物资准备，即便是事后再召开会议，还是会批准立法者们必定认为非做不可的这件大事。”

国会同意了。总统权力得到进一步加强，杰斐逊对权力的观点受到了肯定。“严格遵守成文法律无疑是良好公民的责任之一，但是它并不是最大的责任，”杰斐逊在离任后写道，“在危急关头迫不得已、自我保护以及挽救国家所行的法律才是更大的职责。因一味墨守成规而失去我们的国家，就失去了法律本身的意义，失去生命、自由、财产以及那些与我们共享所有这一切的人们。为维护手段而牺牲目的，实在是本末倒置、愚不可及。”

美国“复仇者”号舰艇被派往英国向英国政府就“猎豹”号攻击事件讨要说法。令人愤慨的事件一件接着一件：一艘美国缉私船也遭到了炮轰，船上有一位极为尊贵的乘客——副总统乔治·克林顿。他后来告诉杰斐逊，英国的掠夺行为激起的激昂情绪，即便是最极端的联邦党人也难以平息。“对于托利党人和亲英的联邦党人来说，”克林顿说，“这种情况十分尴尬，因为他们认识到，万一开战，他们就会被竞选伙伴抛弃，只能自生自灭了。”

反英情绪十分高涨。“美国人的精神与毅力特别适合进取型事业。”7月8日星期三，记者威廉·杜安给杰斐逊写信。他提出了进攻建议，作为“切萨皮克”号事件后对英的进攻行动。杜安的建议是：突袭加拿大，攻占哈利法克斯，入侵纽芬兰和牙买加。

杰斐逊计划在1807年10月召开国会。“理性与文明国家的惯例要求我们，应该给他们否认为此事负责以及进行赔偿的机会。”7月12日星期日，杰斐逊写信给约翰·韦尔斯·埃普斯，“我们自身的利益、开战的条件，也要求我们应该给我们的商人时间以召回他们的商船以及出海的船员。”

杰斐逊对战争的支持从危机伊始就很明显。“‘补偿过去损失，确保未来安全’是我们的座右铭，但是英国人能否就此屈服让步，施行互不往来策略，还是诉诸战争，尚未可知。”他说，“我们为后者做好准备。”

1807年7月最后一天，他宣布召集国会于10月举行特别会议。担心在蒙蒂塞洛逗留期间无法获取全部信息，他增加了从华盛顿到蒙蒂塞洛的邮递班次，夏天的后半段时间他要在蒙蒂塞洛度过。

尽管在“切萨皮克”号危机事件初期，战争呼声甚嚣尘上，杰斐逊早已猜到立法者们更愿意实施贸易禁运，而并非即刻开战。他并没有迷失在和平主义的哲学经验里，他愿意开战，但他认为，国会更愿意首先实施禁运。

杰斐逊自己的不同的想法相互交战。当时，他最担忧的是庞大的军事力量会对共和制造成威胁。然而，他也非常实际。他知道美国不可能很快建成一支能与英国抗衡的海军，在迫在眉睫的战争中与英国一较高下。过去20年中积累的外交经验也教会他，时间往往能解决问题。

从努特卡湾到圣多明各，国外战略焦点一直在变化：伦敦一届政府的垮台、巴黎一位帝王的决定、远方一场战事的结果，都可能解决（或者复杂化）美国此时面临的问题。

1807年11月一天，在总统府举行的晚宴上，新任英国大臣戴维·蒙塔古·厄斯金与杰斐逊、奥古斯塔斯·J·福斯特、诗人兼外交家乔尔·巴洛、路易莎·凯瑟琳以及约翰·昆西·亚当斯同席而坐。有消息称，伦敦方面可能将海事问题移交华盛顿谈判。如果消息属实，杰斐逊对厄斯金说："我们整个冬天都会为此忙碌，同时贵国调停和解，我们就再无争议——那是我所希望的。"约翰·昆西·亚当斯在日记中记录这段插曲时写道："如果这些话中包含任何诚意，那也只能说，拖延概括了杰斐逊先生方针的全部核心，我认为这是他实际的意图。"

11 月 30 日星期一，杰斐逊告诉小托马斯·曼·伦道夫，此刻的问题是"究竟走哪条路，是开战、禁运还是什么都不做。折中的提议最有可能"。但是，那并不是美国唯一的回应。"与此同时，"杰斐逊说，"做如下安排：（1）征募足量炮舰；（2）准备充足资金（75 万美元）用于修建防御工事；（3）整编国民军；（4）建立一支海上国民军；（5）在河西岸奥尔良地区以土地为奖励，建立牢固的美国民兵定居点。"

禁运只是手段，并非最终目的。"就我判断，议员们极希望和平解决：毫无疑问英国会宣布不对'猎豹'号的行动负责，我倾向于认为，议员们更希望通过一条非进口法律以对抗英国强制征用船员的做法，而不是通过武力解决。"10 月 26 日星期一，杰斐逊给小托马斯·曼·伦道夫写信说。

1807 年 12 月，从巴黎和伦敦传来的消息把早已不平静的美国首都搅得更加波涛汹涌。拿破仑宣布，他要将禁止进口英国商品的柏林敕令扩展到所有国家，包括美国。而乔治三世非但没有在强征问题上让步，反而命令英国军舰从往来商船和战舰上抓捕英籍人士。

杰斐逊告知国会，世界两大强国正不断向美国利益施压，他建议，下令美国船只待在本国港口内，同时"做好万全准备以防危机发展到无可挽回的地步"。

接下来是什么？从政治角度看，此刻开战似乎是不可能的。夏天"切萨皮克"号事件引发的沸腾民怨已经消退。"战争狂热已经过去了。"11 月杰斐逊给帕茜写信时说。

目前，答案是实施禁运。禁运远不是理想的解决办法，艾伯特·加勒廷为其固有缺陷做出了最好的概括。"物资匮乏、百姓受苦、税收锐减、对敌人的影响、国内政治等，从各个方面考虑，我都宁愿打仗，而不是永久性禁运。"12 月 18 日星期五，加勒廷对杰斐逊说，"而且，政府禁令带来的坏处总是比当初预计的要多。政治家犹豫再三，妄图化解民众的忧虑，好像能比他们自己做得更好似的。"

理论上，杰斐逊表示同意；而实践中，他又左右为难了。"这件事的好处得不到，”他致信加勒廷，“因此，我们只能考虑最不糟糕的情况是什么。”

杰斐逊在一定程度上受到共和主义的指引：结束战争、理性治国是那个时代的梦想。战争催生君主和贵族，会赋予少数人特权而破坏多数人的自由。然而，杰斐逊并不是纯粹的和平主义者。他在地中海发动过战争，他愿意与英国，甚至与法国开战。

但是，时机尚未成熟。他深思熟虑的结果是，时机是美国的盟友，这点也得到了国会的认同。“实施禁运，我们的船只、货物和海员都在国内，不会被征占，因而不会成为双方立刻开战的原因，因为如果船只去英国，法国就会一意抢夺；如果去其他地方，英国又会抢夺。”杰斐逊致信约翰 · 泰勒，“禁运提供了时间。时间有可能在欧洲创造出和平。欧洲和平会消解一切不和谐的因素，直到下一场欧洲战争来临。而到那个时候，我们的债务可能已经还清，税收已无负担，我们的国力也已增强了。”

法令迅速获得通过，1807 年 12 月 22 日星期二，杰斐逊签署了禁运令。这是一条激动人心的法案，反映出政府权力超越了令人反感的“外侨法和惩治叛乱法”。法令签署后，杰斐逊“牙痛……脸上大面积肿胀，发烧，昨晚才退烧”，12 月 29 日星期二，他给帕茜的信中讲。他感到从政以来从未有过的压力。

下颌的疼痛加重了他的精神压力。无论目的或意图如何，他正把联邦权力扩展到每个美国人经济生活的方方面面。禁止与外国贸易。什么也不许进来，什么也不许出去。后来的强制执行法案又赋予杰斐逊控制航运的权力。

他习惯于挥舞经济战争的武器。比如，针对目标国家实施非进口行动，从威廉斯堡以来就是他生活的一部分。他相信并且长期实践着商业外交。民主共和党人梦想的没有战争、市场自由开放的世界经证实是不切实际的，杰斐逊就修改他的原则，以适应美国面对的现实。在外交政策中，经济胁迫是一项广为认可的外交手段。

禁运总体与之相似，但又有所不同：它被视为确保备战时间，或者应对战争威胁的一种有限手段。美国人的经历会证明，禁运从长期看是不可行的。杰斐逊懂得这个民族既重农又重商，他的责任覆盖整个国家。“我们的人民对航海和经商都颇感兴趣，”他说，“他们从祖国那里继承了这个品味，他们的公仆就有责任以此为前提慎重考虑种种措施。”

一开始，这个国家愿意信任杰斐逊的道路。1808 年 1 月 18 日星期一，蒂莫西 · 皮克林写道："杰斐逊先生现在似乎信心满满，他的建议人们都会遵从，其效果就如同拿破仑手下的士兵服从指挥一样。"选择禁运的道路，他说，是公众对总统"绝对的盲目信任"的结果。

"我们的禁运是非常折磨人的措施，但产生了一个令人欢欣鼓舞的长效影响，"杰斐逊给拉法耶特的信中说，"所有人都全心全意地从事国内生产，我确实相信，未来对英国货物的需求会减少一半。"

说法有些夸大其词，但是长达一年的禁运的确在英国产生了效果。商人和制造商们抗议反美政策导致了杰斐逊的报复性行动。1808 年 4 月，英国感到美国市场的重要，基本上鼓励船只突破禁运。走私成了大问题，在北方地区尤其严重，在加拿大地区与英国人进行非法贸易一时间欣欣向荣。对那些"意图挑战美国法律权威、在尚普兰湖及其周边区域勾结串联妄图造反者"，杰斐逊发出了警告，执行机关被授予特别权力实施禁运。

禁运把美国政治搅得天翻地覆。杰斐逊开始明确提倡强力中央集权。支持政府较少干预的民主共和党人变成了事事干涉的管理者。康涅狄格州则成为州权的堡垒，宣称"在事处如此危急关头，州立法机构和行政当局不协助、不配合能使禁运制度更加有效实施的法令的执行，不但是正当的，也是当局的责任"。

尽管无论禁运还是其他政策最终都没有避免 1812 年英美战争的爆发，但禁运推迟了美国与英国开战的时间，从这个意义上说，禁运是成功的。外交官威廉 · 平克尼的想法当时可能是对的，1809 年，他告诉麦迪逊："禁运以外的任何其他措施要么是疯狂之举，要么是懦夫行为。因为没有人和我们一样面临这样的选择，不是与两个侵略者开战，就是向两个侵略者屈服。而且十分确定的是，随着事态发展，屈服要么向着战争方向发展，要么倒退到更恶劣的境况。"

禁运并没有脱离杰斐逊的风格。从最广义的范围来看，禁运仍让他掌控着事态，只不过没那么直接，还避免了与欧洲列强发生正面冲突。像路易斯安那购地案一样，禁运说明了杰斐逊的灵活以及为适应当前现实而修正此前理念的能力，当然，购地案更加成功。1808 年 1 月，杰斐逊给本杰明 · 拉什写信："它延迟了战争，争取了时间，可能带来种种益处，特别是维护了欧洲的和平，而和平又能推迟导致下一场战争产生的缘由。"

历史对杰斐逊的禁运措施却恶评如潮。普遍认为这是一项糟糕的政策，它虽推迟，但并没有阻止战争的发生，而且美国国力也因这项政策而被削弱。对此持批评意见的大有人在，但是在杰斐逊当时可做的几个选择中，用他本人的话来说，禁运可能不是个好办法，但是即使不好，也是选择中较为理想的一个了。当时美国无论在政治上还是军事上，都没有做好与英国（或者法国）开战的准备，当时的政治方针也不利于加强陆军和海军力量。主流观点认为常备军不是一个好主意，创建海军不是在对战争进行防御，而是在吸引战争，何况创建海军费用极其高昂。概括地讲，这些也是杰斐逊的观点，但是他已显示出修正自身观念的灵活性。他确实请求国会采取一些措施，至少在某些方面加强国家的防御能力。国会要么否决，要么行动缓慢，然后事情就到此为止。19 世纪约头 10 年，无论是杰斐逊还是其他国家领导人在军备问题上都没有取得满意的进展。美国还会再次遭遇战争一触即发时仍无法充分防御的困境。

杰斐逊试图说服自己，禁运是起作用的。“一路回到本地的旅途中，我很高兴地看到人们一致同意禁运，反对战争。感到施行禁运的必要性，他们做出的牺牲也笼罩在了欢乐的气氛中。”1808 年 5 月，杰斐逊在蒙蒂塞洛写道。

他的私人邮件显示的却是另一番景象。“你这个该死的恶棍，”8 月，一个叫作约翰 · 莱恩 · 琼斯的人从波士顿来信说，“你还打算让该死的禁运持续多久，这要把我们穷人都饿死。我的一个孩子已经饿死了，我太羞愧，对外宣称说孩子死于中风。我还有三个孩子，如果禁运还让他们没吃的，我想他们很快也会饿死的。”

“你是上帝创造的最该死的蠢货。”1808 年年中，一位匿名信作者对杰斐逊说，“见鬼去吧。”

另一位匿名信作者对字母大写的运用格外青睐，他在一封 6 月的信中写道：“THy DEStruction is nEAr At HAND THOMAS. THE, REtriBUTive, Sword is SuspENDED OVEr Thy HEAD, BY A S1ENDER THREAD. —BEWARE.（你毁灭的时间已临近，托马斯。那么，报应之剑正被一丝细线悬在你的头顶。——小心。）”

在新英格兰的某些地区，特别是在波士顿，关于攻击“切萨皮克”号的激烈反应已经平息。约翰 · 昆西 · 亚当斯同情遭遇危机事件的杰斐逊，他只好说服波士顿的联邦党人举行一次城镇会议，“将党派之情放在一边，以开诚布公的态度……支持国家政府”。他的成功付出了代价：他被告知，他“对联邦党人的背叛行为，活该让人把他的头砍下来”。

脱离联邦的讨论死灰复燃。蒂莫西 · 皮克林写了一封公开信，批评禁运措施和总统本人。1808 年 7 月 4 日，在纽约州，村民们焚烧了杰斐逊的肖像。

马萨诸塞州州长、民主共和党人詹姆斯 · 沙利文确信，禁运加强了亲英势力的力量。1808 年 4 月，他从波士顿给杰斐逊写信：“意图……分裂国家，在英国的保护下，在北部本地区成立一个不同形式的政府。您可能会认为此事可笑，国会中的南部各州议员也会这样想。但是他们的破坏力会像旋风一般席卷而至……即便蒙蒂塞洛的围墙也抵挡不住民众的叛乱或英王的贪婪。”

联邦党人有更传统的手段向世人证明：他们——而不是杰斐逊之流——才代表着美国的主流。这一手段就是 1808 年的总统选举。

1808 年年初，党团会议提名詹姆斯 · 麦迪逊为总统人选。杰斐逊一直希望麦迪逊能继任总统，但他担心麦迪逊和詹姆斯 · 门罗之间的竞争，后者在党团会议上也获得了选票。

“我无比痛心地看到你和你的另一位挚友之间产生竞争，对于你们两位我都一样珍视。”1808 年 2 月，杰斐逊从华盛顿给门罗写信，“我真诚地祈祷两位的关系不会受此影响……经验告诉我政治上的争议发展下去会出现不断恶化的态度，也不再担心彼此是否能继续相互尊重。一句话激怒对方，接着出现第二次、第三次，彼此越来越会恶语相向，直到说话全无顾忌。你会发现想摆脱你的朋友们努力为你编织的罗网很困难，想避免像他们一样情绪激烈也很难。”

他对政治家的情绪以及环境的描述来自自己毕生的经历。社会和谐与政治需要之间的紧张关系不是杰斐逊或者任何一个人可以解决的矛盾。矛盾只能被想方设法处理。

1808 年的总统选举可以说是对杰斐逊的一次全民投票。有麦迪逊，他最亲密的伙伴作为民主共和党候选人，总统非他莫属。联邦党人再次推举查尔斯 · 科茨沃思 · 平克尼。对麦迪逊的反对意见是反对杰斐逊时的老生常谈：麦迪逊喜欢法国，讨厌英国；在弗吉尼亚州把持大权的时间久；共和党人的信条会不可避免地导致暴民统治。

但这些统统都没用。麦迪逊以 122 票对平克尼的 47 票取得了决定性胜利。

与公众生活开始时一样，杰斐逊任期结束时也带着对君主制复辟的担心。1809 年 1 月初，国会里发动了一场运动，要求终止禁运，而且当再出现来自欧洲国家的敌对行为时，签发向敌方追偿海事损失的命令书。这意味着私人船只可充当战舰，用于攻击并俘获敌方船只。杰斐逊在 1 月写道："北方的君主主义者（一段时间以来抱着分裂国家的希望）已与……东部 5 州结为同盟……并已危及纽约州……马萨诸塞州立法机构即将于本月月中开会，据悉将召开大会考虑脱离联邦的问题，并向北河以东的地区发出倡议。它们已确保得到英国的保护。"

一切都笼罩在被英国蚕食的恐惧之中。"现在似乎正在勾勒出一条界线，"杰斐逊说，"区分出支持共和主义的联邦党人，以及全身心支持英国和君主制的亲英党。"在杰斐逊的世界里，有些事从未改变过。

第三十九章
告别终极权力

生活在这样一个非同寻常的年代，我们必须时时刻刻把注意力集中在国家安全上。

——托马斯·杰斐逊对国会的最后致辞

差不多该是离去的时候了。“下颌有问题的那颗牙齿脱落了，一个星期前被取了出来，伤口愈合了，肿也差不多消了。只要等好天气来临，我就又能骑马出去了。”在华盛顿的最后一个冬天，杰斐逊写信给帕茜。

1808 年圣诞节，他写信给老同僚查尔斯·汤姆森：“我已经感觉到走路比从前吃力，记忆力也变差了。部分原因可能是总有新东西不停地冲击着我的记忆，但我觉得也有上了年纪的关系。”

他已经为他的离去准备了很久。当他清点总统府的家具陈设，考虑如何还清债务时（据杰斐逊自己估算，他任总统期间债务又增加了 8 000~10 000 美元），他知道一个时代就要终结了。40 多年里，经历了战争与和平、国内与国外的风云变幻，走过整个大西洋世界，从威廉斯堡和里士满，到费城、纽约和安纳波利斯，再到巴黎、伦敦和阿姆斯特丹，最后到达波多马克河畔这座新生的一国之都。杰斐逊渐渐觉得过去这几十年的岁月就像一场神话，他和他的战友们——麦迪逊、亚当斯、华盛顿、拉什、佩吉，还有许多已经离世的人——就像古希腊神话中的阿尔戈英雄。

他相信自己已经尽忠职守。“我生性热爱科学，本该以宁静的科学研究为业。”他在 1809 年 3 月 2 日给皮埃尔–塞缪尔 · 杜邦 · 德 · 内穆尔的信中写道，“但身处动荡凶险的年代，我不得不努力遏制我对科学的热爱，转而投身于政治活动的汪洋大海……现在，我把一切交到一群非常有能力的继任者手中，因此假如未来真的遭遇不幸，那也是因为局面已严重到人类智慧所不能扭转的程度。”

他的引退同其 8 年前的当选一样，激起不少争议。“过不了多少年，当人们——即使就是身处这一时代的人们——回首这个时代时，就会惊奇地发现原来有那么多观点的冲突，我们曾陷入那么多奇奇怪怪的争论，身边似乎弥漫着一种不明所以的不信任感。”马里兰州阿勒格尼县的居民们在 1809 年 2 月 20 日给杰斐逊中的信中写道。

然而，这种不信任感的确存在。民众的感情也不足以减少杰斐逊政敌对他最后的攻击。“你们这些摸不准的人！”一个纽约人在 1809 年 2 月写道。

“你把政府推向了虎口，”费城一个自称“卡珊德拉[①]”的人 2 月 28 日写道，“但我说不出问题的根源在哪里。是因循守旧、胆怯软弱，还是过分热情，我不想妄加推测。”

杰斐逊本人则乐于思考这其中的问题，而且直言不讳。有人请他推荐历史方面的书籍，他列了包括爱德华 · 吉本在内的一份长长的书单，并谈起作为一个不仅阅读历史，而且创造历史的人的感受。“在公共生活中，我想只要一个人有还算明确的政治观点，并具备足够的力量使这些观点产生效力，那么肯定会遭到持相反观点的人的对抗。”杰斐逊写道，“而我进入政府时，见到的更是一派剑拔弩张之势。每个部门都有那么一个政治小团体，想把自己的地盘最终转变为他们所看好的英国政府的模式。”

杰斐逊说，1800 年民主共和党的胜利“打破了这些人的图谋，他们自己，还有守护他们权力和利益的堡垒转眼间落入了另一群人手中。他们所能做的只剩下哀叹

① 卡珊德拉：古希腊神话中拥有预言能力的特洛伊公主。因为拒绝阿波罗的求爱而遭其诅咒，无人相信她的预言而都视她为疯子。——译者注

和谩骂”。

谩骂的对象？当然是杰斐逊本人。“自然而然，所有的争论、奚落、恶意和谎言都把矛头指向了我。”

尽管如此，也时常有人对杰斐逊表示赞美。美国驻巴黎领事寄给杰斐逊一本关于马可·奥勒留的书。“我认为马可·奥勒留的人格只有一点缺陷：他没有采用确定的手段使他统治期间人民的安乐延续下去。”领事写道，“他似乎一直在担心随着他的死去，他所建立的太平盛世必将毁于一旦。在这一点上，和很多其他方面一样，美国的公民比罗马人要幸运。因为我们有理由相信当今政府开明的治理带来的好处一定会延续后世。”

挑战也一直存在。杰斐逊时常在战争和贸易禁令间权衡。“这一切都关乎政治。”1808年9月，他给外孙女安·卡里·伦道夫的丈夫查尔斯·L·班克黑德写信道。“国会的行动刚刚开始。”1808年11月，杰斐逊在写给利瓦伊·林肯的信中说，“目前只有三个选择。第一，禁止贸易；第二，打仗；第三，投降和臣服。而且有意思的是，第三种选择肯定不缺支持者。”

没有好的选择。“在这一点上，一切都不确定。”12月，杰斐逊从华盛顿写信给小托马斯·曼·伦道夫说。

詹姆斯·麦迪逊的就职典礼在一个星期六。前一天，也就是1809年3月3日，塞缪尔·哈里森·史密斯在《国民通讯员报》上表达了对杰斐逊的赞美：“只要人类仍珍爱自由这项事业，就一定不会忘记这一天——托马斯·杰斐逊在数百万人的祝福和惋惜中，从最高领导人的位置上引退。”

就职典礼当天早上，杰斐逊从总统府乘马车到国会山，看着他的挚友兼国务卿宣誓就职，成为第四任美国总统。（他和他的一个外孙在无人陪同的情况下从总统府出发，麦迪逊则由卫队沿着宾夕法尼亚大道一路护送。）他们是最亲密的政治伙伴，而麦迪逊的继任也是对杰斐逊的一种肯定：说明国家认可他的基本愿景和治国方略。

众议院会议厅里的仪式结束后——约翰·昆西·亚当斯认为仪式的场景“非常壮观”，此时已成为前总统的杰斐逊到F街的麦迪逊家拜访了新总统——杰斐逊一个星期后才会搬出总统府。玛格丽特·贝亚德·史密斯说：麦迪逊夫人“看上去美极了……她穿着一件朴素的麻纱裙，裙裾很长……浑身上下散发着尊贵、优雅和亲切”。

麦迪逊夫妇站在客厅门口迎接如潮的拜访者时——街上挤满了马车，光是等着进门就花了半小时，杰斐逊看到了玛格丽特·贝亚德·史密斯，向她伸出了手。

“记得你向我保证过的，明年夏天来看我们，别忘了。”他对史密斯夫人说，“我们一定会翘首企盼。”

史密斯夫人当然要他放心，她和她丈夫一定会去蒙蒂塞洛。她接着提到了这一天的大事件。

“你现在卸下重任了。”她对杰斐逊说。

“的确，”他说，“而且此时我比我的朋友还要开心。”

在眼花缭乱的庆典中，很快有人告诉杰斐逊“夫人们”想跟随他到总统府去。杰斐逊的眼睛愉快地闪烁着光芒，他说：“没问题，因为我太老了，也没法追着她们到处跑了。我记得在法国，富兰克林博士的朋友们跟他告别时，夫人们一个劲儿地拥抱他。当他把我作为他的继任者介绍给大家时，我说我希望我能继承他的这种特权，但他回答：‘你太年轻了。’”

那天晚上，他和其他出席庆典的民主共和党人一起参加了一场就职舞会。约翰·昆西·亚当斯对舞会的记忆并不愉快：“人太多了——热得令人窒息，娱乐活动也糟糕。”

在蒙蒂塞洛，杰斐逊热切地计划着重归农场和花园。“我回到这里，心里满是打算做的事情。”他写信给查尔斯·汤姆森，而且“这些事情主要对保持身体机能有好处，头脑方面的健康，我主要通过娱乐活动来保持。唯一的女儿和众多的外孙、外孙女将给我带来巨大的快乐”。

他曾经提议或许可以让他的妹妹安妮·斯科特·马克斯担当蒙蒂塞洛的女主人。帕茜很不喜欢这个想法。她——只有她——才应该成为他世界的中心。“让马克斯姑姑来管家不太好，”1809 年 3 月 2 日，帕茜写道，“去年夏天我已经有足够的证据，证明她完全不能胜任这项工作。仆人们不尊敬她，在她面前恣妄为。她人很好，能很有条理地管理一些小事，但她没有那个头脑，也没有那个魄力管理您将来那么大的产业。我将亲自管理您的产业，充满热情地去维护它，我对自己的事情都不可能这么有热情。我们也将带着温柔的爱意服侍您、珍惜您，我亲爱的父亲。”

随着在华盛顿日子的结束，他订购了约翰 · 贝尔的《外科手术原理》的节略本，把一盆他自己培育的、一直养在总统府的天竺葵送给了玛格丽特 · 贝亚德 · 史密斯，又安排从里士满购买了 36 把温莎椅，准备放在贝德福德县的隐居所杨树林。

埃德蒙 · 培根来到华盛顿帮忙收拾东西、陪杰斐逊回家。令这位蒙蒂塞洛的总管感到震惊的是，首都的人们对他的主人杰斐逊总是有所求。培根写道：“他有一间很长的餐厅，在我待在那里的 16 天里，每一天桌前都坐满了人。”在培根的监督下，箱子和灌木整整装了三辆车。

1809 年 3 月 9 日星期四，培根带着这些东西从华盛顿启程，杰斐逊则在 3 月 11 日乘四轮敞篷轻便马车离开了首都。路上遭遇了强劲的暴风雪，培根在本杰明 · 沙克尔福德开在库尔佩帕法院的小客栈安排了住处，请老板点起温暖的炉火，并拦下了一个前来向杰斐逊表达祝愿、口口声声叫他“老汤姆”的追随者。杰斐逊到达时，培根想把人群从他身边挡开，但没有成功，杰斐逊便向人们简短地讲了几句。他仍是一个公众人物。

1809 年 3 月 15 日星期三，托马斯 · 杰斐逊到达蒙蒂塞洛。他把他的整个世界都带了回来。他的厨师朱利安前来掌管蒙蒂塞洛的厨房，为他做他喜欢的法国菜。他和很多人大量通信，大量阅读各领域的书籍。这里是他的家，他再没有远离过这座山顶。他的头脑则不然，从来没有休息过。

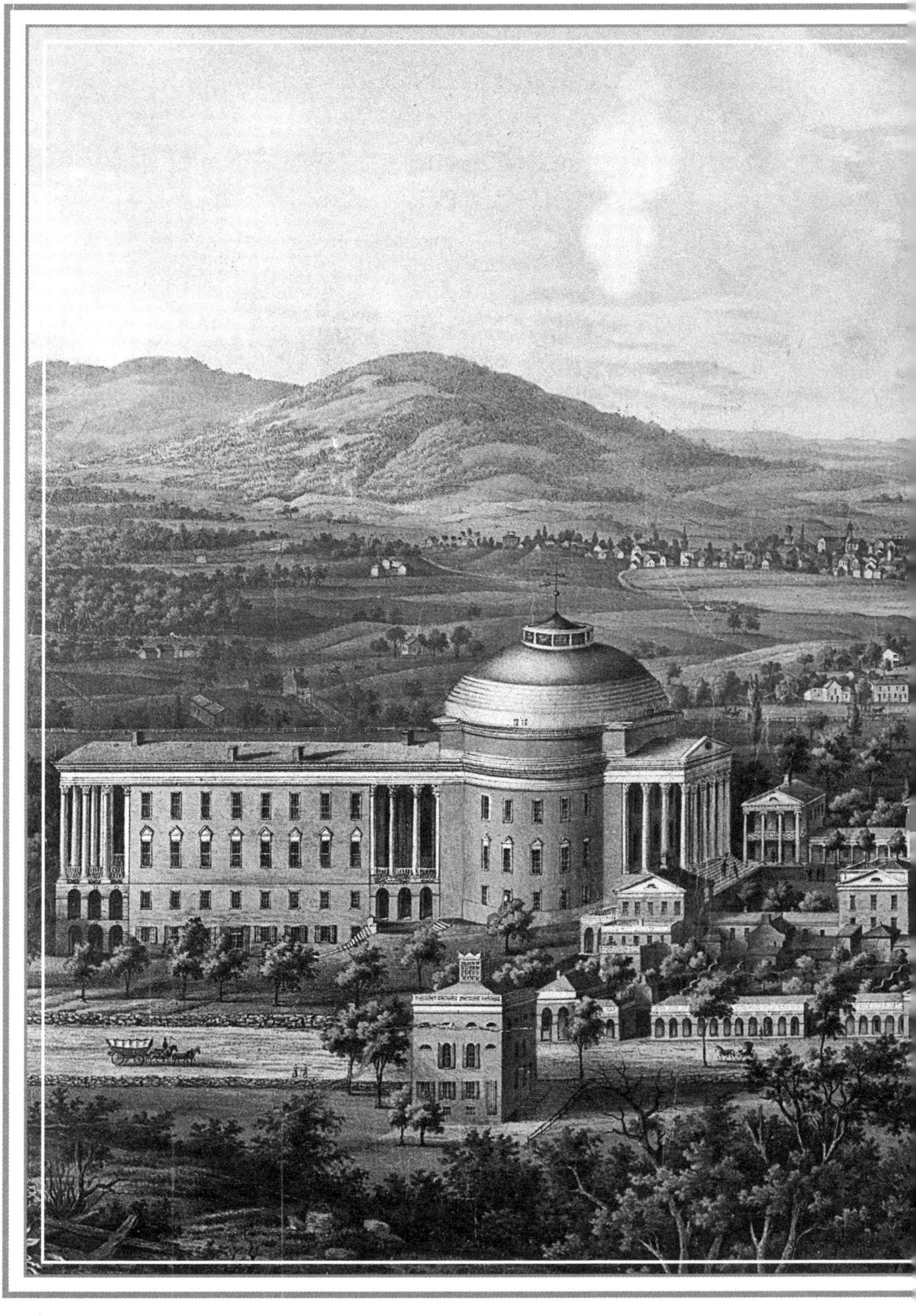

Thomas Jefferson

The Art of Power

第九部分

蒙蒂塞洛之主

（1809 年至终）

我驾驶着希望之舟前行，将恐惧甩在身后。的确，我的希望有时会破灭，但更多情况下，是预示不祥的黑暗消散。

——托马斯 · 杰斐逊

致约翰 · 亚当斯

从刘易斯山远眺弗吉尼亚大学、夏洛茨维尔和蒙蒂塞洛的景色（19世纪中期）。

第四十章
我的身体、头脑和日常生活

在战争的喧嚣里，在国与国的争斗间，他一直用智慧守护着我们的和平。他的赫赫功勋已铭刻在他的儿女们的心上。

——致托马斯·杰斐逊的祝酒词

（华盛顿坦慕尼协会，1809 年 5 月 12 日）

在蒙蒂塞洛杰斐逊的套间里，睡床嵌在书房（也常被称作他的“内阁”）和一间带壁炉的卧室之间的凹室内，休憩时脚朝东。床周围挂着红色的帷幔。尽管房间里很安静，可每当杰斐逊把头倚在枕头上时，他的眼睛和耳朵总是能感受到时间的流逝。凹室内的木隔板上摆放着两块方尖碑，中间架着一只 1790 年的钟，每逢整点和半点就发出悦耳的叮当声报时。钟下面悬着一把剑，据说是一个“被遗忘已久的阿拉伯王子”的礼物。房间里还可以听到杰斐逊养的许多知更鸟的叫声。

夜里，卧室的寂静也会被放在书房西墙的落地钟打破。这只高大的钟发出的滴答声分分秒秒不绝于耳，黑夜里整座房子安静下来，这声音便更加明显。杰斐逊的套间有三扇门与房子的其余部分连通，这三扇门一关上，就在主人和其他家庭成员之间形成了一道屏障，隔出了安静的小天地。杰斐逊入睡时，右边是有四扇高大窗户的书房，左边是只有一扇窗户的带壁炉的卧室，在那里，他保存着妻子的胡桃木梳妆台。

距离睡床几步远的地方就是杰斐逊自己的洗手间（整座房子里共有三个洗手间）。杰斐逊总是用废纸上厕所。（杰斐逊去世那天，一个家庭成员搜集了一些这种废纸，现在保存在国会图书馆。）

杰斐逊夜里一般睡 5~8 小时，睡前总要戴着眼镜看半小时到一小时的书。上了年纪后，他听几个人同时说话有点儿吃力，不过身体还是很健康，极偶尔会发一次烧。卸任后一身轻松、不再操劳，之前压力一大就头疼的毛病也似乎“消失得无影无踪了”。

杰斐逊的几个房间都有阳光直射。每天早上，他对光线的最早感知主要来自右边书房里第一扇朝东的窗户。如果像他本人所言的那样，每天在天亮时分醒来，这时方尖碑钟的指针正慢慢变得清晰，可以感觉到光不断地涌入房间，最初只是一小束，但很快整个屋子都被照亮了。

这时，杰斐逊会从床上坐起身来，面向左边，把脚浸在每天早上使用的冷水盆里。他会这样待一小会儿，眼睛望着壁炉，通过卧室天窗透进来的光线多少以推断太阳的高度。

其实，他和他的蒙蒂塞洛跟太阳有点儿像：处在宇宙的中心。

每天早上醒来看到的这座占地 1.1 万平方英尺、有 33 个房间（几座凉亭里和南露台下面还有 10 个房间）的房子，正是杰斐逊的快乐所在。而直到从总统任上退下来，这座房子才真正变成了他想要的模样。

从蒙蒂塞洛朝东的玻璃正门进入门厅，杰斐逊及他的家人朋友立刻被象征他毕生功绩的物件所包围。宽敞的大厅里挂满手工艺品、美国的自然风物以及杰斐逊政治生涯的纪念品。地板是绿色的（这是吉尔伯特 · 斯图尔特的建议），墙壁刷得雪白，腰线以下则是橘黄色的墙裙。可以看到驼鹿和麋鹿的角、乳齿象的上颌骨，还有 40 件印第安物品——石头雕像、工具、一件曼丹人的水牛皮袍子、一位年轻索克酋长的小画像等。还可以看到一些地图，有很久以前杰斐逊父亲绘制的“弗莱-杰斐逊”弗吉尼亚地图，还有后来的北美洲、欧洲、非洲、亚洲地图。还有一座胡夫金字塔的微缩模型。

门厅里还有一座雕像，杰斐逊一直以为是克娄巴特拉，后来才意识到那是古希腊神话中的悲剧女性阿里阿德涅。还有两幅画：《沉思中的耶柔米》和《耶稣在衙门院内》。杰斐逊对后一幅有详细的描述："耶稣……被脱了紫袍，还未穿上自己的衣服，头上戴着荆棘的冠冕。他坐在那里……在场的人似乎有一个辱骂他的兵丁、他的一个门徒，还有监督行刑的人。这是《马可福音》第 15 章 16~20 节的事情。"另外有亚美利哥 · 韦斯普奇、约翰 · 亚当斯以及杰斐逊本人的肖像（作者是吉尔伯特 · 斯图尔特），两幅《独立宣言》的版画——一幅是约翰 · 特朗布尔描绘的宣言签署场景，另一幅则是宣言本身，还有汉密尔顿、伏尔泰以及法国政治家、经济学家杜尔哥的胸像。

蒙蒂塞洛的装饰很讲究。对杰斐逊而言，房子里的肖像、胸像、雕塑和手工艺品不是随意拼凑起来的，而是为了"纪念那些杰出的人物"，并且"为之感到骄傲和欣慰"。在蒙蒂塞洛展示的任何物件、任何人，对杰斐逊来说都有一定程度上的特别意义。

因此，只消往房子里走几步，杰斐逊高瞻远瞩的头脑、开阔的胸襟、广博的兴趣和对历史更迭的关注就展现在每个人眼前。化石、鹿角、印第安手工艺品和地图呈现了早期美国的面貌，以及白人征服这片土地的最初努力。金字塔模型和阿里阿德涅雕像是古代世界的遗物。耶柔米和被钉十字架前的耶稣的画像展示了宗教在西方文明发展史上不容置疑的重大作用。韦斯普奇以及隔壁客厅里哥伦布的画像，则将视角从大西洋彼岸转向新大陆。伏尔泰和杜尔哥代表着启蒙运动中哲学家的功绩。亚当斯、汉密尔顿、杰斐逊本人以及大陆会议成员宣告美国独立的场景则把视角拉回不远的过去，讲述着房子主人毕生的丰功伟绩。

就这样，一个个房间、一样样物品、一幅幅版画、一幅幅肖像、一枚枚奖章，构成了蒙蒂塞洛的世界。

门厅高高的天花板上装饰着石膏浮雕，图案是被星星簇拥着的鹰，还悬着一盏阿尔冈式的圆筒芯铜吊灯。客人们穿过门厅，从二层的楼廊下走过，就踏上了客厅美丽的镶木地板——樱桃木和山毛榉木镶嵌组成的图案由杰斐逊亲自设计而成。

和门厅一样，客厅的高度也是 18 英尺 2 英寸，装饰着朱庇特神庙中的那种科林斯式雕带。根据杰斐逊的精心设计，层层叠叠的艺术品散落在牌桌、椅子、沙发、一副国际象棋、一架羽管键琴和一架钢琴之间。在这个房间里，一家人的生活展现在我们的眼前，他们被象征着房子主人丰功伟绩和整个国家历史的种种物件簇拥着。“肖像：24幅，其他画作：17幅，奖章：10枚，胸像：2座，其他：4件。”杰斐逊写道，他正清点着客厅里的装饰品。

这里的画像和雕塑，有造就这个时代的伟人，也有造就各个时代的伟人：乔治·华盛顿、本杰明·富兰克林、麦哲伦、拿破仑、拉法耶特、哥伦布、韦斯普奇、亚历山大一世、戴维·里滕豪斯、沃尔特·雷利爵士、詹姆斯·麦迪逊、托马斯·潘恩、詹姆斯·门罗、路易十六、约翰·洛克、艾萨克·牛顿爵士、弗朗西斯·培根、詹姆斯·亚当斯，还有特朗布尔和马瑟·布朗分别给杰斐逊本人画的肖像。还有一幅出色的肖像，是查尔斯·威尔森·皮尔给杰斐逊的外孙托马斯·杰斐逊·伦道夫画的。另外还有1804年在的黎波里打了大胜仗的爱德华·普雷布尔的圆形大奖章。和门厅里一样，这里也有宗教主题的画作：《抹大拉的玛丽亚的忏悔》、《下十字架》和《希罗底手持施洗约翰的头颅》。还有两尊塞夫尔产的小雕塑：《维纳斯和丘比特》、《希望女神和丘比特》，召唤出那个古老的世界。

客厅右边是明黄色墙壁的餐厅。在餐厅尽头，两道滑动折叠门隔出一间八角形的茶室。这里被杰斐逊称为“最荣耀的套房”，他和他的家人会在这里用餐、交谈，一抬头就能看到华盛顿、富兰克林、拉法耶特和约翰·保罗·琼斯的胸像——都是让-安托万·乌东作品的石膏复制品。

在杰斐逊的套间旁边，有一间属于帕茜的蓝色起居室，被称作南方形房。北面则有一间八角房，配有凹室床，麦迪逊夫妇来访时常常睡在这里。

楼上（包括最顶部的穹顶房间）都是一间间的小卧室。房子的中心、生活的中心，还是在楼下，在杰斐逊的掌握之中。

“假如这座房子不叫蒙蒂塞洛，”一位来访者于1816年写道，“那我会叫它奥林匹斯，它的主人就是朱庇特。”杰斐逊的家人同意这种看法。“他的乐观和慈爱，”一个外孙女回忆道，“就像温暖的阳光，照耀、鼓舞着全家人。”

杰斐逊在写给玛丽亚·科斯韦的一封信里说，自己就像“古时候的一个族长”。“我们的妈妈教导所有孩子要像她自己一样仰视她的父亲——是真正意义上的仰视，仰视着一个站在荣耀和美德高峰上的人。”一个外孙女埃伦·库利奇写道，“而随着我们渐渐长大，有了自己的判断，我们也越来越坚定地相信我们印象中的伟大的外祖父的确很伟大。”

杰斐逊的外孙、外孙女都爱他、崇敬他。他们跟着他在花园散步（不过从来没有踩过园中的苗圃，因为这“不合他定下的规矩”。）他从来都不必大声说话：他们太清楚他的威严了。“外祖父不用对我们任何人说狠话、提高嗓门或者使用威胁，”一个外孙女回忆道，“他只是说‘去做’或‘不要去做’。”他的话一定会被遵从。

他会帮孩子们摘果子——通常是无花果和樱桃，工具是一根顶端有钩子和网兜的长棍子。他还会组织孩子们赛跑，并亲自当裁判。赛道往往设在露台上，或是绕着草坪。他按孩子们的年龄规定好各自起跑线的位置，当他把白手绢从伸出的右手中抛下时，选手们就开始跑。第一名的奖品是三颗无花果或李子，冬天就是枣子；第二名两颗，第三名一颗。夏天的夜晚，他会把自己设计的国际象棋桌——制造者是约翰·赫明斯——支到外面来，和某个外孙女下一局。

到了冬天，白昼较短，杰斐逊会在傍晚和家人围炉小坐。用一个外孙女的话说，这个时间“天已经暗得看不了书了”，因此“在蜡烛点起来之前的半小时里，我们都围坐在炉火前，他会教我们一些小孩子的游戏，还陪我们一起玩”。这些游戏中有“横问竖答”，还有“我爱她，是因为她……”，后者要求参加游戏的几个人按字母表的顺序依次说出以某一字母开头的一种品格。

蜡烛的到来宣告游戏的结束，大家继续开始读书。随着杰斐逊“拿起他的书来读”，四周都变得安静下来。“我们说话都用耳语，生怕打扰到他。通常我们也会像他那样拿起一本书——我看到过他从自己的书中抬起头来，环视这一小圈读书人，然后笑着朝妈妈评论上几句。”

为了保持自己套间的私密性，杰斐逊建造了威尼斯式的带百叶窗的门廊，这样从房子外面就看不进他的房间了。不过，他并不喜欢长时间一个人待着。有一次他被大雪困在杨树林回不来，写信给帕茜道：“我就像个犯了重罪的人，看守每天按时给我送来点儿吃的，然后就走了。”

他的命令不由分说，他的爱也无以复加。全家人去贝德福德游玩时，他会让所有人穿上披风，需要时甚至是毛皮大衣。他一路都唱歌、说话，中午还给大家提供野餐——冷盘肉和兑水的葡萄酒。

一次，他无意中听到一个年幼的外孙女感叹自己没有一条丝绸裙子。第二天，她就有了一条从夏洛茨维尔送来的丝绸裙子。还有一次，一个外孙女心爱的棉布裙在门廊和门厅之间的玻璃门上扯坏了。她回忆道："外公正好站在旁边，目睹了这场惨剧。"过了几天，这位美国前总统走进帕茜的起居室，"手里拿着一个包裹"。他对外孙女说："我帮你补好了裙子。"那是一条新裙子。

要是听到哪个孩子想要一块表，想要一套马鞍和笼头，或是一把吉他，他都会悄悄地买给他们（用借来的钱）。他确保外孙、外孙女们都有圣经和莎士比亚可读，都有写字桌可用。"外祖父好像能看穿我们的心思似的，知道我们隐匿的愿望，他是我们的守护精灵。他挥一挥魔杖，用慈爱和礼物点亮我们的童年。"

可感知他人需要是杰斐逊的一种天性。用一个外孙女的话说，他骨子里"充满了对他人的关爱，对于他爱的人，他能体会到他们的感受，猜出他们的愿望，满足他们的想法，用爱将他们包围"。族长的爱和政治家的韬略有许多相似之处：都要感知他人的需要，并努力以合理的方式满足这些需要。这就是杰斐逊政治生涯的全部，而退休后又成了他私人生活的全部。

在麦迪逊的就职典礼上，玛格丽特 · 贝亚德 · 史密斯注意到杰斐逊显得十分快活，这种快活在他回弗吉尼亚的头几个月里一直很明显。"杰斐逊先生上周过来了，昨天还在这里吃了饭。"1809 年 4 月，伊丽莎白 · 特里斯特从法明顿写给朋友的信中说，"我从未见他的状态这么好过，也没见他这么快乐过。"

1809 年年中，玛格丽特 · 贝亚德 · 史密斯如约到访蒙蒂塞洛，发现杰斐逊身心状态都非常好。"他总是太阳一出就起床，脑子里总在策划着各种各样的事情，多到早起晚睡都干不完。"她写道，"他身上有一种宁静的气质，只有内心平和的人才会有的气质。"

从退休开始，杰斐逊喜欢听公众谈起对他的信任、对他所开创的道路的信任。1809 年的总统就职日，一群大学生这样写道："远方在打仗，我们却能在和平的环境下大胆地用知识另辟蹊径，不受战争喧嚣的侵扰，不用经受世界上许多国家正在经受的颠沛流离之苦。"一位不知姓名的作者把杰斐逊誉为最伟大的人："你对国家的贡献如此之大，对我来说你是一位父亲、一位守护者。因为你的贡献，我将永远以感激之心颂扬你。"一位法国的老朋友也给予他最高的评价，皮埃尔-塞缪尔 · 杜邦 · 德 · 内穆尔在 1809 年 6 月给杰斐逊的信中这样写道："尽管我确信你的朋友和学生麦迪逊先生能够按照和你一样的原则治理国家，但我还是忍不住感到遗憾，你不愿再做 4 年总统。”

世界仍把杰斐逊和美国看作希望的象征。费城的一位西班牙外交官写道：“没有人比你更清楚做好人有多难：人是很邪恶的，他们脑中充满了各种愚蠢的想法，很容易传染给别人，一旦染上就很难清除。就连最伟大的、最泰然的化学家杰斐逊也无法把这些愚蠢的想法变成气体，让它们从人类头脑中蒸发掉。”

“假如贵国的共和制政府没有存续，人类将走向何处？”一位法国朋友在信中写道，“我真的不敢想象！”

在书房里，杰斐逊坐在一张种植园风格的写字桌前写东西，腿搭在桌下一条红色的皮革长凳上。现在他是全职的农场主，每天还要花几小时读信、回信，确实有点儿勉强。“我现在的生活方式让我无法随心所欲地阅读。”杰斐逊从蒙蒂塞洛写信给本杰明 · 拉什，“从吃过早饭，或者最晚从中午开始，直到晚饭，我大部分时间都在马背上度过，处理农场或者别的什么事情，我发现这样对我的身体、头脑和日常生活都很有好处。”他给农场订购英国桑树、桃树和杏树的种苗，还有雁和一只公羊。“现在无论什么天气，我都很早吃早饭，然后一直骑在马上穿梭在农场之间，很晚才回家吃晚饭。”1811 年 1 月，他这样告诉拉法耶特，“我发现这样对我的身体、头脑和日常生活都很有好处。”

杰斐逊乐得少过问政事。“我对两三千年前发生的事情比对现在发生的事情感兴趣得多。”他在 1819 年写道，“因此，我读的书都是关于特洛伊英雄的，还有庞培、恺撒和奥古斯都。”

然而，他从来无法做到全然不关心当下的世界。他对拉法耶特表达了自己的愿望，希望欧洲的动荡最终能够结束。“假如真的有上帝，而他又是公正的，那么一定会有他施行公义的那一天。他绝不会丢下全人类不管，任由他们被洪水猛兽吞噬。”他也订阅报纸，并告诉麦迪逊，自己“每天只读一点点儿报纸，不过神奇的是，偶尔还是会有一两句真言打动我的心，像《圣经》中落在财主舌尖上的水一样”。随着他回到山间享受安逸的生活，有一个事实变得毋庸置疑：用他自己的话说，他喜欢“做自己时间的主人，这感觉妙不可言”。

利用这些可以自己支配的时间，杰斐逊和科学界、教育界、哲学界保持着密切的联系。威廉 · 克拉克继续往总统府送标本，麦迪逊便在 1809 年美国独立日把一张来自落基山脉的大角羊羊皮转赠杰斐逊。（“包裹太大了，没法邮寄，我找机会用其他方式转交给您。”）杰斐逊还监督了一项翻译工作，将一部关于孟德斯鸠《论法的精神》的法语评论作品译成英文。他和一位朋友在信中讨论马铃薯的起源；写信向别人要葡萄树的插条，因为他自己想种葡萄酿酒；思索图书馆的作用。“我常常想，如果每个县都能花点儿小钱设立一个小小的流动图书馆，在保证按时归还的前提下，把精挑细选的好书借给居民们阅读，一定能带来巨大的益处。”

那年（1809 年）秋，杰斐逊以前的朋友约翰 · 沃克病了，说很想见见老朋友。詹姆斯 · 门罗写信给杰斐逊，告诉他“如果你这时候能去见见沃克上校，对他来说将是莫大的善举，他一定会很感动”。约翰 · 沃克的妻子（杰斐逊曾经追求过的贝琪 · 沃克）也在生病。显然，杰斐逊怕见面尴尬，决定不去贝尔沃拜访沃克夫妇。尽管很多年前的一个夏天，还是单身的杰斐逊曾多次走过这一小段路去见贝琪。他给夫妇俩送了一篮熟透的无花果作为礼物。沃克的女婿休 · 纳尔逊对杰斐逊表示了感谢，并告诉他一个不幸的消息——沃克夫妇俩仍然“都很虚弱，提不起精神来”。

杰斐逊也随时准备着像担任州长时那样继续维护弗吉尼亚。一位历史学家写信问他关于革命时期的事情，他在回信中写道，弗吉尼亚对整个国家的贡献一直是“相当大”的。他说：“我们一直立足于把全州的资源最大限度地调动起来，为全国共同的事业贡献人力、财力、物力，满足一切需要。”

杰斐逊从前的秘书梅里韦瑟 · 刘易斯在田纳西旅行时惨死的消息传到了杰斐逊耳中。他听说的事情经过是这样的：刘易斯住在一家小酒馆，酒馆老板娘那天正在熟睡，突然听到两声枪响。之前被认为“精神错乱”的刘易斯“躺在血泊之中”，头上和心口各有一处伤口。看来第一枪没死成，他又朝自己补了第二枪。但这一枪似乎也没有致命，最后这个可怜人用匕首刺死了自己。

从佛蒙特州前去拜访的伊莱贾 · 弗莱彻对杰斐逊的描述非常不留情面。“杰斐逊先生又高又瘦，腰板很直。”弗莱彻于 1811 年写道，“他的长相并不英俊，而是有些粗野——我得知邻居们也不怎么尊敬他……女黑奴萨莉的事情并非传言——他和她同居，她还生了好几个孩子，这是不争的事实——最可怕的是，他仍让这些孩子做他的奴隶——这简直是毫无人性的犯罪，可在这一带却很常见——考虑到这种行为在这里如此普遍，算不上丢人，所以杰斐逊这件事似乎也没那么过分了。”

在农场日志里，杰斐逊不动声色地记载了赫明斯的几个孩子的出生，同他记录奴隶们的生活、庄稼的收成没什么两样。显然，他在心里把赫明斯为他生的这几个孩子看作另一个世界的人，尽管他们就在他身边长大。麦迪逊·赫明斯说："他不习惯对我们小孩子表现出关心或父爱。"但据他所言，杰斐逊对自己的几个白人外孙、外孙女"倒是非常疼爱"。

这种生活方式怎么说都有几分奇怪。但杰斐逊毕竟处在那样的文化之中。"和黑人或者黑白混血女子同居是很平常的事情，人们说起来不会觉得有什么不好，也不用遮掩或觉得羞耻。"马萨诸塞州的小乔赛亚·昆西从南北卡罗来纳州回来后这样写道，"餐桌旁服侍的黑奴有可能正是桌上主人的子女，这种情况并不少见。"

蒙蒂塞洛每天也上演着这种情形。在给另一位传记作家詹姆斯·帕顿的信中，亨利·兰德尔提到了托马斯·杰斐逊·伦道夫的一些观察。谈到萨莉·赫明斯几个子女和杰斐逊长相的相似之处，"伦道夫说有一个黑奴和杰斐逊太像了，如果穿着差不多的衣服，离远点儿或者在天黑的时候那个黑奴很可能被误认作杰斐逊本人"。有一次，伦道夫说："和杰斐逊一同进餐的一位绅士抬头看到杰斐逊身后的仆人，吓了一跳。大家都看得出来这两个人有多像。"（伦道夫对别人讲起这些回忆，是为了证明杰斐逊的外甥彼得·卡尔是萨莉·赫明斯几个子女的父亲，但这种说法最终被基因研究推翻了。）

对于杰斐逊来说，这些心照不宣的事实是生活中再平常不过的一部分。"我问R上校（指伦道夫），杰斐逊为什么不把这些长得像他的黑奴送到贝德福德的庄园或是其他什么地方去，让他们消失在公众视线中。"兰德尔在给帕顿的信中写道，"他说杰斐逊先生表现得他压根儿就没有发觉到这种相似——尽管他（R上校）很清楚他母亲会很乐意让这些人消失，但他和他母亲，他们所有人都太敬重杰斐逊了，不敢跟他提起这一话题。只要他觉得合适，他们都没意见。"

这种缄默和否认正是当时各蓄奴州的潜规则，于杰斐逊而言很合适。这是他的种植园，他的世界，他想怎么生活就怎么生活。"弗吉尼亚的一座古老庄园可以蕴藏许多秘密，"亨利·兰德尔写道，"就像古代的诺曼城堡一样。"而人们对于这些秘密总是尽量闭口不谈。

杰斐逊有时能感觉到老之将至。"我都不怎么能走路了，"他在1811年7月写给菲利普·马泽伊的信中说道，"大部分活动都是靠骑马，生活能力也明显退化了。"

他深知自己的极限。他在1811年8月写给本杰明·拉什的信中说道："我很惊讶老年人竟然不知道自己的头脑会和身体一同退化。"他为自己在这方面的洞察力感到骄傲，微微而又毫无疑问地庆幸自己能认识到人类能力的有限："无限期地占据权力宝座会让我们的共和政体陷入危险，我认识到了这一点，感觉自己有责任退下来。再说，我也害怕变成一个老糊涂，自己还浑然不觉，光这一点顾虑就足以帮我拒绝所有要我连任的请求。"

但他的好奇心仍未消减。"你好吗？"他在给马萨诸塞州的朋友、前司法部部长利瓦伊·林肯的信中问道，"你在忙什么？是经营农场还是搞研究，还是两者交替？你读法律还是神学？两门学问中，哪一门研究起来比较有趣、引人入胜，哪一门比较枯燥乏味？将救世主送上十字架的是律法，还是神的旨意呢？"

1811年元旦次日，本杰明·拉什开始了一场悄悄的游说，试图让杰斐逊和亚当斯恢复通信联系。"你们如果能恢复交往，对于知识分子和爱国者而言将是一种荣耀，对美国乃至全世界的共和事业也将大有裨益。"拉什在给杰斐逊的信中写道，"两位曾经对立的前总统重修旧好，子孙后代都会为之肃然起敬。这也是一件鼓舞人心的好事。"拉什称，如果杰斐逊能迈出第一步，一切就都好办了。亚当斯已经做好了准备，而且时间也不多了。"亚当斯已经在坟墓边缘挣扎，"拉什说，"全靠旧日的战友拉他一把了。"

亚当斯和杰斐逊的友谊是在18世纪90年代的激烈的政治分歧中破裂的。杰斐逊写信给拉什："你还记得那时候那些联邦主义者使出的各种手段吧。"他回忆起"外侨和惩治叛乱法"，对于他而言，这意味着"打压那些支持我国宪法原则的朋友，用威慑制止任何对他们的友好表示，让我们与法国为敌、与英国为盟，最终将我们的宪法同质化为英国的宪法"。

拉什则不屈不挠而又小心翼翼地继续他的努力。拉什在回信中写道："政治生涯的糟糕之处有很多，而最可怕的就是友谊的破碎，还有往往随之而来的难解的仇恨。"

在位于昆西的家中，美国第二任总统亚当斯和来访的杰斐逊的两位邻居度过了两天时间。他们聊了许多。"亚当斯先生谈论人和事都毫无顾忌，为我们讲述了国家历史上许多有意思的细节，尤其是他自己任期内的事情，以及与1800年总统选举有关的一些事。"其中一位访客爱德华·科尔斯写道。亚当斯也表达了对杰斐逊的"不满"。"我告诉亚当斯先生，他所听说的杰斐逊先生针对他的一些言行，其实与杰斐逊本人一贯所言大相径庭，而且对自己的朋友——亚当斯先生的政敌，杰斐逊也从没说过那样的话。”科尔斯写道，“我复述了杰斐逊先生对亚当斯的一些赞美之辞，亚当斯先生看上去很高兴，也在话语中表达出了这种喜悦。”

听到来访的两位弗吉尼亚人的热情描述，亚当斯感到既吃惊又欣慰。据科尔斯所说，他改变了对杰斐逊的态度，“对他的人格大加称赞，还感激了他在独立革命中及之后的日子里对国家的贡献”。亚当斯又批评了报界对杰斐逊的苛刻态度，还说：“我一直很喜爱杰斐逊，现在依然如此。”

这句简单的话语对于杰斐逊来说足以宽慰。“这样就够了，”他给拉什写信说，“他只要这样承认了，我就能重拾我们关系最亲密时我对他的深切感情。”拉什把杰斐逊的想法转告了亚当斯，亚当斯便在1812年新年给杰斐逊写了一封信，并给他寄去一本约翰·昆西·亚当斯初次在哈佛教授修辞和演讲时的讲稿集。

杰斐逊的回信直击亚当斯的心弦。“你的信勾起了我内心深处宝贵的记忆，”1812年1月21日，他从蒙蒂塞洛写信给亚当斯，“它让我回到那个举步维艰、危险重重的年代，我们为同一项事业共同奋斗，争取人类最宝贵的东西——自治权。我们一直努力划着同一支船桨，迎接面前的风浪，每一次风浪都似乎要掀翻我们，但我们的小船总能化险为夷。我们一心一意与风暴搏斗，最后终于抵达了幸福的港湾。”

就这样，一段被政治摧毁的旧日友谊重新建立了起来。1812年2月10日星期一，亚当斯从昆西给杰斐逊回信时，那些不愉快的日子似乎已成了过眼云烟。亚当斯向杰斐逊要一本在弗吉尼亚出版的小册子，里面说1812年7月是世界末日。亚当斯觉得这种预言能够流传开来真是很神奇，因为“时间和经验都已经反复证明了这些预测不可信”。

两位已步入老年的革命家分享着他们的想法和回忆，谈论着精神上和现实中的问题。“你问我，美国革命的这一段历史该由谁来书写。”杰斐逊在1815年写给亚当斯的一封信中说，“谁有这个能力？谁最终能够下笔？没有人。能写下来的只有外在的史实。而那些在国会里关起门来进行的探讨和谋划，据我所知从来没有人记录过。这些才是历史的精髓，注定永远无人知晓。”

两人当中亚当斯的信写得更勤些。“太多的话题涌上心头，我都不知道从何说起。”他告诉杰斐逊。这位第二任美国总统非常看重这段失而复得的友谊。“在你和我把彼此所有的想法都了解清楚之前，谁也不能死。”

杰斐逊很喜欢这些信。“亚当斯先生和我现在定期通信。”1813年3月，杰斐逊告诉本杰明·拉什，“我正欠着他一封信，一想好说什么我就马上给他写。不过我们从来不瞎讨论看似稀松平常的政治问题。我们在那么多方面所见略同，为何专挑这个唯一有分歧的话题呢？”

关于政治的变幻无常，亚当斯写道：“50年来，我的名声一直是大众茶余饭后咀嚼的话题，将来也会如此。因此，名声对我而言就像一团泡沫，一张飘荡在夏日多变的微风中的蜘蛛网。”杰斐逊的态度也是如此。1813年6月，他在写给亚当斯的信中说道：“现在我的终极追求就是伊壁鸠鲁式的享乐主义——身体舒服，内心宁静。我希望就这样度过余生。”

> 自社会形成之初，人们就持有不同的意见，并就此形成不同的派别。在所有允许人们自由思想、自由发声的政府中，都会产生不同的派别。现在美国所经历的政治派别之争古已有之。究竟是人民的意愿占上风，还是贵族精英的意愿占上风，古希腊和古罗马政坛一直为之争论不休……由于我们的政界资历较别人更久，同胞们对我们的名字更熟悉些，所以认为和你意见一致的那一派会把你看作他们的领袖，另一派把我看作领袖，也是出于同样的原因。

杰斐逊认为，共和国成立之初的政治纷争早该结束了。“我和你，我亲爱的先生，就像老迈的普里阿摩斯，怎能穿上儿子赫克托耳的铠甲呢？我们这把年纪了，怎能代表各自的派别在报纸这一角斗场上针锋相对地比拼呢？我绝不会这样做。我早已下定决心顺从于世人的评判，他们将按照我的行为评判我，我绝不会为自己解释一句。”

谈到两人的意见分歧，亚当斯表现得很有风度，但也决不让步。“我深信二人的正直崇高，就像对华盛顿那样深信不疑。”提到杰斐逊和麦迪逊，亚当斯写道，“我对你和麦迪逊先生的执政方式从来不敢苟同。我和你们孰是孰非，后人自有评判。”亚当斯承认“整个国家都站在你们那边。但你们的权威和国家的权威都不足以让我信服，也不足以让后人信服——我敢这样断言”。

亚当斯和杰斐逊对民主本质和国家未来的探讨十分精彩。通信迫使两人澄清想法，进行理性思考。派别争斗中大呼小叫的指责已成为过去。“就对社会的教化和治理而言，我认为天生的贵族是自然赋予我们的最宝贵的财富。”杰斐逊写道，“的确，既然造物主让人类形成社会，就不可能不赋予我们足够的美德和智慧解决各种社会问题。我们甚至不妨说，让这些天生的贵族成为政府管理者，或许是最好、最有效的政府组成形式。”他又继续写道：

以上是我就我们的分歧之处所表达的自己的意见。我说这些话并不是为了和你争论，因为我们都年事已高，一辈子习惯了质疑与反思，不太可能改变自己的看法。我是受到你之前一封信的启发，你说在我们把彼此所有的想法都了解清楚之前，谁也不能死。在为自由和独立而战的漫长、艰苦的岁月里，我们一直配合得很融洽。我们建立起一个政体，尽管我们俩都承认它并不完美，但我们也都觉得它足以使我们的同胞享受天底下最幸福、最有保障的生活。对于我们政体的欠缺之处，我们就算想法不同，对国家也无大碍，因为经过一辈子无私的努力，我们现在已经把国家交给了下一代，他们能够好好治理国家，也好好对待自己。

截至 1826 年两人相继去世之时，杰斐逊和亚当斯一共互通过 329 封信，其中很大一部分（158 封）是 1812 年之后写的。

“这个冬天对农场主来说日子不太好过。”杰斐逊在 1811 年 3 月写给麦迪逊的信中说。对于政治家们而言，这个冬天也没好到哪里去。“上一会期激烈的派系冲突又在国会重演了。”杰斐逊的女婿约翰 · 韦尔斯 · 埃普斯也在 3 月给他写信，“哪个国家也没有这样可恶的少数派，他们没有固定的原则或宗旨，也缺乏美国情感之类的东西——他们的全部政治信条可以用‘反对’一个词概括——他们无原则地反对，全然不顾个人名誉和国家利益。”

身在蒙蒂塞洛的杰斐逊眼睁睁地看着他几十年来的担忧（英国对美国的控制）成为现实。1812 年起，随着美国又一次和英国开战，杰斐逊多次警告过人们的情形出现了。杰斐逊从总统职位退下来时，还相信可以不通过武力冲突解决英国问题。然而，他建议麦迪逊不要排除任何可能。“战争固然无益，但任人蹂躏更可怕。”

1811 年 9 月，杰斐逊写信告诉约翰 · 韦尔斯 · 埃普斯，总统夫妇和战争部部长、海军部部长将携家人做客蒙蒂塞洛。然而，可能是英国军船“停泊在特拉华拒绝离开”的消息让内阁成员们无暇如约到访。

本杰明·拉什把一切都看在眼里。“我们的国家两次宣布独立于大不列颠——1776年一次，1800年一次……是不是如今我们要第三次宣布独立，而且不是用笔，不是用普选，而是用大炮？”

随着战争临近，杰斐逊从杨树林回到家中。雨水和冰雹摧毁着小麦的收成——5月里仅10天的降雨量就达10英寸，弗吉尼亚的人们也在等待着华盛顿方面的消息。在杰斐逊看来，与英国的冲突也是与亲英派美国人的冲突。1812年5月，杰斐逊告诉麦迪逊：“大家都镇定地等待你宣战。假如那些北方人意图控制少数派，这也是教训他们的一个好机会。”

1811年11月5日星期二，麦迪逊总统向国会发表了备战演说。他认为来自边境和海上的威胁之大已无法让人容忍。检验美国能否实现永久独立的时刻到了。

“这么说我们是要打仗了？我看是的，而且也是必要的。”杰斐逊写信给查尔斯·科茨沃思·平克尼，“我们曾经凭着耐心和对和平的爱等待着，但希望已经破灭，我们只剩下斗争和夹着尾巴投降两个选择。”

1811年的最后一天，杰斐逊给麦迪逊寄去了鼓舞的话语。“你的演说可谓坚定、理性、庄重，可以说是十全十美……天佑你渡过难关。”

第四十一章

培养政治家、立法者和法官

在一个共和国，如果其公民不是被强权征服，而是为理性与信仰所引领，那思辨的艺术就至关重要。

——托马斯 · 杰斐逊

杰斐逊对这种形势并不陌生：国王的军队虎视眈眈，美国危机四伏。对杰斐逊那一代人来说，这种冲突已持续良久，在法国-印第安人战争到达高潮之后就已经开始。近半个世纪以来，从印花税法案到强制征募船员事件，英国从未完全承认美国是一个独立的主权国家，美国也知道这一点。甚至到1810年，一名美国议员仍觉得有必要声明："我们的人民不会向殖民统治妥协，不会放弃自主独立。"在杰斐逊生命中，他将要再次面对英美之间的战争。

对美国人来说，1812年的战争在很长一段时间里都是灾难性的。1814年8月，英国军队火烧首都华盛顿，挽救文件和一幅乔治 · 华盛顿画像的任务落在了多利 · 麦迪逊的身上，她在敌人到达之前逃离了总统官邸。当有报告说一些美国人对英国人表示了欢迎时，杰斐逊非常气愤，他在1814年写给约翰 · 韦尔斯 · 埃普斯的信中说："一个政府如果不令人心怀敬畏，不具责任感则难以维持。良民遵从责任的指引，而恶徒只能靠威严震慑。”

直到在巴尔的摩和普拉茨堡取得胜利后，美国才扭转形势。《根特条约》的签署带来了和平的曙光，近半个世纪来美国与英国的冲突也由此终止。另一场斗争——支持杰斐逊的民主共和党和顽固的新英格兰联邦党的斗争——也宣告结束。联邦党人于1814~1815年在康涅狄格州召开了会议，即哈特福德会议。在这次会议中，联邦党人以受侵害者的姿态提出了决议，其中包含了一些关于脱离联邦政府的言论。然而，这次会议的内容一经传开，人们认为联邦党在向英国妥协求安，这暴露了联邦党急功近利的形象，使他们失去了民心。杰斐逊指出：“对国家统一性的期盼流淌在每个美国人的心中。我相信地球上没有一个政府不是建立在这个坚固的基础之上的。”

1815年年中，在杰斐逊一直寄予厚望并为之奋斗的美国大部分地区，终于结束了与外敌的战争，重新获得了安宁。

1814年，南卡罗来纳州的圣公会主教西奥多·德霍恩来到蒙蒂塞洛。虽然是不期而至，但他对蒙蒂塞洛及其主人印象颇佳，在那儿他感受到了友好的气氛。这位主教惊叹于杰斐逊的体态。他在自传中写道：“只有杰斐逊先生这样的大体格才能容纳下他宽广的心胸和丰富的头脑。他家的花纹红木地板打好了蜡，他走在上面步态自若，相比其他不熟悉那里的人，步履要快上不少。”

与杰斐逊的谈话也令这位主教赞叹：“他几乎能立即谈起任何当下的话题，说话时很理性，观点似乎脱口而出。你不得不承认，他是个思想大师。”在杰斐逊家住了一晚，吃完早餐后，主教一行人前往蒙彼利埃。

杰斐逊在家时，常常要接待访客。帕茜说至少有一次杰斐逊要求她为50人准备过夜的床铺。

破碎的玻璃让杰斐逊的家人得知来了一位访客，这位女士太想看看这位伟人了，她用自己的太阳伞将窗户敲破，以便能更好地看清楚。众所周知，他的书房和房子主厅之间的过道被那些想一睹他真容的陌生人挤得满满的。“他们看好时间，等着他晚饭时间从书房走到主厅，这样他们就能抓紧机会看他一眼。” 还有人在家里有聚会的晚上，在门廊等着。“他们就像在小动物园里看狮子一样，离他只有十几码远，近距离地盯着他看，一直看到满意为止。”

杰斐逊辞世后，19 世纪的传记作家亨利 · 兰德尔曾经在沃姆利 · 休斯的陪同下游览蒙蒂塞洛，沃姆利曾是杰斐逊家的奴隶。农庄北边排房下有三处马车库，每个库里都能放下一辆四轮马车，兰德尔指着那些马车库问："沃姆利，杰斐逊先生在世时，多长时间这些马车库就会停满马车？"

"先生，在夏天，每天晚上都是满的。通常在那棵树下还会停两三辆。" 休斯指着另一处地方说。

"你们所有人都得招待访客吧？"

"是的，先生。整个农庄的人都得管他们吃喝。"

一位弗吉尼亚绅士早年与杰斐逊发生过争执，他到蒙彼利埃拜访麦迪逊。恰巧麦迪逊的一位朋友要去蒙蒂塞洛，麦迪逊鼓励他与那位朋友同行。这位绅士决定前往。在到达位于山上的房子前，他对自己的冒昧来访有些担心。

看到他时，杰斐逊有"片刻"的惊讶，然后"迅速上前向这位绅士表示欢迎，那种急切的热情就好像一直盼望着他来"。晚餐时，杰斐逊坐在这位不速之客旁边，吩咐上马德拉白葡萄酒，不知怎的，杰斐逊记得这位绅士喜欢这种酒。这位客人拒绝了，他说他喝杰斐逊喝的葡萄酒就行。

餐后，杰斐逊有事离开，这位客人问那位同行的蒙彼利埃朋友："你觉得我能找到一杯上等的白兰地吗？杰斐逊是那么的热情风趣，我一直小口喝他的……又酸又冷的法国葡萄酒，我觉得我今天晚上会死掉……如果我不喝下'解毒药'的话。"杰斐逊不会知道，这位客人不愿扫兴。

第二天，这位客人回到麦迪逊家，他"将杰斐逊捧上了天"。但他不明白"'为什么一个那么有品味的人会喝又冷又酸的法国葡萄酒！'他对麦迪逊先生说，这种酒肯定会损害杰斐逊的健康。他在这个话题上滔滔不绝，宣称这种酒会害死杰斐逊，会在某天晚上夺走他的性命。最终，他坚持让麦迪逊写信给杰斐逊，督促其换一种葡萄酒。他那种警告的口气以及热切的关心被原原本本转述，麦迪逊和杰斐逊从中获得不少乐子。从此，他们三人一直保持着真挚的友谊"。

杰斐逊的听力逐渐变差，他也越来越需要眼镜了。1818 年年初，他生病后又痊愈，但是他的同龄人却纷纷倒下了。

1818 年下半年，他听说了阿比盖尔 · 亚当斯去世的消息。他饱含深情地致信

约翰 · 亚当斯。在信中，他说“在人生经历过的伤痛中”，他已经领悟到，任何言语在这样悲痛的时刻都软弱无力，但是“你们痛哭时，我也悲痛到不能自已”。他写道：“对我们而言能聊以自慰的是，这种分别不是遥遥无期的，我们也将同样长眠于墓穴，我们的悲伤和苦难的身体将升华，快活地与我们曾深爱和失去的朋友们重聚，那时我们仍彼此深爱，并将永不分离。”

杰斐逊享受家庭生活，但同时亲友也给他带来了烦恼。他的女婿小托马斯 · 曼 · 伦道夫长期陷于经济困境，而且酗酒。据说他嫉妒杰斐逊在家族里的中心地位。伦道夫曾三度出任弗吉尼亚州州长，但直到老年他都没能平静度日。埃奇山种植园使他债台高筑，他和他父亲为如何处理种植园而闹翻。他有时很暴躁，他的儿子托马斯 · 杰斐逊 · 伦道夫评价他“比狼更凶狠，比鬣狗更残暴”，这与这个家族温和的性格特征可谓大相径庭。(伦道夫于 1828 年去世。)

另一个麻烦人物是杰斐逊挚爱的外孙女安 · 卡里 · 伦道夫的丈夫查尔斯 · L · 班克黑德。他酗酒成性，有暴力倾向，甚至对妻子动粗，这些情况愈演愈烈。班克黑德尝试过法律工作和农产经营，但都一事无成。杰斐逊曾经送给安一本《现代女性格丽塞尔达的故事》，这是玛丽亚 · 埃奇沃思所著的有关失败婚姻的小说。

虽然小托马斯 · 曼 · 伦道夫经常情绪不稳，但杰斐逊和谐有序观念的最大挑战来自班克黑德。监工埃德蒙 · 培根描述班克黑德道：“他相貌堂堂，却是个可怕的酒鬼。”班克黑德在夏洛茨维尔和蒙蒂塞洛都是不安定因素。“我曾看到他骑马进入夏洛茨维尔的酒吧饮酒。”培根说，“我曾看到他喝醉后，他的妻子为了躲避危险，逃到一个土豆窖里。”

为了让班克黑德一家搬到贝德福德县（这么做的一个原因可能是为了让班克黑德远离酒吧），刚退休不久，杰斐逊带着班克黑德来到杨树林。然而最后，班克黑德一家在临近蒙蒂塞洛的一个农场安了家。

到 1815 年，杰斐逊觉得有必要在状况不可收拾之前，让查尔斯的父亲亲自管教儿子。他父亲是名医生。然而，改头换面的保证根本没用。班克黑德仍会在夏洛茨维尔喝得酩酊大醉后回家，杰斐逊觉得这个人“像个疯子”。

班克黑德对妻子安施加暴力。杰斐逊描述道：他“对妻子进行暴力殴打”，随后他“把她赶出房间，又强迫她回去，为了躲避他，安不得不在母亲的房间过夜。这种事情时常发生”。

一天晚上，班克黑德找管家伯韦尔·科尔伯特要酒窖的钥匙遭到拒绝，他大发雷霆。据培根叙述，管家“是不会再给他一滴白兰地的”。帕茜想让班克黑德冷静下来，但她根本制止不了他，于是她叫来培根。（培根说：“在这种情况下她是不会叫伦道夫先生的，他太容易激动。”）然而伦道夫听到了争斗。培根写道：“我到房间时，伦道夫也来了。班克黑德误以为他是管家，便开始咒骂他。” 伦道夫从壁炉里拿出一根发烫的拨火棒，砸向他女婿的头部，这下子班克黑德被烧掉了一块肉，差点没命。

1819 年 2 月 1 日星期一，在夏洛茨维尔的政府大楼外广场上,班克黑德和他的小舅子托马斯·杰斐逊·伦道夫打了起来，后者是杰斐逊最疼爱的外孙。这次冲突的原因不明，然而结果却血淋淋地呈现在众人面前：伦道夫用马鞭抽伤了班克黑德的头部，而他自己则被班克黑德刺了两刀，刺成重伤。

杰斐逊结束了自己的日常骑马活动，刚回到蒙蒂塞洛就听到这个消息。他立即快马加鞭，迅速前往夏洛茨维尔。杰斐逊到达广场上的利奇商店时，看到外孙躺在地上，他跪倒在地哭起来。年轻的伦道夫活了下来，但是这次流血事件使杰斐逊更担心安的处境。

杰斐逊写道：“提到班克黑德，有太多让我担心的地方，大部分是我对他妻子的担心。我一度认为安会死在他手里。”1826 年，安死于难产。

尽管生活中有各种不如意，杰斐逊仍积极地保持乐观。他在 1816 年写给亚当斯的信中说：“我认为整个世界还是美好的，仁慈宽厚是它的准则，它给予我们的快乐多于痛苦。与君共勉。”杰斐逊心胸开阔，“我驾驶着希望之舟前行，将恐惧甩在身后。的确，我的希望有时会破灭，但更多情况下，是预示不祥的黑暗消散。”

亚当斯则没有那么乐观。他在给杰斐逊的信中写道：“我对未来毫无信心。我们的财富、我们的商业、我们的宗教、我们的国家宪法和州宪法，甚至我们的艺术和科技，都成为酝酿分裂、派系之争、暴乱和反叛的温床。一切事物都变成了竞选活动的工具。”

杰斐逊对未来充满信心，有什么理由不这样呢？他一生的经历见证着政治进步和智慧发展的可能。他认为，过去不应对现在妄下断言。1816 年，他曾写道：“有些人对《宪法》抱有一种伪善的敬畏，将《宪法》看作约柜，不敢逾越半分。”

> 他们将前人看作神知，而非人类，认为那个时代的人所制定的法律不可更改。我很了解那个时代：我属于那个时代，曾奋斗于那个时代。那个时代有功于这个国家。它和现在这个时代很像，但是它缺少现在这个时代的经历。如果那个时代的人起死回生，他们会说：一个政府40年的历史，是值得用百年品读的。当然，我肯定不希望频繁地贸然修改法律和宪法……但同时我也认定法律和宪法需要与时俱进……让文明社会一直遵循着他们未开化的祖先的准则，就如同让一个成年人穿上他儿时合体的衣服那般不切实际。

杰斐逊推崇创新。“一个新理念会引出另一个新理念的产生，然后产生第三个，一段时间内，新理念层出不穷，但这些理念都未被称之为创新，直到终有一人将这些理念相互结合，恰逢其时，最终产生一种新的发明。”未来充满了无数的可能。“在我生活的年代，科技发展迅猛，艺术创新不断，每当思忖至此，我便充满信心。我相信当代人定会如前辈般进步前行。无疑他们终归要比我们更有智慧，就像我们比我们的父辈更聪明，父辈们比那些烧死巫师的人更高明一样。”他在卸任时如是写道。

在保家卫国的同时，也是时候该进行建设了。英国军队攻入华盛顿时，烧毁了国会约3 000册藏书，之后不久，杰斐逊提出将个人藏书卖给国家。杰斐逊手中有6 487册藏书，援引《国民通讯员报》的话说，这些藏书“无论从选本，还是从珍藏价值以及内容价值来看，都是无价之宝”。它们成为新国会图书馆的镇馆之宝。

岁月流转，杰斐逊的精力越来越多地放在夏洛茨维尔的一项事业上。他认定这个事业若能成功，将造福后人，且新一代会使之不断发展。

这项事业是建立一所大学。杰斐逊事无巨细地张罗这所大学的创立事宜，因而这所大学后来被称为是“杰斐逊的”。山顶酒馆位于蓝岭山脉纳尔逊和奥古斯塔两县之间的石鱼口，距离蒙蒂塞洛25公里。1818年，杰斐逊来到了这里。正是在这里，杰斐逊等人一致同意在夏洛茨维尔建立一所大学。这是一次重量级的聚会。除杰斐逊、麦迪逊以及马歇尔以外，还有弗吉尼亚其他知名政治家。显而易见，杰斐逊处于主导地位，他也乐在其中。

杰斐逊指出，这项任务是为了“培养政治家、立法者和法官，因为个体的幸福在很大程度上要依靠这些人来获得”。在这项事业的所有投资中，杰斐逊的资助最多。他说：“我认为最安全的社会权力保管人，莫过于人类自身了：如果我们认为他们不够明智，无法以审慎的判断力掌控他们的权力，我们要做的不是要剥夺他们的权力，而是通过教育提升他们的判断力。这是对滥用宪法权力的最好的矫正方法。”

创建弗吉尼亚大学是杰斐逊最后一次全力以赴发挥自己的领导才能。这项事业让他的政治才能、过人智慧以及建筑天分都得以发挥。在杰斐逊的一生中，有各种妥协和问题（他花费甚巨），但他身后留给世人更多的是不朽的功绩：《独立宣言》，因路易斯安那的并入而扩充发展的美利坚合众国，加强总统权力种种可能性的理念，还有这所大学。

杰斐逊一直对教育事业满怀热情。他在18世纪80年代写给乔治·威思的信中说过：“我认为迄今为止我们整部法典中最重要的一条法律是公民获取知识的权利。这是公民享受幸福与自由的可靠根基，无可取代。”

杰斐逊一直为美国社会能朝着理想的方向发展而努力奋斗，他将这所大学的创建看作其中重要的一环。“无限的思想自由是这所大学的根基所在。”他如是说。他还引用了自己第一次就职演说中的观点：“我们不惧追寻真理，无论真理会将我们引向何方，我们也不畏犯错，因为只要能自由独立思考，我们便能战胜谬误。”

地域因素也是他热衷于这项工作的原因之一。“如果我们的立法机构不真心地推动弗吉尼亚大学的建立，我们就不得不将孩子们送到肯塔基州或者剑桥市去受教育。”杰斐逊于1820年曾这么说。他话里话外对肯塔基州的特兰西瓦尼亚大学以及剑桥市的哈佛大学颇有微词，“从哈佛大学回来，他们会成为盲从者和保守派；而肯塔基则不会让他们回来，因为他们需要增加人口。”

他想要建立一所伟大的新学校，没有什么能阻止他的参与。1819年，伊丽莎白·特里斯特曾看到杰斐逊骑马冒着“飓风……去学校”。据说杰斐逊为了能看到学校的施工情况，在蒙蒂塞洛的一个平台上架起了一架望远镜。

由于宗教教派的抗争，杰斐逊在弗吉尼亚大学所做的第一次人事任命以失败而告终。1820年，他邀请一神论者托马斯·库珀担任教授。这一举措遭到了宗教人士的强烈抗议，杰斐逊称之为“神圣指控”，最终宗教狂热分子赢了。杰斐逊不得不撤销任命。

无论如何，这位老人一直善于从错误中吸取经验教训。两年后，杰斐逊仍遭人诟病，批评者认为这所州立大学对宗教抱有敌意。针对批评者提出这所大学不对学生进行宗教信仰引导的指责，杰斐逊提出了一项绝妙的计划。引起宗教观察家不满的直接导火线是杰斐逊拒绝一位神学教授的加入。1822 年，杰斐逊作为校长做了年度报告，在报告中，他巧妙地、准确无误地将这个难题踢回给宗教人士。他提出每个教派都可以自己出资，在弗吉尼亚大学的范围内建立自己的学院。学校的图书馆将向所有人开放，学校也允许学生们同时学习宗教知识和普通课程。“但必须明确的是，”杰斐逊写道，“这些学院必须独立于弗吉尼亚大学，并各自独立。”

又一次，杰斐逊在公平和开放的名义下，非暴力地行使自己的权力，达到了自己的目的。他确实是公平和开放的：他提出的折中方案，在调和各方利益方面，可谓是合情合理。然而，各个教派一想到要自己建学院，便纷纷退缩了。学校里仍然没有神学教授，也没有独立的神学院。杰斐逊虽然失去了库珀，但他赢得了更大的胜利。

同年，杰斐逊认为理性强大的坚定信念，发展到了夸张的地步。“我很高兴在这个质询和信仰皆自由的天佑国度里，其宗教和信仰已经脱离任何国王或者神父，”他 1822 年曾写道，“只有一位上帝的正确观念再次复苏，我相信现在的每一个年轻人最终都会成为一神论者。”（这个预言虽然没有实现，可杰斐逊在这个预言中提到有关咖啡兴起的预见变为了现实。他写道，咖啡豆“正在成为文明世界最受欢迎的饮品”。）

虽然传统的基督教和犹太教传播已久，而且依然拥有众多支持者，但杰斐逊在思考非传统的精神信仰传播时，却有独到见解。“如果我创立一种新的宗教，我会将其称作‘蜜蜂教’，鼓励教众以蜜蜂为榜样，汲取各种宗教的精华。”杰斐逊说道，“我的基本教义是……我们的救赎来自自身能力范围内的工作成就，而不是来自我们能力范围之外的信仰。”

杰斐逊相信造物主以及来生的存在。最耐人寻味的是，他维护生活中的道德伦理，支持耶稣的教诲，但他不认同耶稣的神性，却赞同耶稣的训言和品行。在任总统期间，他完成了一篇 46 页的文章《来自拿撒勒的耶稣的哲学——摘自马太、马可、路加以及约翰对耶稣生活和教义的叙述》。在卸任后，他又重拾这个课题，私下进行了更为深入的创作，他将这个作品命名为《来自拿撒勒的耶稣的生活与品行——引自希腊文、拉丁文、法文和英文的<福音书>》。1820年，杰斐逊在给一神论者贾里德·斯帕克斯的信中写道："耶稣的宗教是以上帝的统一性为基础的，这个原则是其战胜纷乱的异教众神而为人认可的主要原因。想象一下，所有国家的民众都自愿地信奉只有一个上帝的信条，遵从耶稣有关纯净道德的谆谆教诲。"

作为教区代表，杰斐逊定期去教堂，手中拿着翻烂的祈祷书参加礼拜。他还在自己的公共演讲中引用神明之语。正如杰斐逊自己所说，"就我而言，我自成一派"。虽然他反对创立宗教，但他理解并支持信仰在美国所发挥的文化作用。作为政治家和共和政体的拥趸，杰斐逊希望宗教情感向自由探究的倾斜，能将信仰从争论转为向善的动力，因为他知道在这个世界上，无论是以何种形式存在，宗教都是一种常态。所以，最明智的方法不是苛责宗教，而是鼓励利用理性解决信仰问题。杰斐逊相信，人们对宗教的态度越是理性，他们的生活会变得更好，从而整个国家会朝着越来越稳定和良性的方向发展。

这是一场困难重重的持久战，尤其是在传统基督教还有着巨大影响的情况下。杰斐逊在给约翰·亚当斯的信中写道："有些人称自己是耶稣教义的诠释者。事实上，耶稣教义的最大敌人恰恰就是这些人。他们将耶稣的教义歪曲为一种高深莫测的虚幻体系，而这个体系并没有以耶稣真正的圣言为根基。终有一天，耶稣诞生的神秘主义说法——耶稣是上帝之子，被投生于处女的子宫中——将与女神密涅瓦（雅典娜）从朱庇特（宙斯）的脑中诞生的说法一样，被视为寓言。耶稣本是最令人尊敬的人类所犯错误的改革者。我们可以期待美国的理性和自由之光将驱赶所有那些虚伪的传说，还我们本真的耶稣教义。"

失去自己挚爱的亲友让杰斐逊感到当下的痛苦，他期望来生能与他们跨越时空而重逢，正是这种心理上的安慰，让杰斐逊对来生有着非常具体的展望。关于天堂，杰斐逊在写给亚当斯的信中说："希望我们能在天堂再相遇，在那里的国会，让我们与我们的老同僚重逢，一同接受赞许和褒扬。"

在杰斐逊内心，他相信"耶稣的教条简单明了，希望人人幸福"，他解释道：

1. 只有一个上帝，他是完美的。

2. 人死后将会受奖赏，抑或受惩戒。

3. 宗教的核心是：全心爱上帝，爱人如爱己。

谈到自己的信仰，他告诉亚当斯："只有我的上帝和我自己知道，在我的生命中这种信仰有迹可循。如果这种宗教造就了我对社会的忠诚与责任，那它就是好的。"杰斐逊回顾自己年轻的时候很是骄傲，他说自己"无畏地追求真知，从不畏惧追随真相和理性,无论它们指向何方；对真相与理性的拦路虎，无论是什么样的权威，都勇于与之对抗"。

他将勇敢进行到底。"时至今日，诚实的人不应该还不合时宜地假装相信柏拉图式的神秘主义教义，三位一体，一体为三……但这些正是神父们赖以生存的技艺、权力以及利益的来源。如果将他们宗教中的虚伪教义剥丝抽茧，这些神父绝不会有一个信徒。因而，我们应该像贵格会教徒那样，摆脱神父的束缚，进行自我的道德培养，遵从内心良知的指引，不说人们难以理解和难以笃信的虚妄之语。因为在我看来，信仰是要将内心所信传达为他人可懂的主张。"虽然如此，杰斐逊仍捐款给美国圣经协会，他赞同"没有任何其他形式，能比四福音书向人们传播的道德伦理更纯粹、更崇高"。

1819 年 10 月，杰斐逊因为回肠狭窄而病倒，他的医生认为这种肠危象很可能是致命的。与以往一样，杰斐逊挺过来了。由于对 1820 年以及之后美国命运的深深忧虑，他并没有好好休养。1820 年，他在给记者的文章中写道："自由的喧闹之海永远不会没有波浪。"此刻，一波巨浪正从西部汹涌袭来。

第四十二章
联邦的丧钟

从邦克山战役到《巴黎条约》的签订，我们从未有过如此不祥之兆。

——托马斯·杰斐逊，于密苏里州加入联邦时

杰斐逊一向对未来十分乐观，这符合他的主要性格特点。他也知道，民众希望得到的承诺是进步而非倒退，是看见光明而非陷入黑暗。“我非常有信心，我们会世世代代顺利前进。”他在1817年写给巴贝-马霸侯爵的信中说，“我对其持久性的信心是建立在不断丰富的生活资源和不断扩大的领土上的。”

1819年12月10日星期五，杰斐逊记录了一场意义深远的国会辩论：密苏里州加入联邦的条件。众议院只有在该州签署反奴条约的条件下才赞成其加入，而受蓄奴州左右的参议院则拒绝支持这一要求。

从制宪会议到路易斯安那购地案，东北各州一直担心不断扩张的南方和西部蓄奴州会使奴隶制利益集团获得对国家的永久控制权。同时，南方和西部各州也在为奴隶制的未来担忧。

对杰斐逊来说，这是最难熬的时刻。他知道奴隶制是不道德的，也相信其最终

会被废除。然而，他无法使自己致力于奴隶解放事业。作为政治家，他明白地区冲突是联邦最大的威胁。在他自己的职业生涯中，东北地区针对路易斯安那购地案和后来实施禁运的地区冲突已经对联邦产生了威胁。

目前奴隶制是最显著的问题，也是最亟待解决的问题。杰斐逊说："密苏里就像夜里响起的火警……是联邦的丧钟。" 他又说："这条与一个显著的道德和政治原则相一致的地理界线，一旦画出并在愤愤不平的人们中提起，就再也擦不掉了。而且，每次新的刺激都会使它更深入人心。"

杰斐逊自己承认，他解决奴隶制问题的方案过于复杂，无法实施。"如果这种所谓的'财产'转让能够实现奴隶的大解放和'大遣返'，对此我会不假思索地同意。而且我认为，在做出必要牺牲的情况下，这有可能实现。"他写道，"然而，事实是，我们捉住了一只狼的耳朵，但我们既无法控制它，也不能安全地放了它。天平的一端是正义，而另一端是自保。"

杰斐逊向约翰 · 亚当斯和盘托出了他的忧虑。同年 12 月，他写道："银行、破产法案、制造业、与西班牙的条约，这些都不算什么。这些事件就像暴风雨中的海浪，只会在船下涌动。而密苏里问题就像一股巨浪，我们会在反抗下丧失密苏里地区。还会发生什么？只有上帝知道。"

最后的决议做出了妥协：北纬 36 度以南的地区允许蓄奴，而除密苏里外的以北其他地区都禁止蓄奴；逃亡到自由地区的奴隶将被归还奴隶主。

杰斐逊视此争端为权力问题。由于监管会最终导致废奴运动，一旦联邦政府开始对各州的奴隶制进行监管，就会开创一个先例。

他同时相信，北方正试图打造新的自由州，以巩固反奴利益集团的全国影响力，这样自由州也许能在总统选举团问题上吃颗定心丸。"这不是道德问题，仅仅是权力问题。"他在给拉法耶特的信中说道，"其目的是为总统选举提出一项地理上的原则，在这一目标达成之前，争论会一直持续下去。"

他对密苏里事件的思考和措辞体现出他深切的感受。杰斐逊视此问题与君主制的威胁相关，而这是他毕生的忧虑。他说："联邦主义的领袖们在通过团结君主制支持者夺取权力的计划失败后，改变了方针。"他们目前正试图诉诸反奴思想以获得政治支持。

最后，杰斐逊看到了奴隶制的悲剧。他曾认为奴隶制是"丑陋的污点"，正如他于1823年9月所写的，但他不认为这个污点能被抹去。杰斐逊对能够获取并运用各种权力（政治权力、智慧权力和家庭权力）深信不疑；他也相信自己无论是对现代社会人类自由的基本定义，还是对他所藏的酒和所种的花的细枝末节，都能够了如指掌。然而，他却认为自己在奴隶制这一重要的经济和社会事实面前无能为力。

一位记者请求杰斐逊设法解放弗吉尼亚的奴隶，他在回信中表示反对。"尊敬的先生，"杰斐逊说，"这就像是叫年迈的普里阿摩斯攻击赫克托耳的铠甲……这项事业是年轻人的……我会尽全力为其祈祷，这是一位老人唯一的武器。"

很少有话题能像奴隶制这样使杰斐逊认清现实，妨碍他在为改革事业服务时尽显乐观精神。他于1814年写道："只要有一个能根除这一道德和政治恶习的切实可行的计划，我会为此在所不惜。"然而，这不是事实。即使他提出可行性这一客观标准，用这一典型做法在措辞上给自己留了后路，也并不愿牺牲自己的生活方式。

杰斐逊认为，没有比将黑人从已建立的美利坚合众国领土上迁出更合适的办法了，这一迁出甚至会使印第安人的迁移相形见绌。在杰斐逊和其众多同时代的人看来，美国是属于白人的。印第安人被不公平地赶到密西西比河对岸，黑人则会被遣散到大洋对岸，而不是河流对岸。"这些人会获得自由，这一点在命运之书中写得再清楚不过了。另外一点也同样清楚，同等自由的两个种族是无法在同一统治下共同生活的。"

多种族群体超乎他的想象，但存在于他的经历中，因为他曾恰好在蒙蒂塞洛组建了这样一个群体。他在家中每天都能见到他和萨莉·赫明斯的孩子与其他白人家庭成员生活在一起。在他看来，混血儿童与他的这些孩子一样忍受着天生的"屈辱感"，而这是由白人和黑人的"种族融合"造成的。

怎样解释他对"种族融合"的强硬观点和他身为混血孩子父亲之间这令人困惑的矛盾呢？也许杰斐逊始终认为，只要他能管理好他的特殊家庭（他确实是这样做的），他就能掌控局面。他对其债务持同样观点，在竞选和担任总统期间对国家也显然如此。用他的话说，"种族融合"的产物被认为是造成外部世界混乱的源泉。然而，在他的世界中，他说服自己相信，他的中心作用使蒙蒂塞洛免于遵循其他领域的法则。

在回溯历史时行使道德评判是无益的，用当今的标准衡量往事并不公平。然而，我们可以通过了解同时代面临同样现实的其他人的所思所为，来评价一个人的道德观点。拿罗伯特 · 卡特为例，这位种植园园主于 1791 年解放了他的奴隶，一些与杰斐逊同阶层的弗吉尼亚人认识到了消灭奴隶制这一罪魁祸首的必要性，并尽其所能地解放了他们的奴隶。

从大局来讲，北方的政治家们正努力为反奴言论和观点营造生根发芽的土壤。关于密苏里的争论表明反奴力量正逐渐壮大并准备开始行动。对杰斐逊这样久经世故的人来说，法国对这一制度的观点同样重要。他曾在那个国度生活过，也可能担心过赫明斯一家，尤其是萨莉 · 赫明斯本人会在法国期间获得自由。

在杰斐逊所处的时代和地区，废除奴隶制度的设想并不是遥不可及或异想天开的。人们不仅考虑过废奴，在杰斐逊熟悉的土地上，废奴还曾在他生前变为现实。杰斐逊对奴隶制的看法是错误的，尽管他在其职业生涯的早期曾致力于改革。

我们又一次看出，杰斐逊作为一位实干政治家明显比作为道德理论家更有影响力。他的驱动力来自他在 1795 年给麦迪逊的信中所称的“南方利益”，因为南方既是他的家乡，也是他的政治根据地。他无法为这个难题找到一个可行的解决办法，于是他效仿别的政治家：他建议待时机成熟再去处理这一问题——反正不是现在。他认为全面殖民化并不可行。他于 1824 年写道：“我并没有下结论说永不可能彻底解决这一问题，因为我没有持这种观点，我也不希望如此。只是这一目标无法用此方式实现。”

可以用其他方式吗？杰斐逊并不知道。他于 1815 年写道：“病入膏肓之处往往是治愈得最慢的。”这一观点体现出争取选票的人在寻求公众对其行动路线的支持时的敏感和悟性。

“这一重任未能在留给我的有限时间内宣布完成，我将把完成它的工作交给下一代。”杰斐逊在 1825 年写给改革家弗朗西丝 · 赖特的信中说，“我会很高兴看到……这一罪恶的消除并非不可能，我们再也不用为此绝望。我们采纳每项计划，进行各种试验，这样也许会达成最终目标。”

只是他无法亲自进行这些试验。富有创新精神、好奇心和创造才能的杰斐逊拒绝参与一项他认为必要的工作，这种情况极为罕见。于是，他做了一件他几乎从未做过的事：他放弃了。

杰斐逊的一生中，其个人债务是另外一件长期存在，并具有讽刺意味的事。那个时代的当地种植园园主们通常拥有大片土地，却缺乏现金。因此为支付农田、奴隶和预期中的作物，他们往往债台高筑。受现金需求的驱使，杰斐逊、他的父亲以及当时的许多人都种植烟草。这种作物会消耗土地资源，但其市场价格高于小麦和其他谷物。因此，当烟草价格高时，弗吉尼亚人就能够赚钱；反之，他们就会收益平平甚至亏本。无论挣钱多少，这样都会将土地资源耗尽。1794 年回到弗吉尼亚后，托马斯 · 杰斐逊放弃在蒙蒂塞洛种植烟草，但他在偏远的种植园仍种植这种作物。

杰斐逊负债有诸多原因，包括当时的绅士文化，还有给朋友和家人签署的期票。最重要的是他继承的债务。为了还清债务，他卖掉了继承的价值 4 000 英镑的地产。但独立战争时期剧增的通货膨胀使他名下的土地田产价值变得“不名一文”，而债务仍然存在，还有不断累积的利息。

为什么杰斐逊这样一个对人和事都谋求掌控权的人，会放弃对债务的掌控，并在负债累累的情况下仍继续借债呢？也许部分是因为他的性格。用他自己的话说，他喜欢将事情“简单化”，以避免进行艰难的个人抉择。签署一张新的欠条留待日后支付，比面对捉襟见肘的财务清算看上去总是更容易。同样奇怪的是，他与生俱来的控制意识和地域意识使他将债务视作一个抽象问题而非具体问题。在他的家庭和阶层中，借债和抵押土地就像待客和打猎一样，是文化的一部分。破产的危险虽然真实存在，但在杰斐逊心中还很遥远，至少遥远到使他觉得社会地位的基本安全感要高于财务自律性。讽刺的是，杰斐逊的普遍权力意识却导致他在特定方面牺牲了部分权力和家庭的未来。就像在奴隶制问题上一样，杰斐逊对矛盾的忍受度是十分惊人的。

密苏里问题使杰斐逊更急于着手建立弗吉尼亚大学。他相信新兴一代领袖应当在当地接受教育，而不是在北方，因为在这里更易于接受他的世界观。

他度过了一个相当安逸的晚年，尤其是考虑到当时的环境。在他接近 80 岁时，有个朋友说他看上去“和 10 年前一样”。

19 世纪 20 年代，情况发生了变化。他 1786 年在巴黎受伤的手腕开始恶化。20 年代头几年里，他的心情很阴郁。1822 年 6 月的第一天，怀着对密苏里的担忧，忍受着手腕的伤痛，他给亚当斯写信：“报纸上说斯塔克将军去世了，享年 93 岁。查尔斯 · 汤姆森在这个年纪还活着，乐呵呵的，瘦得像蚂蚱一样。但他严重失忆，几乎连一个家人都认不出来。一个好友不久前拜访他，他好不容易才想起对方是谁。而且才坐了一小时，他就把同一个故事讲了 4 遍。这难道是生活？……这顶多活得像一颗卷心菜，而且绝对不值得祝福。”

1822 年年底的一天，在蒙蒂塞洛，他不小心在下台阶时脚下一滑，重重地摔在地上，摔断了左臂。虽然痊愈情况良好，但他的双手都严重受伤了。“我很享受夏天的温度，”杰斐逊说，“但一想到冬天要来了我就害怕。我希望能和冬眠鼠一起睡上整个冬天，春天来临时再一起醒来，要能那样就好了。”

杰斐逊对于他这代人在历史上的地位毫不怀疑。他在信中向约翰 · 亚当斯介绍了他的外孙托马斯 · 杰斐逊 · 伦道夫。杰斐逊说：“和许多其他年轻人一样，他也期待在晚年的某个冬夜，向围着他的人讲述他出生前的那段英雄岁月，以及他曾有幸见过的那些阿尔戈英雄们。”

但是，他曾担心过历史会如何看待他所生活和引领的时代。他在 1823 年给南卡罗来纳州高等法院法官威廉 · 约翰逊的信中这样说：“我们过于漠视身后之名，而保守派会不惜一切加罪于我们。”杰斐逊对约翰 · 马歇尔所著的五卷本乔治 · 华盛顿传记很是不以为然，认为是联邦主义者的政治宣传。随着时间流逝，他开始担心关于亚历山大 · 汉密尔顿和约翰 · 亚当斯的作品。

> 这部五卷本诽谤我们争权夺利，而且对我们的政府走向君主政体未加丝毫制止。此外，汉密尔顿的生平掌握在一个会将极端狂热的联邦主义加进去的人之手，他措辞尖锐，且对我们心存成见。而且无疑还会有其他我们未知之事正在酝酿中。对我们来说，我们寄希望于真相能不言自明，但历史正走向相反的方向，也许会积重难返。

随着年岁渐长，他开始拒绝放弃独立性。1823 年 5 月，杰斐逊每天都独自骑马。一天在穿越里瓦那河时，他的马“陷在了河里”，他的孙女这样写道。杰斐逊的腿被缠住，跌落河中。他的家人惊惧万分，担心“如果不是水流湍急将他冲到浅水处，使他的手触到河底，支撑着自己站起来，不然他一定会溺水而死”。他全身湿透，最后手臂也缠上了绷带，但他拒绝家人让他放弃每日骑马的要求。当时他刚年满八十。

1823 年 10 月，门罗总统写信征求他的意见。当时美国正犹豫是否要同英国一

托马斯·杰斐逊任外交使节时的巴黎。当时他住在朗雅克府。

1789年7月14日，巴黎人民攻占巴士底狱。

詹姆斯·赫明斯的解放令。詹姆斯·赫明斯是杰斐逊的厨师、伊丽莎白·赫明斯之子、萨莉·赫明斯的兄长。

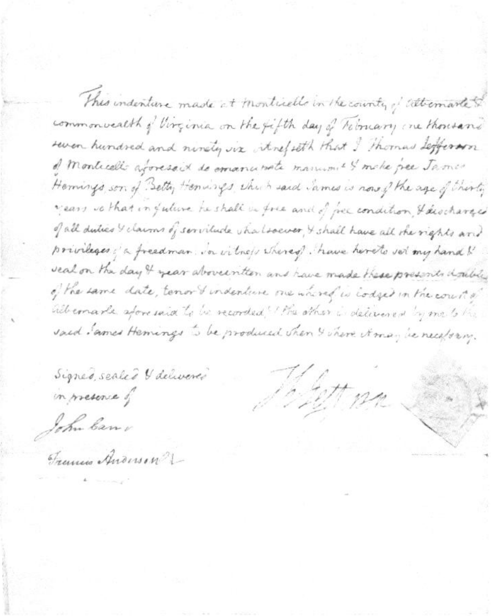
This indenture made at Monticello in the county of Albemarle & commonwealth of Virginia on the fifth day of February one thousand seven hundred and ninety six witnesseth that I Thomas Jefferson of Monticello aforesaid do emancipate manumit & make free James Hemings son of Betty Hemings which said James is now of the age of thirty years so that in future he shall be free and of free condition, & discharged of all duties & claims of servitude whatsoever, & shall have all the rights and privileges of a freedman. In witness whereof I have hereto set my hand & seal on the day & year abovewritten and have made these presents double of the same date, tenor & indenture one whereof is lodged in the court of Albemarle aforesaid to be recorded, & the other is delivered by me to the said James Hemings to be produced when & where it may be necessary.

Signed, sealed & delivered in presence of

John Carr

Francis Anderson

杰斐逊和汉密尔顿正与华盛顿总统讨论政务。两人之间的争论一直贯穿华盛顿首任总统任期。虽然政见相左、相互反对，但两人都是爱国志士，为了各自信奉的祖国利益不懈奋斗。

约翰·杰伊是关键的美国建国奠基人、外交政策的缔造者、首席大法官。任纽约州州长时，他拒绝了亚历山大·汉密尔顿的请求。那原本会断绝1800年杰斐逊担任总统之职。

鲁弗斯·金来自马萨诸塞州，是一名外交家、政治家。1804年杰斐逊竞选连任和1808年詹姆斯·麦迪逊竞选总统期间，鲁弗斯·金均以联邦党候选人身份竞选副总统一职。

庆祝杰斐逊1800年竞选总统胜利的横幅。

总统府（约 1814 年，詹姆斯 · 麦迪逊当政时期）。

杰斐逊的总统府设计图，于 1792 年提交以供研究。

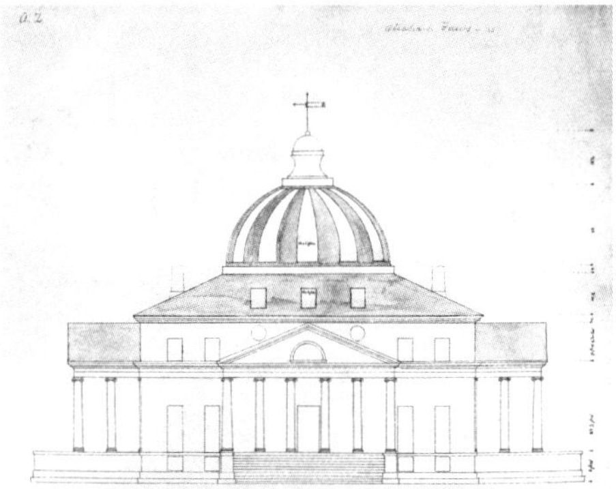

伊丽莎白 · 梅里，英国大臣安东尼 · 梅里的妻子，杰斐逊轻蔑地称其为“泼妇”。因她在一场外交晚宴上对自己座次排位的不愉快引发了杰斐逊当政时期英美两国政治关系的紧张局面。

玛格丽特·贝亚德·史密斯，首都华盛顿的历史记录者，她是杰斐逊的朋友、报纸编辑、民主共和党人萨缪尔·哈里森·史密斯的妻子。她的记录近距离展现了杰斐逊在首都以及退休后在蒙蒂塞洛的生活状况。

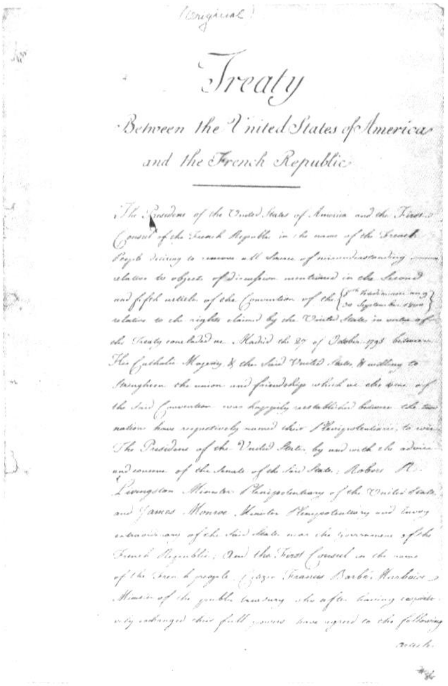

(Original)

Treaty

Between the United States of America and the French Republic

拿破仑统治时期的法国出售路易斯安那州时，与杰斐逊政府签订的协议。

约翰·伦道夫来自罗阿诺克，他性情刻薄、捉摸不定，带领一小拨民主共和党人分裂出来，反对杰斐逊的领导。

在杰斐逊就任总统之前，约翰·马歇尔被任命为首席大法官。他是联邦党人利益精明的捍卫者、司法审查原则的缔造人。他和他的亲戚杰斐逊是长期的对手。马歇尔娶了杰斐逊初恋情人的女儿。

纽约州的乔治·克林顿自18世纪90年代起就是一名坚定的民主共和党人。杰斐逊连任总统期间，他继阿伦·伯尔之后当选副总统，麦迪逊当政时仍然任副总统一职。

宾夕法尼亚州的爱国医生本杰明·拉什与杰斐逊是多年老友，两人长期共事。他们对政治、科学及哲学都有浓厚的兴趣。1812年，杰斐逊与约翰·亚当斯之所以能达成书信和解正有赖于拉什从中斡旋。

艾萨克·格兰杰·杰斐逊，蒙蒂塞洛的一名奴隶。他的口述为后代留下了宝贵的关于杰斐逊在蒙蒂塞洛的生活记录。

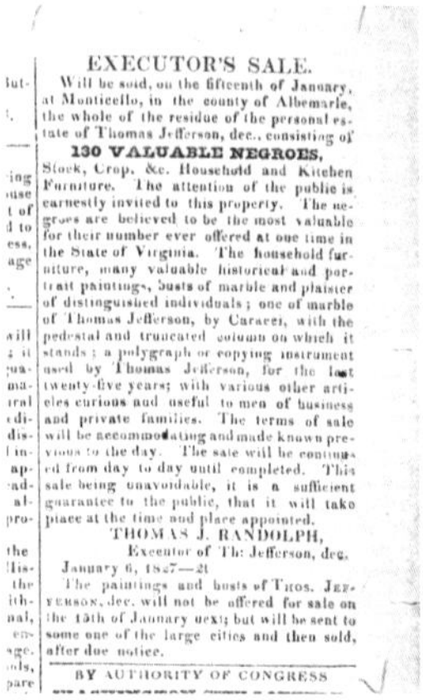

EXECUTOR'S SALE.

Will be sold, on the fifteenth of January, at Monticello, in the county of Albemarle, the whole of the residue of the personal estate of Thomas Jefferson, dec., consisting of

130 VALUABLE NEGROES,

Stock, Crop, &c. Household and Kitchen Furniture. The attention of the public is earnestly invited to this property. The negroes are believed to be the most valuable for their number ever offered at one time in the State of Virginia. The household furniture, many valuable historical and portrait paintings, busts of marble and plaister of distinguished individuals; one of marble of Thomas Jefferson, by Caracci, with the pedestal and truncated column on which it stands; a polygraph or copying instrument used by Thomas Jefferson, for the last twenty-five years; with various other articles curious and useful to men of business and private families. The terms of sale will be accommodating and made known previous to the day. The sale will be continued from day to day until completed. This sale being unavoidable, it is a sufficient guarantee to the public, that it will take place at the time and place appointed.

THOMAS J. RANDOLPH,
Executor of Th: Jefferson, dec.

January 6, 1827—2t

The paintings and busts of THOS. JEFFERSON, dec. will not be offered for sale on the 15th of January next; but will be sent to some one of the large cities and then sold, after due notice.

BY AUTHORITY OF CONGRESS

1826年杰斐逊去世后，留下巨额债务，故而他的后人无法保住蒙蒂塞洛。

《桑树路即景》，纳撒尼尔·吉布斯绘。画中展现了杰斐逊的庄园里奴隶们的生活。

据说，杰斐逊的妻子帕蒂临终前将这只用来召唤仆人的铃铛交给了萨莉·赫明斯。

埃伦·库利奇，杰斐逊的外孙女。祖父过世后，她来拜访蒙蒂塞洛，似乎在这幢杰斐逊深爱的房子里仍能时刻感受到他的存在。

外孙女安·卡里·伦道夫·班克黑德极受杰斐逊喜爱。她的丈夫查尔斯·班克黑德酗酒，且好惹麻烦，差点杀死妻弟托马斯·杰斐逊·伦道夫。

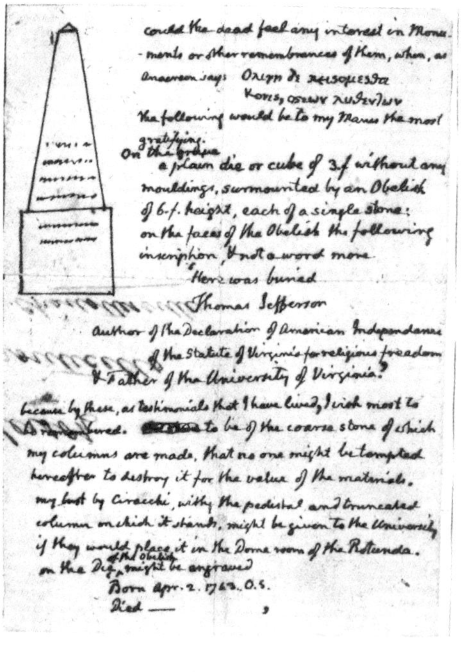

could the dead feel any interest in Monu-
-ments or other remembrances of them, when, as
Anacreon says Ολιγη δε κεισομεσθα
κονις, οστεων λυθεντων
the following would be to my Manes the most
gratifying.
On the grave
a plain die or cube of 3 f without any
mouldings, surmounted by an Obelisk
of 6 f. height, each of a single stone:
on the faces of the Obelisk the following
inscription, & not a word more
'Here was buried
Thomas Jefferson
Author of the Declaration of American Independance
of the Statute of Virginia for religious freedom
& Father of the University of Virginia.'
because by these, as testimonials that I have lived, I wish most to
be remembered. to be of the coarse stone of which
my columns are made, that no one might be tempted
hereafter to destroy it for the value of the materials.
my bust by Ciracchi, with the pedestal and truncated
column on which it stands, might be given to the University
if they would place it in the Dome room of the Rotunda.
on the Die of the Obelisk might be engraved
Born Apr. 2. 1743. O.S.
Died ——

杰斐逊本人有关墓碑和碑文的备忘录。碑文强调了他长期从政生涯中最具启蒙意义的成就：美国《独立宣言》的起草人、《弗吉尼亚宗教自由法规》的执笔者、弗吉尼亚大学的创始人。至于自1769年入选镇自治议会到1809年总统期满离任，几度风雨、局势动荡、历任职位，他只字未提。

起反对西班牙保留西班牙正处于叛乱中的南美洲殖民地。杰斐逊回信说，真正的问题并不特殊，而是具有普遍性。那就是，美国应如何看待欧洲在西半球的冒险主义行径。

“你在信中所提及的问题是独立以来引发我思考的问题中最严重的。”杰斐逊给门罗的信中说，“我们的首要准则应当是，不要把自己卷入欧洲的混乱中。其次，不要任凭欧洲干涉大西洋对岸的事务。美洲，无论是北美洲还是南美洲，都有不同于欧洲的利益，尤其是其自身利益。”

门罗主义，即美国反对欧洲对西半球事务的一切干预，很大程度上都归功于其国务卿约翰·昆西·亚当斯，他在这一政策的制定中发挥了一定的作用。其中至少也部分地受到杰斐逊的启发。对杰斐逊来说，一个终生致力于追求掌控的人自然会尽可能地延长为其国家服务的时间，因此他留下了一份最终的独立宣言。这次关于政策，而非革命。这是一份永久性宣言。

在1824年的总统选举中，杰斐逊再次看到，建国者们结束党派之争的梦想仍然只是个梦想。这一梦想也许会在未来实现，但显然不是现在。给拉法耶特的信中，杰斐逊说：“你不会相信这两个党派会联合起来，就像狮子和小羊会躺在一起。联邦主义之名败在哈特福德会议、奥尔良胜利和根特和平手下。其支持者怀着屈辱抛弃了它，如今称自己为共和党人。但只有名称改变，其理念依旧。”

1824年的总统竞选人异常之多。有马萨诸塞州的约翰·昆西·亚当斯、肯塔基州的亨利·克莱、南卡罗来纳州的约翰·C·卡尔霍恩、佐治亚州的威廉·克劳福德和田纳西州的安德鲁·杰克逊。这次竞选在某种程度上意味着新旧一代的更迭。杰克逊出生于杰斐逊开始律师生涯的那年，1781年14岁时曾当过战俘，而那一年杰斐逊在蒙蒂塞洛从塔尔顿手中逃脱。

杰斐逊看好克劳福德，一名曾任职于麦迪逊和门罗内阁的老将。然而，这位佐治亚人在1823年患了一次中风。选举最终定于1825年2月在众议院举行。虽然杰克逊得票数最高，但在克莱表示支持亚当斯后，亚当斯在众议院当选，而克莱成为亚当斯的国务卿。（杰克逊指控竞选中存在“腐败交易”，激起了他为落选复仇的野心。1828年，他再次参加总统竞选。）

1824年11月一个美好的秋日，拉法耶特在旗帜林立的行进队伍与号角声的陪伴下抵达蒙蒂塞洛。他停在大宅东门走出马车。时年67岁的拉法耶特来到美国进行最后的胜利告别之旅（像亚当斯和杰斐逊一样），他是一座象征着无上光荣而遥远的岁月的活纪念碑。

81岁且驼背的杰斐逊向他的贵客走去。这两位曾见证那个时代和各自国家最美好和最糟糕时刻的革命者，毫不拘束地拥抱在一起。

"亲爱的杰斐逊！"这位贵客说。

"亲爱的拉法耶特！"主人回应道。

他们已经有30多年未曾谋面，而杰斐逊也颇有风度地决定设宴招待拉法耶特，以感谢这位法国人为法国大革命以及在杰斐逊居于法国期间为美国这个年轻国家所做出的贡献。

在夏洛茨维尔为拉法耶特举办的晚宴上，杰斐逊起草了一份祝酒词：

> 你们曾听说或读过他在独立战争中的事迹。这些事迹你们了解并铭刻在心，也记载在真实的历史篇章中。他在战后和平时期的事迹，你们也许并不了解，但我可以做证。我在他的国家派驻期间……他将我们的事业视如己出……他在那儿有极大的影响力和广阔的人脉。一切部门的大门随时都向他敞开；而对我，只是在指定时间形式上的敞开而已。事实上，我只是在打下手，他才是主要功臣。让我们向他致敬，无论在和平时期还是战争时期，他都是我们的恩人。

杰斐逊的祝酒词中还有祝愿的含义，为其国人乃至其他国家的人们传递更广泛的信息，因为他知道他的话会变成铅字四处传阅。

> 我和你们的父辈一起出生长大，蒙他们偏爱，我能走上公共事务的道路。我同他们一起艰苦奋斗，努力将我们从外国的束缚中解放出来，获得自治的权利。这些权利保佑着我们，也会逐一保佑地球上的每个国家。

特定的地点，具有普遍意义的主题：晚年的杰斐逊仍像青年时期一样，尊崇政治的作用、战友情谊以及能使并不完美的人为高于自身的事业而奋斗的理念。

上了年纪的杰斐逊仍保留着谈论对方最感兴趣话题的沟通技巧。当那些话题枯竭时，他会泛泛而谈过去和未来。他总是很和蔼。丹尼尔·韦伯斯特如此写他

1824 年在蒙蒂塞洛逗留期间的感受："在交谈中，杰斐逊先生随和自然，一点儿也不做作。他的声音不大，不像是在吸引大家的注意，而往往是在和身边的人交谈。"杰斐逊会谈论"科学和文学，尤其是弗吉尼亚大学，这所大学几乎完全是在他的努力下才成立的……我们和他在一起时，他最喜欢的话题是希腊和盎格鲁-撒克逊，回忆革命时期的历史事件，以及他在 1783(或 1784)~1789 年在法国居住时的事情。"

作为新英格兰人，韦伯斯特对安德鲁 · 杰克逊在西部的崛起感到不快。显然杰斐逊至少在某种程度上同韦伯斯特有同样的担忧。"想到杰克逊将军成为总统，我感到很焦虑。"据韦伯斯特称，杰斐逊曾这样说："他是我认识的最不适合这个位置的人。他对法律和宪法没有任何敬意，他实际上是一个出色的军事领袖。他的野心非常可怕。"

在读韦伯斯特的文章时，传记作家亨利 · 兰德尔怀疑其准确性，并向杰斐逊的孙子提出这一问题。后者回复如下：

> 我不能假装知道我祖父对韦伯斯特先生说了什么，我也无法相信韦伯斯特先生会做出误述。但我仍然认为这段描写是不准确的，有些扬贬抑褒。我曾听祖父说起过对杰克逊将军军事才能的无比钦佩。如果他称之为"不适合这一位置的危险人物"，乃至全国上下都这样称呼他，我认为这一定是基于他的一个大体观点：军事领袖不适合担任当时我们国家这种和平共和国的领袖……他不希望看到人们轻易受军事荣耀所左右。

一直以来，杰斐逊都债台高筑。而在 1819 年，他仍以朋友相助之名与弗吉尼亚州州长威尔逊 · 卡里 · 尼古拉斯联合签署了一张 20 000 美元的期票。此乃绅士之举，也出于亲戚情谊：尼古拉斯的女儿嫁给了杰斐逊的外孙。

后来，尼古拉斯被迫违约，使这位前总统不得不背负起这笔债务。灾难般的消息传来后，他的外孙媳首次拜访蒙蒂塞洛，杰斐逊特意将她找来。她为此事感到羞愧恐慌，不知应如何面对杰斐逊。杰斐逊一从房间里走出，立刻就招呼她。"她听到杰斐逊的声音就马上奔过去见他。"兰德尔写道，"他没有像往常那样亲切地握手亲吻，而是拥抱了她。他笑得很灿烂。"晚餐时他风度十足地同她交谈，这个年轻女子的羞愧感逐渐消失了。"当时以及接下来的任何场合，他都没有用一个字或一个表情使她觉得他对她父亲带来的厄运耿耿于怀。"

尼古拉斯州长的住处就在杰斐逊前往杨树林的途中，杰斐逊知道他不能不去拜访他。他们拐弯去尼古拉斯住处的时候，杰斐逊对他的家人这样说：“我不应该停留，我时间不够，但不去见他未免太无情了。”见到老朋友，杰斐逊表现得无可挑剔。“他没有展现出愁容，也没有假装格外高兴。”在尼古拉斯的余生中，杰斐逊始终一如往常地待他。在蒙蒂塞洛，一个爱管闲事的女人曾当着杰斐逊的面诋毁尼古拉斯。这位前总统礼貌但坚决地打断了她。他告诉她，他对尼古拉斯“评价很高，对他的不幸深表同情”。这就是他的个人品格，而他公开的敌人却指责他自私、口是心非、野心勃勃且冷酷无情。

日益沉重的债务负担迫使杰斐逊不得不去做这世上他最不喜欢的事：将命运交给他人。市场不景气，因此传统的融资渠道（寻找土地买主）已不可行。随后他灵机一动，帕茜说他“整夜不眠痛苦地思索”，而后想到发行彩票的办法。在向弗吉尼亚州议会的一次申请中，为偿还债务，他征求允许售卖有机会赢得他的土地、磨坊甚至蒙蒂塞洛的彩票，虽然一想到失去蒙蒂塞洛他就心惊胆战。这样做对他的尊严是极大的打击，但他别无选择。他的孙子托马斯 · 杰斐逊 · 伦道夫负责处理此事。

这位前总统已有告退之意。在应邀给一位同名的年轻人提供忠告时，他写了一封比通常此类情况下长得多的信。信的主题不仅包括他自己，还包括如何高尚地度过一生。他写道：“崇拜上帝，尊敬并珍惜父母。爱邻如己，无私爱国。要正直，要真诚。不要怨天尤人。如此你的人生才会开启通往永恒无尽福祉的大门。”

信中还有对《圣经 · 诗篇》第 15 篇的改写：

最伟大诗人笔下之善人，供效仿

耶和华啊，谁能有幸前往你的福地？
非作为生客到访，而是居住于此？
是所思所为皆遵循美德的人，
从不心口不一的人。
他从不造谣中伤，诋毁邻里声誉，
从不恶意传播谣言。
他身陷荣华富贵，却弃之如敝屣，

衣衫褴褛，却笃信虔诚。
他始终捍卫其誓言与信用，
宁愿吃亏，也不愿背信。
他的灵魂鄙视放债取利，
不受贿赂以害无辜。
始终如此之人，幸福必会眷顾他，
虽天动地摇，上帝将佑其永生。

信中还包括：

日常行为的10条准则

1. 今天能做的事绝不拖到明天。
2. 自己能做的事绝不麻烦他人。
3. 决不花还没到手的钱。
4. 决不贪图便宜购买不需要的东西，这其实会很贵。
5. 骄傲比饥渴和寒冷更可怕。
6. 我们绝不会因吃得过少而后悔。
7. 只有心甘情愿才能把事做好。
8. 对于不会发生的事切勿庸人自扰。
9. 凡事讲究方式方法。
10. 生气时，数到10再说话；极其生气的话，则数到100。

他晚年生活中一个让人匪夷所思的有关历史的小插曲，差点儿让他一命归西。一位纽约艺术家来到蒙蒂塞洛，想做一个杰斐逊的面部石膏模型，即活人脸模。然而，过程中出了岔子，石膏差点让他窒息。杰斐逊拼命敲打躺着的沙发旁边的椅子，终于让他的管家伯韦尔·科尔伯特发现了他处于危险中。一个奴隶救了他的命，正如此前也是奴隶改变了他的生活。

晚春的某天，杰斐逊想到了废奴，也许还有奴隶遣返问题，他写道："这项事业所需要的公众观念革命，是无法在一天甚至一个时代内发生的，但时间能够战胜一切，也终会战胜这项罪恶。"

1826年伊始，他的健康状况就开始出现恶化。“我的恶疾（一次严重痢疾）将我困在屋里、困在沙发上已经三个星期了。”1826年1月1日，杰斐逊给里士满的一位朋友写信这样说，“由于被要求卧床，我写得很慢、很吃力……身体因疾病而虚弱，精神因岁数而不济，我对83岁这个年纪有了深切体会。刚读完一页报纸，我马上就会忘了刚才读了什么。”但他仍坚持骑马，即使他在跨上他的爱马雄鹰时，必须让它站在台阶下，然后他才能坐上马鞍。

1826年夏，在《独立宣言》发表15周年纪念时，华盛顿庆祝活动的组织者非常希望当天能将杰斐逊请到首都。当时他已病重，无法同意这一请求，但他在沐浴着阳光的小屋里为庆祝此事写了封信。“所有人都已经或正在睁开眼睛关注着人权。科学之光已投向每个角落，揭示出一个显而易见的真理。那就是，多数人并不是生来就背负着鞍具，少数人也不是生来就穿着带马刺的靴子，可以在上帝的恩典下合法地凌驾于前者之上。对他人来说，这是希望的根本。对我们来说，就让每年的这一天始终提醒我们回忆起这些权利，以及对其永不消减的热爱。”

这是他对这个他协助建立并带领发展的国家的最后寄语。他与深交半个世纪的好友麦迪逊的告别则更私人化，但同样诚挚。在2月写给老友的信中，杰斐逊这样请求：“死后，请照看我。”

然而，杰斐逊不认为死亡近在咫尺。在寄出给华盛顿7月4日纪念活动的关于自由的信后，他写了一封涉及个人爱好的信。信的内容关于红酒，他在信中为即将到港的物品向巴尔的摩海关安排交税事宜。

他活不到品尝这些红酒的时候了。不久，杰斐逊就卧床不起。他坚持阅读浏览《圣经》和埃斯库罗斯、索福克勒斯以及欧里庇得斯的作品，陷入对这些伟大悲剧的思考。直到6月末，时间和疾病终于将他拽入深渊。

终点就在不远处。

第四十三章

算了，医生，就这样吧

杰斐逊先生离世，举世皆悲。在人类的历史长河中，有人为之添砖加瓦，传道授业，杰斐逊曾是其中一员。他离世后的世界将大为不同，他的离去触动着文明社会的芸芸众生。

——小丹尼·卡尔（托马斯·杰斐逊的外甥）

1826年6月24日星期六，杰斐逊忍着病痛给罗布利·邓格利森医生写了便条，请他到家中看诊。收到便条后，邓格利森立即从夏洛茨维尔出发。当他赶到时，发现杰斐逊竟然拖着病体从卧室来到了客厅，似乎还想维持他们以往惯常的会面方式。

邓格利森将他扶回床上。这位医生说自己“非常担心这次的病是致命的。杰斐逊先生也这样认为。从这时起，他越来越虚弱，不得不卧床”。

此时，杰斐逊满心希望能实现最后一个愿望：他想活到7月4日。

在杰斐逊弥留之际，他的女儿白天陪着他，托马斯·杰斐逊·伦道夫和尼古拉斯·特里斯特晚上守着他。而那个从巴黎回来，做了他30多年女婿的小托马斯·曼·伦道夫却避而不见。“他头脑很清楚——从不迷糊。”他的孙子托马斯·杰斐逊·伦道夫说道，“他口齿也很清楚，对自己的身后事一一交代。”

杰斐逊告诉孙子自己对灵柩和葬礼的要求：禁止铺张，一切从简。杰斐逊希望举行一个简单的圣公会仪式，然后将他的墓地安置在蒙蒂塞洛的西坡。几十年前，他曾在那里安葬了达布尼·卡尔，后来他的母亲和妻子皆长眠在那儿。

6 月末的最后几天，“轻骑哈里”亨利·李的儿子前来拜会杰斐逊。他此行的目的源于：他正在重新编撰其父的《战争回忆录》，这本书对战争期间作为州长的杰斐逊颇有微词。虽然已病入膏肓，杰斐逊仍不希望错过修正那段历史的机会。他邀请李于 1826 年 6 月 29 日到他休养的内室见面。

李到了蒙蒂塞洛，便被帕茜在主厅拦下，她说父亲病太重了，无法见他。李回忆说，他觉得自己“再也见不到这位德高望重的人物了。他无论是在政治方面，还是在哲学领域都是首屈一指的。无论过去、现在，还是将来，世人皆从他那里获益良多”。

得知李已经来了，卧病在床的杰斐逊仍然让人将他请进来。“我无法描述我看着‘在生死边缘挣扎的杰斐逊’时的感受，”李写道，“你会记得他躺在凹室里的样子：虚弱、痛楚，但你也不会忘记他脸上清朗、透彻的神情。”杰斐逊认出了李，他热情地从床上伸出手来。“他那一握的力量、他谈话中的精气神儿，都让我心生希望，觉得他仍能康复。他身上那种精神凌驾于物质之上的气质，让我觉得他能活得更久些。”

杰斐逊想帮助李，但已无能为力。他病得太严重，无法找出他曾承诺要给李的文件，那些文件里记录了他有关阿诺德、塔尔顿及康沃利斯的叙述。杰斐逊用充满哲学意味的大白话谈及死亡。“他举重若轻地谈到死亡的可能性——就好像一个人可能遭遇一场大雨——这种事情并非人心所愿，但也没什么可惧怕的。”

李注意到一个耐人寻味的细节：凹室里有飞来飞去的苍蝇，杰斐逊却自己挥手驱赶，不让围在他身边的任何人帮忙。

杰斐逊尽可能地要自力更生。“伦道夫夫人后来告诉我，这是他的习惯——在他的人生字典里没有无能为力这一概念，他要与岁月抗争。”李写道。在离开内室来到大厅后，李再也没有见过杰斐逊。

杰斐逊的房间在以前是那么的私密，在他身体越来越差的时候，这里反而变得人来人往。他跟家人一一道别。面对 8 岁的小外孙时，他微笑着说：“乔治不明白这一切意味着什么。”他向一个重孙女引用了《路加福音》里的话：“主啊，现在就让你的仆人安心离去。”

托马斯 · 杰斐逊 · 伦道夫认为他看上去好些了，但杰斐逊不以为然。“千万不要认为我对最终的归宿没有丝毫准备。”杰斐逊说，“我就如同一枚老化的机械表，不是这儿的齿锈了，就是那儿的轮坏了，直到最后走不动。”他已经接近自己曾经描述过的“永恒的睡眠状态——不管有没有梦，它都在我们死后等着”。

他被一阵声响吵醒，好像听到了弗雷德里克 · 哈奇牧师的名字。他问是不是这位教区牧师来了。他被告知对方并未到来。杰斐逊翻了个身，说道：“把他看作一位友善的好邻居，我可以见见他。”

杰斐逊为女儿帕茜作了一首诗，在诗中他婉转地提到自己将与帕蒂和波莉重聚。他将这首诗放入一个精致的小盒子中，直到他去世，帕茜才开启。

生命之光将熄，梦想即逝；
我的至爱亲朋，何须泪流心伤？
我将至先祖所在，坦然去向彼岸
我心之所愿将实现，我心之牵挂将安放。
亲爱的，再见了，我的爱女，永别了！
与你分离是我生命最后的哀伤！
两位六翼天使，已守候良久；
我会带着你的爱，与之同归彼方。

躺在凹室的床上，杰斐逊回味着独立战争，喃喃地讲述着波澜壮阔的故事。最小的细节都能令他回忆起最轰轰烈烈的斗争。他提到，他的床帐是 1782 年战后的第一批进口货。

杰斐逊的部分意识也许已经快速回到了过去，再次听到了城镇自治议会的声音、宾夕法尼亚州议会的声音、总统官邸的声音。然而，他的另一部分意识牢牢地留在了当下。他在暗暗计算着时间，即使希望渺茫，仍然盼着自己能挺到 7 月 4 日，看到《独立宣言》发表的第 50 个纪念日。

“再多几个小时，医生，然后一切就可以结束了。”他曾强打着精神这么说。

7 月 2 日 5 点 45 分，他喝下掺了鸦片酊的烈酒。3 个小时后，他喝了兑了药的茶，过了 4 个小时又喝了掺了药的白兰地。钟表的嘀嗒嘀嗒声让他半睡半醒。

到了 3 号晚上约 7 点的时候，他问邓格利森：“医生，你还在那儿吗？”其实，杰斐逊最关心的是时间：“是 4 号了吗？”

“马上到了。”邓格利森回答道。

杰斐逊服下他最后能承受的鸦片酊剂量，喃喃道：“哦，上帝！”

又过了两小时，夜里 9 点了，邓格利森让他再服用一点儿药物。

“算了，医生，就这样吧。”杰斐逊说道。

午夜前的那三个小时格外煎熬。杰斐逊于 3 号夜里醒来，询问道：“现在是 4 号吗？”尼古拉斯 · 特里斯特沉默着，因为还不到。杰斐逊又问道：“现在是 4 号吗？”他得不到答案不罢休。特里斯特不想让这个老人失望，他点了点头，撒谎道，是的，现在的确是 4 号。“嗯，”杰斐逊说，“正如我所愿。”

也许杰斐逊知道那不是真的。出于某种原因，他知道实际上还不到他的《独立宣言》的纪念日，起码那一刻还没真正来临。所以他继续坚持着，一息尚存。

终于，杰斐逊卧室的钟表响了 12 下，标志着 7 月 4 日的到来。

意识游离中，杰斐逊似乎又回到了往昔峥嵘的岁月，他嘴里念叨着安全革命委员会，手里比画着，好像在写字。“让委员会提高警惕。”他念念不忘的是危机。在生命中的最后几个小时，他仍然在为美国人民的利益而奋战，只不过这次是在他飘忽的臆想中。

凌晨 4 点，杰斐逊给了照顾他的奴隶们最后的指示。他最早的记忆，是自己被放在枕头上交给了一名奴隶，而他生命最后的言语也是对奴隶说的。他的一生为了变革而奋斗，见证了无数变革，而有些东西在他的人生终点却依然如初。

10 点，杰斐逊有些动静，他盯着一个孙子看，想示意些什么，但对方没能明白他的意图。最终管家伯韦尔 · 科尔伯特弄清楚了他想要做什么：他想要把头抬高。伯韦尔按照杰斐逊的意愿给他安顿好姿势。一个小时后，他干涩的嘴唇动了动，但已经无法说话。他显然非常痛苦，他的一个孙子用一块湿海绵给他润了润嘴唇。

结束了。1826 年 7 月 4 日星期二，12 点 50 分，托马斯 · 杰斐逊逝于自家的床上。他逝世的地方离他的出生地沙德维尔 3 公里，当时那里还是大英帝国的附属地。

他走的时候，眼睛睁着，盯着他心爱的凹室。虽然他在外面的世界战斗，获得了不少胜利，他也爱着那样的世界，但每每遇到风浪，这里才是他的避风港。

托马斯·杰斐逊·伦道夫抚摸着他外祖父冰冷的肌肤，轻轻地合上了这个巨人的眼睛。他的头发依然是褐色的，尼古拉斯·特里斯特静静地剪下一缕，为家人留作纪念。约翰·赫明斯制作的木棺已经准备好。他的遗体被搬入木棺，然后被庄严地抬到客厅。

“对我而言，他不仅仅是父辈，我一直全心全意爱戴他，尊敬他。”小丹尼·卡尔在一个星期后给尼古拉斯·特里斯特的信中写道。悲痛的詹姆斯·麦迪逊致信特里斯特：“作为出色的科学家、自由的信仰者、爱国主义的模范以及为人类文明的贡献者，他活在并将永远活在有识之士和正直之人的记忆和感激之中。”一名弗吉尼亚大学古代语言学教授说：“他值得每一个因在他的大学里接受教育而获益的人的尊敬。作为生于弗吉尼亚的最伟大的人物之一，他应该被永远铭记。他伟大的事迹写入了他为自己所作的碑文中。”

园丁沃姆利·休斯在山的西边挖了坟地。葬礼举行时，天色阴沉，人们聚集在蒙蒂塞洛送他最后一程。送葬的人很少，杰斐逊不希望举办隆重的葬礼。夏洛茨维尔那所大学的一名代表来晚了，错过了最后的仪式。

一小队他的家人、朋友和奴隶将他的木棺从房间护送到墓地。哈奇牧师在那里宣读了祷告词。

仪式按照《圣公会祈祷书》举行。“主说：‘复活在我，生命也在我。’”哈奇读道，“‘信我的人，虽然死了，也必复活；凡活着信我的人，必永远不死。’”

巴黎的承诺得到了兑现。杰斐逊在世时以及在遗嘱中都遵守了对萨莉·赫明斯的许诺。杰斐逊和萨莉的孩子中有4个活到了成年。19世纪20年代早期，杰斐逊允许贝弗利和哈丽雅特离开蒙蒂塞洛，据说这两个孩子后来过着和白人一样的生活。他们的儿子麦迪逊·赫明斯曾说：“哈丽雅特嫁给了华盛顿一个有身份的白人，并生儿育女，据我所知，在她生活过和现在生活的社区，没有人怀疑她的孩子有丝毫非洲血统。”在杰斐逊的遗嘱中，予以麦迪逊和埃斯顿自由之身。麦迪逊最终移居俄亥俄州；埃斯顿则定居在威斯康星州，并改名为埃斯顿·杰斐逊，宣称自己是白人。杰斐逊的遗嘱中还给了赫明斯家中另外三个人自由：伯韦尔·科尔伯特、约

翰 · 赫明斯以及乔 · 福西特。除了赫明斯一家，他没有给其他奴隶自由。

萨莉 · 赫明斯在杰斐逊去世的时候已经52岁，很快她就搬到了夏洛茨维尔，过上了安宁、自由的生活。杰斐逊的遗嘱中没有提到她，但是很显然，相关遗愿在暗地里清楚地传达给了帕茜以及其他子嗣：对萨莉 · 赫明斯要以礼相待。1834年，帕茜给了赫明斯"自由"——非官方的解放，实际上萨莉在杰斐逊去世后就已经是自由身了。此后不久，萨莉于1835年去世，她遗赠给子女一些杰斐逊的纪念品：一副眼镜、一个墨水盒以及一个鞋扣。

杰斐逊一生中最没有把握的事情只有一件：他想用彩票保住负债累累的种植园，但他去世时这些彩票并没能帮他解决债务问题。那时，他的彩票在100万~200万美元（按照21世纪前期的货币值计算）。负债如此庞大，蒙蒂塞洛和他的奴隶们都被卖掉抵债。杰斐逊的思想和公共事业流传于世，而他的私人世界却未能得以留存。

在杰斐逊去世的同一天，600英里外的约翰 · 亚当斯也去世了。他同样也是在家中的床上逝世。时任总统约翰 · 昆西 · 亚当斯将这个巧合称作"冥冥之中的天意，可见可感。因此我对世界的主宰心存感激，暗暗敬仰，他面前的我卑微渺小"。丹尼尔 · 韦伯斯特要在波士顿的法纳尔厅致悼词，他在某天早餐前写完了悼词。后来他回忆当时的情景："我的眼泪浸湿了纸张。"致辞当天，波士顿阳光明媚，总统亚当斯也亲自出席。韦伯斯特的致辞令杰斐逊和亚当斯与美国先贤们比肩，他们伟人的形象，永远保持欢心雀跃："在我们的第50个纪念日，在50年大庆的日子里，在这个举国欢庆的时刻，人们欢呼雀跃，感恩节的致谢辞又再次响起，他们的名字在人们口中传颂，就在那时，他们携手飞向了天堂。"

在病榻上，约翰 · 亚当斯最后的遗言提到了他的老对手兼老朋友："托马斯 · 杰斐逊不会死。"

是的，杰斐逊永垂不朽。

后　记

所有荣耀归于杰斐逊

杰斐逊遵循的信条是光明之源，因为它们并非构建于纯粹的理性之上，而是源于灵感、冲劲、视野和同情心。它们在心灵的激情中得以燃烧。

——伍德罗 · 威尔逊，1912 年

他的一生是艰难存活的一生——在很多方面，从不同的角度来说都是如此。他刚离世，就和亚当斯一起因为 1776 年美国大革命获得了民众的认可。在美国人看来，这场大革命的深远意义无可争议。马萨诸塞州的国会议员爱德华 · 埃弗里特曾于 1826 年在一篇颂文中写道："通过一次简短而果断的行动，表达了各州作为一个整体的大家庭的集体意志和决心；在一个至高无上的宣言中，展现了人类历史上这一伟大运动的崇高目标、动力和缘由，这就是托马斯 · 杰斐逊的荣耀。"

杰斐逊完成的杰作在于为人类的思想和心灵创造出了一套不完美但能够持续的民主惯例。历史学家亨利 · 亚当斯曾经写道："杰斐逊先生认为美国体系应该是一个民主制度，他宁愿看到整个世界消亡，也不愿意看到这个对于他而言，值得全人类拥有的原则无法实现。汉密尔顿先生则认为民主是主要祸根，希望能阻止它的进程。”

当外祖父的死讯传到纽约时，埃伦·库利奇正在从波士顿前往夏洛茨维尔的路上。葬礼结束很久以后，她才来到了蒙蒂塞洛。对于她来说，这个曾经的家园现在无比陌生。“他走了，”多年后，她在写给亨利·兰德尔的信中，回忆起这次归乡的痛苦，“他的房间空了。我去了他的墓前，但蒙蒂塞洛的整座房子，它那高耸的屋顶和宽敞的房间对于我来说就是一座巨大的墓碑。”

这就是杰斐逊的力量。埃伦依然期望他随时能出现在她的面前，能听到他的声音，望着他的眼睛，再次感受他的爱抚。“我在空荡荡的房间中游荡，像在寻找他一样。”

> 在我生命的最好年华中，难道未曾在那里见过他吗？我在他的卧室里一待就是好几个小时。他好像只是离开了那个房间。那里还摆放着他睡了好多年的床，还有那把椅子——每次我走进房间，他都在上面坐着。还有仍放在原处的几件衣物，他的钟伴随他度过了多少个充实的日夜。旁边的橱柜放着他的书，是他闲暇时挚爱的伴侣，还有他的书桌，我从上面拿走了几件小遗物、一些信笺和碎纸片，如今仍然保留着。目睹这一切，感觉他似乎只是不再在这里居住了而已，某些瞬间我觉得自己好像在等待他的归来。

当时的她处于一种奇妙的梦境般的状态。

> 刚开始的很多天，我似乎都在注意听他的脚步声或说话声。在餐厅里，我们曾经一起度过很多时光，冬天时他总是会坐在火炉旁的那把矮扶手椅上，旁边还摆放着那张小圆桌，上面会放着他的书或者蜡烛……茶室里还放着那张沙发，夏天的时候我经常陪他一起坐在那里。客厅宽敞的木地板上还矗立着那把紫苏木椅，我经常看到他坐在那里，在暮色的阴影中休息。大厅里有大大的玻璃门，天气不好时，他喜欢在那里散步。我曾经多么喜欢和他一起散步啊！睹物思人，似乎每个角落都能清晰地感受到他无形的存在。

最终她离开了那幢房子，也离开了那座庄园，再也没有回去。对于她来说，她的外祖父永存于她的心中和脑海里。

同样忘不了他的还有埃伦所在的这个国家。1826 年的这个夏天，美国民众和他悲痛不已的外孙女一样，都在缅怀他。传记作家詹姆斯 · 帕顿在 1874 年写道："如果杰斐逊错了，美国就错了；如果美国对了，杰斐逊就是对的。"

对于任何个人或政治家来说，这都是难以承受的重任。但这一结论赢得广泛认同，因为去世后的杰斐逊和他生前一样，依然是一个生动鲜活、魅力非凡的人物，他才华横溢、能言善辩，伟大不朽的同时闪烁着人性的光辉。如果你很难想象和乔治 · 华盛顿在弗农山庄同饮一杯葡萄酒的情形，但你会觉得和托马斯 · 杰斐逊在蒙蒂塞洛这样做却是世界上再自然不过的事情——一起饮着酒，四周尽是法国画作、来自费城的半身像和刘易斯与克拉克远征带回的让人眼花缭乱的工艺品。

杰斐逊的声音依然回荡在我们的耳边，因为他生前的声音是如此有力，又如此发人深省。他当时身处的环境的确特别，但他劳神苦思的事情却总是离不开自由和权力、权利与义务、维护和平和发动战争这些主题。他是政治家、社会活动家，身处一个政治与社会生活已经变成且依旧是中心的国家。正如杰斐逊他本人写的："人……应该能感受到自己是政府事务的参与者，而并非只是参加了一场选举。每年不应该只有这么一天，而是每天都应如此。"

如果他只是一位哲学家，他的影响力不会那么持久；如果他仅仅是一个立法委员，或者一个外交官、发明家、教育家，或者单单只是一位总统，他都不会像现在这样让人难以忘怀。

他之所以与世长存，是因为在他身上，我们看到了人类所能经历的各种各样让人惊叹的可能性——渴求知识、创造的能力和亲友的爱；渴望取得成就，获得世界的赞赏、对权力的控制和让他人服从于一个人的远见。他的才能体现于他的全知全能，而他更伟大的政治遗产则在于他对思想和人类的领导力。

出于他的才华横溢、卓越功勋和声望，他得以万古流芳；但由于他存在缺陷，会遭遇失败，才让我们意识到他也终有一死——虽然他成就卓越，却和我等凡人一样，也会受到诱惑，也会面临妥协。他并不是万能的，但没有一位政治家，也没有哪个人是万能的。

我们意识到了他的伟大，因为我们知道政治不可能无可挑剔，但杰斐逊通过了领导力的基本考验——虽然他也有弱点，也不可避免地会让民众失望，会犯错误，会推迟梦想的实现，但他让美国和整个世界比他初涉公共事务之时都有所改善。

杰斐逊是最令人着迷的开国总统。乔治·华盛顿会让人心生敬畏，约翰·亚当斯会让人肃然起敬，而杰斐逊的风度和好客，他的品味和对美好事物的热爱——对于银器、艺术、建筑、园艺、食物和美酒的热爱，都让他本人更加丰富鲜活，更加欢快友好。

19 世纪的主张脱离联邦者和 20 世纪的州权纯化论者都认为他是个英雄，进步的领袖们——从伍德罗·威尔逊到富兰克林·罗斯福和杜鲁门，都相信他体现了美国传统中受民众欢迎的政府的最佳动力。

那么他到底是谁？用最简单平实的方式描述，唯一一个真正的杰斐逊是一个曾经生活过、爱过、领导过，于 1826 年一个潮湿的夏日，在一个木制灵柩中被抬进了他的坟墓的人。真正的杰斐逊和我们当中很多普通人一样，身上充满了矛盾、互相冲突的情感、缺点、罪恶和美德，这些永远无法共存的因素。几乎陪伴了他的一生的是他对于权力和控制的渴望。他一直非常成功地掩饰了这些渴望，就连对于他的生活和工作的最机敏的观察者都难以察觉。亨利·亚当斯写过："他追求的领导力是基于同情和爱的领导力，而非发号施令的领导力。"但这并不属实。对于他来说，同情和爱是他的政治圈成员们要达到目的的一种手段而已，而这个目的就是控制权力。如果他发现感情不足以得到他想拥有的权力，他便会利用其他途径达到统治的目的。

而其他诸多版本的杰斐逊——有象征性的杰斐逊，有各种寓意的杰斐逊，不同的时代和不同的党派阐释和创造出的杰斐逊，他们试图从他的榜样形象中获得鼓舞，以他的名义获得认可——所有这些杰斐逊更多地体现出了真实的我们，而非真实的他。他可以被许多人引用，而且永远都会如此。

最伟大的人皆如此。人们会谈论和想起他们，因为他们的思想发人深省，他们领导的战役让人难忘，他最重要的继承者们已从他在自由和联合方面的远见定义了他。当然，这样做就意味着要在他身为《独立宣言》的起草人和《肯塔基决议案》的作者这两个身份之间进行选择，就意味着要大力宣扬他认为主张脱离联邦对于美国是致命这一观点，而不是强调他曾经书写过拥护州权的文字。

杰斐逊的最杰出的继任者们做了这些选择和决定，创造出了一个在这个并不完美的世界中，代表着美国精神的精髓和最佳政治可能性的杰斐逊。

1859 年 4 月初，身在伊利诺伊州斯普林菲尔德的亚伯拉罕·林肯谢绝了波士顿一个团体让他在杰斐逊诞辰庆祝活动上发言的邀请，但写了一封致辞。这给了林肯一次机会，让他能在联邦的危难时刻，将杰斐逊和自由事业联系在了一起。他在信中写道："杰斐逊的原则是自由社会的定义和公理，但遭到了否定和回避，连一丝成功的迹象都没有……那些否定他人自由的人，自己也不配拥有自由，而且在公平的上帝面前，也无法长久拥有自由。"

一位曾经的奴隶主就在这封信中成为自由的象征，不仅象征着白人的自由，还象征着黑人的自由。以林肯的观点，这就是杰斐逊的远见的核心思想。他还为这位《独立宣言》的起草人大唱颂歌，称赞他在独立战争期间将理想变成了现实。"所有荣耀都归于杰斐逊，"林肯说，"归于这个伟大的人，在一场单一民族争取国家独立的斗争所带来的实实在在的压力下，他能冷静沉着，有预见，也有能力将一个抽象的真理写成一份革命性的文书。这份文书适用于整个人类，适用于所有时代。这让它得以流芳百世，在今天，乃至日后的将来，都能成为再次出现暴政和压迫时，对其进行谴责的依据和阻碍。"

70年后的1932年，富兰克林·罗斯福效仿1859年的林肯：他也披上了杰斐逊神圣的外衣。在明尼罗达州圣保罗的杰斐逊纪念日晚宴上，罗斯福说："我们没有必要以任何方式怀疑亚历山大·汉密尔顿伟大的金融才能或者早期联邦主义者这一思想流派，仅仅因为他们向来坦率地坚持自己的政治理念，认为国家的某些领域以及这些领域中的某些个人比其他人更适合领导政府。杰斐逊的目的是要教导整个国家，联邦主义的团结是不完整的团结，只能代表少数人。要想建成一个伟大的国度，每个部分中所有团体的利益都应该得到重视，而只有实现了大范围内的全国团结，才能实现真正的安全。"

罗斯福本人作为政治高手，自然欣赏与自己志同道合的人。他认为杰斐逊"被称为政治家，是因为他多年致力于建立一个政党。但这种努力本身是为了将国内的不同派别统一起来，以支持共同的原则而做出的确切和实际的行为。当人们或草率或势利地嘲笑政党时，他们忽略了一个事实，即政府的政党制度是实现统一，并教导人们以文明之共同方式进行思考的最伟大的方式之一"。

杰斐逊的话语是美国语言的最基本组成部分。1948年9月，在得克萨斯州博纳姆的博纳姆中学橄榄球场，也是时任众议院议长萨姆·雷伯恩的家乡，哈里·杜鲁门在演讲中也借助了杰斐逊的力量：

我对这个国家的人民充满无限信心。我相信他们的常识，他们热爱自由，而且对于自由和公平的爱并没有消亡。我们的人民就像杰斐逊一样，相信当今人类并非生来就背负着鞍具，供那些享有特权的少数人驾驭。

就像杰斐逊一样，我们相信“给我们生命的上帝同样给了我们自由”。我们保护我们自身的自由，不被国外威胁剥夺我们自由的人的侵犯，也不会向国内威胁剥夺我们自由的人妥协。我们不会放弃民主，让位给左翼的独裁政权，也不会让它被享有特权的专制主义夺去。

1988 年 12 月，罗纳德 · 里根在自己总统任内的没落时期，来到了杰斐逊创建的弗吉尼亚大学，在那里的草坪上对学生发表演讲。对于里根来说，杰斐逊纯粹的共和主义政治和有关联邦政府的局限性的论断长久以来都被视为金科玉律。

里根先是向杰斐逊“变革性的才能”致敬：“对于科学的追求，对于经典著作的研究，对于自由发问的珍视，简而言之，重视精神生活这一思想——是的，这些影响深远、恒久不变的美国高等教育的原则，最初从一位高大、浅色头发、为人友善的男士那里得到了最坚定的支持和最伟大的体现。他目睹这所大学从他居住的山腰间成形，这所大学的成立被他称为漫长而有意义的人生中至高无上的成就。”

并非只有这所大学的人（以前只有男性，现在又有了女性）能感受到这位伟人鲜活的灵魂。“各届总统也能感受到。”里根说。杰斐逊是他的继任者们永恒的守卫者，因为“从草坪径直下行，穿过白宫的椭圆形办公室，就能看到杰斐逊纪念堂里四面整齐排列的经典语句。里面那座高 19 英尺的塑像的双眼直视着白宫。这所房子里曾经居住过的那些雄韬伟略且宽宏大量的人，现在却越发罕见。对于任何一个会入主其中的人而言，它的存在都是一个提醒”。

具有远见卓识的里根本人骨子里带有几分务实，作为一位政治理想的机敏沟通者和改革性的领导者，凭直觉就能理解这位美国第三任总统。“他知道这个世界会是一个毫无秩序的地方，”里根说，“的确，作为领导武装斗争出身的领导人，如果你愿意这么称呼他的话，他本身可以说就是秩序的缔造者。但他也相信，上帝赠予人类启蒙之厚礼，赋予人类理性，使人类有能力从生活的混乱中汲取意义、真理和秩序。”恐怕杰斐逊本人都无法将这一点阐释得如此清晰。

从罗斯福到里根，即便他们对于政府和文化有迥然不同的理解，杰斐逊都给他们带来了灵感。但改变的不是杰斐逊，而是他的国家，一会儿向这个方向前进，一会儿又往那条道路前行。而对于一代又一代人、一个又一个议程、一种又一种远见而言，杰斐逊一直是指路的北极星，就像真正的杰斐逊执政时会做的任何事一样，引领着美国在他所处时代的暴风雨中前进。

但有一点很明确地贯穿始终，那就是他的继任者们都这样理解杰斐逊的：他们都像他一样，相信言语在公众生活中的力量，在塑造大众舆论以及在以总统权力为核心的社会中举足轻重的地位，足以在最艰难的时期保证国家的安全和强大。

杰斐逊要求在自己墓碑上刻下的三项个人成就分别是：美国《独立宣言》的起草人、《弗吉尼亚宗教自由法规》的执笔者以及弗吉尼亚大学的创始人——这体现了他对于思想和心灵的自由的热爱，以及他对于未来的信念。它们体现了他漫长而动荡的一生中所受争议最少的成就，体现了理性的至高地位、自由的诸多可能性和对于智慧的永恒追求。它们也体现了他对于事物的创造力和领导力。他曾为其中每一项事业而奋斗，让世界上足够多的人信服，他的远见是正确的，而不仅仅是留下一直存在的纪念碑。而杰斐逊留下的最伟大的纪念碑就是这个国家——无论多么漫长、多么痛苦，它都一直致力于在一个由野心和私欲驱使的政治界里实现着理想。

因为杰斐逊从未放弃过美国——这个从很多方面来说都是他参与创立，在他的精心呵护下度过重重危机的国家。他曾在1824年写道："我目睹着这个文明从海边前进，像一团光明的云朵一样越过我们头顶，增长我们的知识，改善我们的境遇……而且无人知晓这一进程将在哪里停滞。"

杰斐逊按照他希望的样子安排着这个世界，直至他生命的终结，甚至持续到身后。他于1826年仲夏离世后，他的遗体被抬着经过蔓延的西草坪，经过柳树，越过山丘，到达墓地。这块公墓自然是他亲自设计的，这里埋葬着他的母亲、妻子、孩子们和最好的朋友。他也要将自己埋葬在这里。

小小的坟墓坐落在山峰西侧。到了黄昏时分，夜幕似乎降临得十分缓慢。东侧的阴影在里瓦那河和沙德维尔上空拉长，降落在蒙蒂塞洛和马尔伯里罗上空，笼罩着他的亭阁和花园，最后才停落在托马斯·杰斐逊——这个永远热爱光明的人的身上。

Thomas
Jefferson
The Art of Power

作者摘记及致谢

1803年年底，法国驻华盛顿的代理大使路易·安德烈·皮雄起草了一份关于杰斐逊总统的特殊信函，寄给了巴黎的外交部。皮雄在信的开头写道："部长先生，要针对杰斐逊先生的品格进行一个明确的判定是很困难的。同样，也很难评估他所制定的政策和制度在美国国内产生的影响。"

的确如此，但也并非不可能。我希望，这本书既不会神化杰斐逊，也不会控诉他，而是将他还原为他所扮演的那个全面而丰富的角色——不会被轻易划分为某个类别的美国政治家。

近些年来，对于杰斐逊的评判从未停息。1998年的DNA（脱氧核糖核酸）检测和后来进行的学术评估表明，他和他的奴隶萨莉·赫明斯之间极有可能存在性关系——这种通奸关系长久以来被主流白人历史学家否认，而这一发现也让杰斐逊作为一个伪善者的面目变得更加鲜活。几乎在接下来的20年里，备受赞誉的约翰·亚当斯、亚历山大·汉密尔顿、乔治·华盛顿的传记都理所当然地强调了其主人公的美德，但经常是以诋毁杰斐逊为代价（引发这一趋势的是我的朋友约瑟夫·J·埃利斯，始于他20年前出版的《激情智者——约翰·亚当斯的品格和遗产》一书）。但即便在他生活的那个时代，杰斐逊也曾面临貌似互相矛盾的指控，他曾是一个不切实际的哲学家，同时却还是一个诡计多端的政治人物。

杰斐逊本人的真面目（正如许多人一样）是很复杂的。乔治·华盛顿、亚伯拉罕·林肯、西奥多·罗斯福和富兰克林·罗斯福都是伟大的人物，也是为人铭记的总统，但只有托马斯·杰斐逊对美国人生活的诸多方面产生了如此深远的影响。冷静而又理智的他无法抵抗政治斗争的热潮，他将自己阐述得精妙绝伦的理论原则付诸选举和看起来毫不费力的治理国家这些现实之中。许多美国人视他为偶像，但其他人则和曾给他写过匿名信的人同仇敌忾："你是上帝创造的最该死的蠢货，见鬼去吧！"

我的观点是，经过了时间的洗礼，托马斯·杰斐逊从本质上来说是这样一个政治家——他谋求官职，一旦即位，就会尽力解决当时面临的问题，就会在自己所能影响的时间和空间的范围内，为未来设定一个发展路线。他能极有技巧又很高效地解决这些问题，这是他的人生中值得赞誉之处，我认为这也是他留给人类的遗产的实质。倘若当时没有一位引人瞩目的政治人物依靠自己坚信的原则和惯例反对联邦主义者的利益——杰斐逊自然就是一位这样的引人瞩目的政治人物——美国的生活和政治可能就会呈现出另外一种面貌。当时的杰斐逊作为一位政治家，是一个站在历史城墙上的人物，为了某种思维习惯和政府而战，这个政府最终能让多数人而非少数人都有自己可扮演的角色。

我并没有试图将杰斐逊完整的人生轨迹记录下来——仅用一本书记录下诸多发生在他身上和周围的事件，对于那些致力于18世纪末和19世纪初期的众多学术研究来说是不公平的。这本书更像是描述他作为一个人在其所生活的世界，所希望追寻的目标。我通过阅读和研究发现的杰斐逊是一个有着文艺复兴情怀的公众人物，但也有长久以来最为困扰他的忧虑——民主共和主义制度在美国的命运。

最引人注意的事会发生在最不寻常的政治家们身上——他们是那些在时间和机会有限的情况下竭尽自己所能的人，他们的错误是个人的错误，同时也是人类普遍会犯的错误。但成就斐然的总统们大多都能超越这些局限，克服那些错误，以使这个国家与之前相比成为一个更美好、更公平的国度。对于他们的考验不应该以完美或是否能进英烈祠为标准，因为没有人能达到这样的标准。托马斯·杰斐逊当然也不能。

但他尽了全力。他的付出虽然并没有实现持久的人类自由，但至少给它下了一个定义，也指出了美国登上全球霸主的途径。

我相信，如果不能理解他有多么严肃认真地对待美国式的尝试会时刻走上穷途末路，以及对君主政体随时可能卷土重来的担忧，我们就没有办法读懂他。从乔治·华盛顿本人说起，同时期以及后来的历史学家都将杰斐逊对于君主政体的恐惧归因于他富于幻想、偏执多疑，至多是夸大其词到不负责任的地步。但是，基于我对杰斐逊的论著以及美国、英国的档案进行研究之后，我认为英国权力会在美国复苏这一威胁对于杰斐逊的思想和行为的影响其重要程度不亚于与苏联的冷战对于从杜鲁门到乔治·布什的影响。当然，这个比喻并不准确，毕竟英国和美国的关系在敌友之间不断转换。但另外一个值得考虑的比喻则是杰斐逊对于华盛顿和亚当斯的意义相当于德怀特·艾森豪威尔对于富兰克林·D·罗斯福和哈里·杜鲁门的意义——一位改革了政府的现有路线，但从本质上是认可了的总统。

如果不能体谅和理解，英国内战的事件和影响长久以来在杰斐逊和许多与他同时代的人们的想象中所占的地位，也就不可能理解这位历史人物。辉格党传统中的个人自由的重要地位闻名已久。并未受到较多关注的是在杰斐逊的信函中诸多战役和斗争事件发生的频率——这一迹象显示战争和英联邦（当时是君主政体复辟后的军事独裁政权）的命运一直存在于杰斐逊的意识里。一般来说，政治家们都会记住值得借鉴学习的榜样和希望能避免的教训。对于美国，杰斐逊既不想让它受克伦威尔式的专制统治，也避免查理二世 1660 年的复辟在这儿上演，更不会发生威廉和玛丽 1688 年的“光荣革命”——两个君主分享了特权，但依然都是最高统治者。杰斐逊认为，这些结局都过于似是而非。

我的研究项目始于在普林斯顿与芭芭拉·奥伯格一次愉快的共进午餐。她是杰斐逊论文项目的编辑，该论文项目是美国一项最为艰巨又最有意义的学术活动。芭芭拉和她的同事们热情慷慨，给我提供了很多信函的电子文件，用以讲述 1803 年年初以后杰斐逊任期内发生的事件。任何要研究杰斐逊或早期美国的人都受惠于始于 1950 年出版的第一册的论文中富有启发性的评注。芭芭拉和她的团队在继承朱利安·P·博伊德开始的这项传统工作中表现出色。我尤其要感谢玛莎·金和伊莱恩·帕斯库，她们都协助芭芭拉查阅了我的书稿。

从 1809~1826 年杰斐逊辞世期间的论文属于“退休系列”的论文，正在夏洛茨维尔进行编辑。在一个美妙的星期六下午，主编J·杰斐逊·卢尼抽空回答了我的疑问，并和我一起讨论了和杰斐逊有关的事情，对于我之后所提出的疑问也总是很有耐心地解答。我十分感谢他和他在弗吉尼亚的同事们。

在本书写作期间，托马斯·杰斐逊基金会的主席莱斯莉·格林·鲍曼一直非常热情且孜孜不倦地帮助我。我很感谢她的善意、热情和深刻见解。同样还要感谢她的丈夫科特兰·诺伊霍夫能够忍受我们这些不速之客，还要借他的衣服穿。莱斯莉的诸多善举中还包括带我一起骑马，走过杰斐逊在蒙蒂塞洛的必经之路。据我所知，对于我糟糕的骑术，她费了很大劲儿才忍住没有笑出声来。

我得到蒙蒂塞洛太多人的慷慨相助。苏珊·斯坦花费了不少时间，为我提供了很多专业知识。安德鲁·杰克逊·奥肖内西和梅拉妮·鲍耶也是如此。我还要感谢蒙蒂塞洛参考文献管理员安娜·伯克斯和考古学主管弗雷泽·奈曼。

写作期间的最大乐趣之一便是于2011年11月获准在夜间和清晨时分入住蒙蒂塞洛，这真是令人难以置信的恩赐，让我尽可能地近距离体验和观察这座杰斐逊曾经居住和工作过的物质文化遗产。我非常感激托马斯·杰斐逊基金会的董事会成员，他们在批准我进入房屋的请求中发挥了决定性作用。博物馆工作人员协助安排了这次活动，并带领我细致地参观了杰斐逊在此居住期间的房屋，因此我要感谢苏珊·斯坦以及博物馆项目的高级馆长兼副总裁理查德·吉尔德，感谢馆长伊丽莎白·V·丘和馆长助理约迪·弗雷德里克森，同样感谢安保部门主管巴里·克莱特，以及弗雷德·奥布赖恩，布赖恩·格洛弗和特雷尔·汤普森。

许多档案馆和图书馆也很热情地向我提供了帮助。我要尤其感谢参考书管理员德尔·穆尔、殖民地威廉斯堡图书馆的小约翰·D·洛克菲勒、戴维美国革命图书馆的凯瑟琳·A·路德维格。纽约公共图书馆和布鲁克林公共图书馆是我主要的资料查阅地。我要尤其感谢纽约公共图书馆的艾尔玛和保罗·米尔斯坦美国历史、当地历史和宗谱的部门。斯蒂芬·施瓦茨曼大厦的私有财产（他们收藏的缩微胶卷），以及纽约公共图书馆的其他部门也为我提供了十分宝贵的帮助，还有南方大学的杰西·鲍尔·杜邦图书馆的员工。还要感谢戴维美国革命图书馆、加拿大图书馆和档案馆、安大略档案馆、新不伦瑞克大学的反独立者收藏以及英国德文郡埃克塞特的德文记录办公室的工作人员。

在法国外交档案馆工作的梅利莎·洛和汤姆·斯坦默斯，为我翻译了手稿。梅利莎还在英国和路易莎·托马斯一起开展档案工作。我也很感激杰米·约翰斯顿、斯蒂芬妮·戈顿、科尔比·亚内尔、马修·普赖斯、凯特琳·沃森、张宝宝（音）、杰西卡·加拉格尔，感谢他们抄写手稿资料的工作。我还要感谢参议院历史办公室的历史学家唐纳德·A·里奇和他的同事贝蒂·科伊德。

编写和杰斐逊有关的书，永远都不会有止境，这是件好事。想要了解针对杰斐逊奖学金现状的有见解的、易得到的、细致调查的读者，可以在编辑弗兰西斯·D·科利亚诺搜集编著而成的《托马斯·杰斐逊指南》一书中找到答案。该书作为“美国历史布莱克韦尔指南系列”丛书中的一册出版。弗兰克·科利亚诺十分热情，给了我慷慨的帮助，他所编辑的这本书极有价值。其中所收录文章的作者包括安妮特·戈登–里德、迈克尔·A·麦克唐奈、克里斯托弗·雷、罗伯特·G·帕金森、彼得·汤普森、约翰·A·拉戈斯塔、约翰·N·尼姆、伊恩·麦克莱恩、托德·埃斯蒂斯、乔安妮·B·弗里曼、罗伯特·M·S·麦克唐纳、杰里米·D·贝利、伦纳德·J·佐土、安德鲁·伯斯坦、安德鲁·凯顿、露西娅·司坦登、卡桑德拉·派伯斯、凯瑟琳·克里森、比利·L·韦森、理查德·塞缪尔森、凯文·J·海斯、戴维·托马斯·寇尼格、汉娜·施潘、卡罗琳·温特若、彼得·S·奥诺夫、R·B·伯恩斯坦、麦克斯·M·埃德林、卡梅伦·阿迪斯、马修·E·克罗、芭芭拉·B·奥伯格、詹姆斯·P·麦克卢尔、布赖恩·斯蒂尔和杰克·N·拉科韦。

我十分感谢历史学家和传记作家们为我提供的帮助以及他们的友情，感谢他们不厌其烦地在不同方面为我提供建议。埃文·托马斯和迈克尔·贝施洛思永远都是那么慷慨无私，欧斯茨·托马斯和艾菲·贝施洛思也是一样。

安妮特·戈登–里德所著的有关杰斐逊和赫明斯家族的著作为美国历史做出了里程碑一样的重大贡献。对于我来说，她是位令人称赞的好友和珍贵的读者。苏珊·克恩曾写过一本讲述杰斐逊出身的杰作——《沙德维尔的杰斐逊家族》。她大方地抽出一个上午的时间，和我一起待在沙德维尔的遗址，并阅读了我的部分书稿。露西娅·辛德·司坦登帮我们安排了那次活动以及其他很多事务。我长久以来视为偶像的戈登·S·伍德也很慷慨地抽时间阅读了我的书稿，并提供了珍贵的见解。

在蒙蒂塞洛时，辛德·司坦登和苏珊·斯坦都阅读和评论了我的书稿，大大改了书稿质量。弗吉尼亚大学的历史学教授、托马斯·杰斐逊基金会的彼得·奥诺夫，被研究杰斐逊和美国历史的一代甚至两代学者都视为导师。他仔细阅读了我的书稿，做出了有用的评论，就像我的其他读者一样，纠正了其中的错误。奥诺夫教授还在本书成稿时给予了祝福，我将永远感激不尽。

2012 年，我有幸受邀出席由美国革命之子联合会和罗伯特·史密斯杰斐逊国际研究中心在夏洛茨维尔举办的会议，会议名称为“托马斯·杰斐逊的一生——历史缔造者的传记”。此次聚会非常适合向奥诺夫致敬。对于组织和协调此次会议的人，我很感谢安德鲁·奥肖内西，他是国际研究中心的桑德斯主管及相识多年的好友；感谢西点军校的罗伯特·麦克唐纳；感谢联合会的约瑟夫·W·杜利。关于杰斐逊的论文引人入胜，富有启发，我从其中以及芭芭拉·奥伯格主持的一次圆桌讨论会中受益匪浅。麦克唐纳教授也和克里斯蒂娜·科威尔·麦克唐纳合著了一篇论文，他正在为新一册的论文集做准备。做出贡献的人还包括杰斐逊·卢尼、安德鲁·伯斯坦、南希·伊森伯格、扬内·B·弗里曼、简·艾伦·刘易斯、理查德·A·塞缪尔森、布莱恩·斯蒂尔、赫伯特·斯隆、安妮特·戈登–里德、弗兰克·科利亚诺、R·B·伯恩斯坦以及戈登·S·伍德。

这一路走来，还有沃尔特·艾萨克森、亨利·温塞科、保利娜·梅尔、罗恩·切尔诺夫、约瑟夫·J·埃利斯、丹尼尔·乔丹、肖恩·威伦茨、戴维·麦卡洛、安德鲁·伯恩斯坦、南希·伊森伯格、斯泰西·希夫、罗伯特·A·卡罗、多里斯·克恩斯·古德温、加里·E·莫尔顿、迈克尔·克兰尼施以及后来的克里斯托弗·希金斯都是无私的读者、顾问、讨论者和编辑。当然，为本书内容负责的自然是我。

以下诸位无论给予过我多少帮助，在此一并致谢，感谢理查德和丽莎·普莱普勒、乔纳森·卡普、约翰·休伊、茱莉亚·里德、玛丽·斯迈思、马克·米勒、克拉拉·宾厄姆、安娜·昆德伦、汤姆·布罗考、佩里·佩尔茨、艾瑞克·鲁滕伯格、格雷顿·卡特、约翰·丹福思、加德纳和尼古拉斯·拉帕姆、米卡·布增金斯基、乔·斯卡伯勒、威利·盖斯特、迈克·巴尼克尔、安·埃德尔伯格、艾利克斯·考森、凯特·切塔、萨莉·奎因和本·布拉德利、琳达和莫特·詹克洛、艾丽斯·梅休、理查德·施滕格尔、南希·吉布斯、珍和布莱恩·威廉姆斯、杰弗里·利兹、克莱尔和约翰·瑞施曼、莱斯莉和戴尔·理查德森、哈德威克·考德威尔、塔米·哈达德、克洛艾·杜普利、芭芭拉·迪维托里奥、比尔·欧文斯、杰弗里·法格、丽贝卡·普拉特、乔治·吉列姆、塞缪尔·R·威廉森、姬蒂·布恩、贝齐·费希尔、戴维·格雷戈里、尼尔·夏皮罗、艾利森·斯图尔特、韦恩·菲尔茨、莱诺拉·费希尔、理查德·科恩、罗布利·胡德、鲁比·沃克、莎玛·艾丽、马德琳·马吉、罗杰·赫托格、诺拉·弗朗西丝、沃恩·麦克雷、查利·罗斯、吉姆·凯利、迪娜和里克·鲍威尔、凯文·施开、贾斯廷·雷诺兹、特雷莎·史密斯、唐娜·帕梅耶以及她在大学图书用品店的同事。

我还要感谢我的朋友麦克·希尔如往昔向我提供珍贵慷慨的帮助。路易莎·托马斯无可取代，我很期待她所写的有关路易莎·凯瑟琳·亚当斯的书问世（我确定书中有关杰斐逊的内容一定会充满善意）。杰克·贝尔斯再次在参考书领域创造了奇迹。我还要感谢克里斯蒂娜·梅佳的帮助和辛勤工作，感谢罗布·克劳福德在检阅书稿中所起的关键性作用。露西·沙克尔福德也通读了最后一个校次的稿件。

这是我在兰登书屋出版的第5本书，我会继续称赞和感激吉娜·桑垂洛。吉娜是最优秀的出版人，也是最慷慨无私的朋友。她的睿智、友情和帮助无人可比。我的编辑凯特·梅迪纳，有着一流的专业水准，以对于书稿近乎完美的高标准严要求鼓舞着我们，让我们觉得自己足够幸运能从她的智慧中受益。也要感谢安娜·皮托尼亚克和林赛·斯克乌瑞一直以来的帮助和优秀的工作。威尔·墨菲是一位慷慨耐心的读者。苏珊·卡米尔和汤姆·佩里是非常了不起的人物，领导了非常杰出的出版发行团队。同样，我还要感谢非同寻常却富有魅力的萨莉·马尔温，以及芭芭拉·菲永。还要感谢本杰明·斯坦伯格、乔纳森·赵、安迪·沃德、艾利森·多布森、比尔·泰克斯、波莎·伯克、塞尔比·麦克雷、萨拉·维拉奎兹、桑俞·狄龙、阿维戴·巴什拉德、埃丽卡·格雷贝尔、卡萝尔·洛温斯坦、保罗·佩佩和卡罗尔·波提科尼。米歇尔·丹尼尔是出色的文字编辑。在我看来，无与伦比的本杰明·德雷尔和丹尼斯·安布罗斯足以负责诺曼底登陆计划，联军一定会以无畏的精神面对风雨，坚持按照既定计划于6月5日发起进攻。的确，我非常感激他们所做的一切，而且还完成得那么出色。同样，我也同意克里斯托弗·巴克利的看法：如果我落到了某些恐怖分子的手里，第一通电话一定要打给阿曼达·厄本。

这本书献给我的良师益友赫伯特·温茨。对于他和他的妻子索菲亚对我的恩情，我无以为报。

我的妻子基思长期以来一直忍受着我因调查研究历史的频繁外出。她给予我爱、支持和（最初并不总是很让人愉快的）劝告和建议。她让所有一切成为可能，我们的孩子，玛丽、玛吉和萨姆现在和将来，永远都是我们最珍贵的宝物。